KLAUS SEJKORA

TRENNUNG ODER NEUBEGINN

fischer & gann

KLAUS
SEJKORA

TRENNUNG ODER NEU BEGINN

HILFE FÜR PAARE
IN DER KRISE

fischer & gann

Bibliografische Information der Deutschen Nationalbibliothek:
Die Deutsche Nationalbibliothek verzeichnet diese Publikation
in der Deutschen Nationalbibliografie; detaillierte bibliografische Daten
sind im Internet über http://dnb.d-nb.de abrufbar.

Umschlaggestaltung | Layout: Gesine Beran, Turin | Hamburg
Umschlagmotiv: © Apelöga/Maskot/Corbis
Gesamtherstellung | Druck: Aumayer Druck + Verlag Ges.m.b.H & Co KG, Munderfing
Printed in the European Union

ISBN 978-3-903072-00-8
ISBN E-Book 978-3-903072-11-4
www.fischerundgann.com

Für meine Frau, meine Söhne, meine Töchter
und meine Enkeltochter

INHALT

VORWORT
VON HANS JELLOUSCHEK

WENN SIE, WERTE LESERIN, WERTER LESER, in diesem Buch zu lesen beginnen, erwarten Sie bestimmt keine unterhaltende Gute-Nacht-Lektüre. Da liegen Sie völlig richtig! Sie haben sich auf ein Arbeits-Buch eingelassen, und ich kann Ihnen schon vorweg sagen: Wenn Sie dabeibleiben, bekommen Sie mit Sicherheit das, was der Untertitel verspricht: »Hilfe für Paare in der Krise«! Mein Kollege und Landsmann Klaus Sejkora hat hier seine jahrzehntelange Erfahrung in der therapeutischen Arbeit mit Paaren gleichsam ein Stück von sich losgelöst, um Ihnen diese für Ihre Anliegen zur Verfügung zu stellen.

In fast jeder Zeile bleibt er dabei durch seine persönliche Art des Schreibens auch als Person spürbar: als kompetenter Fachmann und als einfühlsamer Mensch. Das hilft Leserinnen und Lesern sehr, gerne dabeizubleiben. Und: Gleich in der Einleitung bekommen Sie zwei konkrete Aufgaben gestellt. Wenn Sie die durchführen und weitermachen, werden Sie es auch im weiteren Text immer wieder mit solchen und ähnlichen Aufgaben zu tun bekommen. Meist dienen sie dazu, Ihre eigene Beziehung bzw. Krise in das Licht der vorausgehenden Ausführungen zu stellen und dabei neue Erkenntnisse und Handlungsimpulse zu erhalten. Zusätzlich stellt Ihnen der Verfasser auch noch das Beispielpaar »Hans und Marlene« an die Seite, deren Klärungs- und Neugestaltungsprozesse in der Therapie Sie unmittelbar miterleben dürfen.

Für die Fachleute und Kollegen unter den Leserinnen und Lesern möchte ich noch hinzufügen: Klaus Sejkora zeigt Ihnen in diesem Buch außerdem, wie er die Therapie-Konzepte der »Transaktions-Analyse« für die Arbeit mit Paaren nutzt und fruchtbar macht, was in diesem umfassenden Ausmaß erstmals geschieht und bisher einmalig ist.

Nutzen Sie die Impulse dieses Buches – das wird die Liebe in der Ihnen wichtigsten Beziehung neu beleben und vertiefen!

Hans Jellouschek
Im April 2015
Ammerbuch bei Tübingen

EINLEITUNG

Yesterday, all my troubles seemed so far away
Now it looks as though they're here to stay
John Lennon/Paul McCartney, Yesterday

HANS UND MARLENE SIND SEIT FAST 30 JAHREN ein Paar, verheiratet sind sie seit 28 Jahren. Viel haben sie erlebt in dieser Zeit: drei Kinder großgezogen, beruflichen Aufstieg und Niedergang, Krankheiten, Seitensprünge, Affären, Außenbeziehungen, Verletzungen und Entschuldigungen, Verzeihen und Unverzeihlichkeit. »Krieg und Frieden«, so meint Hans, könnte man ihre Geschichte nennen, und sie wäre wohl ebenso umfangreich wie Tolstois berühmter Roman. Und auf meine Frage, wie dieser ihr Roman denn begänne, sagen beide wie aus einem Mund: »Es war einmal…«

Es war einmal schön, es war einmal ein glückliches Paar, es war einmal die große Liebe, die für die Ewigkeit gemacht schien.

Während der Arbeit mit den beiden nahm ein schon länger gehegter Plan konkrete Form an – die Idee, ein Buch über Paare und für Paare in der Krise zu schreiben, als Ergebnis meiner jahrzehntelangen Arbeit mit Menschen in dieser Situation. Natürlich war mir klar, dass es von solchen Büchern schon eine ganze Reihe gibt. Zu offensichtlich ist das Problem, als dass nicht schon viele Autorinnen und Autoren ihre Hilfe dazu in gedruckter Form anbieten würden.

Marlene sagt bei unserem Erstgespräch die charakteristischen Worte, die fast jedes Paar in der Krise ausspricht: »So kann es nicht weitergehen!« Und Hans antwortet prompt: »Ja, aber wie dann? Wir haben schon alles probiert – aber wir kommen nicht auseinander, und wir kommen nicht zusammen.« (Selbstverständlich sind die Namen der im Text vorkommenden Personen verändert, ebenso wie ihre Lebensumstände und biografischen Details. Sie sind vollständig anonymisiert. Etwaige Ähnlichkeiten sind rein zufällig. Allerdings könnten Sie sich selbst in manchen Aussagen wiederfinden.)

Bücher versuchen, ihre Leserinnen und Leser an dem Punkt abzuholen, an dem sie stehen. Die meisten Titel über Paare in der Krise tun das unter dem Motto: »Wie finden wir unsere Liebe wieder?« Eine zweite Gruppe bietet Hilfe bei der Bewältigung einer Trennung an. Weder an der einen noch an der anderen Stelle aber sind Marlene und Hans angelangt (ebenso wie fast alle anderen Paare, die meine Hilfe suchen). Diese Entscheidung können sie eben (noch) nicht treffen.

Aber was heißt hier überhaupt »Krise«? Hans und Marlene haben schon so viel miteinander geschafft, warum nicht auch diese Situation? Ist es nicht normal, dass man sich im Lauf der Jahre ein wenig auseinanderlebt? Dass man eine Beziehung kritischer sieht und nicht mehr so rosig wie am Anfang? Geht es nicht fast allen Paaren so? Muss man deswegen gleich an eine Trennung denken? Reicht es nicht, wenn sich beide ein wenig bemühen, aufeinander einzugehen? Die Kommunikation verbessern? Sich mehr Zeit füreinander nehmen? Akzeptieren, dass sie eben die Menschen sind, die sie sind – mit allen Vor- und Nachteilen?

Und Sie, liebe Leserin, lieber Leser? Stellen Sie sich diese Fragen auch? Fragen Sie sich auch, ob Sie Ihre Beziehungsprobleme nicht überbewerten?

Dann bitte ich Sie, die unten stehenden Punkte zu beantworten. Dies ist die erste von vielen Übungen, die Sie in diesem Buch finden werden und die Ihnen helfen sollen, zu einer Entscheidung in der Situation Ihrer Paarbeziehung zu kommen. Nur in der Einleitung finden Sie die Übungen mitten im Text. Später werden Sie immer am Ende eines Abschnitts darauf stoßen. Aus Gründen der Lesbarkeit habe ich darauf verzichtet, immer beide geschlechtlichen Formen oder das Binnen-I zu verwenden. Stattdessen wechsle ich im Text zwischen »Partner« und »Partnerin« bzw. »er« und »sie«.

ÜBUNG 1
IST UNSERE BEZIEHUNG IN DER KRISE?

Treffen die folgenden Aussagen auf Sie zu? Antworten Sie mit »Ja« oder »Nein«.

- Ich ziehe mich von meinem Partner zurück – ich erlebe ihn im Rückzug von mir.
- Ich erlebe meine Partnerin immer häufiger als einen mir fremden Menschen.
- Wir sprechen immer weniger miteinander, vor allem nicht mehr über unsere Schwierigkeiten.
- Die Sexualität in der Partnerschaft wird immer seltener und/oder ist mechanisch.
- Ich habe nur noch wenig positive Gefühle für meinen Partner, und wenn, dann eher in seiner Abwesenheit.
- Ich sehne mich häufig danach zurück, wie es früher war.
- Ich stelle mir öfter vor, wie es alleine und/oder mit einem anderen Menschen wäre.
- Wir streiten häufig, und die Konflikte werden immer aggressionsgeladener und immer erschöpfender und auslaugender.
- Ein oder beide Partner ist/sind häufig krank.
- Ich fühle mich in der Partnerschaft resigniert, verzweifelt, traurig oder abgestumpft.

Wenn Sie fünf oder mehr Aussagen deutlich mit »Ja« bestätigt haben, dann erlebt Ihre Beziehung eine Krise. Dann ist es sinnvoll, sich bewusst zu machen, dass Sie – ob Sie es wollen oder nicht – auf eine Entscheidung zusteuern. Sie können natürlich so weitermachen wie bisher, in der Hoffnung, dass alles wieder gut werden wird. Dann wird die Entscheidung Sie früher oder später überrumpeln, und sie wird vermutlich eher in Richtung »Trennung« gehen. Um zu überprüfen, wo Sie und Ihre Partnerin auf diesem Weg gefühlsmäßig gerade stehen, lade ich Sie ein, eine kurze Standortbestimmung durchzuführen.

ÜBUNG 2
STANDORTBESTIMMUNG:
WO SEHEN WIR UNSERE BEZIEHUNG GENAU JETZT?

Bitte tragen Sie – individuell, ohne Notwendigkeit der Übereinstimmung – auf der unten stehenden Skala von 1 bis10 ein, wo Sie im Moment Ihre Beziehung sehen (1 = Es ist die Hölle, besser heute als morgen trennen; 10 = Es ist der Himmel auf Erden, schöner kann es nicht mehr werden).

☐	☐	☐	☐	☐	☐	☐	☐	☐	☐
1	2	3	4	5	6	7	8	9	10

Sie können Ihren Prozess bewusst in die Hand nehmen und steuern, sodass die Entscheidung schlussendlich eine gute und sinnvolle wird – und eine gemeinsame, die Ihnen Weiterentwicklung und Wachstum ermöglicht.

Dazu werde ich Sie auf eine Reise einladen: auf die Reise in Ihre Gegenwart, Ihre Vergangenheit und Ihre Zukunft. Wir werden Ihre Situation jetzt beleuchten, sowohl die Ihre als Einzelperson als auch die Ihrer Paarbeziehung. Von dort aus werden wir in die Geschichte reisen – die des Paares und die der beiden einzelnen Menschen. Schließlich werden wir uns der Frage zuwenden, wie denn die Zukunft aussehen könnte. Dazu werde ich Ihnen von der Reise erzählen, die Marlene und Hans mit mir unternommen haben, und auch ein paar Einblicke in die Reisen anderer Paare geben. Gleich zu Beginn möchte ich Sie darauf hinweisen, dass es ein langer und in die Tiefe gehender Weg werden wird. Sie werden ihn manchmal als befreiend, manchmal aber auch als kompliziert und vielleicht bedrückend erleben. Es hat ja auch lang gedauert, bis Sie an die Stelle Ihrer Beziehung gekommen sind, an der Sie jetzt stehen.

Zum Verständnis der Dynamik eines Paares werde ich die meisten Abschnitte mit einem Stück aus der Theorie der **Transaktionsanalyse** einleiten.[1] Dadurch entsteht so etwas wie eine »Landkarte«, auf der es möglich ist, Muster im Denken, Fühlen und Verhalten zu orten. Die Transaktionsanalyse (TA) ist ein sozialpsychologisches und psychotherapeutisches Modell, das in den 60er Jahren des vorigen Jahrhunderts in den USA von *Eric Berne* und seinen Schülern entwickelt wurde. Sie bietet Landkarten zur Analyse und zur Veränderung menschlicher Persönlichkeit, menschlichen Verhaltens und menschlicher Beziehungen.

SIE FINDEN ALSO IN DEN ABSCHNITTEN DES BUCHES VIER GRUNDELEMENTE:

- »Landkarten« aus der Transaktionsanalyse (nur in den Kapiteln 1 und 2)
- Die Darstellung der entsprechenden Paardynamik aus psychologischer Sicht
- Die Geschichte von Hans und Marlene (und anderen Paaren)
- Persönliche Übungen zum Erkennen und Verändern Ihrer eigenen Situation (die Sie auch online durchführen können)

Idealerweise ist dieses Buch für das gemeinsame Lesen und Durcharbeiten für Sie beide als Paar gedacht, damit auch die Entscheidung, vor der Sie stehen, eine gemeinsame sein kann. Aber ich weiß natürlich, dass die Welt nicht perfekt ist und dass dies nicht in jedem Fall möglich sein wird. Vielleicht wird Ihr Partner, Ihre Partnerin aus verschiedenen Gründen nicht dazu bereit sein.

Lassen Sie sich dadurch nicht entmutigen. Sie haben sich auch durch anderes nicht entmutigen lassen. In jedem Fall werden Sie in diesem Buch, auch wenn Sie es »nur« als Einzelne lesen, vieles finden, das Ihnen helfen kann, sich selbst, Ihre Beziehung und auch den anderen Menschen (der ja weiterhin an Ihrer Seite lebt) zu verstehen. Und vielleicht lässt es sich nicht ändern und Sie müssen Ihre Entscheidung alleine treffen – auch dazu werden Sie hier Unterstützung finden.

Darüber hinaus lade ich Sie ein, ergänzend zum Lesen ein Tagebuch zu führen, in dem Sie die Ergebnisse der Übungen, Gedanken, Erkenntnisse, Erfahrungen und Ereignisse notieren. Sie können das Tagebuch handschriftlich in einem Heft oder online führen (nähere Hinweise zum Online-Arbeiten finden Sie am Ende des Buches).

Und nun – lassen Sie uns unsere Reise in die Gegenwart, in die Vergangenheit und in die Zukunft beginnen.

1. DIE GEGENWART

ALLES, WAS GESCHIEHT, GESCHIEHT JETZT

The birds they sang at the break of day
start again I heard them say
don't dwell on what has passed away
or what is yet to be.
Leonard Cohen, Anthem

IN DER EINLEITUNG HABEN WIR über die Frage gesprochen, ob Ihre Beziehung »in der Krise« ist. Sie haben zehn Aussagen beantwortet und Ihre Standortbestimmung auf einer Skala von 1 bis 10 vorgenommen. Wir haben einen Blick auf die Symptome Ihrer Beziehungssituation geworfen und dann definiert: Ab dem Auftreten von mindestens fünf dieser Symptome können wir von einer »Beziehungskrise« sprechen.

Aber was ist das überhaupt, eine Krise? Wir verwenden das Wort inflationär. Wir reden und lesen von politischen Krisen, von Wirtschaftskrisen, von der Krise eines Unternehmens, der politischen Parteien, der Kirchen. Im täglichen Sprachgebrauch meinen wir damit ungefähr, dass irgendetwas schwierig geworden ist und dass es keine einfachen Lösungen geben wird – wenn denn überhaupt welche gefunden werden können.

Das ursprünglich griechische Wort »crisis« bedeutet nichts anderes als »entscheidende Wendung«. Ursprünglich gebräuchlich war der Begriff ab der frühen Neuzeit in der Medizin, um den Höhepunkt einer Krankheit zu bezeichnen, an dem es sich entscheidet, ob der Patient stirbt oder wieder gesund wird. Das kommt in der Tat der Situation sehr nahe, um die es in diesem Buch geht: Menschen sind in ihrer Partnerbeziehung an einem Punkt angelangt, an dem es so nicht weitergeht. Sie erleben sich in einer Sackgasse; alles, was sie bisher probiert haben, hat nicht funktioniert. Es wird Zeit für eine Entscheidung. Wie lange diese Krise schon dauert und wie sie sich genau äußert, ist unterschiedlich und hat sehr mit dem subjektiven Empfinden und dem subjektiven Handeln der beteiligten Personen (und auch dem Umfeld eines Paares, insbesondere den Kindern) zu tun.

Das deutlichste Anzeichen für eine Beziehungskrise sind häufige und nicht wirklich zufriedenstellend gelöste oder gänzlich ungelöste Konflikte zwischen den beiden Menschen, die sich über einen längeren Zeitraum wiederholen. Die Ursachen dieser Auseinandersetzungen sind oft scheinbar nichtig, es treten aber sehr schnell heftige und intensive Gefühle auf: Rasende Wut, abgrundtiefe Verzweiflung, panische Angst können in Sekundenschnelle aufbrechen und scheinen nicht kontrollierbar zu sein. Ebenso heftiges und intensives Verhalten geht damit einher: Schreien, Gewaltandrohungen oder tatsächliche Gewalt, vollständiger Rückzug und eisiges Schweigen, Türenknallen, Beschimpfungen, verbale Grobheiten und vieles andere.

Und eines ist diesen Auseinandersetzungen immer gemeinsam: Sie führen sofort weg vom auslösenden Thema. Sie führen entweder in die – nähere oder fernere – Vergangenheit (»Ich hab dich schon vor drei Tagen darum gebeten!«, »Jedes Weihnachten ist es dasselbe!«, »Das war schon immer so!«, »Seit Jahren geht das jetzt so dahin!«) oder in die Zukunft (»So kann das nicht weitergehen!«, »Eines Tages werde ich genug von dir haben!«).

Das aktuelle Problem ist so natürlich nicht zu lösen. Es ist nicht unbedeutend, wie Paare oft glauben (»Es geht eigentlich um nichts!«), aber es ist – isoliert gesehen – ein Problem der Gegenwart. Und alle Zeitreisen des Streits – vor und zurück – führen weg von einer sinnvollen Lösung.

Im einleitenden Abschnitt habe ich Sie bereits kurz mit Marlene und Hans bekannt gemacht. Auch ihre Paartherapie beginnt sofort mit einem ausführlichen Blick in die Vergangenheit.

HANS UND MARLENE

HANS:	Wir haben schon alles probiert – aber wir kommen nicht auseinander, und wir kommen nicht zusammen.
MARLENE:	Von der Paartherapie bis zur vorübergehenden Trennung. Und vor allem Außenbeziehungen. Ich meine, das war er, ich nicht.
HANS:	Ja, klar, da sind wieder alle Trümpfe bei dir.
MARLENE:	Was heißt Trümpfe? Lustig war das nicht!
HANS:	Dann musst du aber auch sagen, was mich dazu gebracht hat.
MARLENE:	Ach, gebracht? Hab ich dich vielleicht dazu gezwungen?
HANS:	Na ja, weit weg davon ist das nicht, wenn du sagst: Dann geh doch zu einer anderen!

Es ist, als wollte das Paar in jedem Streit mit einem Schlag die ganze Vergangenheit aufarbeiten, am besten, indem der eine oder die andere die ganze Schuld auf sich nimmt. Es beginnt mit einer aktuellen Verletzung, und dann ist es, als ob all die vielen, vielen Wunden auf einmal zu bluten begännen. Wie an einem Gummiband wird man in die Vergangenheit zurückgezogen und kann sie nicht loslassen (und das ist, wie wir später sehen werden, nicht nur die gemeinsame Geschichte des Paares, sondern reicht – unbewusst – viel weiter, nämlich ein ganzes Leben lang zurück).

Und trotzdem ist es notwendig, diese Vergangenheit fürs Erste beiseitezulassen. Die Beschäftigung damit erschöpft die beiden, sie laugt sie aus und treibt sie immer tiefer in die Sackgasse hinein.

HANS UND MARLENE

MARLENE:	Ich kann einfach nicht mehr. Ich weiß nicht ein noch aus, jeden Tag nehme ich mir vor, damit aufzuhören, aber es fängt wieder an, kaum, dass wir aufgestanden sind.
HANS:	Ja, mir geht es genauso. Ich denke die halbe Nacht nach, und allmählich komme ich zur Ruhe und glaube, ich weiß einen Ausweg. Aber sobald wir die ersten Worte miteinander reden, geht es wieder los.
MARLENE:	Es ist wie ein Karussell, das sich unaufhörlich dreht, schneller und schneller, und aus dem man nicht aussteigen kann.

Das ist die passende Metapher für die Situation eines Paares in der Krise: ein Karussell, aus dem man nicht aussteigen kann. Genauer: aus dem man glaubt, nicht aussteigen zu können. Als ersten Schritt geht es darum, dieses Karussell zu stoppen. So lange immer neue Verletzungen passieren, können die alten nicht einmal ansatzweise verarbeitet werden und heilen.

Daher fangen wir – sowohl in einer Paartherapie als auch in unserer Reise durch das Buch – in der Gegenwart an. Jeder Konflikt, jeder Streit, so sehr er sich auch mit der Vergangenheit beschäftigt, geschieht genau jetzt. Genau jetzt bildet er ab, wie das Paar miteinander umgeht, wie es seine Beziehung stört und zerstört. Aber der Blick darauf – weg von Verallgemeinerungen, weg von Ausflügen in die Vergangenheit – konfrontiert die beiden Menschen mit etwas, das sie nicht sehen möchten: mit ihrer Hilflosigkeit, ihrer Schwäche und ihren Schwierigkeiten auch nur den kleinsten Konflikt gemeinsam zu lösen. Ein wichtiger Punkt dabei ist, dass all das, was das Karussell in Gang bringt und in Schwung hält, *nicht bewusst* geschieht (obwohl das dem anderen gern unterstellt wird). Keiner von beiden möchte so sein – und doch empfinden beide: ich muss, ich kann nicht anders.

Wenn es (theoretisch) möglich wäre, das Karussell schlagartig zu stoppen, wären die Insassen damit höchstwahrscheinlich überfordert: Sie wären (bildlich gesprochen) schwindlig und hätten weiche Knie. So sehr sie diesen Stillstand ersehnen mögen, so sehr hätten sie doch (noch) kein Repertoire, um damit umzugehen. Zu fremd wäre die Situation. Daher brauchen wir Zwischenschritte, um dieses Karussell allmählich zum Stillstand zu bringen.

DAZU SIND AUF DIESER REISEETAPPE – DER GEGENWART – DREI SCHRITTE WICHTIG:

1. Das Finden einer gemeinsamen Basis, und sei sie auch noch so klein; diese Grundlage wird Schritt für Schritt ausgebaut und begleitet uns die ganze Zeit über – bis zum Finden der gemeinsamen Entscheidung.
2. Die Analyse und Veränderung der zerstörerischen Muster des Paares.
3. Der Umgang mit den Gefühlen, die dabei im Spiel sind, sowohl mit denen, die ausgedrückt, als auch mit denen, die unterdrückt werden.

PERSÖNLICHE ÜBUNG

Die ersten beiden Übungen in der Einleitung dieses Buches haben Ihnen dabei geholfen, den Ist-Zustand Ihrer Beziehung und Ihrer möglichen Beziehungskrise zu erfassen. Jetzt gehen wir einen Schritt weiter: Wir befassen uns mit dem »Karussell«, von dem vorher die Rede war. In dieser Übung geht es noch nicht darum, etwas zu verändern oder die Fahrt des Karussells zu verlangsamen oder gar zu stoppen. Es geht darum, Ihre Aufmerksamkeit auf das zu richten, was zwischen Ihnen und Ihrer Partnerin geschieht – was Sie tun, denken und fühlen, um das Karussell in Schwung zu bringen. Die Übung soll Ihnen helfen, sich dessen bewusst zu werden, was da zwischen Ihnen beiden passiert. Das kann vielleicht unangenehm, schmerzlich, enttäuschend oder mit Gefühlen der Scham verbunden sein. Sie könnten in Versuchung sein, sich oder dem anderen die Hauptschuld dafür zuzuschieben. All diese Gefühle und Gedanken sind normal für einen solchen Prozess der Erkenntnis; sie gehen wieder vorbei und helfen Ihnen dabei, die Fahrt des Karussells zu bremsen und es schlussendlich zum Stillstand zu bringen.

ÜBUNG 3
WAS BRINGT UNSER KARUSSELL IN SCHWUNG?

Denken Sie an einen kurz zurückliegenden Streit und beantworten Sie bitte diese Fragen:
Wie reisen mein Partner und ich vom aktuellen Konfliktanlass zurück in die Vergangenheit und vor in die Zukunft?

- Welche Verhaltensweisen könnte ein Beobachter bei uns beiden sehen?
- Was tue ich?
- Was unterlasse ich?
- Was sage ich?
- Was sagt er/sie?
- Was sind die häufigsten Verallgemeinerungen (z.B. »immer«, »nie«...)?
- Was fühle ich dabei?
- Was, glaube ich, fühlt meine Partnerin?
- Wie geht es weiter?
- Wie endet es?
- Wie oft wiederholt sich das – wöchentlich, alle paar Tage, täglich, mehrmals am Tag?

Zum Abschluss der Übung noch eine Aufgabe für Ihre Fantasie:

- Wenn das Karussell plötzlich seine Fahrt unterbrechen würde und ich genau an dem Ort bleiben würde, an dem ich gerade bin – wie wäre das für mich? Was würde ich dann fühlen? Was würde ich denken? Und wie würde ich mit dieser gänzlich neuen Situation umgehen?

1.1 WIR SIND VERSCHIEDEN – UND WIR HABEN GEMEINSAMES

AUTONOMIE UND DIE ABHÄNGIGKEITSFALLE

You'll say we've got nothing in common
no common ground to start from
Todd Pipes, Breakfast At Tiffany's

TRANSAKTIONSANALYSE: LANDKARTE 1
AUTONOMIE

Autonomie ist ein zentraler Wert im Menschenbild der Transaktionsanalyse und bedeutet, in vollem Umfang der Mensch zu sein, der ich bin und sein kann.
Autonomie beinhaltet drei Aspekte:

- Bewusstheit: mir meines Denkens, Fühlens und Handelns bewusst sein; andere Menschen in ihrer Unterschiedlichkeit und ihrer Ähnlichkeit zu mir wahrnehmen können.
- Spontaneität: wählen können, wie ich meine Gefühle ausdrücke und wie ich handle.
- Intimität: Nähe herstellen können, indem ich mich verstehend in andere Menschen hineinversetze und meine Gefühle und Wünsche offen mitteilen kann.

In der gesunden Persönlichkeitsentwicklung wachsen wir über drei Stadien zum vierten, der Autonomie:

- Abhängigkeit: Wir brauchen einen anderen Menschen zum Überleben.
- wechselseitige Abhängigkeit: Wir hängen voneinander ab, ob wir es wollen oder nicht.
- Unabhängigkeit: Wir glauben, niemanden zu brauchen.
- Autonomie: die Freiheit zu verschiedenen Beziehungsarten, je nach Situation und Bedürfnissen.

Autonomie ist das Ziel jeder transaktionsanalytischen Arbeit.

Sie haben jetzt bereits drei wichtige Schritte in Ihrem Prozess gemacht: Sie haben erkannt, wo Ihre Beziehung steht, ob Sie tatsächlich in einer Krise stecken, und Sie haben erste Mechanismen kennengelernt, die Ihr tägliches Zusammenleben erschweren. Dabei werden Sie wahrscheinlich widersprüchliche Gefühle und Gedanken über sich, ihre Beziehung und ihr Leben erlebt haben. Sie werden sich möglicherweise gefragt haben, was Sie denn noch Gemeinsames in Ihrer Partnerschaft haben, und vielleicht haben Sie eine große Distanz zwischen sich und Ihrer Partnerin empfunden. Mit diesem Thema werden wir uns als Nächstes befassen: Was trennt uns (mittlerweile), und was verbindet uns (immer noch).

Wenn Paare in einer Entscheidungskrise stecken, erleben sie oft eine seltsame Zwiespältigkeit. Einerseits finden sie in jedem Streit und in jedem Groll aufeinander mehr und mehr Trennendes; es scheint so gut wie keine Gemeinsamkeiten mehr zu geben, sie sind einander fremd geworden (»Manchmal ist mir, als hätte ich diese Frau nie gekannt«, sagt Hans dazu, und Marlene meint: »Das ist nicht mehr der Mensch, den ich geliebt habe. Den finde ich nicht mehr«). Andererseits fällt ihnen immer wieder auf, wie viel Gemeinsames es doch gibt: eine lange Geschichte als Paar, die Kinder, das Haus, die Zukunftspläne – und Liebe, die zumindest einmal da war. Marlenes Satz: »Den finde ich nicht mehr«, verdeutlicht die Entwicklung, die dahintersteckt: Die beiden haben sich verändert, so wie Jahre und Jahrzehnte einen Menschen eben verändern. Sie sind älter geworden, ihre Lebensziele, ihre Lebensplanung, ihr Zugang zu sich und zu anderen Menschen, vielleicht auch ihr Verständnis von Liebe und Beziehung, haben sich verändert.

Allerdings ist diese Veränderung über weite Strecken nicht miteinander, sondern nebeneinanderher passiert; sie haben es voneinander nicht wirklich mitbekommen. Statt dass sie diesen veränderten Menschen an ihrer Seite immer wieder neu kennengelernt haben, ist er ihnen fremd geworden, sie kommen mit ihm nicht zurecht. Ohne dass ihnen das bewusst ist, versuchen sie, die Person von früher nostalgisch heraufzubeschwören. Das sind dann die Momente (in denen der andere meist nicht da ist, weil es sich dann leichter fantasieren lässt), wo sie noch so viele Gemeinsamkeiten und so viel Liebe sehen (oder erhoffen). Diese Liebe gilt dann nicht dem Menschen von heute, sondern dem von früher. Elisabeth und Stefan, ein anderes Paar, bringen das in einem kurzen Wortwechsel auf den Punkt:

STEFAN: Warum bist du nicht mehr das bezaubernde junge Mädchen, in das ich mich verliebt habe?

ELISABETH: Weil ich 49 bin.

Autonomie – Selbstbestimmtheit – ist ein zentraler Wert für alle Menschen. Wir streben unser ganzes Leben danach und fühlen uns unerfüllt und unglücklich, wenn wir sie nicht erreichen. In Landkarte 1 haben wir Autonomie unter anderem definiert als *die Fähigkeit, andere Menschen in ihrer Unterschiedlichkeit und ihrer Ähnlichkeit zu mir wahrnehmen zu können*. Genau das können wir nicht, wenn wir in dem widersprüchlichen Geschehen von »Wir haben so viel Gemeinsames – wir haben gar nichts mehr gemeinsam« gefangen sind. Wir fühlen uns nicht autonom, sondern entweder *wechselseitig abhängig* (»Wir brauchen einander, ob wir es wollen oder nicht«) oder, als Gegenpol dazu, völlig *unabhängig* (»Ich brauche dich doch überhaupt nicht!«).

In der Einleitung habe ich von insgesamt drei grundlegenden Beziehungsfallen gesprochen. Hier stoßen wir auf die erste davon: die **ABHÄNGIGKEITSFALLE.**

Worin besteht diese Falle? Die meisten Menschen haben eine eher unbestimmte Vorstellung von Autonomie – es ist eine Art von Gefühl, das sagt: »Ich möchte der Mensch sein, der ich sein kann«, oder: »Ich möchte mich ganz und vollständig fühlen.« Wir verknüpfen dieses Entwicklungsziel mit bestimmten Lebensvorstellungen, in denen meist das – nicht definierbare – Wort »Glück« an wichtiger Stelle vorkommt. Für dieses Glück spielt dann der ebenso wenig fassbare Begriff der Liebe eine zentrale Rolle: Wenn ich die Liebe meines Lebens gefunden habe, dann werde ich glücklich sein, werde ich ganz sein, werde ich der Mensch sein, der ich sein möchte – und der oder die andere wird mir dabei helfen. Das ist allerdings eine sehr auf das Ich zugeschnittene Vorstellung, in der das Du im Grunde nur als Unterstützer gesehen wird. Nur sieht der andere beteiligte Mensch das naturgemäß genau umgekehrt. So hat bereits die erste, wundervolle Liebe den Keim von Konkurrenz in sich: Ich will meine Autonomie, und dafür brauche ich dich. Tatsächlich entsteht so aber *Abhängigkeit* und vor allem *wechselseitige Abhängigkeit*. Je länger die Beziehung dauert, umso deutlicher wird, dass das nicht die Autonomie, nicht die Selbstbestimmung ist, nach der beide streben. Als Gegenbewegung dazu entsteht dann die Illusion der *Unabhängigkeit*: Wenn es so ist, dass du mir ja gar nicht zu meiner Autonomie hilfst, dann brauche ich dich nicht! All das Trennende rückt in den Vordergrund: In Wirklichkeit haben wir doch überhaupt nichts gemeinsam. Du bist nicht der Mensch, den ich zu meinem Glück brauche.

Tatsächlich aber brauchen wir sichere und beständige Beziehungen, um unsere Autonomie zu finden. Kinder brauchen diese Sicherheit von ihren Eltern, und Erwachsene von ihren Partnern. »Der Mensch wird am Du zum Ich«, sagt der jüdische Religionsphilosoph Martin Buber.[2] Genauer gesagt: Nur in einem wirklichen »Wir« können beide Menschen zu ihrem Ich gelangen, nicht in einem »entweder Ich oder Du«. Das scheinen wir alle intuitiv zu wissen, deshalb führt uns die scheinbare Unabhängigkeit nirgendwo hin; kein Mensch ist eine Insel. Also streben wir – wie in einer Pendelbewegung – wieder zurück in die Abhängigkeit: Wir haben doch noch so viel gemeinsam!

Die Abhängigkeitsfalle wird so zur ersten treibenden Kraft des Karussells. Es dreht sich und dreht sich. Jedes Mal, wenn eine Entscheidung im Raum steht – »Wir trennen uns endgültig!« oder: »Jetzt versuchen wir es wirklich ernsthaft miteinander!« –, ist schon wieder die Gegenbewegung mit dabei.

Sehen wir uns das wieder bei Marlene und Hans an.

HANS UND MARLENE

HANS:	Also, wir haben drei Kinder miteinander.
MARLENE:	Das kann man so oder so sehen. »Miteinander« haben wir sie nicht. Gekriegt habe ich sie, und du hast mich schon im Wochenbett im Stich gelassen. Und großgezogen hab ich sie auch weitgehend alleine.
HANS:	Das ist doch überhaupt nicht wahr! Ich hab immerhin ein Haus für uns alle gebaut.

MARLENE: Ja, das Haus. Mit dem Hausbau ist dann alles noch viel schwieriger geworden – obwohl wir uns das beide so gewünscht haben.

HANS: Gewünscht? Ich? Ich hab immer gesagt, ich brauch kein Haus, ich muss überhaupt nicht aufs Land ziehen.

MARLENE: Das hast du aber nie so gesagt.

HANS: Du hast es nie hören wollen.

MARLENE: Aber dafür genießt du es jetzt schon. Den Pool, und alles.

HANS: Wenn schon mein ganzes Geld und unendlich viel Arbeit drinsteckt, dann kann ich doch wohl das Beste draus machen.

MARLENE: Klar, du schwimmst im Pool, während ich deine Hemden bügle.

HANS: Ich war immer dafür, eine Bügelfrau zu bezahlen, aber die macht es dir ja nicht ordentlich genug.

THERAPEUT: Da scheint es wirklich viel zu geben, was Sie voneinander trennt.

HANS: Ja, schon, einerseits. Andererseits – und das ist mir in letzter Zeit klar geworden – ist Marlene einfach die Frau, die ich wirklich liebe. Immer geliebt habe.

MARLENE: Dafür hast du dich aber ganz schön mit anderen Frauen abgegeben.

THERAPEUT: Und Sie sind immer bei ihm geblieben.

MARLENE: Ja, wahrscheinlich habe ich auch nie aufgehört, ihn zu lieben. So viele Jahre, das wirft man doch nicht einfach weg!

HANS: Wir haben so viel durchgemacht. Das schweißt auch zusammen.

MARLENE: Ob wir es wirklich gemeinsam durchgemacht haben ... Ich sehe das schon so, dass ich es durchgemacht habe, und du warst immer mit Wichtigerem beschäftigt. Beruf, Karriere, deinem Fußball ...

HANS: Und du hast schließlich auch deine Freundinnen!

MARLENE: Die dir alle nicht recht sind.

HANS: Nur dann, wenn du stundenlang mit ihnen telefonieren musst, wenn ich einmal einen Abend zu Hause bin.

Nachdem die beiden ihre wechselseitige Abhängigkeit zum Ausdruck gebracht haben, pendeln sie wieder in Richtung der scheinbaren Unabhängigkeit:

HANS:	Vielleicht wäre es wirklich besser, wir lassen es sein. Es gibt in Wirklichkeit nichts Gemeinsames mehr. Aber was sollen wir denn tun – das Haus ist so verschuldet, dass einer allein es nicht erhalten kann.
MARLENE:	Und wer würde dir deine Wäsche waschen und für dich kochen?
HANS:	Dafür kann ich schon jemanden finden.
MARLENE:	Und von welchem Geld willst du das bezahlen? Dass du für mich und die Kinder zahlen musst, ist ja wohl klar. Schließlich habe ich meine Berufsausbildung damals abgebrochen. Was soll ich jetzt arbeiten? Im Supermarkt an der Kasse?
HANS:	Ich kann mir ein Leben ohne Marlene nicht vorstellen.
MARLENE:	Dann musst du eben lernen, mit mir zu leben.
HANS:	Das kann ich mir genauso wenig vorstellen.
MARLENE:	Also, ich brauch dich nicht. Ich brauch überhaupt keinen Mann.
HANS:	Eine Frau, die so ist, brauche ich auch nicht.

Einerseits übertreiben beide das Trennende (»Es gibt nichts Gemeinsames mehr«), andererseits wird dann wieder das Verbindende übersteigert (»Sie ist die Frau, die ich wirklich liebe«). Sie sitzen in der Abhängigkeitsfalle fest.

Weder Abhängigkeit noch Unabhängigkeit sind Autonomie, nämlich die Freiheit zu der Beziehungsform, die für die jeweilige Lebenssituation am besten passt. Der Weg dorthin führt über das Finden von Gemeinsamkeit in aller Unterschiedlichkeit und aller Entfremdung, ohne falsche Harmonie und ohne Verwischen der mittlerweile (vielleicht) unüberbrückbaren Gegensätze.

Es geht also darum, Gemeinsames zu finden, und sei es noch so wenig. Wenn man den Weg durch einen Sumpf finden will, hat es wenig Sinn, dort Tritt zu suchen, wo man keinen findet. Die Diskussion über die Gegensätze ist unendlich (weil sie das heimliche Ziel hat, den anderen dazu zu bringen, den eigenen Standpunkt einzunehmen). Die Reise muss an den – wahrscheinlich wenigen – Stellen beginnen, wo fester Boden unter den Füßen ist.

Diesen festen Boden nenne ich Common Ground. Je größer er wird, umso größer sind die Chancen, zu einer gemeinsamen Entscheidung in Autonomie und Verantwortlichkeit zu kommen.

Natürlich haben Hans und Marlene eine Menge Gemeinsamkeiten, die ihnen aber – vor allem, wenn sie streiten – nicht sehr deutlich bewusst sind. Daher ist es wichtig, beim kleinsten gemeinsamen Nenner anzufangen, um die Bewusstheit über ihren Common Ground von dort aus schrittweise zu erweitern. Sie sind gemeinsam zur Paartherapie gekommen, um einen Ausweg zu finden (auch wenn die Vorstellungen darüber wahrscheinlich verschieden sind). Ihr »So kann es nicht weitergehen« drückt eine gemeinsam empfundene Not aus, nicht nur eine individuelle. Vor der ersten Sitzung haben sie, jeder für sich, den Fragebogen ausgefüllt, den Sie in Übung 1 unter »Ist Ihre Beziehung in der Krise?« gefunden haben. Den wähle ich als Ausgangspunkt.

HANS UND MARLENE

THERAPEUT: Und wie sind Ihre Ergebnisse?

MARLENE: Zehn von zehn Punkten. Lauter Ja.

HANS: Bei mir genauso (lächelt resignierend).

THERAPEUT: Und wie ist das für Sie, wenn Sie das Ergebnis so klar vor sich sehen?

HANS: Ich frage mich: Gibt es da überhaupt noch eine Chance für uns? Zehn Punkte von zehn möglichen ...

THERAPEUT: Es gibt immerhin eine Gemeinsamkeit: die Einschätzung der Situation Ihrer Beziehung. Das ist nach der Entscheidung, Hilfe in Anspruch zu nehmen, schon die zweite.

MARLENE: Meinen Sie das ironisch?

THERAPEUT: Überhaupt nicht. Bei allem Trennenden gibt es etwas Gemeinsames: Sie schätzen Ihre Situation gleichermaßen als sehr schwierig ein, Sie wollen einen Ausweg finden, und Sie erhoffen sich diesen Ausweg, indem Sie professionelle Hilfe

	in Anspruch nehmen. (Die beiden sehen sich unsicher an.) Ich schlage Ihnen eine weitere Gemeinsamkeit als Ziel unserer Zusammenarbeit vor.
HANS:	Sollen wir uns trennen oder zusammenbleiben? Was denken Sie?
THERAPEUT:	Das kann ich so nicht sagen. Ich möchte Ihnen dabei helfen, zu einer gemeinsamen Entscheidung über Trennung oder Neubeginn zu kommen. Für beides ist diese gemeinsame Entscheidung notwendig: für einen Neubeginn sowieso, damit es ein wirklicher Neubeginn werden kann. Und für eine Trennung, damit sie in Respekt, Menschenwürde und gemeinsamer Verantwortung, auch für Ihre Kinder, geschehen kann.
HANS:	Das hört sich mühsam an.
THERAPEUT:	Das kann ein mühsamer Weg sein, ja. Es ist der, den ich Ihnen anbieten kann.
MARLENE:	Mühsamer als jetzt kann es nicht mehr werden. Einverstanden, ich bin dabei! Was meinst du, Hans?
HANS:	Ja, ich auch.

Das klingt vielleicht unspektakulär, ist aber tatsächlich ein großer Schritt für die zwei: Sie haben gerade begonnen, einen gemeinsamen Weg zu gehen, der sie zu einer autonomen Entscheidung über ihre Zukunft führen wird. Das Karussell hat seine Fahrt ein wenig verlangsamt.

PERSÖNLICHE ÜBUNGEN

In der ersten dieser vier Übungen werden wir der Frage nach Ihrer Autonomie in Ihrer Beziehung nachgehen.

ÜBUNG 4
WIE AUTONOM ERLEBE ICH UNS IN UNSERER BEZIEHUNG?

Bitte bewerten Sie die folgenden Aussagen nach den Kategorien

☐ stimmt ☐ stimmt teilweise ☐ stimmt nicht

Wir haben zwar in Bezug auf viele Aspekte unseres Lebens unterschiedliche Sichtweisen, in der Einschätzung der Situation der Beziehung liegen wir aber in etwa gleich.

☐ stimmt (5 Punkte) ☐ stimmt teilweise (3 Punkte) ☐ stimmt nicht (1 Punkt)

Ich denke, dass mein Partner meine Standpunkte zu den Dingen, die in der Beziehung schwierig sind, im Wesentlichen kennt und respektiert.

☐ stimmt (5 Punkte) ☐ stimmt teilweise (3 Punkte) ☐ stimmt nicht (1 Punkt)

Ich kenne die Standpunkte meiner Partnerin zu den Dingen, die in unserer Beziehung schwierig sind, im Wesentlichen und kann sie respektieren.

☐ stimmt (5 Punkte) ☐ stimmt teilweise (3 Punkte) ☐ stimmt nicht (1 Punkt)

Ich habe wenig Vertrauen in uns beide, dass wir eine konstruktive Lösung unserer Probleme finden werden.

☐ stimmt (5 Punkte) ☐ stimmt teilweise (3 Punkte) ☐ stimmt nicht (1 Punkt)

Ich sehe in Wirklichkeit kein Veränderungspotenzial mehr in unserer Beziehung.

☐ stimmt (5 Punkte) ☐ stimmt teilweise (3 Punkte) ☐ stimmt nicht (1 Punkt)

Partner müssen sich in einer Beziehung nicht unbedingt allzu ähnlich sein, aber in den grundlegenden Werten sollte es Übereinstimmung geben.

☐ stimmt (5 Punkte) ☐ stimmt teilweise (3 Punkte) ☐ stimmt nicht (1 Punkt)

Auswertung: Zählen Sie Ihre Punkte zusammen.

1 – 10 PUNKTE

Sie erleben sich und Ihren Partner in der Beziehung nur wenig autonom. Mit hoher Wahrscheinlichkeit stecken Sie in der Abhängigkeitsfalle zwischen gegenseitiger Abhängigkeit und scheinbarer Unabhängigkeit

11 – 20 PUNKTE

Sie erleben Ihre Beziehung in unterschiedlicher Autonomie; manchmal sind es eher Sie, manchmal eher der andere, der zu wechselseitiger Abhängigkeit oder zu scheinbarer Unabhängigkeit tendiert. Gemeinsam autonom erleben Sie sich selten.

21 – 30 PUNKTE

Sie haben in Ihrer Beziehung ein gesundes Maß an Autonomie; die Abhängigkeitsfalle zwischen wechselseitiger Abhängigkeit und scheinbarer Unabhängigkeit ist für Sie keine große Gefahr.

Wenn Sie in dieser Übung 25 Punkte oder mehr erzielt haben, können Sie Übung 5 überspringen; wenn Ihr Ergebnis darunter liegt, geben Ihnen die folgenden Fragen Aufschluss über Ihre (zumindest potenzielle) Position in der Abhängigkeitsfalle. Sie können an Ihrer Punktezahl erkennen, zu welchem Standpunkt Sie am meisten tendieren: zu einseitiger oder wechselseitiger Abhängigkeit oder zu scheinbarer Unabhängigkeit. Beachten Sie dabei bitte, dass dies Ihre subjektive Einschätzung ist. Ihr Partner/Ihre Partnerin kann das anders sehen. Das Ergebnis ist keine objektive Spiegelung Ihrer Beziehung, so wie es ein Außenstehender sehen könnte.

Die folgende Übung soll Ihnen helfen, genauer aufzuschlüsseln, wo Sie sich selbst in Ihrer Autonomie einschränken: Fühlen Sie sich eher in einseitiger Abhängigkeit? Glauben Sie, Sie seien vom Partner abhängig, er brauche Sie aber nicht? Oder ist es umgekehrt: Ist Ihre Haltung die der scheinbaren Unabhängigkeit – ich brauche sie ja überhaupt nicht, ich könnte spielend ohne sie auskommen? Oder ist es die dritte Variante: Sie beide hängen wechselseitig voneinander ab, fühlen sich beide als Reagierende?

ÜBUNG 5
WIE ABHÄNGIG FÜHLE ICH MICH IN UNSERER BEZIEHUNG?

Bitte bewerten Sie die folgenden Aussagen nach den Kategorien

☐ stimmt ☐ stimmt teilweise ☐ stimmt nicht

Ich brauche meinen Partner/meine Partnerin eigentlich überhaupt nicht. Ich frage mich, wozu ich mir das überhaupt antue.

☐ stimmt (5 Punkte) ☐ stimmt teilweise (3 Punkte) ☐ stimmt nicht (1 Punkt)

Ich muss in der Beziehung bleiben, weil ich keine Ahnung habe, wie es mit mir weitergehen soll.

☐ stimmt (5 Punkte) ☐ stimmt teilweise (3 Punkte) ☐ stimmt nicht (1 Punkt)

Ich kann meine/n Partner/in nicht verlassen, weil ich ihr/ihm das nicht antun kann.

☐ stimmt (5 Punkte) ☐ stimmt teilweise (3 Punkte) ☐ stimmt nicht (1 Punkt)

Wir können nicht miteinander, aber ohneeinander auch nicht.

☐ stimmt (5 Punkte) ☐ stimmt teilweise (3 Punkte) ☐ stimmt nicht (1 Punkt)

Ich bleibe in der Beziehung, weil ich hoffe, dass er/sie sich doch noch ändern kann.

☐ stimmt (5 Punkte) ☐ stimmt teilweise (3 Punkte) ☐ stimmt nicht (1 Punkt)

Ich bleibe in der Beziehung, weil ich hoffe, dass ich mich doch noch ändern kann.

☐ stimmt (5 Punkte) ☐ stimmt teilweise (3 Punkte) ☐ stimmt nicht (1 Punkt)

Auswertung: Zählen Sie Ihre Punkte zusammen.

1 – 10 PUNKTE

Sie fühlen sich meist abhängig von Ihrer Partnerin, vielleicht sogar sehr, erleben sie aber unabhängig von Ihnen.

11 – 20 PUNKTE
Sie fühlen sich wechselseitig abhängig: Sie brauchen den anderen ebenso, wie er Sie braucht.
21 – 30 PUNKTE
Sie fühlen sich meist unabhängig vom anderen, haben aber trotzdem nicht die Freiheit, eine autonome Entscheidung zu treffen.

In allen drei Positionen sind Sie nicht autonom; natürlich ist das so bei einem Paar in der Krise. Ihr Ergebnis bedeutet aber nicht, dass Sie als ganzer Mensch ein großes Autonomiedefizit hätten. Je tiefer wir in die Verwicklungen einer komplizierten Beziehung verstrickt sind, desto mehr geben wir Stück für Stück unsere Autonomie auf. Im Berufsleben, im Freundeskreis kann das durchaus anders sein.

Noch einmal zurück zur Abhängigkeitsfalle. Wir haben diesen in sich unlösbaren Widerspruch in dem Satz: »Ich will autonom sein, und dafür brauche ich dich«, zusammengefasst. Man könnte noch einen zweiten Teil ergänzen: »Wenn du mir bei meiner Autonomieentwicklung nicht hilfst, dann kann ich dich nicht brauchen.« So wird entweder Gemeinsames oder Trennendes überbetont. Der Weg aus der Falle führt darüber, realistisch zu erkennen, wo Sie beide unterschiedlich sind (oder sich anders erleben), und zu sehen, wo Sie (noch) Gemeinsamkeiten haben. In diesem Erkennen und Benennen wird ein Stück Autonomie möglich.

Dabei soll Ihnen Übung 6 helfen. Gemeinsamkeiten und Unterschiede allein sagen wenig über die Gefühlswelt aus, die mit Verbindendem und Trennendem einhergeht. Daher werden Sie in den folgenden Übungen gebeten, die einzelnen Bereiche des Gemeinsamen und des Unterschiedlichen nach der bereits vertrauten Skala von 1 bis 10 zu bewerten und dann den Durchschnitt zu ermitteln.

ÜBUNG 6A
WO IST MEINE PARTNERIN ANDERS ALS ICH?

Bitte listen Sie dazu alle Punkte auf, die Ihnen einfallen.

»Anders« kann bedeuten:

- Eigenschaften
- Verhaltensweisen
- Arten, zu fühlen
- Arten, zu erleben
- Arten, zu bewerten
- Interessen
- Ziele
- Träume
- Lebenspraktische Dinge wie zum Beispiel die Erziehung und die Betreuung der Kinder
- Freunde und Bekannte

Bewerten Sie jeden auf einer Skala von 1 (»Dieser Unterschied ist für mich unerträglich«) bis 10 (»Diesen Unterschied erlebe ich als bereichernd«).

Bilden Sie den Durchschnitt (Gesamtwert der Bewertungen geteilt durch die Anzahl der Punkte der Unterschiedlichkeit).

Was denken und was fühlen Sie in Bezug auf diesen Wert?

ÜBUNG 6B
WAS HABEN WIR (NOCH) GEMEINSAM?

Bitte listen Sie dazu alle Punkte auf, die Ihnen einfallen.

»Gemeinsam« kann bedeuten:

- Eigenschaften
- Verhaltensweisen
- Arten, zu fühlen
- Arten, zu erleben

- Arten, zu bewerten
- Interessen
- Ziele
- Träume
- Lebenspraktische Dinge wie zum Beispiel die Erziehung und die Betreuung der Kinder
- Freunde und Bekannte

Bewerten Sie jeden dieser Punkte auf einer Skala von 1 (»Diese Gemeinsamkeit ist für mich eigentlich unwichtig«) bis 10 (»Diese Gemeinsamkeit halte ich für sehr wertvoll«).
Bilden Sie den Durchschnitt (Gesamtwert der Bewertungen geteilt durch die Anzahl der Punkte der Gemeinsamkeiten).
Was denken und fühlen Sie in Bezug auf diesen Wert?
Was denken und fühlen Sie, wenn Sie ihn mit dem Wert aus dem ersten Teil der Übung (Unterschiede) vergleichen?

Bitte denken Sie bei all diesen Übungen daran, dass Sie Ihre Ergebnisse und Notizen über Ihre Gefühle und Gedanken mit Ihrem Partner vergleichen und austauschen können – aber nicht müssen. Wenn Sie miteinander darüber sprechen, achten Sie darauf, nicht in Konkurrenz zu gehen (zum Beispiel »Meine Ergebnisse haben mehr mit der Wirklichkeit zu tun als Deine«). Nehmen Sie auch dabei Unterschiede und Gemeinsamkeiten einfach wahr, ohne sie zu bewerten. Bedenken Sie: Jeder Mensch lebt in seiner eigenen Wirklichkeit.

1.2 WIR KÖNNEN AUFHÖREN, UNS ZU ZERSTÖREN

DIE GLAUBENSSATZFALLE

We've given each other some hard lessons lately
but we ain't learnin'
We're the same sad story that's a fact
one step up and two steps back
Bruce Springsteen, One Step Up

TRANSAKTIONSANALYSE: LANDKARTE 2
STROKES, STROKE-MUSTER UND GLAUBENSSÄTZE

Wenn Menschen miteinander kommunizieren, tauschen sie nicht nur Informationen über Sachverhalte aus, sondern auch Energie: die Energie, die dadurch transportiert wird, dass wir dem anderen Menschen explizit oder implizit mitteilen, was wir in Bezug auf ihn denken und fühlen.
Wir lächeln, wir schauen finster drein, wir flüstern Liebesbotschaften, wir schreien oder schweigen einander an, wir informieren, wir diskutieren. Damit übermitteln wir Botschaften an einen anderen Menschen. Wir geben ihm zu verstehen, dass wir ihn wahrnehmen – positiv oder negativ.
Wir wollen wahrgenommen werden. Eric Berne, der Begründer der Transaktionsanalyse, nennt das »Wiedererkennen«, und er sieht bei allen Menschen ein grundlegendes Bedürfnis danach. Dieses Bedürfnis nennt er »Hunger nach Wiedererkennen« – und diesen Hunger stillen wir durch **STROKES**.
Stroke bedeutet im Englischen sowohl streicheln als auch Schlag. Damit wird die Doppelbedeutung davon erfasst, dass wir einander positiv und negativ Beachtung geben können. Deswegen ist der Begriff eigentlich unübersetzbar; am ehesten nahe kommt ihm das deutsche Wort »Zuwendung«.
Jedes Lächeln, jeder Gruß, jedes Stirnrunzeln, jedes Kopfschütteln, alles, was wir sagen und wie wir es sagen, jede Art von kommunikativer Aktion oder Reaktion, verbal oder nonverbal, ist ein Stroke.
Neben positiven und negativen Strokes können wir auch bedingte (an eine bestimmte Leistung oder ein Verhalten geknüpfte) und bedingungslose (an die ganze Person gerichtete) Strokes geben und erhalten.
Es gibt dementsprechend vier Arten von Strokes:

- bedingungslos positive (Annahme): »Ich liebe dich so, wie du bist«, »Schön, dich zu sehen«;
- bedingt positive (Lob): »Toll, wie du das geschafft hast, ich bin stolz auf dich«, »Mir gefällt das, was du da machst«;
- bedingt negative (Kritik): »Ich finde es nicht gut, dass du deine Hausaufgaben nicht erledigt hast«, »Diesen Standpunkt finde ich kontraproduktiv«;
- bedingungslos negative (Ablehnung): »Ich hasse dich!«, »Geh doch dorthin, wo der Pfeffer wächst!«

Wir alle brauchen Strokes. Wenn wir keine erhalten, erleben wir das als Mangel. Wir lernen, uns welche zu organisieren. Dabei gelten folgende Prinzipien:

- Negative Strokes sind besser als gar keine.
- Bedingt negative Strokes sind besser als bedingungslos negative.
- Wenn bedingungslos positive Strokes nicht zu kriegen sind, sind bedingt positive besser als negative.

Durch die Strokes, die wir erhalten, und dadurch, wie, wann und wofür wir sie erhalten, entwickeln wir früh im Leben ein bestimmtes Bild über

- uns selbst
- andere Menschen und
- die Welt und das Leben als Ganzes.

Dieses Bild ist verallgemeinernd und undifferenziert (z.B. »Keiner mag mich!«). Es wird aber – mangels Alternativen – für wahr gehalten. In der Transaktionsanalyse nennt man dies **Glaubenssätze:** Wir glauben daran, als ob es die Wahrheit wäre. Mehr und mehr betrachten wir das, was wir erleben, unter diesem Blickwinkel und bestätigen uns so die Glaubenssätze immer wieder über den Austausch von Strokes. So entwickeln wir ein entsprechendes Stroke-Muster.

Wir suchen nach den Strokes, die uns vertraut sind, wir geben die, auf die wir die zu erwartenden üblichen Stroke-Reaktionen bekommen, und wir filtern die aus, die uns fremd sind und die nicht in dieses Bild passen. Wir können daher sagen, dass jeder Mensch sein typisches **Stroke-Muster** hat, das er in seinen Beziehungen wiederholt und weiterentwickelt. Stroke-Muster sind sehr stabil und nur allmählich veränderbar. Das liegt daran, dass ein neues (konstruktives) Stroke-Muster auch unsere Glaubenssätze in Frage stellt, die tief verinnerlicht sind.

So einleuchtend das Modell der Strokes ist, so ist doch nicht ganz einfach zu verstehen, was damit gemeint ist. Obwohl ich im weiteren Text der Einfachheit halber das englische Wort verwenden werde, soll hier noch einmal auf den Begriff *Zuwendung* eingegangen werden. Wenn wir Zuwendung im Wortsinn verwenden, dann heißt es ja nichts anderes als: Ich wende mich einem Menschen zu, auf welche Art auch immer ich das tue. Dabei geschieht nicht nur einfach Kommunikation, sondern es wird eine Art von *Energie* gesendet und empfangen, also ausgetauscht. Diese Energie stellt Beziehung her. Ob es eine positive oder eine negative, eine annehmende oder ablehnende Beziehung ist, ist offen, aber in jedem Fall wird etwas darüber ausgetauscht, wie wir zueinander stehen. Man kann also sagen, dass Strokes (Zuwendung) so etwas wie der »Schmierstoff« menschlicher Beziehung sind. Strokes, bzw. die Energien, die dabei frei werden, entscheiden darüber, wie wir uns in einer Beziehung fühlen und was wir dabei über uns und die andere Person denken.

Wenn wir ein Paar dabei beobachten, wie es Strokes austauscht, erhalten wir ein sehr anschauliches Bild davon, wie die beiden miteinander umgehen und in welcher Welt sie in ihrer Partnerschaft leben. Wir erhalten einen unmittelbaren Eindruck davon, wie das erwähnte Karussell ihrer Beziehung in Gang gehalten wird. Und auch in der Selbstbeobachtung hilft das Stroke-Modell dabei, Schritte zur Veränderung zu setzen. (Darauf werden wir im Übungsteil dieses Abschnittes zu sprechen kommen.)

Werfen wir wieder einen Blick auf Hans und Marlene. In der zweiten Sitzung kommt Marlene noch einmal auf den Fragebogen »Ist Ihre Beziehung in der Krise?« zu sprechen.

HANS UND MARLENE

MARLENE: Am meisten betroffen gemacht hat mich der Punkt »Wir streiten häufig«. Ich glaube, es gibt wirklich keinen Tag und vor allem keine Nacht mehr, in der wir nicht streiten. Auch vor anderen. Das ist so kräfteraubend.

THERAPEUT: Und worum geht's da?

MARLENE: Um alles. Um nichts. Ums Rechthaben. Er hält dann stundenlange Monologe, in denen er mir Gott und die Welt erklärt, und vor allem, wie fehlerhaft ich bin und dass ich an allem schuld bin.

HANS: Moment, da muss man dazu sagen, dass es immer damit anfängt, dass sie etwas Kränkendes sagt. Immer fällt ihr irgendetwas ein, das sie an mir stört.

MARLENE: Du benimmst dich aber auch ständig daneben!

HANS: Da! Da ist es wieder! »Ständig« – was soll denn das heißen? Das heißt doch, dass alles, einfach alles an mir verkehrt ist! Merkst du denn nicht, dass du mich total bloßstellst? Und dass das total weh tut?

MARLENE (sehr zornig): Und merkst du nicht, dass dein unmögliches Verhalten auch weh tut? Dass du einfach peinlich bist und ich mich schämen muss? Ich will keinen Mann, für den ich mich schämen muss!

HANS (bemüht beherrscht): Schon klar, ich hab ja nie behauptet, dass ich fehlerfrei bin. Aber zum Schämen bin ich nicht! Das ist dein Ding, dafür kann ich nichts!

MARLENE: Ja, ja, ja, das hab ich schon hundert Mal gehört. Ja, du bist nicht fehlerfrei, aber sofort sind wir wieder bei meinen Fehlern.

HANS: Sag doch nicht immer »immer«! Und »ständig«! Sag doch genau, was dich stört, vielleicht finden wir dann einen Weg.

MARLENE: Ach, das ist doch sinnlos. Das hab ich doch zwanzig Jahre lang versucht. Du versprichst, dich zu ändern, aber es funktioniert nie. (Pause, dann entschlossen:) Du willst wissen, was mich stört? Okay, dann hör es dir an: deine Wutanfälle, deine Ungeduld, deine Intoleranz! Aber du willst es ja nicht hören, das seh ich deinem Gesicht an. Ich hab so lange versucht, an uns, an das Gute in uns zu glauben. Ich kann einfach nicht mehr, ich bin leer (fängt an zu weinen).

HANS (beugt sich zu ihr und versucht, ihre Hand zu nehmen): Wein doch nicht, Schatz, ich versprech dir ...

MARLENE (zieht ihre Hand ruckartig weg): Lass mich! Du willst mich doch nur wieder besänftigen!

HANS (sehr wütend, hebt die Hand wie zum Schlag, lässt sie wieder sinken): Verdammt! Geh doch zum Teufel!

Dieser Dialog zeigt das Stroke-Muster der beiden sehr deutlich. Fast alle Strokes, die sie – in dieser Sequenz und wohl auch in all ihren Auseinandersetzungen – austauschen, sind *bedingungslos negativ*. Beide werfen mit Verallgemeinerungen geradezu um sich: »immer«, »ständig«, »nie«. So etwas wird als Ablehnung der ganzen Person erlebt und ist wohl auch so gemeint. Die beiden werden dabei sehr deutlich: »Ich will keinen Mann, für den ich mich schämen muss!«, und: »Geh doch zum Teufel!« Der kurze Versuch auszusteigen, den Hans eher hilflos unternimmt, indem er Marlenes Hand nehmen will, scheitert sofort wieder.

Strokes und Stroke-Muster hängen eng mit einem psychologischen Mechanismus zusammen, den man als *Glaubenssätze* bezeichnet. Die Energie, die durch Zuwendung oder Abwendung in ihren vielen Unterformen entsteht, verdichtet sich in den Gefühlen, die wir darüber empfinden. Dieses Fühlen wiederum resultiert in (bewussten, aber häufig auch unbewussten) Denkvorgängen. Wir ziehen Schlussfolgerungen über uns (»Was sagt es mir über mich, wenn Menschen so mit mir umgehen?«), über andere (»Was sagt es über andere Menschen aus, wenn sie so mit mir umgehen?«) und über das ganze Leben (»Was heißt das insgesamt für mein Leben, wenn Menschen so mit mir in Kontakt treten?«). Das, was da entsteht, nennt man *Glaubenssätze* oder *Glaubensüberzeugungen*. Sie werden zu einer Art innerem Leitfaden für die Beziehungen, die wir aufnehmen und in denen wir leben. Wenn wir uns einmal von bestimmten Glaubenssätzen führen lassen, neigen wir dazu, sie uns immer wieder selbst zu bestätigen und bestätigen zu lassen. Dabei spielen unsere Gefühle eine wichtige Rolle; mit diesem Aspekt werden wir uns im nächsten Abschnitt beschäftigen.

Wenn wir unser inneres Glaubenssystem einmal etabliert haben, geben wir immer wieder die Strokes, die genau dazu passen – in der (unbewussten) Absicht, auch wieder die Strokes zurückzubekommen, die uns in dem bestätigen, was wir vorher schon wussten. Das hängt damit zusammen, dass Glaubenssätze Sicherheit und Orientierung geben, mit der wir uns in der Welt zurechtzufinden versuchen. Es ist eine oft schmerzliche und an der Autonomie hindernde Orientierung, aber immerhin eine Orientierung.

Die Auseinandersetzung zwischen Marlene und Hans gibt einige deutliche Hinweise auf die Glaubenssätze, die ihrem Stroke-Muster zugrunde liegen und die durch diese Art des Stroke-Austauschs bestätigt werden:

HANS sieht die Situation so, dass »sie immer damit anfängt«; das deutet darauf hin, dass einer seiner Glaubenssätze »Ich bin ein Opfer (und keiner liebt mich)« heißen könnte. Das wiederholt er auch, wenn er sagt: »Das ist dein Ding, da kann ich nichts dafür.«

Seine in dem Moment unpassende Aktion, Marlenes Hand zu nehmen und ihr ein allgemeines Versprechen der Besserung zu geben, unterstreicht diese Opferhaltung. Ihre (vorhersehbare) Reaktion führt zu seinem »Geh doch zum Teufel!« mit körpersprachlicher Gewaltandrohung. Das entspricht seiner Opferrolle und weist auf seinen Glaubenssatz in Bezug auf andere Menschen hin: »Alle verlassen mich, ich bleibe ja doch allein.«

MARLENE hat wahrscheinlich die tief sitzende Überzeugung, dass sie anderen unterlegen ist und immer den Kürzeren zieht: »Sofort sind wir bei meinen Fehlern«, »Er hält stundenlange Monologe« und: »Du willst mich nur besänftigen«. Die zugrunde liegenden Glaubenssätze könnten heißen: »Ich bin nicht wichtig«, und: »Andere sind immer wichtiger«. Als sie scheinbar versucht, sich wichtig zu nehmen, und Hans' Geste (die für sie nicht stimmt) zurückweist, erhält sie prompt seine heftige Reaktion. Das bestätigt ihr wieder: Sein Bedürfnis – in diesem Fall das Bedürfnis, ihre Hand zu nehmen – ist wichtiger. Ihren Glaubenssatz über das Leben bringt sie auf den Punkt: »Das ist doch sinnlos.«

Das sind natürlich mühsame Glaubenssätze und vor allem ein emotional schreckliches Stroke-Muster – wer kann so etwas schon auf die Dauer ertragen? Hier liegt aber paradoxerweise ein tiefer Grund dafür, dass die beiden nicht voneinander lassen können: Wir ertragen es kaum, bedingungslose Ablehnung einfach so stehen zu lassen. Wir legen sehr viel Kraft in den Versuch, das zu verändern oder zumindest abzumildern. Wir wollen um jeden Preis, dass der andere unsere Glaubenssätze widerlegt (und natürlich passiert dann das Gegenteil).

Das ist die zweite Beziehungsfalle: die **GLAUBENSSATZFALLE.** Wir gehen Beziehungen und vor allem Liebesbeziehungen ja nicht mit dem bewussten Wunsch ein, unsere destruktiven Glaubensüberzeugungen bestätigt zu sehen. Im Gegenteil: Wir sind uns ganz sicher in der Hoffnung, dass jetzt alles gut und die Glaubenssätze entkräftet werden. Endlich, endlich werden wir erleben, dass wir wichtig sind, dass andere es gut mit uns meinen, dass wir geliebt werden und dass das Leben einen Sinn hat. Aber weit, weit unter dieser bewussten Ebene lauern die alten Gewissheiten (nein, die für Gewissheit gehaltenen Glaubenssätze), dass es ja doch nicht anders sein wird. Und je mehr wir versuchen, unsere Partnerin, unseren Partner dazu zu bewegen, uns zu beweisen, dass es endlich anders geworden ist – desto eher bleibt es gleich.

Das alles hat wiederum mit Autonomie und Abhängigkeit zu tun: Solange wir von Glaubenssätzen geleitet werden, sind wir nicht autonom, sind wir nicht wirklich bewusst, nicht spontan und nicht wirklich einander nahe. Die Glaubenssätze sollen entkräftet werden, aber wir machen uns dazu von anderen Menschen abhängig (»Wenn du mich wirklich liebst, dann werde ich endlich glauben können, dass ich liebenswert bin!«). So sind Abhängigkeitsfalle und Glaubenssatzfalle eng miteinander verknüpft wie die Fäden eines Spinnennetzes: Je mehr wir gegen die Abhängigkeit und für scheinbare Unabhängigkeit strampeln, umso mehr bestätigen wir uns selbst unsere Glaubenssätze. Damit treiben wir uns erst recht in die wechselseitige Abhängigkeit.

Wir alle wollen und brauchen Strokes; selbstverständlich bevorzugen wir die positiven, und grundsätzlich wollen wir diese positiven Strokes auch gern geben. Hans' gescheiterter Versuch dazu zeigt aber, dass diese im momentanen Stroke-Muster des Paares keinen Platz haben: Marlene nimmt sie nicht an. Der Wechsel ist zu rasch und zu abrupt. Zu sehr ist das Paar in der Abhängigkeits- und der Glaubenssatzfalle gefangen (dazu kommt noch die Gefühlsfalle, wie wir später sehen werden).

Das Gefangensein in den Fallen und das verzweifelte Ankämpfen dagegen halten das Karussell in Schwung. Wir erleben, wie Hans und Marlene eine ungeheure Menge an negativer Energie austauschen und wie sie einander dazu bringen wollen, damit nicht nur aufzuhören, sondern es ins Positive zu kehren. Das Fatale dabei ist, dass immer neue Verletzungen entstehen. Die vielen Wunden, die sie einander schon zugefügt haben, werden immer neu aufgerissen, der Common Ground wird immer schmäler, auch der in der Therapie gefundene ist gefährdet. Nicht von ungefähr sagt Hans nach der geschilderten Auseinandersetzung: »Ich frage mich, was das Ganze bringen soll, wenn wir uns hier schon genauso fertigmachen wie zu Hause!«

Stroke-Muster, also die Art und Weise, wie Menschen Strokes geben und nehmen, hat natürlich viel mit ihrer Geschichte zu tun – mit ihrer Lebensgeschichte und auch mit ihrer Geschichte als Paar. Gleichzeitig mit dem aktuellen Streit erzählen die beiden (ohne, dass es ihnen bewusst ist) auch davon, wie sie gelernt haben, Liebe zu geben, zu nehmen und zu verweigern. Es ist aber zu früh, diese Geschichten von Liebe und Nicht-Liebe anzusprechen. Noch kommt das Karussell zu schnell in Schwung, noch gibt es nicht genügend Common Ground für so sensible Themen.

Der Ansatzpunkt an dieser Stelle (und auch der Ausweg aus der Glaubenssatzfalle) ist die Veränderung des Paar-Stroke-Musters hier und jetzt, und das kann nur langsam und Schritt für Schritt gehen. Es wäre zwar schön, wenn die beiden sich statt der bedingungslos negativen Strokes positive, womöglich auch bedingungslose, geben könnten, aber eine romantische Illusion. Zu groß ist das durch viele Verletzungen entstandene Misstrauen. Möglich ist eine – scheinbar kleine, in Wirklichkeit aber substanzielle – Veränderung von bedingungslos negativen zu bedingt negativen Strokes, zu konkreter Kritik an konkretem Verhalten statt verallgemeinernder Ablehnung der ganzen Person. Positives werden sie einander im Moment nicht glauben, konkret auf bestimmtes Verhalten bezogenes Negatives vielleicht schon eher.

THERAPEUT: Ich möchte Sie beide bitten, noch einmal an den Punkt zurückzugehen, an dem Sie, Marlene, begonnen haben zu weinen. Davor haben Sie, Hans, Ihre Frau aufgefordert, die Kritik an Ihnen zu präzisieren, statt zu verallgemeinern. Das haben Sie, Marlene, auch sehr deutlich getan und dann begonnen zu weinen. – Hans, was ist in Ihnen vorgegangen, bevor Sie versucht haben, Marlenes Hand zu nehmen?

HANS: Sie hat mir leid getan. Ich habe mich schuldig gefühlt an ihren Tränen.

THERAPEUT: Sie haben sich schuldig gefühlt.

HANS: Ja, und das hat mich eigentlich geärgert. Diese Krodkodilstränen, habe ich mir gedacht. Aber natürlich hat sie mir auch leid getan.

THERAPEUT: Wollen Sie das Ihrer Frau direkt sagen, in aller Widersprüchlichkeit? Ganz spezifisch auf die Situation bezogen, ohne Verallgemeinerungen.

HANS: Dass du da geweint hast, tut mir leid. Aber es ärgert mich auch, weil es mir Schuldgefühle machen soll.

THERAPEUT: Marlene?

MARLENE: Hmmm ... irgendwas stimmt schon an dem, was er sagt. Er soll sehen, wie ich mich kränke. Aber ich kränke mich ja wirklich!

THERAPEUT: Ich kränke mich, weil ...?

MARLENE: Weil ich ihn nicht erreiche. Ich kann sagen, was ich will, er schießt immer zurück!

THERAPEUT: Immer?

MARLENE: Nein, nicht immer. In Streitsituationen. Da hört er ... (zu Hans) da hörst du nicht zu.

HANS: Ja, weil das so pauschal kommt. Da muss ich mich einfach wehren.

MARLENE (nach einer Pause): Das will ich nicht, dass du dich so wehren musst.

HANS (nickt): Ich will das auch nicht.

In diesen wenigen Sätzen ist eine ganze Menge passiert. Die beiden setzen sich mit ihren wirklichen, gegenwärtigen Anliegen auseinander, und sie hören einander (wenn auch in Grenzen) zu. Sie bewegen sich aus ihren Fallen heraus: zum einen aus der Gegenabhängigkeit, indem sie beide zumindest für einen Moment die Menschen sind, die sie sind, und nicht die, die sie gar nicht sein wollen; sie verhalten sich ein Stück weit autonomer und sie denken und fühlen auch so. Zum anderen auch aus der Glaubenssatzfalle, indem sie bei dem bleiben, was hier und jetzt gerade ansteht, und nicht ihre verallgemeinernden Schlüsse ziehen. Wenn man genau hinsieht, ist es natürlich erst ein Schritt. Marlenes Satz: »Ich kann sagen, was ich will, er schießt immer zurück!«, ist in seiner Verallgemeinerung ebenso das Aufblitzen eines Glaubenssatzes (»Meine Bedürfnisse sind nicht wichtig«) wie Hans' Aussage: »Da muss ich mich einfach wehren!« (»Ich bin ein Opfer«). Das ist nicht weiter tragisch. Sie gehen die ersten Schritte auf einem weiten Weg, und sie sind dabei noch recht wacklig auf den Beinen, aber sie gehen diese Schritte. Das Karussell ist wieder ein bisschen langsamer geworden. Ein neues Stück Common Ground ist gefunden: Ihnen ist klar geworden, dass es nicht ausschließlich ihr Muster und nicht ausschließlich das seine ist – es ist ihr gemeinsames Muster.

Wenn ein Paar sein Stroke-Muster verändert und seine Glaubenssätze zu hinterfragen beginnt, rücken zwei zentrale Fragen in den Vordergrund: Was versuchen wir einander wirklich zu sagen, das wir so nicht voneinander hören können? Und wie können wir es verständlich sagen?

Denn tatsächlich wollen Marlene und Hans einander ja nicht sagen, dass sie unerträgliche Menschen sind. Sie wollen sich mitteilen, was sie an den Handlungsweisen ihres Partners stört und was für sie im Zusammenleben mühsam ist. Mit der gerade entdeckten neuen Strategie – konstruktive Kritik, bedingt negative Strokes statt bedingungslos negativer Strokes, Hinterfragen der Glaubenssätze – haben die beiden so etwas wie ein Seil gefunden, an dem sie sich anhalten und herausziehen können, wenn sie in den Sumpf ihres Streits geraten. Dabei geht es darum, einander zuzuhören und einander zu verstehen, ohne sich zu rechtfertigen. Das heißt nicht unbedingt, dass Hans all das verändern muss, was Marlene stört, und Marlene nicht all das, was Hans belastet. Durch Zuhören, Verstehen und Akzeptieren können wieder weitere Stückchen Common Ground entstehen.

In seinen Grundzügen verfolgen viele Paare in der Krise ein ähnliches Stroke-Muster wie Marlene und Hans: bedingungslos negative Strokes werden großzügig ausgeteilt, konstruktive bedingt negative und überhaupt positive sind Mangelware. Es gibt aber auch andere Varianten; manche Paare probieren es durchaus immer wieder mit positiven Strokes, scheitern damit aber ebenso. Das können wir am Beispiel von Claudia und Richard verfolgen. Beide sind um die vierzig und kinderlos. Sie sind seit fünf Jahren ein Paar, beide haben schon eine Scheidung nach einer langjährigen Beziehung hinter sich. Diesmal wollen sie alles besser machen – aber so recht klappt es nicht, und das macht sie verzagt und mutlos (Richard: »Dabei bemühen wir uns beide doch so!«).

Die therapeutische Arbeit mit den beiden lässt sich zögerlicher an als die mit Hans und Marlene, die vom Start weg kopfüber in ihre Konflikte hineingesprungen sind. Claudia und Richard sind bemüht, ein positives Bild von sich und ihrem Umgang mit Konflikten zu zeichnen. Mein Vorschlag, zur Entscheidung »Trennung oder Neubeginn« zu finden, stößt auf Befremden und Angst (Richard: »Eine zweite Scheidung, das kommt für mich überhaupt nicht in Frage!«, Claudia: »Das war so scheußlich, da gehe ich sicher kein zweites Mal durch. Diesmal muss es einfach klappen!«). An eine Trennung sei nicht zu denken, ihnen gehe es nur darum, dass es besser zwischen ihnen werden solle.

CLAUDIA UND RICHARD

THERAPEUT: Was genau hätten Sie denn gerne besser?

RICHARD: Wir lieben uns sehr, aber natürlich streiten wir auch manchmal. Das tun doch alle Paare. Aber dann wird es oft so schwierig. Ich bemühe mich wirklich, aber Claudia ist dann so verschlossen.

CLAUDIA: Verschlossen? Das kann man so nicht sagen. Ich brauche dann einfach nur meinen Freiraum.

THERAPEUT: Können Sie mir ein Beispiel dafür geben?

RICHARD (zu Claudia): Wir könnten ja gleich das von gestern nehmen, was meinst du?

CLAUDIA: Nein, das ist mir nicht recht. Ich finde, das passt nicht so gut.

RICHARD: Wieso? Das passt doch genau! Ich wollte einen wirklich schönen Abend für uns beide, und du hast einfach nicht mitgemacht.

CLAUDIA: Was heißt »nicht mitgemacht«? Du hast Sushi mitgebracht, und ich wollte halt gestern kein Sushi.

RICHARD: Aber es war doch gut gemeint!

CLAUDIA: Ja. Aber du hättest mich vorher fragen können!

RICHARD: Wenn ich dich frage, wo ist dann die Überraschung?

THERAPEUT: Ich habe den Eindruck, hier geschieht gerade etwas mit dem gestrigen Abend Vergleichbares: Claudia ist mit etwas nicht einverstanden, und Sie, Richard, versuchen es trotzdem zu erreichen. Im einen Fall das Sushi, hier gerade das Sprechen über den von Ihnen gewählten Konflikt.

CLAUDIA: Ja! Das macht er dauernd! Und er ist dann so gekränkt, wenn ich nicht will, dass ich es oft um des lieben Friedens willen doch tue. Mich umstimmen lasse.

THERAPEUT: Wie sehen Sie das, Richard?

RICHARD: Das mit der Kränkung stimmt schon. Ich bemühe mich um sie, und sie will dann nicht. Das tut schon weh!

THERAPEUT: Und wenn Sie gekränkt sind, was passiert dann?

RICHARD: Dann versuche ich, ihr klarzumachen, wie sehr ich sie liebe und wie sehr ich möchte, dass sie sich wohlfühlt. Und sie wird immer einsilbiger, steht zum Schluss auf und geht. Sperrt sich in ihr Arbeitszimmer ein.

THERAPEUT: Und Sie?

RICHARD: Ich renne ihr nach und klopfe an die Tür und bitte sie, mich reinzulassen. Bis ich vor lauter Verzweiflung wütend werde und sie beschimpfe.

THERAPEUT: Claudia, kennen Sie ähnliche Situationen mit umgekehrten Vorzeichen? Dass Sie sich um die Beziehung und um Richard bemühen und damit nicht ankommen?

CLAUDIA: Ja, klar.

RICHARD (erstaunt): Wie? Du bemühst dich um mich?

CLAUDIA (wütend): Siehst du, du merkst es nicht einmal. Ich bügle dir deine Hemden, ich lade dir dein Handy auf, weil du es vergisst, ich erledige die Anrufe bei den Handwerkern, wenn die Heizung wieder nicht geht.

RICHARD: Aber das ist doch nur das normale Leben!

CLAUDIA: Du bist einfach zu blöd. Das normale Leben! Dann mach dir das doch alles selbst, dann kannst du wieder jammern, dass du nie zu den wichtigen Dingen des Lebens kommst!

Ihrer Erzählung nach strengen sich beide mächtig an, positive Strokes zu geben. Jeder glaubt, diese Strokes wären bedingungslos: Hier ist der Beweis meiner Liebe, ich habe Sushi mitgebracht! Und hier ist der Beweis meiner Liebe, ich habe dein Handy aufgeladen. Sie will das Sushi nicht? Er verliert kein Wort des Dankes über das funktionsfähige Handy? Da, meine Liebe wird zurückgewiesen! Ein bedingungslos negativer Stroke! Ich werde als ganzer Mensch abgelehnt! Meine Glaubenssätze haben sich wieder bewahrheitet. Und doch raffe ich mich immer wieder auf, um es von Neuem zu versuchen – nur, um wieder enttäuscht zu werden. Sie ist ja auch nicht besser als die Ex.

Der erste Anschein täuscht: Die ausgeteilten Strokes sind wohl positiv, aber bedingungslose Liebesbeweise sind sie nicht. Es wird eine Gegenleistung in Form von Lob und Dankbarkeit erwartet. Sich »umstimmen lassen« nennt Claudia das. Beide weisen sie diese bedingten Strokes (nicht ganz zu Unrecht) zurück, denn sie haben ja einen Haken. Die Handlungen der beiden und die damit verbundenen Strokes erfolgen nicht einfach so aus Zuneigung. Sie sind quasi ein Kredit mit Rückzahlungsverpflichtung und Zinsen: Ich gebe dir, also gib du mir zurück! Das Zurückweisen der Strokes geschieht bedingungslos negativ: schweigender Rückzug auf der einen Seite, Ignoranz und Abwertung (»Das ist das normale Leben!«) auf der anderen.

Wir erleben hier ein Karussell, das etwas komplizierter angetrieben wird als das von Hans und Marlene. Es hat noch nicht so viel Fahrt aufgenommen, aber das könnte noch kommen. Schon sammeln sich Verletzungen an – und die könnten eines Tages als »Freibrief« verwendet werden, dem anderen weh zu tun. Die Intensität und Häufigkeit der bedingungslos negativen Strokes könnte zunehmen. Lassen wir die beiden noch ein wenig weiter zu Wort kommen, um ihre Glaubenssatzfalle analysieren zu können.

CLAUDIA UND RICHARD

THERAPEUT:	Claudia, wenn Richard Sushi nach Hause bringt und Sie wollen keines, was geht da in Ihnen vor?
CLAUDIA:	Soll ich ehrlich antworten?
THERAPEUT:	Bitte.
CLAUDIA:	Ich denke mir: Gott, nicht schon wieder Sushi, das hängt mir zum Hals raus. Warum nicht eine Pizza oder einen Burger?
RICHARD:	Das hab ich doch nicht gewusst! Ich habe gedacht, du liebst Sushi!
CLAUDIA:	Ja, aber nicht dreimal die Woche! Wie gesagt, ich esse sie halt, um dich nicht zu kränken.
THERAPEUT:	Was genau würde Richard denn so kränken?
CLAUDIA:	Wenn ich sage, ich mag kein Sushi.
RICHARD:	Nein. Wenn du schweigend dasitzt und lustlos im Essen stocherst. Dann denke ich mir, ich kann tun, was ich will, es macht ihr keinen Spaß mit mir.
CLAUDIA:	Ich freue mich ja, wenn du einen netten Abend mit mir verbringen willst. Aber Sushi ... schon wieder Sushi ...
RICHARD:	Was willst du dann?
CLAUDIA:	Keine Ahnung. Vielleicht einfach vor dem Fernseher abhängen. Oder miteinander reden.

THERAPEUT:	Richard, wenn Claudia sagen würde: Schön, dass du einen netten Abend mit mir verbringen willst. Auf Sushi habe ich keine Lust, aber lass uns doch einfach fernsehen oder miteinander reden –
CLAUDIA:	Vielleicht bei einem Glas Wein …
THERAPEUT:	Wie wäre das für Sie?
RICHARD:	Okay. Ein klein bisschen wäre ich vielleicht schon gekränkt, aber es wäre okay.
THERAPEUT:	Und das Bügeln und Handy-Aufladen?
RICHARD:	Sicher finde ich das lieb von ihr. Aber sie macht es so demonstrativ: Hast du gemerkt, dass ich dein Handy eingestöpselt habe? Sieh mal, alle Hemden hängen frisch gebügelt im Schrank! Das nervt!
THERAPEUT:	Claudia?
CLAUDIA:	Weil er es sonst gar nicht bemerken würde!
RICHARD:	Doch, natürlich, aber du sagst das ja schon, bevor ich es bemerken kann. Sonst würde ich schon etwas dazu sagen.

Finden Sie die Glaubenssätze im Text?

CLAUDIA sagt: »Weil er es gar nicht bemerken würde«. Das lässt auf den Glaubenssatz: »Ich werde gar nicht wirklich wahrgenommen«, schließen. Sie isst brav das Sushi, das sie gar nicht mag, um ihn »nicht zu kränken«, und sagt nicht, was sie lieber hätte. Das klingt nach: »Die Bedürfnisse des anderen sind wichtiger als meine.«

RICHARD zeigt in allen seinen Handlungen den Glaubenssatz: »Ich muss leisten, um geliebt zu werden«, und sagt gleichzeitig: »Ich kann tun, was ich will, es macht ihr keinen Spaß mit mir!« Der zugehörige Glaubenssatz ist: »Was immer ich leiste, es ist ja doch nicht genug.«

Damit sitzen sie in der Falle. Claudia spricht ihre Bedürfnisse nicht an – und erlebt so natürlich, dass sie nicht wahrgenommen werden. Richard leistet immer mehr, um zu erfahren, dass es ja doch nicht genug ist. Also leistet er noch mehr.

Wir sehen hier, wie das Paar-Stroke-Muster die wechselseitigen Glaubenssätze bestätigt und verstärkt:

SCHRITT 1: Richard bringt Sushi mit (aus dem Glaubenssatz heraus: »Ich muss leisten, um geliebt zu werden«).

SCHRITT 2: Claudia findet dadurch ihren Glaubenssatz: »Ich werde nicht wirklich wahrgenommen«, bestätigt, denn sie mag Sushi gar nicht.

SCHRITT 3: Sie sagt nichts und ist lustlos (Glaubenssatz: »Die Bedürfnisse des anderen sind wichtiger als meine!«).

SCHRITT 4: Richards Glaubenssatz: »Was immer ich leiste, es ist nie genug!«, wird aktiviert, und er ist gekränkt.

Die Schritte, die danach folgen, sind im obigen Text nicht angeführt, werden aber von den beiden so berichtet.

SCHRITT 5: Er wird ärgerlich und macht Claudia Vorwürfe, was wiederum zu ihrem Glauben passt, nicht wirklich wahrgenommen zu werden.

SCHRITT 6: Claudia ist gekränkt und zieht sich zurück. Das bestätigt und verstärkt wiederum sein »Es ist ja doch nie genug«.

SCHRITT 7: Richard geht ihr nach und will sie wieder versöhnlich stimmen (»Ich muss leisten, um geliebt zu werden«).

SCHRITT 8: Claudia will in Ruhe gelassen werden und fühlt sich gestört (»Ich werde nicht wahrgenommen.«)

SCHRITT 9: Sie schweigt verärgert und tut so, als ob sie Richard nicht bemerken würde.

SCHRITT 10: Das passt wiederum zu Richards »Es ist nie genug«.

Das Karussell dreht sich. Die Strokes, die ausgetauscht werden, werden immer deutlicher bedingungslos negativ. Dort liegt auch die Gefahr für die beiden. Noch ist die Trennung keine wirklich reale Gefahr, je mehr sich aber ihr Stroke-Muster verfestigt, je tiefer sie sich in die Glaubenssatzfalle eingraben, umso mehr Verletzungen häufen sich zwischen den beiden an.

Noch ein wichtiger Aspekt der in den obigen Schritten geschilderten Entwicklung: Je schneller sich das Karussell dreht, umso intensiver werden die Gefühle der beiden. Sie dienen mehr und mehr als wichtige Verstärker des Konfliktmusters; damit werden wir uns im nächsten Abschnitt beschäftigen.

Im zweiten Teil des geschilderten Gesprächs haben wir gesehen, wie aus dem alten destruktiven Stroke-Muster heraus ein neues entwickelt werden kann, das helfen soll, aus der Glaubenssatzfalle herauszukommen. Die von mir vorgeschlagene Strategie läuft darauf hinaus, klare, bedingt positive Strokes für das Bemühen zu geben statt der bedingt bis bedingungslos negativen. Gleichzeitig gibt es auch Informationen darüber, wenn dieses Bemühen nicht die eigenen Bedürfnisse trifft (bedingt negative Strokes). Das erlaubt nicht nur, die Glaubenssätze zu hinterfragen, es schafft auch Raum für bedingungslos positive Strokes. Wenn die beiden einen Abend einfach mit einem Glas Wein »abhängen«, ob mit Fernsehen oder nicht, dann spielt Leistung keine Rolle mehr.

Es ist eine verbreitete Illusion, dass eine Partnerbeziehung hauptsächlich dazu da sei, das Bedürfnis nach bedingungslos positiven Strokes zu stillen. Natürlich sind sie die Basis der Liebe, der Beweis dafür, als ganzer Mensch angenommen zu werden. Um mich als gesehen und in meinem Tun wahrgenommen erleben zu können, ist aber konstante Rückmeldung notwendig: in Form von Anerkennung (bedingt positive Strokes) und – geringer dosiert – konstruktiver Kritik (bedingt negative Strokes). Erst auf dieser Grundlage werden bedingungslos positive Strokes möglich.

PERSÖNLICHE ÜBUNGEN

Stroke-Muster und die Glaubenssatzfalle sind ein zentraler Punkt in den Verwicklungen einer Beziehungskrise. Aus dieser Falle herauszukommen ist wichtig dafür, autonom werden zu können und mehr Common Ground zu schaffen. Die folgenden Übungen sollen Ihnen dabei helfen.

Zuerst geht es darum, Ihren Glaubenssätzen über sich, andere und das Leben insgesamt auf die Spur zu kommen und sie zu hinterfragen.

ÜBUNG 7
MEINE GLAUBENSSÄTZE

Erinnern Sie sich bitte an eine für Sie schwierige, nicht allzu weit zurückliegende Situation Ihres erwachsenen Lebens, in der Sie sich auf eine Ihnen bekannte Art schlecht gefühlt haben (zum Beispiel hilflos, verzweifelt, panisch, beschämt usw.). Notieren Sie diese Situation.

- Was habe ich in genau diesen Augenblicken
  – über mich selbst
  – über andere Menschen
  – und über das ganze Leben gedacht?
- Überprüfen Sie diese Gedanken: Wann haben sie in Ihrem Leben wirklich gestimmt?
- In welchen Situationen stimmen sie nicht?

Bei Tageslicht besehen sind Glaubenssätze natürlich niemals in dieser Allgemeinheit zutreffend, und meist selbst in Einzelsituationen nicht in vollem Umfang. Wir reden aber nicht von entspannten Momenten, in denen wir uns zurücklehnen und reflektiert denken können, sondern von Zeiten höchster emotionaler Anspannung. In solchen Situationen brauchen Menschen klare und einfache Richtlinien, die helfen sollen, schnelle Lösungen zu finden. Das sollte dann so funktionieren wie: »Bevor du eine Straße überquerst, schau zuerst nach links, dann nach rechts«. Das ist wirksam und hilft immer, und wir brauchen keine Relativierungen und müssen nicht über mögliche Alternativen nachdenken (außer wir sind gerade in Großbritannien). Genauso sollen Glaubenssätze funktionieren. Dafür haben wir sie früher in unserem Leben konzipiert und so wurden sie uns mitgegeben: um uns in sehr komplexen und bedrohlichen Situationen zurechtzufinden (Näheres dazu dann im zweiten Kapitel). Sie sind tief in uns verankert, tiefer als das bewusste Denken, sie sind nahezu automatisiert, und wir hinterfragen sie nicht, so wie die Regel zum Überqueren einer Straße.

Unsere in Belastungssituationen aktivierten Glaubenssätze beeinflussen dann unser Verhalten. Sie sind die Basis für viele der Strokes, die wir anderen Menschen geben, und dafür, wie viele ihrer Strokes bei uns ankommen. Das Stroke-Muster ist es, das uns in die Glaubenssatzfalle hineintappen lässt: Ich will, dass du mir meine Glaubenssätze widerlegst – und ich verhalte mich so, dass du mir sie bestätigst.

Lassen Sie uns daher herausfinden, wie die Grundzüge Ihres persönlichen Stroke-Musters aussehen.

ÜBUNG 8
MEIN STROKE-MUSTER

Gehen Sie einen der letzten Tage – einen ganz normalen Tag in Ihrem Leben – durch und rekapitulieren Sie die Strokes, die Sie gegeben und erhalten haben (jedes Lächeln, jeder Gruß, jede Art von kommunikativer Aktion oder Reaktion, verbal oder nonverbal, ist ein Stroke).

Welche Arten von Strokes gebe ich wie oft (über den Daumen gepeilt in Prozent aller meiner Strokes)?

- bedingungslos positive
- bedingt positive
- bedingt negative
- bedingungslos negative

Welche würde ich gerne häufiger, welche lieber seltener geben?

Welche Arten von Strokes erhalte ich wie oft (über den Daumen gepeilt in Prozent aller Strokes)?

- bedingungslos positive
- bedingt positive
- bedingt negative
- bedingungslos negative

Welche würde ich gerne häufiger, welche lieber seltener erhalten?

Wie bestätigt mir mein Stroke-Muster die Glaubenssätze, die ich in Übung 7 entdeckt habe?

Wie lässt mich dieses Stroke-Muster in meine Glaubenssatzfalle hineintappen?

So weit zu Ihrem Stroke-Muster. Wenn wir herausfinden wollen, wie es mit dem Ihrer Partnerin verknüpft ist, müssen wir uns nun an den schwierigeren Teil machen: Wie könnte ihr Geben und Nehmen von Strokes aussehen? Hier sind Sie natürlich auf Ihre eigenen Beobachtungen und Vermutungen angewiesen. Versuchen Sie dabei, so objektiv wie möglich zu sein. Für diese Übung geht es nicht darum, wie die Strokes bei Ihnen ankommen, sondern wie der andere diese Strokes tatsächlich meinen könnte. Ein Beispiel dafür aus der Geschichte von Claudia und Richard von vorhin: Claudia schließt Richards Handy an die Steckdose an, um es aufzuladen. Wenn Sie Richard wären, könnte es sein, dass Sie das als bedingt negativen Stroke aufnehmen. Sie könnten denken, sie will Ihnen damit sagen: »Hast du schon wieder nicht daran gedacht? Alles muss man für dich erledigen!« Gemeint ist es von Claudia aber nicht so. Wenn sie die vorherige Übung durchführen würde, würde sie ihre Handlung für sich selbst als Ausdruck der Liebe, also als bedingungslos positiven Stroke definieren.

ÜBUNG 9
DAS (VERMUTETE) STROKE-MUSTER MEINES PARTNERS

Gehen Sie einen der letzten Tage – einen ganz normalen Tag im Leben Ihres Partners – durch und rekapitulieren Sie die Strokes, die er Ihrer Wahrnehmung und Ihrer Einschätzung nach gegeben und erhalten hat. Berücksichtigen Sie dabei nicht nur die Strokes im Umgang mit Ihnen selbst, sondern auch mit anderen Menschen (soweit Ihnen bekannt).
Welche Arten von Strokes gibt er seinem Erleben nach wie oft (über den Daumen gepeilt in Prozent aller Strokes)?

- bedingungslos positive
- bedingt positive
- bedingt negative
- bedingungslos negative

Welche würde er meiner Vermutung nach gerne häufiger, welche lieber seltener geben?

Welche Arten von Strokes erhält er wie oft (über den Daumen gepeilt in Prozent aller Strokes)?

- bedingungslos positive
- bedingt positive
- bedingt negative
- bedingungslos negative

Welche würde er gerne häufiger, welche lieber seltener erhalten?

Wie könnte dieses Stroke-Muster die Glaubenssätze bestätigen, die er nach meiner Vermutung oder meines Wissens hat?

Wie lässt ihn dieses Stroke-Muster in seine Glaubenssatzfalle hineintappen?

Wenn Sie das Buch als Paar durcharbeiten, können Sie Ihre Ergebnisse miteinander vergleichen, Sie müssen es aber nicht tun. Wenn Sie es tun, achten Sie darauf, nicht in Konkurrenz zu gehen (»Meine Einschätzung von dir ist zutreffender als deine eigene, du hast da einen blinden Fleck!«). Es gibt bei psychologischen Mechanismen und innerpsychischen Vorgängen keine absolute Wahrheit, nur subjektive Selbst- und Fremdwahrnehmung.

Das Stroke-Muster eines einzelnen Menschen wäre nicht sehr wirkungsvoll ohne einen anderen Menschen, der ein dazu passendes Muster hat. Damit einer Person das bestätigt wird, was sie schon immer über sich, andere und die Welt gewusst hat, braucht sie jemanden, der das auch wirklich bestätigt – und dem sie umgekehrt auch seine Bestätigungen liefern kann. Wir tun einiges, um andere dazu zu bewegen, wir lassen nicht locker, bis die alte »Wirklichkeit« wieder stimmt. Dabei entwickelt sich etwas auf paradoxe Art Gemeinsames: ein dem Paar in seiner Beziehung ganz spezifisches eigenes Stroke-Muster. Einer allein kann es nicht auflösen (nach dem Motto: »Lass uns doch wie zwei vernünftige Menschen miteinander reden!«).

Sehen wir uns daher als nächsten Schritt Ihr gemeinsames Paar-Stroke-Muster und Ihre gemeinsame Verwicklung in Ihre Glaubenssatzfallen an. Auch diese Übung ist zuerst dafür gedacht, sie einzeln durchzuführen. Wenn Sie wollen, können Sie die Ergebnisse anschließend gemeinsam durchsprechen.

ÜBUNG 10
UNSER PAAR-STROKE-MUSTER

Gehen Sie einen der letzten Tage – einen ganz normalen Tag in Ihrem Leben – durch und rekapitulieren Sie die Strokes, die Sie beide miteinander ausgetauscht haben (nicht nur im Streit, sondern in allen Arten von Kontakt).
In unser beider Gesamtsumme (nicht aufgeschlüsselt, wer welche wie viel gibt): Welche Arten von Strokes geben wir uns wie oft (über den Daumen gepeilt in Prozent aller Strokes)?

- bedingungslos positive
- bedingt positive
- bedingt negative
- bedingungslos negative

Welche würden wir uns gerne häufiger, welche lieber seltener geben?
Welche Arten von Strokes erhalten wir wie oft voneinander (unserer jeweiligen Wahrnehmung nach) über den Daumen gepeilt in Prozent aller Strokes (hier zählt nicht die Absicht des Senders, sondern die Wahrnehmung des Empfängers)?

- bedingungslos positive
- bedingt positive
- bedingt negative
- bedingungslos negative

Welche würden wir gerne häufiger, welche lieber seltener erhalten?
Welche Glaubenssätze bestätigen wir uns durch unser Stroke-Muster wechselseitig?

Vielleicht ist das im Moment noch eher abstrakt für Sie. Schließlich haben wir ja erst allgemeine Grundzüge Ihres möglichen gemeinsamen Musters erarbeitet. Wie sieht das also in einer ganz konkreten Situation aus? Im Text vorher haben wir das für Claudia und Richard (die Sushi-Situation) Schritt für Schritt analysiert. Das Resultat ihres Musters läuft auf eine einfache Formel hinaus: Je mehr sie sich zurückzieht, umso weniger lässt er sie in Ruhe, und je weniger er sie in Ruhe lässt, desto mehr zieht sie sich zurück. Dabei werden eine Menge negative Strokes ausgetauscht, bedingte wie bedingungslose, und eine Menge Glaubenssätze bestätigt und wieder bestätigt.

In der nächsten Übung möchte ich Sie einladen, das auch für Sie an einer ganz praktischen Streit-Situation aus Ihrem Leben Schritt für Schritt für sich selbst zu klären.

ÜBUNG 11
DIE GLAUBENSSATZFALLE

Denken Sie an einen für Sie beide typischen Streit.
Gehen Sie die einzelnen Schritte nach folgendem Muster durch (und es ist nicht wichtig, mit welcher Aktion der Streit begonnen hat).

- Was tut oder sagt A aus welchem Glaubenssatz heraus?
- Was für einen Stroke versucht er/sie damit zu geben?
- Wie wird dieser Stroke von B wahrgenommen?
- Welchen Glaubenssatz von B bestätigt das?
- Wie reagiert B aus diesem Glaubenssatz heraus?
- Welchen Stroke versucht sie/er damit zu geben?
- Was fühlt sie/er dabei?
- Wie wird dieser Stroke von A wahrgenommen?
- Welchen Glaubenssatz von A bestätigt und verstärkt das?
- Wie reagiert A aus diesem Glaubenssatz heraus?...

Wenn wir von außen einem Paar dabei zusehen, wie es sich immer weiter in die Glaubenssatzfalle hineinzieht, könnte man auf den Gedanken kommen: Tun die das absichtlich? Sie könnten sich doch ausrechnen, wie der andere reagieren wird. Jeder drückt doch nur auf den Knopf, von dem er weiß, dass sie dort am empfindlichsten ist. Nein, kein Paar hat die bewusste Absicht, sich gegenseitig in die Glaubenssatzfalle hineinzumanövrieren, um die Glaubenssätze der Partnerin und die eigenen zu verstärken. Eigentlich wollen die beiden Menschen einander etwas ganz anderes sagen, sie finden nur unter ihrem emotionalen Druck und der Wirksamkeit ihrer Glaubenssätze keine andere Möglichkeit, das auszudrücken.

Die letzte Übung dieses Abschnittes soll Ihnen helfen herauszufinden, was Sie einander wirklich sagen wollen und wie Sie das konstruktiv tun können.

Lassen Sie uns das noch einmal am Beispiel von Richard und Claudia durchgehen, und nehmen wir dazu an, dass das ungeliebte Sushi bereits auf dem Tisch steht. Was Claudia wirklich sagen will, könnte sein: »Das ist lieb von dir, dass du Sushi mitgebracht hast; leider habe ich gar keinen Appetit darauf, und das hat nichts mit dir zu tun.« Richard könnte statt »Ich habe es doch gut gemeint« sagen: »Das ist wirklich schade; ich hätte dir gerne eine Freude gemacht.« Für beide wäre es nicht ganz einfach, diese Aussagen so anzunehmen, wie sie gesagt sind, ohne in ihre Glaubenssatzfallen zu tappen. Aber die Wahrscheinlichkeit dafür erhöht sich deutlich.

ÜBUNG 12
WAS WIR EINANDER WIRKLICH SAGEN WOLLEN

Wenn Sie in dem vorher analysierten Streit Ihr gemeinsames Stroke-Muster und Ihre Glaubenssatzfallen aktivieren:

- Was versuche ich, meiner Partnerin wirklich zu sagen?
- Warum kann sie es so, wie ich es sage, nicht so hören, wie ich es meine?
- Was versucht meine Partnerin mir wirklich zu sagen?
- Warum kann ich es so, wie sie es sagt, nicht hören, wie sie es meint?
- Wie könnte ich es so mitteilen, dass sie es auch annehmen kann?
- Wie könnte sie es so mitteilen, dass ich es auch annehmen kann?

1.3 VIELLEICHT FÜHLEN WIR JA GANZ ÄHNLICH

DIE GEFÜHLSFALLE

You're not the only one with mixed emotions
You're not the only ship adrift on this ocean
Mick Jagger/Keith Richards, Mixed Emotions

TRANSAKTIONSANALYSE: LANDKARTE 3
GEFÜHLE UND ERSATZGEFÜHLE

Menschliche Gefühle lassen sich auf sechs Gruppen von Grundgefühlen zurückführen:

- Freude (Glück, Liebe)
- Ärger (Zorn, Wut)
- Angst (Panik, Unsicherheit)
- Trauer (Schmerz, Verzweiflung)
- Scham
- Ekel

Alle diese Gefühle sind grundsätzlich gesund und haben wichtige Funktionen dafür, wenn wir Situationen bewerten und lösen:

- Glück, Freude und Liebe, um zu erkennen, was wir brauchen und wie wir es bekommen können
- Wut, Zorn und Ärger, um uns abgrenzen und Probleme in der Gegenwart lösen zu können
- Angst, um uns zu schützen und auf Situationen einzustellen, die in der Zukunft liegen
- Trauer, um etwas loszulassen, das wir nicht mehr ändern können, und Probleme der Vergangenheit zu bewältigen
- Scham, um soziales Zusammenleben durch das Einhalten von Regeln zu ermöglichen
- Ekel, um uns vor etwas zu schützen, das uns stark widerstrebt.

Alle Gefühle können im Sinne der Autonomie authentisch, das heißt zu der jeweiligen Situation passend, eingesetzt werden, wenn sie im beschriebenen Sinn hilfreich sind. Das zu lernen, ist Teil gesunder kindlicher Entwicklung. Tatsächlich ist es aber so, dass die Gefühle eines Kindes von seiner Umwelt höchst unterschiedlich bewertet werden. Über Strokes wird vermittelt, dass manche Gefühle erwünschter sind als andere und manche ganz untersagt. Ursprünglich authentische Gefühle müssen daher unterdrückt werden, zum Beispiel Traurigkeit, weil »Jungen doch nicht weinen«, Zorn, weil »Mädchen doch brav sind« – und vor allem, weil es kein entsprechendes Verständnis, keine Resonanz dafür gibt (zum Beispiel »Du brauchst keine Angst zu haben, das ist doch lächerlich!«).

In der Psychologie sprechen wir dann von der Abwehr von Gefühlen. Es gibt viele verschiedene Abwehrmechanismen: Verleugnung, Verdrängung, Abspaltung, Projektion und andere. Einer der wirksamsten und häufigsten ist das Ersetzen eines unerwünschten Gefühls durch ein anderes, erwünschtes. In der Transaktionsanalyse wird das »Ersatzgefühl« genannt.

Im vorigen Kapitel haben wir gesehen, wie Stroke-Muster bestimmte Glaubenssätze über sich, andere und die Welt bestätigen und verfestigen (wie zum Beispiel »Ich bin ja sowieso wertlos«, »Andere sind immer wichtiger als ich«, »Es ist ja doch alles sinnlos«). Wenn das Stroke-Muster durchgespielt wird, aktiviert das die Glaubenssätze (meist unbewusst). Das wiederum ist mit Gefühlen verbunden, die (ebenfalls unbewusst) zu den abgewehrten gehören: sich für wertlos, andere für wichtiger und das ganze Leben für sinnlos zu halten, könnte zum Beispiel als sehr traurig empfunden werden; diese – subjektiv – »verbotene« Traurigkeit wird ersetzt durch zum Beispiel Hilflosigkeit. Auch Zorn wäre ein authentisches Gefühl dazu – wenn er abgewehrt werden muss, kann als Ersatzgefühl zum Beispiel Ängstlichkeit auftreten.

Wir haben in den vorangegangenen Abschnitten gesehen, wie Paare in die Abhängigkeitsfalle und, damit verknüpft, in die Glaubenssatzfalle geraten. Je stärker diese Fallen zuschnappen, umso intensiver kommen Gefühle ins Spiel.

Grundsätzlich wären diese Gefühle in ihrer authentischen Form ein wesentliches Hilfsmittel zum Lösen von Konflikten. Traurigkeit könnte zeigen, dass da etwas Unwiderrufliches geschehen ist, das nicht mehr rückgängig gemacht werden kann, dass etwas unwiederbringlich verloren gegangen ist. Angst kann signalisieren, dass eine konstruktive Lösung schwierig zu sein scheint und schwer einschätzbare Veränderungen des Lebens mit sich bringen könnte. Ärger kann ein Gradmesser dafür sein, wo andere mich deutlich verletzen.

Ein autonomer Mensch kann über seine Gefühle frei verfügen; ihm ist bewusst, was er fühlt und wie das zur Lösung seiner Probleme beitragen kann. Dementsprechend setzt er seine Gefühle situationsadäquat ein. Der Umgang mit unserem Fühlen ist ein zentraler Punkt in unserer Persönlichkeitsentwicklung, insbesondere in unserer Kindheit. Ursprünglich fühlen wir, was wir eben gerade fühlen: Ein Säugling wacht mitten in der Nacht auf und hat Angst, weil er alleine ist. Er fängt an zu weinen. Wenn seine Mutter oder sein Vater kommt und ihn beruhigt, wird sich die Angst wieder legen, und das Baby lernt, damit umzugehen. Wenn niemand kommt, wird das Kind vielleicht zornig werden und zu schreien beginnen. Wird auch das ignoriert, wird der Säugling wahrscheinlich verzweifelt und traurig sein; sein Schreien wird in bitterliches Weinen übergehen. Wird auch das ignoriert, beginnt das Kind zu lernen, dass seine Gefühle – oder zumindest diese drei – nicht erwünscht sind. Es wird einen Weg finden müssen, mit diesen elementaren Gefühlen umzugehen: Es wird anfangen, sie zu unterdrücken – sie *abzuwehren*. Es gibt viele Situationen in unserem Heranwachsen, in denen wir lernen, dass bestimmte Gefühle nicht zu dem beabsichtigten Ergebnis führen. In der Erziehung zu stereotypen Geschlechtsrollen lernen Mädchen oft, dass sie nicht zornig sein dürfen (»Du bist doch kein Junge!«), und viele Jungen, dass Traurigkeit bei ihnen nicht gefragt ist (»Wein nicht, du bist doch kein Mädchen!«). Angst wird oft mit logischen Argumenten beiseitegeschoben (»Es gibt keine Geister, du brauchst dich nicht zu fürchten, geh wieder zurück ins Bett!«). Viele solche Situationen schränken die Autonomie ein. Bestimmte Gefühle dürfen nicht mehr gefühlt werden; wenn ich sie fühle, werde ich dabei nicht unterstützt, manchmal sogar abgelehnt, also: nicht geliebt. Wir lernen, dass wir für Liebe einen Preis zahlen müssen, und das tun wir, indem wir die unerwünschten, nicht auszuhaltenden Gefühle schon im Keim zu ersticken versuchen. Wir wehren sie (unbewusst) ab. Wir merken gar nicht mehr, dass wir sie fühlen.

Es gibt viele *Abwehrmechanismen* (der bekannteste davon ist *Verdrängung*).[3] Ein sehr wirkungsvoller Mechanismus ist es, das ungebetene Gefühl durch ein anderes zu *ersetzen* (in der Psychoanalyse wird von *Reaktionsbildung* gesprochen). Dann wird beispielsweise aus dem Mädchen, das nicht zornig werden darf, als erwachsene Frau eine, die – statt klar »Nein« zu sagen und sich abzugrenzen – in weinerliche Verzweiflung fällt. Aus dem Jungen, der nicht traurig sein darf, wird ein erwachsener Mann, der stattdessen wütend wird.

Ersatzgefühle tauchen regelmäßig dann auf, wenn wir in schwierigen Situation sind. Sie helfen nicht bei der Lösung unserer Probleme und Konflikte, sondern bewirken das Gegenteil. Je zorniger unser heranwachsender Junge wird, umso trauriger wird seine Situation. Traurig oder verzweifelt darf er aber nicht sein, dieses Gefühl muss er ja abwehren. Je schwieriger es für ihn wird, umso bröckeliger droht die Mauer seiner Abwehr zu werden; also muss sie umso intensiver mit dem altbekannten Mörtel verstärkt werden, dem Ersatzgefühl. So entsteht die dritte Beziehungsfalle: die **GEFÜHLSFALLE.**

Wenden wir uns wieder Marlene und Hans zu, um diesen Mechanismus genauer zu beobachten. In der vierten Sitzung schildern die beiden einen Streit aus den letzten Tagen.

HANS UND MARLENE

MARLENE: Begonnen hat es wieder einmal damit, dass ich einfach lesen wollte und Hans wieder unbedingt reden.

HANS: Ja, verdammt, irgendwann müssen wir doch miteinander reden. Du vergräbst dich nur in deine Psycho-Bücher, die sind dir ja schon wichtiger als ich!

MARLENE: Ich hab's wirklich probiert mit dem, was wir hier gelernt haben. In aller Ruhe habe ich gesagt: Hans, ich möchte jetzt gerne lesen, das ist mir wichtig. Ich bin gerade in einem spannenden Kapitel und möchte es zu Ende lesen.

HANS: Na, so hast du es nicht gesagt. Kann ich denn nicht einmal

	in Ruhe lesen? – Das hast du gesagt. Und gesagt auch nicht, geknurrt hast du.
MARLENE:	Das hab ich nicht.
HANS:	Sicher hast du! Ich weiß es doch genau!
THERAPEUT:	Moment, Moment. Erinnerungen sind manchmal von Mensch zu Mensch verblüffend unterschiedlich und hängen mit unterschiedlichem Erleben zusammen. Es war keine Kamera dabei, und es geht nicht um richtig und falsch, sondern um das, was und wie jeder von Ihnen die Situation erlebt hat. Ich möchte jetzt nicht so sehr auf die Details der Kommunikation eingehen, sondern auf Ihre Gefühle dabei. Hans, Sie möchten gerne mit Marlene sprechen. Über die Situation in der Beziehung, nehme ich an.
HANS:	Natürlich! Wenn ich das Thema nicht anschneiden würde, würde ja gar nichts weitergehen. Nur in den Stunden hier mit Ihnen dran arbeiten, das wird auf die Dauer wohl zu wenig sein.
THERAPEUT:	Und Marlene will nicht, sie will lesen. Wie immer sie das signalisiert, das ist im Moment nicht der Punkt. Was fühlen Sie in dem Moment, Hans? Sie wollen reden und Marlene nicht.
HANS:	Hmmm ... zuerst einmal gar nichts. Nicht überrascht, so geht es ja immer. Irgendwas oder irgendwer ist immer wichtiger. Ein Telefonat, ein Buch, schlafen, irgendwas fällt ihr immer ein.
THERAPEUT:	Und was fühlen Sie, wenn Sie »nicht überrascht« sind?
HANS:	Sauer, irgendwie. Beleidigt. Aber das will ich nicht, weil das wieder nur zu einem sinnlosen Streit wird. Aber in mir brodelt es. Und ich weiß schon in diesem Moment, dass alles einfach sinnlos ist.
MARLENE:	Du glaubst wirklich, es brodelt nur in dir? Das sehe ich doch schon deinem wütenden Gesicht an, wenn ich sage, ich will jetzt nicht. Ich brauche gar nicht hinzusehen, ich kenne die verzerrte Fratze. Und nach fünf Minuten hebst du wieder die Hand wie zum Zuschlagen. Du tust es nicht, aber du würdest es gern tun. Ich darf einfach nicht so sein, wie ich bin.

THERAPEUT:	Sie sind also wütend, Hans.
HANS:	Ja. Und wie! Schlagen würde ich nie, aber ... so wütend, und zugleich so ohnmächtig. Ich bitte sie dann, das Buch wegzulegen, aber sie redet ja trotzdem nicht. Sie schaut nur weg.
MARLENE:	Bitten? Du brüllst mich an! Und ich leg es weg, damit du endlich Ruhe gibst, und ich denk mir: Dann red halt, du redest ja doch nur für dich selbst. Und er redet und redet und redet ... ich kann es einfach nicht mehr ertragen. Ich kann nicht mehr, ich bin ganz ausgebrannt!
THERAPEUT:	Was fühlen Sie da, Marlene, wenn Sie Ihre Ruhe haben wollen und Hans sie Ihnen nicht lässt?
MARLENE:	Verzweifelt. Einfach fertig und verzweifelt. Und es ist so sinnlos.
THERAPEUT:	Sie, Hans, sind wütend, und Sie, Marlene, verzweifelt. Und beide finden Sie »es« sinnlos, so, wie es ist, so, wie es abläuft.

(Beide nicken)

Ersatzgefühle – die Gefühlsfalle – sind ein weiterer Antrieb für das Karussell. Sie kehren immer wieder und führen nicht zum erwünschten Ziel, im Gegenteil: Je wütender Hans wird, umso mehr zieht sich Marlene in ihre Verzweiflung zurück, und je mehr sie sich zurückzieht, umso wütender wird Hans. Wieder konzentrieren sie sich auf ihre Unterschiedlichkeit: Wenn sie so ist, dann kann es eben nicht funktionieren. Ich kann in dieser Beziehung einfach nicht der Mensch sein, der ich bin, mit meinen Bedürfnissen, wie sie sind. So bestätigen die Ersatzgefühle die Glaubenssätze (und umgekehrt) und aktivieren das zerstörerische Stroke-Muster. Hans und Marlene sind in allen drei Beziehungsfallen gefangen: Abhängigkeits-, Glaubenssatz- und Gefühlsfalle verknoten sich miteinander, das Spinnennetz wird dichter und dichter (»Wenn sie sich verhält, wie sie sich verhält, muss ich mich so fühlen, wie ich mich fühle. Dann muss ich das glauben, was ich glaube, und dann muss ich mich so verhalten, wie ich mich verhalte!«).

HANS glaubt, dass er ein Opfer ist und keiner ihn liebt, dass alle ihn verlassen und er für immer alleine bleiben wird. Das würde ihn traurig machen. Aus Gründen in seiner Lebensgeschichte, zu denen wir später noch kommen werden, wehrt er diese Gefühle ab und wird stattdessen zornig bis zur Androhung von körperlicher Gewalt. Seine Strokes werden bedingungslos negativ. Das aktiviert wiederum bei Marlene ihre Ersatzgefühle.

MARLENE glaubt, dass sie und ihre Bedürfnisse nicht wichtig sind und dementsprechend andere immer wichtiger als sie. Eine Situation so zu erleben würde Menschen eigentlich ärgerlich werden lassen. Gefühle von Ärger und Zorn aber wehrt sie ab (auch dazu werden wir später noch kommen) und ersetzt sie durch Verzweiflung bis zum stummen Rückzug in sich selbst. So werden auch ihre Strokes bedingungslos negativ (sie scheint Hans zu ignorieren) – was im Gegenzug seinen Zorn wachruft.

Um im Hier und Jetzt zu bleiben, um das Karussell zu stoppen, müssen alle drei Fallen aufgelöst werden. Wie das bei der Abhängigkeits- und der Glaubenssatzfalle geht, haben wir in den vorherigen Abschnitten gesehen. Wie kann das bei der Gefühlsfalle aussehen?

Ersatzgefühle sind eine Form der Abwehr. Hinter ihnen werden authentische Gefühle versteckt, die nicht an die Oberfläche kommen sollen. Wenn es gelingt, sie sichtbar zu machen, können Hans und Marlene mit ihren wirklichen Bedürfnissen und Emotionen für sich selbst und für den anderen erlebbar werden. Der folgende Auszug aus den Therapiegesprächen knüpft unmittelbar an die Stelle von vorhin an.

HANS UND MARLENE

THERAPEUT: Es kommt Ihnen sinnlos vor, Hans. Sie möchten so dringend mit Marlene reden, dass Sie kaum warten können. Und sie will einfach nicht.

HANS (schüttelt den Kopf): Nein. Sie will einfach nicht. Ich komme nicht an sie heran.

THERAPEUT: Sie kommen einfach nicht an sie heran. Was ist das für ein Gefühl?

HANS: So aussichtslos. So verloren. Als ob ich allein auf der weiten Welt wäre.

THERAPEUT: Ihre Augen sind traurig, Hans.

HANS: Ja. Das bin ich auch. Sehr, sehr traurig.

THERAPEUT: Und Sie, Marlene? Wenn Sie einfach nicht in Ruhe lesen können?

MARLENE: Ich kann seinen Wunsch ja verstehen. Aber ich will einfach nicht. Mir reicht das Material, das wir hier Woche für Woche erarbeiten. Das will ich verdauen und darüber nachdenken und nachlesen. Ich will zur Zeit einfach nicht reden, das muss ja nicht immer so bleiben. Aber jetzt ist es so.

THERAPEUT: Sie brauchen Ihre Ruhe und Ihre Zeit.

MARLENE: Und die lässt er mir nicht. Ich bin halt nicht so schnell.

THERAPEUT: Und wie fühlt sich das an, wenn Sie einfach nicht Ihre Zeit und Ihre Ruhe haben dürfen?

MARLENE: Verzweifelt. Wie gesagt.

THERAPEUT: Gibt es da noch ein Gefühl unter der Verzweiflung?

MARLENE: Vielleicht ... eigentlich ... eigentlich bin ich ja sauer.

THERAPEUT: Sauer?

MARLENE: Ja! Am liebsten würde ich sagen: Nimm das doch nicht immer gleich als persönliche Kränkung! Ich bin halt so, wie ich bin, ich suche mir das auch nicht aus.

THERAPEUT: Also, die eigentlichen Botschaften sind: »Ich ärgere mich, dass du mir nicht meine Zeit lässt«, und: »Ich bin traurig, dass du nicht mit mir über uns reden willst«.

(Beide nicken.) Wollen Sie ausprobieren, über diese Gefühle miteinander zu reden?

MARLENE: Hans, ich kann im Moment nicht so viel mit dir reden, wie du möchtest. Es ärgert mich, dass du das nicht verstehen willst.

THERAPEUT: Wie ist das, wenn Sie das so aussprechen?

MARLENE: Ein bisschen ängstlich, aber gut. Es stimmt einfach so.

HANS: Und mich macht es traurig, dass wir so wenig miteinander sprechen. Es gäbe so viel zu sagen.

THERAPEUT:	Und wie ist das für Sie?
HANS:	Es macht mir auch Angst. Angst, dass sie es nicht verstehen wird.
THERAPEUT:	Sie haben beide Angst, vom anderen nicht verstanden zu werden.
HANS:	Hast du wirklich Angst?
MARLENE:	Ja, sicher. Du auch? Das kann ich gar nicht glauben.
HANS:	Doch. Und wie.

Hinter den Ersatzgefühlen – sinnlose Wut bei Hans und schweigende Verzweiflung bei Marlene – werden echte Gefühle sichtbar: Traurigkeit bei ihm, Ärger bei ihr, vor allem aber Angst bei beiden. Solange die Ersatzgefühle im Spiel sind, lebt jeder mit seinen Glaubenssätzen und dem Gefühl, dem anderen egal zu sein. Die Angst, über die sie wechselseitig verwundert sind, zeigt ihnen, dass das überhaupt nicht so ist. Die authentischen Gefühle schaffen ein neues Stück Common Ground: Wir haben beide Angst und darüber hinaus hat jeder eigene Gefühle – Traurigkeit und Ärger. Wir können diese Gefühle bei uns selbst und wechselseitig verstehen und respektieren. Auf diesem Hintergrund können wir anders miteinander umgehen. Das Karussell ist wieder ein Stück langsamer geworden, es gibt einen Ausweg aus der Gefühlsfalle.

Wie kann man Ersatzgefühle bei sich selbst und bei anderen erkennen?

In der Transaktionsanalyse wird dafür auch der Begriff *Lieblingsgefühle* verwendet. Das ist natürlich ironisch zu verstehen, niemand liebt diese Gefühle an sich selbst wirklich. Gemeint ist damit, dass sie wieder und wieder stereotyp als eine Form des Selbstschutzes auftauchen. Sie führen nicht zur Lösung, im Gegenteil, sie verstärken das Problem. Und sie gehen einher mit dem starken Empfinden: »Ich kann nicht anders, ich muss so fühlen und ich muss mich so verhalten« (ein Glaubenssatz). Das ist in der Selbstwahrnehmung der deutlichste Unterschied zum authentischen Gefühl: Letzteres erlaubt verschiedene Möglichkeiten, sich zu verhalten.

Hans »kann« in seiner Ersatzgefühl-Wut »nicht anders«, als zu brüllen und die Hand zum Schlag zu erheben (wir haben dieses Muster schon im Abschnitt über Strokes analysiert). Wenn er mit seiner authentischen Traurigkeit und Angst in Kontakt ist, hat er verschiedene Möglichkeiten: Er kann seiner Stimme den entsprechenden Ausdruck geben, er kann verschiedene Worte dafür finden, er kann weinen oder auch nicht.

Marlene »kann« in ihrer Ersatzgefühl-Verzweiflung »nicht anders«, als sich zurückzuziehen und zu schweigen. In ihrem authentischen Ärger und ihrer Angst findet sie die Worte wieder, und auch sie kann das unterschiedlich, je nach Situation, zum Ausdruck bringen.

Bei anderen Menschen sind Ersatzgefühle meist leichter zu erkennen als bei sich selbst; sie wirken übersteigert und unecht. Sie erzeugen das Empfinden, in eine bestimmte Richtung gedrängt, manipuliert zu werden. Marlene fühlt sich von Hans' Zorn manipuliert, um jeden Preis mit ihm reden zu müssen; er fühlt sich von ihrem Schweigen dazu gedrängt, unter keinen Umständen etwas sagen zu dürfen. Beide erleben sich in ihrer Autonomie eingeschränkt, beide glauben, in ihrem Bedürfnis (zu reden beziehungsweise zu schweigen) autonom zu sein – sind es aber in dem Ausdruck, den sie diesem Bedürfnis geben, nicht.

Wie kann man damit umgehen, wenn man den anderen in seiner Gefühlsfalle erlebt? Es wäre wohl kaum hilfreich, mit, bildlich gesprochen, erhobenem Zeigefinger zu sagen: »Du zeigst gerade ein Ersatzgefühl, du willst mich manipulieren.« Werfen wir zu dieser Frage einen weiteren Blick auf Marlene und Hans.

HANS UND MARLENE

MARLENE: Aber was kann ich tun, wenn er wieder so wütend wird?

HANS: Und ich, wenn sie wieder schweigt?

THERAPEUT: Im Grunde ist das ja nichts anderes als ihr altbekanntes Muster: Sie tauschen Negatives und noch Negativeres aus, bedingungslos. Diese Gefühle, hinter denen sich andere, echtere verstecken, machen das Ganze erst richtig schlimm.

MARLENE: Ja. Stimmt. Und das heißt, wenn ich Hans dann präzise sagen würde, was mich stört, dann wird er nicht wütend? Kann ich mir nicht vorstellen.

THERAPEUT: Wird in dieser Stufe der Gefühlseskalation wahrscheinlich auch nicht mehr funktionieren. Eine ganz pragmatische Möglichkeit ist, eine kurze Auszeit zu nehmen. Das bedeutet, Sie vereinbaren, dass jeder von Ihnen die Möglichkeit hat, eine Auszeit von – sagen wir – zwanzig Minuten zu verlangen. Könnten Sie sich das vorstellen?

MARLENE: Sofort. Eigentlich (lächelt) ist mein Schweigen ja schon so etwas wie eine Auszeit.

HANS: Für mich ist das nicht so einfach. Wenn sie eine Auszeit verlangt, gibt mir das ja schon wieder das Gefühl, sie will nicht mit mir reden.

THERAPEUT: Sie könnten die Auszeit ja auch selbst verlangen, um sich eine Chance zu geben, von Ihrer Wut herunterzukommen.

HANS: Keine schlechte Idee. Aber wie geht es nach der Auszeit weiter?

THERAPEUT: Vor allem geht es zuerst in der Auszeit weiter: Sie stellen sich beide selbst die Frage: Was fühle ich denn wirklich?

MARLENE: Und dann?

THERAPEUT: Und dann – die Frage, die dann kommt, möchte ich Ihnen jetzt stellen: Marlene, wenn Sie so verzweifelt und so zurückgezogen sind, was möchten Sie Hans dann über sich und Ihre Gefühle eigentlich sagen?

MARLENE: Dass ich sauer bin, weil er mich drängt. Dass ich es schade finde, dass er mir die Zeit nicht gibt. Sehr schade. Ich habe das Gefühl, wir sind auf einem guten Weg. Dafür brauche ich aber einfach meine Zeit.

THERAPEUT: Und Sie, Hans? Was möchten Sie Marlene über sich und Ihre Gefühle sagen, wenn Sie so wütend sind?

HANS: Dass ich total verzweifelt bin, wenn sie nicht mit mir sprechen will. Dass ich aber das mit der Zeit, die sie braucht, verstehe. Aber mir würde helfen (zu Marlene), wenn du das einfach sagen würdest: Bitte, lass mir Zeit, ich werde schon wieder mit dir reden.

MARLENE: Gut, das kann ich machen.

Ersatzgefühle kurbeln das Karussell heftig an. Um es wieder zu stoppen, müssen sich die Partner darüber klar werden, um welche Gefühle es wirklich in der gegenwärtigen Situation geht. Dafür ist die in der oben geschilderten Sitzung vorgeschlagene Auszeit oft sehr wichtig.

In dem Gespräch mit Marlene und Hans werden die Zusammenhänge zwischen Ersatzgefühlen und dem Stroke-Muster deutlich. Wir haben es mit einem komplexen System zu tun, das aus Denken, Fühlen und Verhalten besteht. Verinnerlichte Glaubenssätze aktivieren (Ersatz-) Gefühle, die in Handlungen (Strokes) zum Ausdruck kommen. Die Reaktionen darauf sind wiederum negative Strokes, die den ursprünglichen Glaubenssatz bestätigen.

Lassen Sie mich das kurz am Beispiel der beiden deutlich machen:

HANS:

– Glaubenssätze: Keiner liebt mich (wenn Marlene mich lieben würde, würde sie mit mir sprechen...); ich bin allein auf der Welt, alle anderen sind wichtiger; alles ist sinnlos.

– Ersatzgefühle: Ärger, Wut

– Verhalten: bedingungslos negative Strokes für Marlene (bis hin zum Erheben der Hand)

– Reaktion von Marlene: bedingungslos negative Strokes (Rückzug, Schweigen)

– Resultat: Na bitte, da hab ich es wieder: Keiner liebt mich, ich bin allein auf der Welt, und alles ist sinnlos.

MARLENE:

– Glaubenssätze: Die Bedürfnisse der anderen sind wichtiger als meine eigenen (Hans' Bedürfnis nach Reden ist wichtiger als meines nach Ruhe); ich bin nicht wichtig; alles ist sinnlos.

– Ersatzgefühle: Hilflosigkeit, Verzweiflung

– Verhalten: bedingungslos negative Strokes für Hans (Schweigen, Ignorieren)

– Reaktion von Hans: bedingungslos negative Strokes (Wutausbrüche, Beschimpfungen)

– Resultat: Na bitte, da hab ich es wieder: Er ist wichtiger als ich, ich bin nicht wichtig, alles ist sinnlos.

Damit können wir die tieferen individuellen Hintergründe für die Verwicklungen des Paares erkennen: Jeder hat sein persönliches Karussell mitgebracht, das erst *gemeinsam* mit dem des anderen das spezifische Muster dieser spezifischen Beziehung bewirkt. Möglichkeiten für das Unterbrechen dieses Musters haben wir in den letzten drei Abschnitten erlebt: Autonomie erweitern, konstruktive Stroke-Muster etablieren, authentische Gefühle erlebbar machen. Die Abhängigkeits-, die Glaubenssatz- und die Gefühlsfalle können erkannt werden, Strategien für den Ausstieg aus diesen Fallen werden entwickelt und praktiziert. Das schafft Beruhigung und Deeskalation. Und es bereitet auf das vor, was noch kommt: die Auseinandersetzung mit dem, was war und bis heute nachwirkt. Dabei wird es sowohl um die persönliche Lebensgeschichte der beiden Einzelmenschen als auch um die gemeinsame Geschichte gehen. Darauf werden wir im nächsten Kapitel zu sprechen kommen.

Lassen Sie uns zum Abschluss dieses Kapitels noch einen Blick auf ein weiteres Paar in der Gefühlsfalle werfen. Martin und Martina sind beide Ende dreißig, haben zwei kleine Kinder und kommen zur Paartherapie, weil sie sich in ihrer Beziehung nach etwa zehn Jahren »festgefahren« fühlen.

MARTIN UND MARTINA

THERAPEUT: Ich wollte noch einmal auf den Ausdruck zurückkommen, den Sie gleich in unserer ersten Sitzung verwendet haben. »Festgefahren« – was meinen Sie damit?

MARTIN: Gute Frage. (Pause) Ich bemühe mich wirklich sehr, ein guter Ehemann und Vater zu sein; ich helfe, wo ich kann, aber ich habe das Gefühl, ich kann Martina gar nichts recht machen.

MARTINA: Er zeigt überhaupt keine Eigeninitiative. Er tut das, was man ihm sagt, das stimmt schon, aber von selber kommt er auf gar nichts. Ein Beispiel: Monate vorher wissen wir, dass wir in Urlaub fahren werden, aber von ihm kommen keine Ideen, keine Planung. Bis ich das zum Schluss wieder alles übernehme.

MARTIN: Ja. Richtig. Aber was soll man denn tun, wenn einem einfach gar nichts einfällt?

MARTINA: Gar nichts? Als ob es auf der Welt nicht tausend Möglichkeiten gäbe, auch mit kleinen Kindern.

MARTIN: Ja, stimmt. Ich überlege ja auch. Aber mir fällt nichts ein. Sie wird ja doch wieder Einwände haben.

MARTINA (ärgerlich): Jetzt stell dich doch nicht so blöd an! In deiner Arbeit hast du ja auch Ideen; nur zu Hause bist du völlig hirntot.

MARTIN (lacht verlegen): Ja, so könnte man es nennen.

MARTINA: Du kommst mir vor wie ein kleines Kind!

MARTIN: Ja, du hast recht. Aber was soll ich denn tun?

MARTINA: So was von passiv!

THERAPEUT: Was fühlen Sie denn gerade, Martin?

MARTIN: Nichts. Leer. Ratlos. Hilflos vielleicht.

THERAPEUT: Sind Sie ängstlich?

MARTIN: Ja, auch.

THERAPEUT: Und Angst kann das Denken blockieren.

MARTIN: Ja.

THERAPEUT: Und Sie, Martina? Was fühlen Sie, während wir über diese Situation sprechen?

MARTINA: Ich könnte explodieren. Ich möchte ihn am liebsten schütteln und sagen: Werd endlich erwachsen!

THERAPEUT: Heißt das, Sie sind zornig?

MARTINA: Ja, und wie!

Auch die beiden sind in dem Spinnennetz ihrer drei Fallen gefangen: Sie fühlen sich wechselseitig voneinander abhängig (»Wenn er ist, wie er ist, dann muss ich so sein, wie ich bin, ich kann nicht anders«), und sie stecken in einem Teufelskreis aus Glaubenssätzen, Ersatzgefühlen und Stroke-Mustern fest. Diesen Zyklus nennt man den *Ersatzgefühl-*

Kreislauf. Wir haben ihn schon vorher bei Hans und Marlene kennengelernt. Sehen wir uns ihn nun bei Martin und Martina im Detail an.

Wir beginnen beim *Verhalten* der beiden: Martina drängt Martin, »Eigeninitiative« zu entwickeln, und äußert diesen Wunsch über bedingt negative Strokes (»Von selbst tust du gar nichts, nur das, was man dir sagt!«). Martin tut tatsächlich nichts Wesentliches zur Lösung aktueller Fragen (weil ihm nichts dazu einfällt), bemüht sich aber, hilfreich zu erscheinen, und versucht, Martina bedingungslos positive Strokes zu geben (»Ich hab dich doch lieb«).

Auf der *emotionalen Ebene* steigen bei beiden die Ersatzgefühle hoch: Martin ist hilflos, Martina ärgerlich. Gleichzeitig aktivieren sie ihre *Glaubenssätze*: Bei Martina ist das: »Ich bin nicht wichtig (sonst würde er auf meine Bedürfnisse eingehen), und letztlich liebt mich ja doch keiner«, bei Martin: »Mit mir stimmt etwas nicht, alles mache ich falsch. Niemand liebt mich.«

Dementsprechend reagieren sie: Martin wird immer hilfloser, stottert und wirkt krampfhaft bemüht. Als zweites Ersatzgefühl taucht Angst auf, die rasch stärker wird. Das erlebt Martina als Verweigerung und damit als bedingungslos negativen Stroke. Bei ihr steigert sich die Ersatzgefühl-Wut zu hilflosem Zorn und dementsprechend bedingungslos negativen Strokes (»Du bist völlig hirntot«).

Der eskalierende Streit resultiert bei ihnen in den folgenden Erfahrungen: Martina denkt und fühlt sinngemäß: »Na bitte, da hab ich es wieder: Ich bin nicht wichtig, niemand liebt mich« – und Martin: »Na bitte, da hab ich es wieder: Niemand liebt mich, mit mir stimmt etwas nicht.«

Dieses Ergebnis des Ersatzgefühl-Kreislaufs nennt man *verstärkende Erfahrung*: Die beiden haben sich selbst und gegenseitig etwas bestätigt, was sie schon vorher (sehr lang vorher) »gewusst« haben. Dieser Zyklus ist sozusagen unser Karussell live in action in seiner dreifachen Dynamik: Verhalten (Stroke-Muster), inneres Erleben (Glaubenssätze und Ersatzgefühle) und gemeinsame Verflechtung im Spinnennetz der drei Beziehungsfallen.

Bevor dieser vorhersehbare Kreislauf (den Martin und Martina wie alle anderen Paare in der Krise unzählbar oft durchlaufen haben) mit den verstärkenden Erfahrungen (vorläufig) endet, biete ich den beiden den Ausweg über die authentischen Gefühle unter den Ersatzgefühlen an.

MARTIN UND MARTINA

THERAPEUT (zu Martina): Je zorniger Sie sind, umso ängstlicher und ratloser wird Martin. Und (zu Martin) je ängstlicher und ratloser Sie sind, umso zorniger wird Martina.

MARTINA: Und was soll ich tun? Lieb und nett zu ihm sein?

MARTIN: Das würde vielleicht helfen.

THERAPEUT: Lieb und nett wird wohl kaum für die Situation stimmen. Sind Sie nicht eigentlich genauso ratlos wie Martin?

MARTINA (kurze Pause): Eigentlich schon. Ich rede dann nur mehr und schneller als er.

THERAPEUT: Und wie ist das, wenn Sie so vollkommen ratlos sind in Ihrer Ehe? Wenn Sie darüber nicht zornig wären, sondern –

MARTINA: Sondern? (zögernd) Traurig, wahrscheinlich. Hoffnungslos.

THERAPEUT: Und Sie, Martin? Wenn Sie nicht so ängstlich wären?

MARTIN: Dann würde ich das wahrscheinlich mit Humor nehmen.

THERAPEUT: Was wäre denn so zum Lachen?

MARTIN: Gute Frage. Eigentlich gar nichts. (Pause) Aber ich kann ja nicht gut heulen.

THERAPEUT: Vielleicht ist Ihnen aber danach, wenn Sie erleben, wie festgefahren Sie beide sind.

MARTIN: Ja, wahrscheinlich.

THERAPEUT: Schade, dass es so ist, wie es ist.

MARTINA (mit Tränen in den Augen): O ja. So sehr schade.

MARTIN: Und wie. (Er streckt seine Hand nach ihr aus, sie nimmt sie).

In diesem Fall sind die authentischen Gefühle der beiden sehr ähnlich: Sie sind traurig darüber, wie es mit ihnen beiden steht. Keiner kann dem anderen seine Liebe glauben, keiner kann sie spüren, und keiner kann sie geben, obwohl sie das beide so sehr möchten.

Beide Paare, die ich in diesem Abschnitt geschildert habe, kommen schließlich an diesem Punkt an: schade. Schade, dass es so ist, wie es ist.

In diesem »Schade« liegt eine große verbindende Kraft. Es ist der größte Common Ground, der in dieser Phase der Entwicklung als Paar gefunden werden kann. Es ist (gemeinsam mit dem begleitenden Gefühl der Traurigkeit) das Zauberwort, mit dem das Karussell zum Stehen gebracht werden kann. Der Umgang miteinander in der Gegenwart ist leichter und konfliktärmer geworden. Manche Paare glauben, sie wären an dieser Stelle am Ziel angekommen und alles wäre wieder gut geworden. Aber wir sind erst dort angelangt, dass die offensichtlichen Symptome der Krise unter Kontrolle sind. Das »Schade, dass es ist, wie es ist« eröffnet erst den Weg zu der fundamentalen Frage nach den Ursachen: Wie ist es gekommen, dass alles so gekommen ist?

PERSÖNLICHE ÜBUNGEN

Wir haben im letzten Abschnitt gesehen, wie die drei Beziehungsfallen – Abhängigkeits-, Glaubenssatz- und Gefühlsfalle – im Ersatzgefühl-Kreislauf ihren Höhepunkt finden. Die folgenden vier Übungen sollen Ihnen helfen, diesen Kreislauf bei sich selbst und bei Ihrem Partner/Ihrer Partnerin sowie Ihre gemeinsame Verwicklung zu erkennen und Ausstiege daraus zu finden. Nehmen Sie sich Zeit beim Beantworten der Fragen und achten Sie dabei auf Ihre Gefühle. Vielleicht sind Ihnen manche Antworten nicht angenehm. Zwingen Sie sich dann nicht, alles auf einmal und am Stück zu beantworten. Machen Sie ruhig Pausen dazwischen. Nehmen Sie Ihre Ergebnisse zur Kenntnis, so, wie sie sind; es geht nicht darum, sich selbst (oder auch den anderen) im Sinne von »gut« oder »schlecht« zu bewerten. Dieser Kreislauf ist nicht aus böser Absicht und schon gar nicht aus freiem Willen heraus entstanden, sondern ganz ursprünglich aus Notsituationen heraus, über die wir im zweiten Kapitel ausführlich sprechen werden. Sinn dieser Übungen ist es, Ihnen einen

Schlüssel in die Hand zu geben, mit dessen Hilfe Sie sich, Ihre Partnerin und das, was zwischen Ihnen läuft, besser verstehen können.

In der ersten Übung geht es um Sie selbst.

ÜBUNG 13
ERSATZGEFÜHLE UND GLAUBENSSÄTZE BEI MIR SELBST

Denken Sie an einen kurz zurückliegenden für Sie typischen Streit in Ihrer Beziehung und beantworten Sie bitte die folgenden Fragen:

- Wenn bei mir eine Webcam installiert wäre, was könnte man bei mir für Verhaltensweisen beobachten?
- Wenn ich mich so verhalte – wie fühlt es sich dann körperlich an?
- Was denke ich in diesem Moment
  - über mich?
  - über andere Menschen, besonders über meine/n Partner/in?
  - über das ganze Leben?
- Sind mir diese Gedanken vertraut? Könnten es verallgemeinernde Glaubenssätze sein?
- Was fühle ich dabei?
- Sind mir diese schlechten Gefühle vertraut? Könnten es meine »Lieblingsgefühle« sein?
- Wie geht es weiter?
- Wie endet der Streit für diesmal?
- Was fühle ich danach?
- Was denke ich dann – über mich, andere, das Leben?

Und schließlich:

- Wenn ich nicht mein vertrautes »Lieblingsgefühl« fühlen würden: Was würde ich dann, tief darunter, möglicherweise fühlen?

Wie geht es Ihnen, wenn Sie diesen Kreislauf erkunden? Was für Gefühle, was für Gedanken, was für Erinnerungen löst es in Ihnen aus? Wird Ihnen dabei etwas deutlich? Oder sind Sie verwirrt? Nachdenklich?

Betroffen? Traurig? Hoffnungsvoll? Nehmen Sie sich Zeit, damit sich die Erkenntnisse aus dieser Übung setzen können, und gehen Sie nicht sofort zur Tagesordnung über. Machen Sie auf jeden Fall eine Pause, bevor Sie zur nächsten Übung kommen, in der es um den Ersatzgefühl-Kreislauf Ihrer Partnerin geht. Geben Sie sich Zeit, Ihre Erkenntnisse zu verdauen.

Alle Erkenntnisse und alle Übungen zu den drei Beziehungsfallen rühren natürlich an Ihre Vergangenheit; wahrscheinlich wird Ihnen immer deutlicher, dass all das – Ihre Art und Weise, um Autonomie zu ringen, Ihre Glaubenssätze, Ihr Stroke-Muster, Ihre Ersatzgefühle und vor allem der Kreislauf rund um das alles – nicht erst in Ihrer jetzigen Beziehung und überhaupt nicht in Ihrem Erwachsenenleben entstanden ist. Trotzdem bitte ich Sie, mit Gedanken- und Erinnerungsreisen in die Vergangenheit noch ein wenig zu warten. So hilfreich auch die Auseinandersetzung mit der eigenen Geschichte ist, so sehr geht es doch hier immer noch darum, das gegenwärtige Beziehungskarussell zu stoppen. Erst wenn Sie und Ihr Partner sich hier und jetzt im Umgang miteinander stabilisiert haben, können Sie die Reise in die Tiefen der Geschichte antreten.

Im nächsten Schritt bitte ich Sie darum, sich in den anderen hineinzuversetzen. Bitte denken Sie daran, dass Ihre Überlegungen nur Ihre persönlichen Vermutungen über ihn sind und keine objektive Wahrheit. Es könnte sein, dass er sich selbst in manchen (oder auch allen) Punkten anders sieht.

ÜBUNG 14
ERSATZGEFÜHLE UND GLAUBENSSÄTZE BEI MEINEM/R PARTNER/IN

Denken Sie wieder an den kurz zurückliegenden für Sie typischen Streit, den Sie in der vorherigen Übung aus Ihrem Blickwinkel analysiert haben. Konzentrieren Sie sich dabei ganz auf die Rolle Ihrer Partnerin (aus Ihrer Sicht) und beantworten Sie bitte die folgenden Fragen:

- Wenn bei ihr eine Webcam installiert wäre: Was könnte man bei ihr für Verhaltensweisen beobachten?

- Wenn sie sich so verhält – wie mag es sich für sie körperlich anfühlen?
- Was könnte sie in diesem Moment denken
  - über sich?
  - über andere Menschen, besonders über mich?
  - über das ganze Leben?
- Sind ihr diese Gedanken vertraut? Könnten es verallgemeinernde Glaubenssätze sein?
- Was mag sie dabei fühlen?
- Könnten das ihre »Lieblingsgefühle« sein?
- Wie geht es weiter?
- Wie endet der Streit für diesmal?
- Wie könnte sie sich danach fühlen?
- Was könnte sie dann denken – über sich, andere, das Leben?

Und schließlich:

- Wenn sie nicht ihr vertrautes »Lieblingsgefühl« fühlen würde: Was könnte sie dann, tief darunter, möglicherweise fühlen?

Lassen Sie sich wieder Zeit, Ihre Erkenntnisse nachwirken zu lassen und zu verarbeiten. Ist Ihnen das neu, was Sie da über Ihren Partner herausgefunden haben? Verstehen Sie manches besser? Oder hängt das für Sie noch nicht wirklich zusammen, ist es verwirrend? Macht es Sie betroffen? Traurig? Ärgerlich? Wehren Sie sich dagegen, es zu verstehen? Oder fühlt es sich gut an?

Auch jetzt kann es sein, dass Ihre Überlegungen schon in die Richtung gehen, wie Ihre Partnerin denn zu dem Menschen geworden sein könnte, der sie ist – wie all das mit ihrer Geschichte zusammenhängt. Belassen Sie es für den Augenblick nur bei diesen Ahnungen über die Vergangenheit und lassen Sie sich nicht zu sehr davon ablenken, damit Sie bei der Gegenwart und ihren Verwicklungen bleiben können.

Sie haben jetzt Ihren Kreislauf analysiert und anschließend den Ihrer Partnerin. Vielleicht haben Sie jetzt schon Überlegungen dazu, wie sich diese beiden Zyklen gegenseitig verstärken – der eine verhält sich genauso, wie die andere das erwartet, und umgekehrt. Doch lassen Sie sich damit noch Zeit; es könnte sonst sein, dass Sie dabei eine Empfindung von Aussichtslosigkeit beschleicht (»Das klingt ja alles ganz schön, aber da wird sie/er nie mitmachen!«). Hier geht es zuerst einmal um Lösungen für Sie persönlich, ein gemeinsames Aussteigen kann eben nur gemeinsam gehen. Dazu werden wir dann in Übung 16 kommen.

Fürs Erste gehen wir in der nächsten Übung der Frage nach, wie Sie aus Ihrem Kreislauf herauskommen könnten – noch unabhängig davon, wie der/die andere agiert und reagiert.

ÜBUNG 15
DER ERSATZGEFÜHL-KREISLAUF: ERKENNEN UND AUSSTEIGEN

Ihre Antworten auf Übung 13 beschreiben Ihren Ersatzgefühl-Kreislauf, bestehend aus:

- Glaubenssätzen
- Ersatzgefühlen
- Körperempfinden
- Geben und Nehmen von Strokes
- verstärkenden Erfahrungen

Grundsätzlich ist ein Aussteigen an jeder Stelle möglich. Wichtig dafür ist allerdings, selbst zu merken, dass Sie sich in Ihrem Kreislauf befinden. Erste Anzeichen dafür sind meist

- typische Körpergefühle (zum Beispiel Nackenverspannungen, Herzklopfen, Hitze, Magenbeschwerden, Kopfschmerz ...)
- das Empfinden: »Ich muss jetzt so reagieren, ich kann nicht anders!«

Wenn Sie diesen Punkt erkennen, sind Sie wahrscheinlich schon innerlich in Kontakt mit Ihren Glaubenssätzen und Ihrem »Lieblingsgefühl«. Der beste Weg, den Kreislauf zu stoppen, ist eine für Sie deutlich spürbare Unterbrechung, zum Beispiel:

- durchatmen, sich Zeit nehmen

- etwas anderes tun
- Bewegung
- den Raum verlassen
- eine mit dem Partner vereinbarte Auszeit von etwa 20 Minuten

In dieser Auszeit aktivieren Sie Ihr klares Denken zu folgenden Fragen:

- Um was genau geht es jetzt wirklich?
- Was relativiert meine Glaubenssätze und bringt mich von »immer« zu »hier und jetzt«?
- Was fühle ich wirklich, unter meinem Ersatzgefühl?
- Was brauche ich von meinem Partner?
- Was möchte ich ihm wirklich sagen?

Zwischen dieser Übung und der nächsten, die für Sie gemeinsam bestimmt ist, sollten Sie mindestens ein bis zwei Tage Zeit vergehen lassen. Ihr Unbewusstes wird eine Weile brauchen, um all die Erkenntnisse und Emotionen miteinander zu verknüpfen. Auch bewusst können Sie bereits erste Versuche machen, Neues auszuprobieren: auf die Gefühle unter den Ersatzgefühlen achten und Wege finden, sie auszudrücken, Glaubenssätze hinterfragen, andere Arten von Strokes versuchen.

Erst dann sollten Sie sich an die gemeinsame Übung 16 machen. Klären Sie dazu bitte vorher, ob Sie beide wirklich bereit sind, einander ohne Wertungen zuzuhören und die Sichtweise des anderen zu akzeptieren. Hören Sie einander einfach zu und diskutieren Sie nicht darüber; nehmen Sie mit Interesse zur Kenntnis, dass das die Sichtweise Ihres Partners auf Sie ist. Vielleicht teilen Sie seine Meinung nicht – vielleicht können Sie ihr aber auch etwas abgewinnen. Es geht nicht um »richtig« oder »falsch«, sondern um das jeweilige persönliche Erleben. Es kann sein, dass Sie dabei wieder in Ihre gemeinsame Verwicklung geraten. Das ist kein Malheur – unterbrechen Sie einfach und setzen Sie die Übung erst wieder fort, wenn Sie beide dazu bereit sind.

ÜBUNG 16
WIE KÖNNEN WIR EINANDER HELFEN?

Erklären Sie Ihrem/r Partner/in Ihren Ersatzgefühl-Kreislauf und bitten Sie ihn/sie, Ihnen den ihren/seinen zu erklären.

Vergleichen Sie das, was Ihnen da erzählt wird, mit Ihren Vermutungen aus Übung 14.

Stellen Sie zuerst jede/r für sich Überlegungen zu folgenden Punkten an:

- Welche Strokes würden ihm/ihr aus dem Kreislauf heraushelfen?
- Welche Strokes kann ich ihr/ihm realistischerweise geben?
- Was braucht er/sie, um in Kontakt mit ihren/seinen authentischen Gefühlen kommen zu können?

Teilen Sie dann diese Überlegungen Ihrem/ihrer Partner/in mit und gleichen Sie sie mit ihren/seinen Bedürfnissen ab.

Treffen Sie Vereinbarungen zum Umgang miteinander in Ihren Karussell-Situationen (zum Beispiel über Auszeiten, helfende Gesten usw.).

Sie haben jetzt ein sehr dichtes Kapitel mit vielen neuen Begriffen und Erkenntnissen durchgearbeitet. Sie haben viele Übungen gemacht, gefühlt, gedacht und Neues ausprobiert. Sie haben dabei Erfolge und vermutlich auch Rückschläge erlebt. Vor allem haben Sie dabei sehr viel an Wissen angesammelt.

In diesem Buch werden Sie an wichtigen Punkten Übungen finden, die ein wenig anders sind als andere und die Ihnen die Möglichkeit geben sollen, auf kreative Art mit sich selbst in Kontakt zu kommen, um all das Gelernte und Erfahrene spielerisch in Ihrem Inneren zu verknüpfen und weiterzuentwickeln.

Diesmal lade ich Sie dazu ein, ein Bild zu malen.

Vergessen Sie jetzt bitte alles, was Ihnen im Lauf Ihres Lebens vielleicht über Ihre zeichnerischen Fähigkeiten erzählt wurde. Es geht nicht um den künstlerischen Wert oder gar die fotografische Realitätstreue des von Ihnen Dargestellten. Es geht um Sie selbst.

ÜBUNG 17
ICH, DU UND WIR IN UNSERER BEZIEHUNG: EIN BILD

Bereiten Sie Malutensilien vor. Das können Buntstifte, Wasserfarben, Fingerfarben, Wachsmalkreiden oder etwas anderes Ihrer Wahl sein.

Bereiten Sie ein Blatt Papier in der Größe Ihrer Wahl vor. Das kann ein Zeichenblatt oder noch besser ein großer Bogen, etwa Flipchart-Papier, sein.

Legen Sie Blatt und Malwerkzeug dort bereit, wo Sie Ihr Bild malen wollen, und sorgen Sie dafür, dass Sie etwa zwanzig Minuten ungestört sein können.

Denken Sie nicht darüber nach, was Sie jetzt malen könnten oder werden. Klar ist nur der Titel: Ich und wir in unserer Beziehung.

Stellen Sie jetzt einen Wecker auf fünf Minuten. Dann stellen Sie sich vor einen Spiegel, am besten einen, der Sie ganz zeigt, und beobachten Sie sich diese fünf Minuten lang. Achten Sie darauf, was Sie dabei fühlen: Ungeduld? Interesse? Langeweile? Scham? Berührtheit? Ärger? Amüsement?

Wenn Sie das Gefühl haben, nicht mehr zu können, hilft es Ihnen vielleicht, sich auf Details zu konzentrieren: Wie groß bin ich? Wie lang sind meine Arme? Meine Finger? Wie ist der Abstand zwischen meinen Augen?

Wenn das Signal des Weckers ertönt, gehen Sie zurück zu Ihrem Malplatz und malen Sie einfach, was Ihnen in den Sinn kommt – gegenständlich, abstrakt, farbig, schwarz-weiß oder wie auch immer. Alles ist richtig.

Wenn Sie fertig sind, verwahren Sie das Bild, ohne es weiter zu betrachten oder gar zu interpretieren. Gehen Sie wieder zu Ihrem normalen Alltag über.

Wir werden das Bild zu einem späteren Zeitpunkt wieder brauchen.

ZUSAMMENFASSUNG

- Paare in der Krise neigen in ihrem Konfliktverhalten dazu, den Fokus mehr auf die Vergangenheit und die Zukunft zu legen, statt Lösungen für das gegenwärtige Problem zu finden.
- Das resultiert daraus, dass einerseits die Vergangenheit – sowohl die individuelle als auch die gemeinsame – natürlich die Gegenwart im Guten wie im Schlechten beeinflusst, andererseits daraus, dass die Zukunft Sorgen und Ängste macht.
- Um einen Ausweg aus dem Wirrwarr, dem »Karussell« der Beziehungskrise zu finden, kann das Paar letztlich zu einer gemeinsamen Entscheidung über Neubeginn oder Trennung kommen. Dazu ist es notwendig, das Gemeinsame, den Common Ground zwischen den beiden, Schritt für Schritt auszubauen.
- Dabei ist es als Erstes notwendig, in der Gegenwart zu bleiben und das Konfliktpotenzial zu reduzieren, um weitere Verletzungen zusätzlich zu den bereits angehäuften zu vermeiden.
- Wir können in diesem gegenwärtigen Konfliktgeschehen drei miteinander verflochtene Beziehungsfallen entdecken:
  - die Abhängigkeitsfalle
  - die Glaubenssatzfalle und
  - die Gefühlsfalle
- Jede dieser Fallen lässt sich in einem charakteristischen paradoxen Satz bündeln:
  - »Ich bin von dir abhängig, damit ich endlich autonom werden kann.«
  - »Widerlege meine Glaubenssätze, indem du sie bestätigst.«
  - »Ich darf nicht fühlen, was ich wirklich fühle, und muss stattdessen fühlen, was ich nicht wirklich fühle (und du bist schuld daran).«
- Strokes, die Energie, die Menschen in ihrer Kommunikation austauschen, sind der Treibstoff, der das Karussell der drei Fallen antreibt.
- All diese Elemente konzentrieren sich im Ersatzgefühl-Kreislauf, der aus Glaubenssätzen, Ersatzgefühlen, entsprechendem (Stroke-)Verhalten und resultierenden Erfahrungen (die das bestätigen, was man vorher schon wusste) besteht.

- Auswege aus dem Kreislauf und den drei Fallen helfen, das Karussell zu stoppen, Common Ground zu schaffen und die Stabilisierung herzustellen, die notwendig ist, um die individuelle und die gemeinsame Vergangenheit zu bewältigen.
- Diese Auswege sind:
  - das Erkennen und Respektieren von Unterschieden und Gemeinsamkeiten;
  - Veränderungen im Stroke-Muster des Paares;
  - Hinterfragen und Relativieren der Glaubenssätze;
  - Entdecken der authentischen Gefühle hinter den Ersatzgefühlen.

2. DIE VERGANGENHEIT
ALLES, WAS GESCHEHEN IST, GESCHIEHT IMMER NOCH

And I can't forget, I can't forget
I can't forget but I don't remember what
Leonard Cohen, I Can't Forget

UNSERE VERGANGENHEIT, UNSERE LEBENSGESCHICHTE, fesselt uns immer wieder auf unterschiedliche Art. Wir berichten und erzählen, was sich ereignet hat, was uns zugestoßen ist, was besonders komisch, besonders ärgerlich oder auch besonders dramatisch war. Besondere Brennpunkte der Geschichten aus der Vergangenheit sind Klassen- oder Familientreffen. »Ich kann mich noch erinnern …«, »Weißt du noch …«, »Hab ich euch schon erzählt, wie …« sind dann beliebte Einleitungssätze. Wir rekapitulieren, fassen zusammen, suchen die Linien und die Zusammenhänge in unserem Leben, und vor allem: Wir versuchen, uns selbst zu beweisen, dass wir uns entwickelt und dass wir etwas gelernt haben – und uns selbst dabei treu geblieben sind. Wir wollen erklären und unterstreichen, wie wir so geworden sind, wie wir sind (»So bin ich einfach nicht erzogen worden, das hätte es bei uns nicht gegeben«, »Das hat mir mein Vater schon sehr früh beigebracht«, »In meinem Herzen bin ich immer noch ein Rebell aus den Sechzigerjahren«). Dabei ist gar nicht die Genauigkeit des Berichts, übereinstimmend mit dem, was tatsächlich geschehen ist, von Bedeutung. Erinnerung verändert sich im Laufe der Zeit. Verschiedene Menschen, die bei dem gleichen Ereignis dabei gewesen sind, berichten oft höchst unterschiedlich. Der große kolumbianische Dichter Gabriel García Márquez formuliert das im Motto zu seinen Lebenserinnerungen sehr treffend:

»Nicht was wir gelebt haben, ist das Leben, sondern das, was wir erinnern und wie wir es erinnern, um davon zu erzählen.«[4]

Das, *was* wir erinnern und *wie* wir es erinnern: Diese sich im Lauf der Zeit verändernde Erinnerung hat großen Einfluss auf unser Bild von uns selbst – wahrscheinlich größeren, als das wirkliche Ereignis selbst, wenn es auf Video zu sehen wäre. Ein Beispiel dazu aus meiner eigenen Familiengeschichte:

Meine Großmutter pflegte häufig zu erzählen, wie sie selbst als Kind den Geburtstag des österreichischen Kaisers aus nächster Nähe miterlebt habe. Ihr Vater, ein hochrangiger Beamter, habe mit der Familie (wie alle großbürgerlichen Wiener) im Sommer Ferien im Salzkammergut gemacht. Zum Geburtstag des Kaisers hätten die Töchter der »besseren« Familien an der Auffahrt zur Kaiservilla in Bad Ischl gestanden, um dem Kaiser Blumensträuße zu überreichen. Als sie ihm ihren Veilchenstrauß gegeben habe, habe ihr der Monarch persönlich die Wange gestreichelt und gesagt: »Du bist aber ein herziges Mäderl!«

Diese unzählige Male erzählte Erinnerung hat einen guten Teil der Identität meiner Großmutter gebildet; auch heute noch, fast vierzig Jahre nach ihrem Tod, ist sie in der Familie immer noch das »Mädchen, das dem Kaiser Veilchen überreicht hat« und die »Frau, die dem Kaiser ein Leben lang die Treue gehalten hat«. Allerdings hat die Geschichte zumindest einen Haken: Franz Joseph I. hatte am 18. August Geburtstag – und zu dieser Jahreszeit blühen keine Veilchen. Was sonst noch mag nicht den historischen Begebenheiten entsprechen? Leben ist das, was wir erinnern und was wir davon erzählen; für meine Großmutter war diese persönliche Begegnung (ob sie stattgefunden hat oder nicht) etwas für ihre Identität ganz Entscheidendes, etwas, das sie gewissermaßen für ihre restlichen fast 80 Jahre adelte.

Es zieht uns also in unsere Vergangenheit zurück, weil uns das hilft, uns unserer selbst (und auch der anderen Menschen und ihrer Rolle in unserem Leben) sicher zu sein. Ganz besonders gilt das für Paarbeziehungen. Wir versichern uns unserer Liebe, indem wir uns erinnern, wie wir uns kennengelernt haben, wie wir uns ineinander verliebt haben, wie die Kinder klein waren, was wir Schweres und Schönes miteinander durchgemacht haben. Wir versichern uns aber auch unserer Krisen, indem wir uns immer wieder gegenseitig erzählen, was alles schiefgelaufen ist, was jeder für Fehler gemacht und Böses getan hat. Spätestens da gehen die Erinnerungen dann stark auseinander, weil jeder sich selbst in ganz verschiedenem Licht und einer ganz unterschiedlichen Rolle in diesem Konflikt sieht und sich darin bestärken will. Umgekehrt gilt das natürlich für die Sichtweise auf den anderen.

Bei Hans und Marlene ist das nicht anders. Einer ihrer »Ausflüge« in die Vergangenheit schon bald zu Beginn ihrer Therapie soll hier geschildert werden.

HANS UND MARLENE

MARLENE: Im Grunde hat das ja schon ganz früh begonnen. Er war ja eigentlich gar nicht in mich verliebt, er hat damals noch etwas anderes laufen gehabt. Erst als ich schwanger geworden bin –

HANS: Wie kannst du so etwas sagen? Das stimmt ja überhaupt nicht, die andere Beziehung war ja schon längst beendet. Und das war überhaupt nur eine flüchtige Affäre.

MARLENE: Du hast immer noch Sex mit ihr gehabt, als wir schon zusammen waren!

HANS: Aber nein, wie kommst du denn darauf? Das war vorbei, als ich dich kennengelernt habe. Und ich war sehr wohl in dich verliebt, vom ersten Abend an!

MARLENE: Erzählt hast du aber etwas anderes! Sie war immer interessan-

	ter für dich. Geheiratet haben wir nur, weil ich schwanger war. Und du wolltest das Kind zu Anfang an überhaupt nicht!
HANS (wütend):	Aber natürlich wollte ich es! Ich hab mich so gefreut!
MARLENE:	Da hab ich nichts davon bemerkt. Wir können das Kind nicht kriegen, hast du gesagt.
HANS:	Das hab ich nie gesagt!

Keiner von den beiden lügt, keiner erfindet. Sie haben sich ihre Erinnerungen im Laufe der Zeit selbst und gegenseitig (und auch anderen) wieder und wieder erzählt und wahrscheinlich dabei auch allmählich verändert, halten sie aber weiterhin für »wahr«. Wenn wir Freunde oder Familienangehörige fragen könnten, was die beiden damals gesprochen haben, würden wir vielleicht ganz etwas anderes hören: beispielsweise, dass Marlene damals sehr überzeugt war, Hans für sich gewinnen zu können, weil er so fasziniert von ihr war. Die andere Frau hat damals für sie möglicherweise gar keine entscheidende Rolle gespielt, und ihre Schwangerschaft hat für sie dann die Zusammengehörigkeit mit Hans bestätigt. Umgekehrt kann es sein, dass Hans damals gar nicht so eindeutig in seiner Zuneigung war, wie er jetzt erzählt. Vielleicht hat er Marlene damals zwar sehr attraktiv gefunden, ihre Verliebtheit hat ihm geschmeichelt, aber die andere war für ihn durchaus noch nicht verschwunden. Und vielleicht hat es ziemlich lang gedauert, bis er sich auf das Kind wirklich gefreut hat. Es könnte so gewesen sein oder auch anders, wir wissen es nicht. Wir waren nicht dabei, und es gibt keine filmischen Aufzeichnungen davon.

Jeder Mensch lebt in seiner eigenen Wirklichkeit, jetzt glauben beide fest an ihre Wahrheiten und Erinnerungen. Unter anderem bestätigen sie sich so ihre Glaubenssätze über sich, den anderen, das Leben. Hans erlebt sich als Opfer; Marlene hat ihm seine Liebe nie geglaubt und droht deswegen, ihn zu verlassen. Marlene sieht sich und ihre Bedürfnisse die ganze Beziehung hindurch als unwichtig: Hans hat sie nicht aus Liebe geheiratet (so, wie sie es wollte), sondern nur der Schwangerschaft wegen.

Indem wir unsere Erinnerungen (oder das, was wir dafür halten) immer wieder rekapitulieren, bestätigen wir uns also unser Ich, so, wie wir es für uns definieren. Dabei beschäftigen wir uns mit dem Teil unserer Geschichte, der uns bewusst ist.

Ein viel größerer Teil unserer Erinnerungen jedoch ist im *Unbewussten* angesiedelt. Wir tragen sie immer mit uns. Manche von ihnen tauchen ganz plötzlich auf (wie zum Beispiel der Text zu einem Song, den wir dreißig Jahre lang nicht gehört und an den wir gar nicht mehr gedacht haben, der uns aber damals viel bedeutet hat), die meisten aber sind dem Bewusstsein aus guten Gründen nicht zugänglich. Das sind die Erinnerungen an die schwierigen, manchmal traumatischen Situationen unserer Lebensgeschichte. Die meisten von ihnen reichen in die Kindheit zurück, manche stammen aber auch aus dem Erwachsenenleben.

Im Abschnitt über Gefühle und Ersatzgefühle haben wir über das Phänomen der Abwehr gesprochen. Schlimme Erfahrungen und die damit verbundenen Gefühle, die uns subjektiv unerträglich sind, mit denen wir nicht fertig werden können, werden in eine Zone des Nicht-Erinnerns abgeschoben. Dazu zwei Beispiele:

Nevenka stammt aus dem ehemaligen Jugoslawien, aus der im Krieg besonders umkämpften Stadt Vukovar. Kurz vor dem Fall der Stadt und der Besetzung durch serbische Freischärler und die jugoslawische Volksarmee flieht sie im Herbst 1991 mit ihren zwei Kindern im Alter von zwei Jahren und acht Wochen. Über die Flucht sagt sie: »Ich weiß noch, dass ich über die Donau gekommen sein muss. Wie ich das gemacht habe, weiß ich nicht mehr, auch nicht, was dann war. Ich kann mich erst wieder daran erinnern, wie wir in Österreich im Flüchtlingslager angekommen sind. Da fehlen mir drei Wochen in meinem Gedächtnis.«

Der knapp 30-jährige Michael hat aufgrund seiner Verlustängste große Probleme, in einer Beziehung zu bleiben (»Bevor sie mich verlässt, gehe lieber ich!«). Auf die Frage, ob er in seinem Leben schon Verluste erlebt habe, erzählt er, sein Vater sei bei einem Lawinenunglück ums Leben gekommen, als er, Michael, elf Jahre alt gewesen sei. »Aber wenn Sie mich jetzt fragen, was mein Vater für ein Mensch gewesen ist, kann ich Ihnen das nicht sagen. Ich erinnere mich nicht einmal daran, wie er ausgesehen hat, ich kenne ihn nur von Fotos und von Erzählungen meiner Mutter. Aber wahrscheinlich ist das normal, ich war ja erst elf.«

An sich haben die meisten Menschen ab etwa dem Alter von spätestens sechs oder sieben Jahren ein relativ kontinuierliches Gedächtnis, können sich beispielsweise an Geburtstage oder an die Schule erinnern, an Großeltern, die Geburt von Geschwistern und vieles andere mehr, natürlich auch an die Eltern. Dass Michael das nicht kann, hat mit dem gängigsten aller *Abwehrmechanismen* zu tun: mit Verdrängung. Es gibt für ihn einfach keine Erinnerung an den Vater mehr. Wir alle kennen das, wie schmerzlich es sein kann, sich an einen Menschen zu erinnern, der einfach nicht mehr da ist, vor allem in der ersten Zeit nach seinem Tod. Wir müssen dauernd an ihn denken, aber manchmal wäre uns lieber, wir könnten einfach vergessen, dass er gestorben ist. Genau das hat der kleine Michael von elf Jahren geschafft. Vermutlich hat ihn auch niemand wirklich getröstet und ihm geholfen, mit diesem unfassbaren Ereignis fertig zu werden, was er auf Befragen auch bestätigt: »Die Mutter ist danach ihres Lebens nicht mehr froh geworden.«

Neben Verdrängung gibt es noch viele andere Abwehrmechanismen wie Abspaltung, Verleugnung, Projektion, Rationalisierung und andere (vgl. Anmerkung 4); sie alle hier im Detail zu erklären, würde den Rahmen dieses Buches sprengen und uns vom Thema wegführen. Eines aber ist all diesen unbewussten Mechanismen gemeinsam: Sie halten nicht auf Dauer. Die unterdrückten Erinnerungen drängen, ohne dass es einem bewusst wird, nach oben. Es gibt in der Person, in ihrem innersten Kern, dem Selbst, Ereignisse, die unfertig geblieben sind und mit denen wir uns nicht gesund weiterentwickeln konnten. Diese Unvollständigkeit lässt unserer Seele keine Ruhe: Was damals so schlecht war, soll jetzt endlich gut werden. Das bringt uns dazu, unbewusst immer wieder Lebenssituationen herzustellen, die der Hoffnung entspringen, die ursprüngliche Erfahrung korrigieren und ungeschehen machen zu können. Michael beispielsweise geht immer wieder Beziehungen mit Frauen in der Hoffnung ein, diesmal nicht enttäuscht und nicht verlassen zu werden (so wie damals vom verstorbenen Vater und dann von der mit ihrer eigenen Trauer beschäftigten Mutter). Es ist, als ob sein Unbewusstes hoffnungsvoll sagen würde: »Wenn ich jetzt endlich die wahre, lebenslange Liebe finde, wird alles gut und ich muss mich nicht mehr daran erinnern, wie einsam und verlassen ich damals war.«

Aber das funktioniert nicht: Was als endgültige Veränderung geplant war, wird zu einer Wiederholung. Es genügt, dass eine von Michaels Partnerinnen einen Abend ohne ihn verbringen will – schon stürzt er in abgrundtiefe Ängste und in Eifersucht, so lange, bis er dann von sich aus die Beziehung beendet. Sigmund Freud, der diesen Mechanismus des Wiederholens unbewältigter früher Erfahrungen als Erster erkannt und beschrieben hat, sagt dazu schon 1912:

»Die unbewussten Regungen wollen nicht erinnert werden, (…) sondern sie streben danach, sich zu reproduzieren.«[5]

Damit kehren wir wieder zurück zu unserer Beschreibung der Dynamik von Paaren in der Krise. Unbewusste frühe Beziehungserfahrungen werden in heutigen Beziehungen wiederholt. Das ist der Hintergrund für die zerstörerischen Mechanismen, die wir im ersten Kapitel kennengelernt haben. Das erfolglose Ringen um Autonomie, die Glaubenssätze über sich, andere und das Leben, das Stroke-Muster, die Ersatzgefühle statt authentischer Gefühle: Sie alle sind in den Kindheiten der beiden Partner entstanden. Sie haben sie unbewusst in die Gegenwart mitgenommen. Sie sind wesentlicher Teil der Konflikte und Missverständnisse des Paares. Am Anfang des ersten Kapitels haben wir gesehen, wie ein Paar in der Krise den hoffnungslosen Versuch unternimmt, in jedem Streit mit einem Schlag alle Schwierigkeiten der Beziehung zu lösen. Jetzt können wir ergänzen: Nicht nur alle gegenwärtigen und vergangenen Probleme der gemeinsamen Geschichte, sondern auch noch die individuellen Belastungen der eigenen Lebensgeschichte sollen ein für alle Mal verschwinden und ungeschehen gemacht werden. Das ist ein unvorstellbar riesiger Berg, der da (mit Hilfe des anderen) abgetragen werden soll. Seine Größe verdeutlicht, warum es nötig war, das Karussell zum Stehen zu bringen; solange es sich weiterdreht, wird der Berg immer höher.

Damit sind wir bei unserer zweiten Reiseetappe angelangt. Nach der Gegenwart und dem Finden von Auswegen aus den drei Beziehungsfallen kommen wir jetzt zur **VERGANGENHEIT.** Damit sind sowohl die persönlichen Lebensgeschichten als auch der Weg gemeint, den das Paar gemeinsam hinter sich gebracht hat. Diese beiden Entwicklungsstränge sind eng miteinander verbunden.

Dabei werden wir zwei große Schritte miteinander gehen:

1. Wir werden uns mit dem unbewussten, aus der Kindheit stammenden Lebensplan beschäftigen, den Menschen entwickelt haben, um mit den Belastungen ihres frühen Lebens zurechtzukommen. Dieser Lebensplan, in der Transaktionsanalyse *Skript* genannt, wirkt heute immer noch und kann die Autonomie oft erheblich einschränken. Ziel dieses Abschnittes ist es, sich selbst und den anderen besser zu verstehen, das persönliche Schicksal annehmen zu können und Perspektiven für Veränderung aufzuzeigen. Wir werden die fünf Bausteine des Skripts kennenlernen. Der erste sind destruktive *Botschaften*, die wir von unseren Eltern und anderen wichtigen Bezugspersonen ins Leben mitbekommen. Den zweiten und den dritten haben wir schon zum Teil kennengelernt: Es sind die *Glaubenssätze* und die *Ersatzgefühle*, mit deren Hilfe wir die Grundbotschaften verinnerlichen.

Auf der Grundlage des Skripts verhalten sich Menschen in schwierigen Situationen oft wie unter dem Druck eines »inneren Befehls«, der sie zu stereotypen Handlungsmustern treibt. Diese Kraft wird *Antreiber* genannt; damit versuchen wir krampfhaft, Lösungen zu finden – kommen dabei aber immer weiter in die Beziehungskrise hinein. Das ist der vierte Baustein des Skripts.

Der fünfte schließlich zeigt uns den Mechanismus, mit dem wir das Skript in der Gegenwart weiter aufrechterhalten. Er nennt sich Übertragung und kann bildlich wie eine Art Gummiband verstanden werden: Wie von einer unwiderstehlichen Kraft gezogen erleben wir in der Gegenwart immer wieder, was in der Vergangenheit geschehen ist. Besonders intensiv passiert das in Paarkonflikten. Dabei »verwechseln« wir unbewusst unsere jetzige Beziehung mit Situationen von früher.

Personen aus der Vergangenheit werden auf den anderen projiziert und verhindern, dass wir ihn als den Menschen sehen, der er ist. Und dabei treffen wir auf eine Dynamik, die wir schon kennen: das *Stroke-Muster*. Mit seiner Hilfe ziehen wir an diesem erwähnten Gummiband und leben so die Übertragung aus.

2. Schließlich – wenn es gelungen ist, die Vergangenheit, die vor der Partnerbeziehung war, dort zu lassen, wo sie hingehört – ist eine Auseinandersetzung mit der gemeinsamen Paargeschichte möglich. In diesem letzten Abschnitt des 2. Kapitels werden wir analysieren, welche Verletzungen, welche »offenen Rechnungen« zwischen den beiden stehen und wie und ob es möglich ist, sie aufzuarbeiten und zu verzeihen – um dann in die Zukunft weiterzugehen.

Dieses Kapitel über die Vergangenheit bietet die Grundlage, auf der später die Entscheidung über Trennung und Neubeginn getroffen werden kann. Dazu müssen drei Fragen beantwortet werden:

- Wie weit kann und will ich mich verändern?
- Wie weit kannst und willst du dich verändern?
- Wie weit können und wollen wir unsere Beziehung verändern?

PERSÖNLICHE ÜBUNG

Als Vorbereitung auf das Kapitel über die Vergangenheit ist es hilfreich, Erinnerungen zu sammeln und sich auf sie einzulassen. Dazu bitte ich Sie in der folgenden Übung, einiges an Material zusammenzutragen, das diese Erinnerung anregen kann. Dazu ist es aber wichtig, dass Sie sich (noch) nicht mit Analysen und möglichen Parallelen zur Gegenwart befassen. Darum wird es erst später gehen, jetzt wollen wir nur erfassen, was aus Ihrer Sicht war und wie es war, und nicht, welche Auswirkungen das auf die Gegenwart hat. Natürlich gibt es diese Auswirkungen bei Ihnen wie bei jedem Menschen – wir sind Erfahrungs- und Erinnerungswesen. Aber damit beschäftigen wir uns jetzt noch nicht.

ÜBUNG 18
MEINE GESCHICHTE

Sehen Sie sich – soweit Sie sie haben – Fotos aus Ihrem Leben an. Was immer dabei an Erinnerungen kommt, lassen Sie sich durch den Kopf gehen. Achten Sie dabei auf die Gefühle, die dazu entstehen.

Wählen Sie dann Bilder aus, die Ihrer Meinung nach besonders aussagekräftig sind oder an denen Sie besonders hängen:

- ein Foto von Ihnen als Baby oder Kleinkind bis zum Alter von etwa fünf Jahren
- eines von Ihnen als Schulkind zwischen sechs und zwölf Jahren
- eines von Ihnen im Teenageralter
- eines von Ihnen als jungen erwachsenen Menschen

Es muss nicht sein, dass Sie auf diesen Bildern alleine zu sehen sind, es können ruhig auch andere Personen drauf sein.
Wählen Sie weiter aus:

- ein Bild Ihres Vaters und eines Ihrer Mutter (oder von beiden gemeinsam) aus der Zeit Ihrer Kindheit
- Bilder Ihrer Großeltern (wenn Sie noch lebten), als Sie ein Kind waren
- Bilder von anderen wichtigen Personen aus Ihrer Kindheit oder Jugend, wie Geschwistern, Stiefeltern usw.

Anschließend legen Sie all diese Fotos neben- und untereinander aus. Nehmen Sie sich Zeit, diese Galerie zu betrachten und auf sich wirken zu lassen.
Was denken und was fühlen Sie angesichts dieses komprimierten Blickes auf Ihre Lebensgeschichte als junger Mensch? Notieren Sie Ihre Gedanken und Gefühle.
Denken Sie an Ihre Mutter, wie Sie sie als Kind erlebt haben.
Was ist oder war sie für ein Mensch? Beschreiben Sie ihre vorteilhaften und unvorteilhaften Eigenschaften.
Was hat sie Ihnen an Gutem und an Schlechtem für Ihr Leben mitgegeben?
Denken Sie an Ihren Vater, wie Sie ihn als Kind erlebt haben.

Was ist oder war er für ein Mensch? Beschreiben Sie seine vorteilhaften und unvorteilhaften Eigenschaften.
Was hat er Ihnen an Gutem und an Schlechtem für Ihr Leben mitgegeben?
Überlegen Sie die gleichen Fragen für andere wichtige Bezugspersonen aus Ihrer Kindheit (Stiefeltern, Großeltern, Geschwister, Nachbarn ...).
Notieren Sie Ihre Gedanken und Gefühle.

2.1 WO KOMME ICH HER – UND WO KOMMST DU HER?

SKRIPTS UND UNSERE LEBENSGESCHICHTEN

And you can't talk about it
And isn't that a kind of madness
To be living by a code of silence
When you've really got a lot to say
Billy Joel, Code Of Silence

SIE HABEN MITTLERWEILE EINE MENGE ÜBER SICH HERAUSGEFUNDEN, während Sie entdeckt haben, wie komplex eine Partnerbeziehung und erst recht eine Beziehungskrise ist. Sie sind Ihrem Bedürfnis nach Autonomie auf die Spur gekommen und haben Stadien der Abhängigkeit, der wechselseitigen Abhängigkeit und der scheinbaren Unabhängigkeit kennengelernt. Sie haben herausgefunden, welche Glaubenssätze Ihr Handeln bestimmen, wenn Sie in Auseinandersetzungen feststecken. Sie haben gesehen, wie Sie diese Glaubenssätze in Ihrem persönlichen Stroke-Muster ausdrücken. Sie haben die Ersatzgefühle kennengelernt, die sie dabei erleben, um authentische Gefühle nicht spüren zu müssen. Sie haben das alles als die drei Beziehungsfallen kennengelernt, die sich im Ersatzgefühl-Kreislauf miteinander verknüpfen. Und vor allem ist Ihnen deutlich geworden, wie sich all diese Elemente bei Ihnen beiden verbinden und sich gegenseitig verstärken. Wir haben all das mit der Metapher eines Karussells beschrieben, das sich in der Krise immer schneller dreht. Sie haben Wege gelernt, das Karussell zu stoppen, indem Sie aus den Beziehungsfallen herausfinden.

Jetzt lernen wir die Kraft kennen, die als Ursache hinter all dem steht und die uns zu den Menschen macht, die wir sind: unsere Lebensgeschichte, vor allem unsere frühesten Lebensjahre. Abhängigkeit, Glaubenssätze, Stroke-Muster und Ersatzgefühle entspringen unserem *Skript* – dem unbewussten Lebensplan, der uns einerseits Halt und Sicherheit gibt, um uns in der komplizierten Welt zurechtzufinden, und mit dem wir andererseits unsere Autonomie deutlich einschränken. Dieser Lebensplan ist ein zentrales Element unserer Persönlichkeit und unserer Lebensgestaltung. Unsere Weiterentwicklung, die Veränderung unseres Lebens und das Gelingen von Beziehung und von Trennung hängen davon ab, wie wir unser Skript verändern können. Daher werden wir uns in diesem Abschnitt ausführlich damit beschäftigen.

Um zu verdeutlichen, was damit gemeint ist, möchte ich Sie einladen, sich folgende Situation vorzustellen:

Denken Sie sich, Sie seien auf einem fremden Planeten gelandet. Auf diesem Planeten leben Wesen, die zwar aussehen wie wir Menschen, aber ungefähr dreimal so groß sind. Diese Wesen verständigen sich und reden mit Ihnen in Lauten, die Sie nicht verstehen können. Manchmal sind sie freundlich, manchmal ohne erklärlichen Grund wütend, manchmal werden ihre Stimmen so laut, dass Ihnen fast das Trommelfell platzt. Diese Wesen bestimmen vollständig über Sie; sie können Sie hochheben, in einen bettähnlichen Gitterkäfig sperren und nur dann herausholen, wann es ihnen passt; von ihnen hängt es ab, ob Sie etwas zu essen bekommen oder nicht. Es kann auch sein, dass manche von den Wesen grob und brutal zu Ihnen sind, und das ist sehr bedrohlich, denn deren Hände sind allein so groß wie Ihr ganzer Brustkorb. Die Gegenstände des täglichen Bedarfs sind auch überdimensional groß: Gabel und Löffel reichen Ihnen bis zum Ellbogen, die Tische sind so hoch, dass Sie nicht einmal dann darübersehen können, wenn Sie sich auf die Zehenspitzen stellen. Das WC ist so groß, dass Sie hineinfallen würden, wenn Sie sich nicht krampfhaft am Rand festhielten.

Klingt das bedrohlich? Fremdartig? Und doch haben wir alle in so einer Situation gelebt, über viele Jahre. Oft waren da noch schlimmere Dinge im Spiel: Wir wurden hilflos allein gelassen, wurden unnötig bevormundet, geschlagen, beschimpft, verspottet, beschämt.

Natürlich war es nicht *nur* so – natürlich wurden die meisten von uns auch liebevoll und fürsorglich behandelt. Aber über einen beträchtlichen Zeitraum wird es uns wahrscheinlich nicht viel anders erschienen sein als gerade beschrieben.

Angesichts dieser Situation müssen sich kleine Menschen eine Art Plan zurechtlegen, um mit dieser für sie unveränderbaren und schwierigen Welt zurechtzukommen. Sie fangen an, sich selbst, ihre Beziehung zu anderen Menschen, die Welt um sie herum auf eine bestimmte Art zu erklären, die allem, was sie erleben, Sinn gibt. In fünf Bausteinen wird dieser Plan zum Fundament eines Gebäudes, das der heranwachsende und dann erwachsene Mensch sein restliches Leben hindurch weiter und weiter ausgestaltet: das Skript.

TRANSAKTIONSANALYSE: LANDKARTE 4
SKRIPT: DER UNBEWUSSTE LEBENSPLAN

Unter dem Begriff **SKRIPT** versteht man in der Transaktionsanalyse eine in der Kindheit unbewusst entwickelte Lebenskonzeption, entstanden unter dem Einfluss der Eltern und anderer wichtiger Bezugspersonen. Deren verbale und nonverbale Botschaften bilden die Basis für kindliche **ENTSCHEIDUNGEN**, die aber nicht durch bewusstes Nachdenken, sondern ohne Sprache und gefühlsgesteuert getroffen werden. Diese Skriptentscheidungen sind für das Kleinkind subjektiv die beste Überlebensstrategie in einer als kompliziert und oft feindselig erlebten Umwelt. Dieser Lebensplan wird laufend durch spätere Beziehungserfahrungen »gerechtfertigt« und verstärkt. Neben konstruktiven, das Leben strukturierenden Elementen schränkt das Skript die Autonomie oft erheblich ein.

Es gibt verschiedene Modelle in der Transaktionsanalyse, um Skripts zu beschreiben und zu unterscheiden. Das in diesem Buch angewandte Modell beginnt mit den **SKRIPT-GRUNDBOTSCHAFTEN**. Damit sind negative und einschränkende verbale und nonverbale Mitteilungen der Eltern an das Kind gemeint, die eine Art Lebensgrundstimmung erzeugen und die Basis für entsprechende Glaubenssätze über sich, andere und die Welt sind.

Man unterscheidet zwölf Grundbotschaften, auch »Einschärfungen« genannt:

- Sei nicht! (Du hast kein Recht zu existieren!)
- Sei nicht wichtig! (Deine Bedürfnisse zählen nicht!)
- Sei nicht du selbst! (Sei anders, als du bist! Sei kein Mädchen/sei kein Junge!)
- Sei kein Kind! (Nimm das Leben ernst und benimm dich wie ein Erwachsener!)
- Werde nicht erwachsen! (Bleibe ein Kind! Sei nicht selbständig!)
- Schaffe es nicht! (Du wirst keinen Erfolg haben! Dir wird nichts gelingen!)
- Lass das! (Tu's nicht! Tu überhaupt nichts! Entscheide nichts!)
- Gehöre nicht dazu! (Bleib ein Außenseiter!)
- Sei nicht nahe! (Komm niemandem zu nahe! Vertraue nicht! Liebe nicht!)
- Sei nicht gesund! (Sei nicht normal! Sei kränklich! Schone dich!)
- Denke nicht! (Bleib dumm!)
- Fühle nicht! (Hab keine Gefühle! Hab die Gefühle, die ich habe!)

Im Skript der meisten Menschen ist nicht nur eine Grundbotschaft (Einschärfung) wirksam, sondern ein Zusammenwirken von zwei oder drei. Die Grundbotschaft ist der erste Baustein des Skripts. Um dieser Botschaft folgen zu können, entstehen als zweiter Baustein die Glaubenssätze, mit denen die ursprünglich von außen kommenden Einschärfungen (durch eine erste Skriptentscheidung) verinnerlicht werden. Die intensiven Gefühle, die bei dieser Einschränkung der Autonomie entstehen, müssen abgewehrt werden; Ersatzgefühle treten an ihre Stelle (Baustein drei). Als Kompensation werden Antreiber entwickelt, die helfen sollen, mit den Skriptentscheidungen zurechtzukommen. Da sie aber stereotyp eingesetzt werden, bestätigen sie schlussendlich die ursprünglichen Glaubenssätze und werden so zum vierten Baustein des Skripts.

Die fünf Antreiber heißen:

- Ich muss immer stark sein und alles ertragen!
- Ich muss mich ständig anstrengen!
- Ich muss mich ständig beeilen!
- Ich muss immer perfekt sein!
- Ich muss es den anderen ständig recht machen!

Der fünfte Baustein schließlich ist das »Gummiband« der Übertragung früherer Beziehungserfahrungen in die Gegenwart. Mit Hilfe der persönlichen Stroke-Muster wird das Skript wieder und wieder bestätigt und aktualisiert.

Zentrales Element der Arbeit mit der Transaktionsanalyse ist das Erkennen und zumindest teilweise Überwinden des Skripts. Wesentlich in der Skriptanalyse ist dabei das Aufdecken und Auflösen der persönlichen Grundbotschaften. Die Entwicklung des Skripts wird in der Transaktionsanalyse als eine Kette von kindlichen »Entscheidungen« gesehen, die durch erwachsene Neuentscheidungen verändert werden können.

Diese fünf Bausteine werden wir im Folgenden näher analysieren. Dabei werden uns wieder Marlene und Hans begleiten, diesmal mit Rückblicken in ihre Kindheit. In ihrer Beziehung haben sie mittlerweile so etwas wie ein labiles Gleichgewicht erreicht. Sie tappen nicht mehr so häufig in ihre Beziehungsfallen und gehen vorsichtig mit sich selbst und miteinander um. Jetzt neigen sie zu der Illusion, damit sei im Wesentlichen alles geklärt, sie könnten sich fürs Zusammenbleiben entscheiden.

HANS UND MARLENE

MARLENE: Wir haben uns gedacht, jetzt funktioniert es einigermaßen gut, eigentlich so gut wie schon lange nicht. Und wir glauben, es wird immer besser. Es sieht so aus, als würden wir zusammenbleiben.

HANS: Ich bin eigentlich auch voller Hoffnung. Wir sind nicht mehr so negativ, wir verstehen einander besser. Ich bemühe mich sehr, Marlene so sein zu lassen, wie sie ist. Es zu ertragen, wenn sie sich zurückzieht und schweigt.

Das sind typische Formulierungen für ein Paar, dem es gelungen ist, das Karussell zu stoppen, und das in der Gegenwart angelangt ist. Das ist eine beeindruckende Leistung. Sie haben etwas unterbrochen, was sie jahre-, wenn nicht jahrzehntelang gemeinsam entwickelt haben. Sie sind vorsichtig und respektvoll miteinander geworden. Doch am Ende ihrer Reise sind sie noch nicht. Erinnern wir uns: Das Ziel ist Autonomie – die Menschen zu sein, die sie sind und sein können, in Entscheidungsfreiheit zum Neubeginn oder zur Trennung. Noch fühlen sie sich in der wechselseitigen Abhängigkeit. Darauf reagieren sie nicht mehr mit ihren alten Mustern, aber die Vorsicht – so wichtig sie ist – werden sie nicht auf Dauer durchhalten können. Im Moment sind sie sehr erleichtert, nicht mehr so verletzend streiten zu müssen. Mit der Zeit aber wird sich ihre Sehnsucht nach Autonomie wieder Bahn brechen, und sie werden vermutlich wieder dem anderen die Schuld daran geben, dass sie nicht ihr ganzes Menschsein in der Beziehung leben können. Ein erstes Anzeichen dafür ist der Rückzug Marlenes, von dem Hans spricht und den er im Moment (noch) bemüht ist zu ertragen. Beide haben ihre zerstörerischen Mechanismen unter Kontrolle; gelöst und grundlegend verändert haben sie sie noch nicht. Um dieses Ziel zu erreichen, ist es von entscheidender Bedeutung, mit ihnen gemeinsam herauszufinden, wo das alles seinen Ursprung hat und wie es entstanden ist. Erst dann werden sie miteinander die Geschichte ihrer Beziehung und ihrer Verletzungen verarbeiten können und reif für die Entscheidung über ihre Zukunft sein.

HANS UND MARLENE

THERAPEUT: Zwei Dinge fallen mir auf in dem, was Sie erzählen, Hans. Sie sagen, dass Sie Marlene manchmal im Rückzug erleben – und dass Sie sich bemühen, das zu ertragen. Beiden Teilen dieser Bemerkung möchte ich gerne nachgehen. Marlene, ist es in Ordnung, wenn wir bei dem beginnen, was Hans »zurückziehen und schweigen« nennt?

HANS: Und kurz dazu noch: Sie haben gesagt »manchmal im Rückzug«. Das ist zu wenig. Früher hätte ich gesagt, immer – aber jetzt sage ich, es ist doch sehr oft.

MARLENE: Ja, wir können schon darüber reden. Aber sehr oft, so sehe ich das nicht. Ich versuche, es unter Kontrolle zu halten, ich weiß doch, dass Hans das nicht mag. (Lächelt ihn an.)

THERAPEUT: Was genau ist es aus Ihrer Sicht, das Sie da versuchen unter Kontrolle zu halten?

MARLENE: Na ja, dass ich nichts mehr sage. Zurückziehen, so würde ich es nicht nennen, eher denke ich mir da: Besser, ich sage nichts, es führt ja doch zu nichts.

THERAPEUT: Wozu sollte es denn führen, wenn es erfolgreich wäre, etwas zu sagen?

MARLENE: Verstanden zu werden.

THERAPEUT: Womit?

MARLENE: Mit dem eben, was gerade ist. Was ich so denke. Was ich gerne möchte.

HANS: Aber ich würde dich ja verstehen!

MARLENE: Würdest du?

THERAPEUT: Ich würde gerne wissen, in was für Situationen Sie das erleben: Ich möchte jetzt verstanden werden – aber es wird sowieso nicht passieren.

MARLENE: Dann, wenn ich eigentlich etwas anderes will als Hans.

THERAPEUT: Zum Beispiel?

MARLENE: Ich weiß nicht, alles Mögliche. Zum Beispiel, wenn er wieder endlos übers Büro erzählt, wie schlimm es mit seinem Chef wieder war oder all das ...

THERAPEUT: Und Sie?

MARLENE: Ich habe dann im Moment keinen Nerv dafür. Ich bin auch müde und gestresst.

HANS (ärgerlich): Ja, wenn es nach dir ginge, dürfte ich gar nichts erzählen!

Wir sehen, wie schnell es gehen könnte, dass die beiden wieder in ihre Beziehungsfallen geraten. Beide sind innerlich schon bei ihren Glaubenssätzen und ihren Ersatzgefühlen angelangt. Beide aktivieren gerade ihr Stroke-Muster. Und beide ziehen sich nicht nur gegenseitig in ihren Ersatzgefühl-Kreislauf hinein – sie ziehen sich auch wechselseitig in eine Zeit zurück, lange, bevor sie sich kennengelernt haben: in ihre Kindheit und in die (unbewusste) Erinnerung an Erfahrungen, die sie damals gemacht haben.

In der Sprache der Transaktionsanalyse nennt man das »das Skript aktivieren«. Das bedeutet, der unbewusste Lebensplan, den sie als Kinder entwickelt haben, erlangt wieder Gültigkeit. Alles scheint so zu sein, wie es immer war. Um besser zu verstehen, was da geschieht, werden wir Baustein für Baustein analysieren, was »Skript« bedeutet.

2.1.1 DER ERSTE SKRIPTBAUSTEIN

WIE ALLES BEGINNT. EINSCHRÄNKENDE GRUNDBOTSCHAFTEN

I did like they told me
I settled down
Now I'm going crazy
Workin' down town
What do I do here
Why do I stay
Who are all these people
I check in with every day
Will Kimbrough/Todd Snider, Horseshoe Lake

IN DEM GESCHILDERTEN GESPRÄCH gibt es einen guten Ausgangspunkt dafür, Hans und Marlene einzuladen, ihre Reisen in ihre Vergangenheit zu beginnen: den gleichzeitigen Wunsch, vom anderen verstanden zu werden – in der (scheinbaren) Gewissheit, das werde sowieso nicht geschehen. Als Marlene das (sinngemäß) sagt, wirkt sie einen Moment lang leer, resigniert, ohne Hoffnung auf Trost oder Hilfe. Ein paar Sekunden lang scheint sie nicht die erwachsene Frau zu sein, die sie ist, sondern ein kleines einsames Mädchen. Ihrer emotionalen Ausstrahlung nach ist sie bereits in ihre Vergangenheit gereist, in Erinnerungen an Begebenheiten und an Gefühle, in die sie zurückgezogen wird, ohne dass ihr das bewusst ist. Und als Hans ärgerlich meint, wenn es nach ihr ginge, dürfte er gar nichts erzählen, scheint sich dieser Satz an jemand ganz anderen zu richten als an Marlene (die ihm ja in den vergangenen Wochen und Monaten, in der Therapie und in ihrem Alltag, viel Interesse für das entgegengebracht hat, was er zu sagen hat). Auch er wirkt in diesem Moment nicht erwachsen, sondern wie ein trotziger kleiner Junge.

HANS UND MARLENE

THERAPEUT: Ich habe jetzt bei Ihnen beiden simultan eine Veränderung wahrgenommen. Marlene, als Sie vorhin darüber sprachen, wie gerne Sie verstanden werden wollen und dass Sie sich gleichzeitig sicher sind, dass das nicht passieren wird –

MARLENE: Ja?

THERAPEUT: – da hat sich für einen Moment lang etwas in Ihrem Gesicht verändert. Sie haben mich kurz an ein kleines Mädchen erinnert, das in einer sehr ausweglosen Situation ist.

MARLENE: Ja?

THERAPEUT: Sie haben gewirkt, als ob Sie sich momentan überhaupt nicht erwachsen gefühlt hätten.

MARLENE (schüttelt den Kopf): Nein. Hab ich auch nicht.

THERAPEUT: Hans, als Sie zuerst gesagt haben, Sie müssten Marlenes Schweigen ertragen, haben Sie mich an einen kleinen Jungen erinnert, der sehr tapfer sein muss. Später, bei Ihrer Aussage, dass Sie überhaupt schweigen müssten, wenn es nach Marlene ginge, da war dieser kleine Junge wieder da. Es hat gewirkt, als ob er seine Tapferkeit nicht mehr durchhalten kann und sehr enttäuscht ist und über diese Enttäuschung trotzig wird.

HANS: Ja, stimmt, aber ...

THERAPEUT: Beide haben Sie meiner Wahrnehmung nach begonnen, in Ihre Vergangenheit zu reisen – in eine Zeit, als es für Marlene den Hans und für Hans die Marlene noch gar nicht gab, sondern ganz andere Menschen. Sind Sie einverstanden damit, wenn ich mit jedem von Ihnen dorthin mitkomme – während der andere dabei ist und zuhört?

MARLENE: Ja, gern!

HANS: Probieren wir's aus!

THERAPEUT: Marlene, wie alt könnte dieses kleine Mädchen sein, dass da so ausweglos denkt: Ich möchte so gern verstanden werden, aber es wird nicht passieren?

MARLENE: Hmmm ... vielleicht so vier, fünf Jahre alt ...

THERAPEUT: Also noch kein Schulkind.

MARLENE: Nein, sicher früher.

THERAPEUT: Und Hans – dieser Bub mit seiner großen Enttäuschung: Für mich interessiert sich ja doch keiner – wie alt könnte der sein?

HANS: Ein bisschen älter. Schon in der Schule. So neun oder zehn, würde ich sagen.

THERAPEUT: Gibt es Erinnerungsbilder zu diesen Situationen? Ich will, dass ihr mich versteht – aber das tut ihr ja doch nicht, sagt das fünfjährige Mädchen. Für das, was ich zu sagen habe, ist keine Zeit, sagt der neunjährige Bub. Und ich muss es ertragen.

MARLENE: Also, was mir da einfällt, was immer, immer wieder passiert ist – wir waren auf Besuch bei den Großeltern, in dieser riesigen Wohnung, vollgeräumt mit altem Zeug, Es war immer so langweilig! Wenn ich wenigstens Geschwister gehabt hätte!

HANS: Ich muss da ein bisschen ausholen. Ich bin ja der Älteste von fünf Geschwistern, und wir haben zu Hause einen Bauernhof gehabt. Der Vater hat unter der Woche in der Stadt in der Fabrik gearbeitet, und ich musste der Mutter helfen.

THERAPEUT: Eine große Altbauwohnung – und ein kleiner Bauernhof. Ein Kind, dem sterbenslangweilig ist, und eins, das Unmengen von Arbeiten leisten muss. Ganz unterschiedliche Situationen. Marlene, was war denn so langweilig?

MARLENE: Es war immer das Gleiche. Oma und Opa wollten immer wissen, was ich schon alles Neues kann. »Kannst du schon schreiben? Wie weit kannst du schon zählen?« Und meine Eltern: »Komm, Marlene, sing das Weihnachtslied vor, das du im Kindergarten gelernt hast. Mach eine Zeichnung für die Oma, mit einem Haus und einer Sonne drauf. Zeig, welche Schritte du im Ballett gelernt hast.«

THERAPEUT: Und Hans, wie war das mit dieser großen Verantwortung?

HANS: Sie werden das vielleicht nicht glauben, aber eigentlich war das schön, zumindest manchmal. Es ist zwar weit über meine Kräfte hinausgegangen, aber wenn die Mutter und ich am Abend beisammengesessen und besprochen haben, was am nächsten Tag geschehen muss, dann habe ich mich schon sehr erwachsen gefühlt. Mein Großer, hat sie gesagt, wenn ich dich nicht hätte!

THERAPEUT: Und Marlene, wie war das für Sie, den Großeltern zu zeigen, was Sie alles schon konnten?

MARLENE: Manchmal anfangs ganz lustig. Die Großeltern haben das immer sehr bewundert und haben geklatscht und gesagt, wie tüchtig und groß ich schon bin. Aber dann ...

THERAPEUT: Dann?

MARLENE: Dann haben die Eltern das ständig gemacht. Eigentlich war es mehr mein Vater. Heute glaube ich, es ist ihm darum gegangen zu zeigen, was für eine tolle Tochter er hat, weil er so ein toller Vater ist.

THERAPEUT: Er wollte Anerkennung für sich, nicht für die kleine Marlene.

MARLENE: Ja, genau. Und dann ist es für mich peinlich geworden. Ich habe mich geschämt und wollte nicht mehr.

THERAPEUT: Von beiden Kindern wird etwas verlangt, das ihnen am Anfang Spaß macht. Die kleine Marlene zeigt ihre Künste zuerst ganz gerne, aber dann merkt sie, dass es überhaupt nicht mehr um sie geht. Und auch der kleine Hans übernimmt gerne Verantwortung und arbeitet wie ein Erwachsener. Aber auch dort scheint etwas passiert zu sein.

HANS: Das war dann am Wochenende, wenn der Vater heimgekommen ist. Plötzlich war ich nur mehr der Bub, die Mutter hat ihm die ganze Zeit erzählt, was sie nicht alles die Woche zu tun gehabt hat. Und er hat langatmig von seinen Arbeitskollegen geredet, was der Rudi wieder alles getan hat und der Sepp ...

THERAPEUT: Und Sie?

HANS: Wenn ich dann gesagt hab: »Ich hab den Stall ganz alleine ausgemistet, und gepflügt hab ich auch und alles«, dann ist mir der Vater ins Wort gefallen: »Hörst du denn nicht, dass wir reden? Wann sollen wir das denn alles besprechen, ich muss ja am Abend schon wieder fort!«

THERAPEUT: Und der kleine Hans?

HANS: Ich wollte trotzdem erzählen, hab's immer wieder versucht. Dann hat es geheißen: »Kümmere dich um deine kleinen Schwestern. Los, geh mit ihnen spielen!«

THERAPEUT: Und Sie?

HANS: Ich wollte sitzen bleiben. Ich war ja einer von den Großen. Bis der Vater mich dann angeschrien hat: Verschwinde jetzt, sonst fängst du eine! Dann bin ich halt gegangen.

THERAPEUT: Machen wir wieder einen Sprung vom Bauernhof in die Altbauwohnung. Marlene, was ist passiert, wenn Sie nicht mehr wollten?

MARLENE: Zuerst haben sie mich aufgemuntert: Na komm, Marlene, das kannst du doch besser. Und meine Großmutter hat gesagt: Da ist die Oma aber traurig, wenn sie das schöne Lied nicht hören darf. Und ich hab mich noch mehr geschämt. Es ist einfach kein Ton mehr rausgekommen. Und zum Schluss ....

THERAPEUT: Zum Schluss?

MARLENE: Zum Schluss ist mein Vater sauer geworden. Was soll denn das, führ dich nicht so auf! Komm jetzt her und tu das, was die Oma will! Irgend so etwas in der Richtung. Ziemlich böse hat er da werden können, sehr ungeduldig.

THERAPEUT: Wie haben Sie dann reagiert?

MARLENE: Ich hab mich bemüht und hab es durchgezogen. Gott, war das schrecklich! Und wenn es endlich vorbei war, dann haben die Erwachsenen Kaffee getrunken und sich unterhalten. Ich war dann irgendwie nicht mehr vorhanden. Ich habe unter dem Tisch gesessen oder sonst wo.

THERAPEUT: Was haben Sie dort getan? Gespielt? Zugehört? Nachgedacht?

MARLENE: Gar nichts eigentlich. Ich war in meiner Welt und hab die Zeit abgesessen. Irgendeine Puppe oder ein Stofftier hab ich in der Hand gehalten, glaube ich.

THERAPEUT: Und wie fühlt sich dieses kleine Mädchen da unter dem Tisch?

MARLENE: Überflüssig. Uninteressant. Leer. Gar keine Gefühle. Vielleicht Hilflosigkeit. Es macht ja alles keinen Sinn.

THERAPEUT: Es macht ja alles keinen Sinn ... zwei Väter, die zornig werden, wenn ihre Kinder nicht tun, was sie tun sollen.

HANS: Nicht brav sind.

MARLENE: Genau. Nicht brav sind.

THERAPEUT:	Zwei Kinder mit einer ganz unterschiedlichen Kindheit: auf dem Bauernhof mit vier Geschwistern, und in der Stadt als Einzelkind. Und doch mit ähnlichen Schicksalen: Beide finden kein Interesse bei den Eltern. – Hans, wenn der Vater Sie hinausgeschickt hat zu den Schwestern, was haben Sie dann getan?
HANS:	Zu denen bin ich nicht gegangen. Ich hab mich auf dem Heuboden versteckt und mit den Katzen gespielt.
MARLENE:	Wenn ich wenigstens eine Katze gehabt hätte!
THERAPEUT:	Und wie fühlt sich dieser Bub auf dem Heuboden?
HANS:	Wütend. Ich werd's euch allen noch zeigen, hab ich mir gedacht. Irgendwann einmal gehe ich fort, vielleicht nach Amerika. Ich wollte Indianer werden. Dann werdet ihr sehen, wie ihr mit eurem Hof zurechtkommt!

Wir bekommen ein immer deutlicheres Bild von den Welten, in denen Marlene und Hans sich während ihres Aufwachsens erlebt haben. Die äußeren Realitäten könnten kaum unterschiedlicher sein – eine großbürgerliche Familie auf der einen und kleine Nebenerwerbsbauern auf der anderen Seite. Doch es ist erstaunlich, wie viele Ähnlichkeiten es in den inneren Realitäten der beiden Kinder gibt. Die Erwachsenen sind übermächtig; was sie wollen, hat zu geschehen, und was Marlene will und was Hans will, spielt keine Rolle.

In der Arbeit mit dem Skript entsteht kein objektives Bild von dem, was damals »wirklich« geschehen ist. Wir wissen nicht, ob die Eltern das nicht vielleicht ganz anders gesehen haben, wir wissen nichts über ihre Motive, so zu handeln. Wir können uns vorstellen, wie viel Sehnsucht Hans' Eltern unter der Woche vielleicht nacheinander hatten, wie sehr sie sich beide alleine gelassen fühlten. Wir wissen nicht, wie abhängig Marlenes Eltern sich von dem Wohlwollen (und vielleicht auch dem Geld) der Großeltern gefühlt haben, sodass sie vielleicht darum so gern als gute Eltern erscheinen wollten, und schon gar nichts wissen wir aus der Vorgeschichte dieser vier Menschen, ihrer Kindheit und ihrem eigenen Skript. Wir sehen an dieser Stelle die Welt dieser beiden Kinder mit deren Augen, so wie in der Fantasie von dem fremden Planeten mit den riesengroßen Wesen. Die Frage ist nicht, ob Marlenes und Hans' Eltern objektiv gute oder schlechte Eltern waren. Die wenigsten Eltern sind böse Menschen, manche sind gedankenlos und auf sich selbst bezogen, aber die meisten versuchen, ihr Bestes zu geben, und scheitern dabei manchmal an ihren eigenen Schwächen oder an schwierigen Lebensumständen. Aber alle Eltern geben ihren Kindern Botschaften mit auf den Weg, manche davon sind konstruktiv, manche destruktiv. Wenn wir uns mit dem Skript beschäftigen, stoßen wir darauf, wie der kleine Mensch diese Botschaften wahrgenommen hat, in welcher Absicht auch immer sie gegeben wurden, und auf die Schlussfolgerungen, die er daraus gezogen hat.

Wenn wir geboren werden, haben wir natürlich kein Bild von uns selbst und von unserem Platz in der Welt und bei anderen Menschen. Wir haben Gefühle und Körperempfindungen, die anfangs noch sehr unsortiert und nicht einzuordnen sind. Wir müssen uns – mit dem kleinen Instrumentarium, das wir haben, ohne Möglichkeit, zu vergleichen oder differenziert zu denken – sehr rasch zurechtfinden und uns an die Regeln anpassen, die für uns gelten. Die Menschen, die diese Regeln machen, sind unsere Eltern und (oder) andere wichtige Bezugspersonen. (Wenn ich hier von »Eltern« spreche, dann ist das eine Vereinfachung. Die Bezeichnung schließt ebenso allein erziehende Elternteile ein wie alle anderen Personen, die elterliche Funktionen übernommen haben, wie Stiefeltern, Großeltern, ältere Geschwister und andere.) Durch sie empfangen wir *Botschaften*, die durch Strokes vermittelt werden. Eine Mutter, die ihr weinendes Kind hoch nimmt, zärtlich wiegt und beruhigt, an die Brust legt und liebevoll stillt, gibt dem Baby das Gefühl, willkommen, wichtig und geliebt zu sein. Sie gibt ihm bedingungslos positive Strokes. Die Botschaft an das Kind ist: Schön, dass du da bist.

Ein anderes Kind erlebt, dass sein Schreien in der Nacht die Eltern nervt. Sie lassen es lange liegen, bevor sie es holen, sind ärgerlich, ihre Stimmen laut, und sie versuchen, das Kind mechanisch zu beruhigen. Gemeinsam kommen sie überein, dass die Mutter schon nach wenigen Wochen abstillt, damit das Kind durchschläft. Das Kind empfängt eine

Menge negativer Strokes, sowohl bedingte (»Wir mögen dein Weinen nicht!«) als auch bedingungslose (»Ich halte dieses Kind nicht mehr aus!«). Die *Grundbotschaft*, die das Kind aufnimmt, könnte sein: Du bist nicht wichtig, sei möglichst unauffällig!

Wie gesagt: Es geht nicht um zeitweilige Situationen der Überlastung, in denen Eltern menschliche Fehler machen. Es geht um immer und immer wiederholte Verhaltensweisen, um hundert- und tausendfach gleich an das Kind gesendete, von intensiven Strokes begleitete Botschaften, die sich in der kindlichen Seele mehr und mehr zu einem durchgängigen Bild von sich, von anderen Menschen und von der Welt verdichten. Wenn Marlene die geschilderte Situation mit Eltern und Großeltern einmal und dann nie wieder erlebt hätte, würde sie sich heute wohl kaum mehr daran erinnern. Sie hätte keinen nennenswerten Eindruck in ihrer Seele hinterlassen. Aber sie ist so und ähnlich wieder und wieder passiert, vielleicht schon, als sie ein Baby war: »Zeig der Oma, wie schön du lächeln kannst! Na komm, zeig deinen ersten Zahn. Mach doch den Mund auf.« Alle diese Ereignisse hat sie in sich komprimiert als eine von ihr für wahr gehaltene Grundbotschaft über sich selbst und ihr Sein. Daraus entwickelt sich ein komplexes Gebäude, nach dem Marlene ihr künftiges erwachsenes Leben und vor allem ihre Beziehungen gestaltet. Ein Skript entsteht in Beziehungen zu Menschen, die wir lieben und die uns auf ihre Art auch lieben (oder von denen wir das zumindest erhoffen). Daraus wird unbewusst ein Modell für alle weiteren nahen Beziehungen in unserem Leben, ganz besonders für Partnerschaften.

In der Transaktionsanalyse werden zwölf verschiedene **GRUNDBOTSCHAFTEN** unterschieden, die die Basis, den **ERSTEN BAUSTEIN** des Skripts bilden.[6] Durch ungezählte Wiederholungen, verbale und nonverbale, und starke, vor allem (aber nicht nur) negative Strokes werden sie Kindern als eine Art Befehl dafür eingeschärft, wie sie zu sein oder nicht zu sein haben. Daher ist dafür auch die Bezeichnung *Einschärfungen* gebräuchlich. Der Einfachheit halber werden sie in der Transaktionsanalyse als klare und direkte Befehlssätze formuliert. Tatsächlich werden sie so kaum jemals ausgesprochen; es handelt sich gewissermaßen um das Destillat aus einer elterlichen Haltung, die dem Kind in einer Fülle von Handlungsweisen intensiv übermittelt wird. Die meisten Skripts von Menschen werden aufgrund von einer dieser Botschaften entwickelt, manchmal sind auch zwei oder drei in unterschiedlichem Ausmaß miteinander verknüpft.

Sehen wir uns diese zwölf Grundbotschaften und ihre Auswirkungen auf das spätere Beziehungsverhalten näher an.

SEI NICHT!

Das ist die vernichtendste aller Skriptbotschaften, begleitet von überwiegend bedingungslos negativen Strokes. In ausgesprochener Form kann sie lauten: »Ich wünschte, du wärst nie geboren worden!«, »Ich wollte nie Kinder haben!«, »Wenn du nicht da gewesen wärst, hätte ich mich längst von deiner Mutter getrennt!«, »Wenn ich rechtzeitig gemerkt hätte, dass ich schwanger bin, hätte ich abgetrieben!« Sie bringt durchgehende Ablehnung zum Ausdruck, in der bedingungslos negative Strokes sehr häufig vorkommen. Menschen mit dieser Grundbotschaft waren oft körperlicher Misshandlung, schweren Strafen, sexuellem Missbrauch und großer Verlassenheit ausgesetzt. Nicht immer hängt die »Sei nicht«-Einschärfung unmittelbar mit destruktivem Elternverhalten zusammen. Auch frühe Krankenhausaufenthalte oder traumatische Umweltbedingungen (Krieg, Flucht, Tod eines Elternteils) können diese Wirkung auf ein Kleinkind haben. Menschen mit dieser Einschärfung gestalten ihr Leben nach dem Glaubenssatz: »Ich habe kein Recht darauf, zu existieren.« Partnerbeziehungen sind mit häufiger Trennungsangst verbunden, der im Grunde die Angst, ohne den anderen sterben zu müssen, zugrunde liegt. In Konflikten fallen dann Äußerungen wie: »Ich halte es nicht mehr aus, ich bringe mich um!«, verbunden mit entsprechenden Drohungen oder auch tatsächlichen Selbstmordversuchen.

SEI NICHT WICHTIG!

Diese verinnerlichte Grundbotschaft kommt sehr häufig vor. Sie bildet sich in der Wirklichkeit des Kindes dann, wenn seine Bedürfnisse hinter denen seiner Eltern zurückstehen müssen (wie in dem oben erwähnten Beispiel von dem Baby, das zu früh abgestillt wird, um den Schlaf der Eltern zu ermöglichen). Häufig hören Kinder Aussagen wie: »Sei jetzt still! Merkst du nicht, dass die Erwachsenen reden?«, »Kannst du nicht schneller machen? Ich muss zur Arbeit!«, »Verstehst du nicht, dass ... (Mama jetzt keine Zeit hat, Papa müde ist, das kleine Schwesterchen weint)?« Gekoppelt sind diese bedingt negativen Strokes (für ein Verhalten, das eigene Bedürfnisse des Kindes ausdrückt) mit bedingt positiven für Unauffälligkeit (»Sie ist so brav, sie sitzt stundenlang in einer Ecke und beschäftigt sich mit sich selbst«). Häufig wird über das Kind in seiner Anwesenheit in der dritten Person gesprochen (»Ich weiß nicht mehr, was ich mit ihm tun soll, immer will er irgendetwas von mir!«).

Das Handeln, Denken und Fühlen von Menschen mit einer »Sei nicht wichtig«-Grundbotschaft wird bestimmt durch den Leitsatz: »Was ich will, zählt ja doch nicht.« In Paarbeziehungen neigen sie dazu, sich unterzuordnen und sich schuldig zu fühlen.

SEI NICHT DU SELBST!

Manchen Kindern wird auf verschiedene Art und Weise vermittelt, so wie sie wären, wäre es nicht recht, es wäre besser, sie wären ein anderes Kind. Das ist nicht auf einzelne Verhaltensweisen, sondern auf die ganze Person bezogen: »Was habe ich denn angestellt, dass ich so ein Kind bekommen habe?«, »Kann man dich nicht umtauschen?«, »Was um alles in der Welt stimmt denn mit dir nicht?«, »Warum bist du nicht so wie deine große Schwester?« Dem kleinen Menschen wird vermittelt, er solle als Ganzes anders sein. In der intensivsten Form spüren das Kinder, wenn sie erleben, dass ihr Geschlecht den Eltern nicht passt. Dafür gibt es subtilere Formen (»Sie ist ja eigentlich gar kein Mädchen, so wild, wie sie ist!«, »Ich hab schon gewusst, warum ich immer ein Mädchen wollte; Jungen sind einfach schrecklich!«), aber auch ziemlich grausame (»Ich habe mir immer einen Sohn gewünscht, aber das Schicksal hat mir das nicht vergönnt!«, »Eine Tochter würde mir sicher mehr im Haushalt helfen!«). Intensive »Sei nicht du selbst!«-Botschaften können auch über bizarre elterliche

Verhaltensweisen übermittelt werden: Mütter animieren ihre Söhne dazu, »zum Spaß« Mädchenkleidung anzuziehen; Väter geben ihren Töchtern im familieninternen Gebrauch die männliche Form ihres Vornamens (eine Michaela wird »Michael« gerufen). Da wir ja keine Identität als geschlechtsneutrale Wesen haben, definieren wir uns als weibliche oder männliche Menschen. Die Grundbotschaft, nicht so zu sein, wie ich eben bin, kann erhebliche Schwierigkeiten in der Entwicklung des Selbstbildes mit sich bringen: »Mit mir stimmt etwas Grundsätzliches nicht; ich bin falsch, so wie ich bin.« Das Eingehen von Partnerschaften ist oft mit der tiefen Hoffnung verbunden, durch die Bestätigung des anderen endlich zu einem eigenen Selbst, auch in geschlechtlicher Hinsicht, zu kommen.

SEI KEIN KIND!

Vielen Kindern wird zu früh zu viel Verantwortung übertragen: sich um jüngere Geschwister zu kümmern, häufig alleine zu Hause sein zu müssen, Dinge zu verstehen, für die sie noch zu klein sind. Sie hören oft Botschaften wie: »Kannst du nicht vernünftig sein?«, »Du bist doch die Große, das musst du doch verstehen!« oder »Kannst du dich darum nicht selber kümmern?« Wie bei der »Sei nicht wichtig!«-Einschärfung wird auf das erwünschte Verhalten mit positiven Strokes reagiert: »Ich habe doch gewusst, dass man sich auf dich verlassen kann!«, »Wenn ich dich nicht hätte, mein Großer!« Natürlich sind solche Strokes wichtig, um altersgemäße Selbstständigkeit zu fördern. Die destruktive Grundbotschaft erfolgt dann, wenn Kinder zu früh zu selbstständig sein müssen (ein Zehnjähriger kann gut alleine mit der Straßenbahn fahren, ein Vierjähriger nicht). Eltern, die ihren Kindern signalisieren, sie sollten besser schnell erwachsen werden, waren oft in ihrer eigenen Kindheit mit demselben Problem konfrontiert. Häufig finden wir das bei Menschen, die in der Kriegs- und Nachkriegszeit aufgewachsen sind: Der Vater war im Krieg, in Gefangenschaft, vermisst, gefallen. Mütter lebten jahrelang in Angst. In den 40er- und 50er-Jahren klein zu sein bedeutete Bombardements, Hunger, Alleingelassenwerden und wenig kindliche

Unbefangenheit und Lebensfreude. Vernunft (oder das, was dafür gehalten wird) wurde zur obersten Leitschnur. Genau das wird dann an die eigenen Kinder mit der »Sei kein Kind!«-Botschaft weitergegeben. Ein stetiges Gefühl der Überforderung begleitet diese Menschen durch ihr weiteres Leben: »Das ist einfach zu viel für mich – aber mir hilft ja keiner!« Gleichzeitig werden sie sich immer wieder ein hohes Ausmaß an Verantwortung aufbürden und aufbürden lassen. In ihren Beziehungen wollen sie eine dominante Rolle übernehmen und dem Partner die Verantwortung abnehmen, manchmal auf überfürsorgliche, manchmal auf kontrollierende Art – um sich dann davon überbelastet zu fühlen.

WERDE NICHT ERWACHSEN!

Diese Grundbotschaft entspringt dem elterlichen Wunsch, das Kind möge nicht groß werden und Mutter oder Vater verlassen. Sie wird verbal transportiert über Aussagen wie: »Die schönste Zeit war doch, als die Kinder klein waren«, »Du darfst nie ausziehen, versprich mir das!«, »Warum kannst du nicht immer mein Baby bleiben?«, nonverbal durch überfürsorgliche Handlungen beispielweise bei leichten Erkrankungen, beständiges Intervenieren in der Schule, zu viel und zu intensiven Körperkontakt oder häufige Erzählungen aus den ersten Lebensjahren des Kindes. Der wesentliche Inhalt dieser elterlichen Botschaft ist: »Du darfst mich nie verlassen!« Solche Menschen ziehen spät aus dem Elternhaus aus (wenn überhaupt), haben eine sehr starke Bindung an die Eltern (beispielsweise mit täglichen Telefonanrufen und häufigen Besuchen) und große Angst vor deren Tod. Sie fühlen sich alleine lebensunfähig und sind in Partnerbeziehungen, wenn sie welche eingehen, gleichzeitig misstrauisch und klammernd. Ihr Leben ist geprägt von Überzeugungen wie: »Allein schaffe ich das alles nicht, das ist viel zu schwierig für mich.«

SCHAFF ES NICHT!

Auch hier wird das Verhalten des Kindes negativ bewertet, aber meist bedingungslos negativ in Form von Verallgemeinerungen. Alle seine Leistungen werden entwertet: »Das ist nichts, was du da gemacht hast, so geht das doch nicht«, »Du kannst aber auch gar nichts!«, »Du bist wirklich zu ungeschickt; alles, was du in die Hand nimmst, geht kaputt!«, »Das brauchst du gar nicht anzufangen, da wird sowieso nichts draus.«

Die Eltern werden als ungeduldig und mit wenig Toleranz erlebt. Was immer das Kind leistet, es ist nie gut genug und immer fehlerhaft. Mehr noch: Alles, was es tut, ist fehlerhaft. Es gibt keine differenzierte Rückmeldung über Erfolg und Misserfolg, keine Möglichkeit, aus Fehlern zu lernen. Verbesserungen und Fortschritte sind unmöglich, weil ja ohnehin alles falsch ist. Oft wird die Einschärfung durch düstere Prophezeiungen verstärkt: »So wirst du es nie zu etwas bringen!«, »Du wirst nie mit irgendetwas Erfolg im Leben haben!« Dahinter stecken oft Neidgefühle der Eltern, ihr Kind könnte erfolgreicher sein als sie und es besser und leichter haben. Das Leben von Menschen mit einer »Schaff es nicht!«-Grundbotschaft verläuft oft den Vorhersagen entsprechend: Sie haben Misserfolge im Beruf und in ihren Beziehungen, ihre Erfolge können sie nicht sehen und nicht schätzen. Ihr Selbstbild wird von dem Glaubenssatz »Was ich auch anpacke, es geht schief« bestimmt. Dementsprechend geben sie in Beziehungskonflikten rasch auf und suchen ihr Heil in vorschnellen Trennungen.

LASS DAS!

Diese Botschaft geht mit vielen bedingt negativen Strokes einher. Sie ist mit starker (meist im Skript der Eltern begründeter) Angst verbunden, dem Kind könne etwas zustoßen. Was immer es tun und ausprobieren will, es wird ihm verboten oder doch zumindest stark eingeschränkt. Die Botschaft wird über Unterforderung und Vorsicht vermittelt: »Dafür bist du noch zu klein, lass mich das tun«, »Sei bitte vorsichtig, es kann so viel passieren!«, »Um Gottes willen, das hättest du doch nicht tun dürfen!« Viele scheinbar kleine elterliche Gesten des Überbehütens – zu fest an der Hand halten, erschrockene Blicke, besorgte Untersuchungen des Körpers bei Beschwerden – summieren sich im Kind zu einem Selbstbild der Unfähigkeit. Dabei geht es nicht um altersangemessenen Schutz für das Kind, sondern um übertriebene Fürsorge. In Umkehrung des obigen

Beispiels: Vierjährige müssen zum Kindergarten gebracht werden, Zwölfjährige nicht mehr zur Schule. Im Grunde heißt diese Einschärfung im Kern: »Am besten, du tust gar nichts!« Eltern, die sich so verhalten, waren oft selbst zu früh mit dem Tod oder der schweren Erkrankung von Familienangehörigen und mit eigener Todesangst konfrontiert. Menschen mit einer »Lass das!«-Grundbotschaft fühlen sich rasch überfordert, aber nicht wie die, die kein Kind sein durften, von schweren Anforderungen, sondern schon von kleinsten Aufgaben: »Das kann ich nicht, bitte ruf du dort an!« In ihren Beziehungen neigen sie dazu, die Verantwortung an den Partner abzugeben – und ihn dadurch letztlich auch zum Schuldigen an Konflikten und Krisen zu machen.

GEHÖRE NICHT DAZU!

Manche Eltern vermitteln ihrem Kind, dass es auf irgendeine Art etwas ganz Besonderes und von anderen deutlich unterschieden ist. Das kann eine (tatsächliche oder vermeintliche) besondere Begabung sein, eine körperliche Einschränkung, die Überzeugung, die Familie sei etwas ganz Spezielles und Eigenes, durch zum Beispiel Herkunft, soziale Schicht, Bildung. Damit einher gehen Aussagen wie: »Wir sind anders als die anderen, das wirst du noch merken!«, »Vergiss nie, dass du ein … (Name der Familie) bist!«, aber auch: »Du bist einfach ein schwieriger Mensch«, oder: »Sie ist halt schüchtern.« Das Kind nimmt so die Botschaft »Du wirst nirgends dazugehören!« auf, hat Schwierigkeiten, sich in soziale Gruppen einzufügen, und fühlt sich als unverstandener Außenseiter. Dementsprechend hat dieser Mensch im späteren Leben Schwierigkeiten, sich als Teil einer Partnerbeziehung zu erleben, weil er sich als Einzelgänger sieht.

SEI NICHT NAHE!

Diese Grundbotschaft wird durch zwei ganz entgegengesetzte elterliche Verhaltensweisen mitgeteilt. Die eine Möglichkeit dafür ist, wenig bis keine körperliche Zuwendung und dementsprechend wenig Liebe zu geben. »Musst du immer an mir hängen?«, »Fürs Schmusen bist du aber wirklich schon zu groß«, »Lass mich endlich in Ruhe!« sind typische Aussagen, die als bedingungslos negative Strokes erlebt werden, umso mehr, als sie häufig mit grobem körperlichem Verhalten wie Wegstoßen oder Wegschieben verbunden sind. Das Kind entwickelt den Glaubenssatz: »Es ist unmöglich, mich zu lieben«, und gestaltet sein Leben dementsprechend. In Partnerschaften sind Menschen mit einer »Sei nicht nahe!«-Einschärfung eher zurückgezogen, geben wenig Zärtlichkeit, auch in der Sexualität. Oft haben sie eher flüchtige und oberflächliche Beziehungen aufgrund eines ausgeprägten Misstrauens (»Du wirst mich ja doch wieder verlassen!«).

Hinter der anderen Variante steckt das genau gegenteilige Elternverhalten: Eltern oder ein Elternteil, der mehr Zärtlichkeit und körperliche Nähe gibt, als das Kind möchte, oft, um eigene Defizite an Zuwendung auszugleichen. Im Extremfall geht es dabei um sexuellen Missbrauch. Die Nähe wird vom Kind als erdrückend und als das eigene Ich einschränkend erlebt. Menschen mit dieser Geschichte haben zwar oft große Sehnsucht nach Nähe – nach einer Nähe, in der sie endlich sie selbst sein können –, ertragen sie aber kaum. Unbewusst erleben sie darin die Angst, vereinnahmt zu werden und wieder für die Bedürfnisse des anderen da sein zu müssen. Auch hier haben wir es mit starkem Misstrauen zu tun (»Du wirst mich ja doch wieder besitzen wollen!«).

SEI NICHT GESUND!

Manche Kinder bekommen nur Zuwendung, wenn sie krank sind. Dann nehmen sich Eltern einen Tag frei, kommen mit ins Krankenhaus, lesen vor, kochen Tee. Wenn sie – die Kinder – gesund sind, erhalten sie wenig Interesse, was sie tun und was sie sind, ist selbstverständlich. Schnell lernen sie, tatsächlich oder eingebildet krank zu werden, um Interesse zu erwecken. Auch das »Vorbild« häufig oder chronisch kranker Familienangehöriger, die dadurch viel Aufmerksamkeit bekommen, kann dabei eine Rolle spielen. Menschen mit einer »Sei nicht gesund!«-Grundbotschaft beobachten jedes körperliche Symptom genau und schildern es besorgt und ausführlich. Im Krankheitsfall erwarten sie große Aufmerksamkeit und fordern sie auch ein. Nach außen wirken sie oft wie

Hypochonder, tatsächlich haben sie aber nicht deren übersteigerte Angst vor Krankheit und Sterben – im Gegenteil, fast wünschen sie das Kranksein herbei, um endlich wichtig und beachtet zu sein.

DENKE NICHT!

Für diese destruktive Grundbotschaft gibt es verschiedene Varianten. Eine davon ist, intellektuelle Leistungen des Kindes abzuwerten: »So erzählt man doch keinen Witz, das ist nicht lustig«, »Du kannst doch nicht einmal richtig rechnen!«, »Überlass das Denken den Pferden, die haben die größeren Köpfe«, »Kinder können doch nicht denken, die spielen nur die ganze Zeit!« Auch hier steht oft die heimliche Befürchtung dahinter, das Kind könnte klüger sein als die Mutter oder der Vater. Eine andere Möglichkeit ist, Mädchen die Denkfähigkeit aufgrund ihres Geschlechtes abzusprechen: »Du brauchst keine Bildung, du musst nur kochen und Kinder erziehen können«, »Frauen sind eben von Natur aus unlogisch.« Eine weitere Variante findet sich bei Eltern mit niedrigem Bildungsniveau: »Lesen ist völlig überflüssig, wichtig ist, dass man zupacken kann!« Menschen mit einer »Denke nicht!«-Grundbotschaft halten sich oft für dumm und unintelligent (»Das werde ich nie kapieren!«). Sie treffen entweder übereilte Entscheidungen oder aber gar keine. In Beziehungen fühlen sie sich häufig unterlegen, werten aber im Konfliktfall die intellektuellen Interessen des Partners ebenso ab, wie sie selbst abgewertet wurden (»Du immer mit deinen klugen Büchern, die gar nichts vom wirklichen Leben wissen«).

FÜHLE NICHT!

Diese letzte der zwölf Grundbotschaften ist das emotionale Gegenstück zum »Denke nicht!«. Sie kann sich sowohl auf Gefühle überhaupt als auch auf bestimmte Gefühle beziehen. Die erste Variante entsteht durch ein Überbetonen des logischen Verstandes: »Gefühle bringen dich im Leben nicht weiter, sie behindern dich nur beim Denken«, oder aber durch eine emotional kalte Atmosphäre des Unverständnisses für kindliches Fühlen (»Was heulst du denn schon wieder herum? Kaputt ist kaputt, davon wird dein Spielzeug auch nicht wieder ganz!«, »Es gibt keine Gespenster, geh wieder zurück in dein Bett«). Dazu gehört auch, kindliches Träumen und Fantasieren zu entwerten (»Was das Kind schon wieder zusammenlügt, wir sind doch nie geflogen!«, »Wieso soll bitte aus dir eine Prinzessin werden?«).

Bereits im Abschnitt über Ersatzgefühle haben wir darüber gesprochen, dass Kindern in der geschlechtsspezifischen Rollenerziehung bestimmte Gefühle verboten werden: »Mädchen werden doch nicht zornig!«, »Jungen weinen doch nicht!«. Oft werden unerwünschte Gefühle umgedeutet: »Du bist ja gar nicht wütend, du bist nur müde«, »Das ist ja kein Grund, Angst zu haben; du bist nur zu faul, um in die Schule zu gehen.« Die Probleme, die Menschen mit »Fühle nicht!«-Einschärfungen in Beziehungen haben, liegen auf der Hand: Sie tun sich schwer, sich selbst und den anderen in bestimmten (oder allen) emotionalen Äußerungen zu verstehen. Sie versuchen, Probleme (insbesondere die Frage von Trennung oder Neubeginn) auf rein logischer Ebene oder unter Ausschluss wichtiger Gefühle (wie Traurigkeit oder Ärger) zu lösen.

Die Grundbotschaften, die ein kleiner Mensch von seinen Eltern empfängt, sind der erste Baustein für das Skript. Oft ist es Eltern überhaupt nicht bewusst, was das Kind da als über sich selbst und sein künftiges Leben wesentlich aufnimmt. In der Regel sind das nicht die einzigen Dinge, die Kindern vermittelt werden. Aber sie sind mit starken negativen Strokes verbunden, und negative Strokes nehmen wir stärker wahr als positive. Sie verletzen uns, besonders, wenn wir sie als bedingungslos verstehen. Wir halten sie in dem Moment für die ganze Wahrheit; Kinder können nicht die Motive hinter dem Verhalten ihrer Eltern erkennen und verstehen, sie wissen nicht, dass Mutter und Vater auch nur fehlbare Menschen mit einer oft auch nicht einfachen Lebensgeschichte sind. Der entscheidende Punkt an den Grundbotschaften ist, dass sie – wenn sie vom Kind intensiv genug aufgenommen werden – die *Autonomie einschränken*. Wenn es sich daran hält, nicht existieren, nicht wichtig, nicht erwachsen, kein Kind sein zu dürfen, nicht fühlen oder nicht denken, nicht erfolgreich oder gesund sein zu können, nicht der Mensch zu sein, der es ist, gar nichts zu tun, nicht nahe zu sein oder nicht zu anderen Menschen zu gehören – dann gibt es wesentliche Teile seiner Bewusstheit, seiner Spontaneität und seiner Intimität auf.

Wenn Menschen mit ihrem Skript in Berührung sind (und das sind wir meistens dann, wenn wir unter Stress stehen), dann »importieren« sie quasi Teile ihrer Vergangenheit (die, die sie in ihrer Autonomie eingeschränkt haben) in die Gegenwart. Sie arbeiten mit Glaubenssätzen, die im Kern sagen: So war es schon immer, so ist es jetzt und so wird es immer sein. Das, was immer so war, immer so ist und immer so sein wird, das ist der Kern der Skriptbotschaft: Ich durfte nie der sein, der ich bin, darf es auch jetzt nicht und werde es nie sein dürfen. Ich durfte nie erwachsen werden, darf es auch jetzt nicht und werde es auch nie sein dürfen. Ich durfte nie erfolgreich sein, darf es jetzt nicht und werde es nie sein dürfen. Noch genauer: Ich durfte meiner Mutter nie nahe sein, darf auch jetzt meiner Partnerin nicht nahe sein, und ich werde auch nie einer Frau wirklich nahe sein dürfen.

Vielleicht gehen Ihnen an dieser Stelle, wenn Sie selber Kinder haben, Gedanken durch den Kopf wie: »Was gebe ich ihnen denn da ins Leben mit?« Das Weitergeben von destruktiven Grundbotschaften entspringt in der Regel dem eigenen Skript der Eltern. Je mehr Sie darüber erkennen und vielleicht lösen können, umso größer ist die Wahrscheinlichkeit, dass Sie es nicht an Ihre Kinder weitergeben.

Und mit einiger Sicherheit haben Sie, während Sie etwas über die zwölf Grundbotschaften gelesen haben, überlegt, welche denn für Sie (und Ihre Partnerin) zutreffen könnten. Vielleicht sind dabei auch Erinnerungen aufgetaucht. Wenn Sie wollen, machen Sie sich dazu Notizen. Wir werden im Übungsteil noch ausführlich dazu kommen. Werfen wir jetzt wieder einen Blick auf Hans und Marlene und das, was sie im Gespräch zu diesem Thema über sich erzählt haben.

Was könnten ihre lebensbestimmenden Grundbotschaften sein? Was ist es bei ihnen, das sie nie sein durften – und glauben, auch jetzt und in Zukunft nicht sein zu dürfen?

Im Grunde wird es schon in den ersten Sätzen der beiden deutlich: Marlene will verstanden werden, glaubt aber zu wissen, dass das sowieso nicht passieren wird. Hans glaubt, Marlene wolle am liebsten gar nichts von ihm wissen, sie interessiere sich überhaupt nicht für ihn. Beim gemeinsamen Ausflug in die unterschiedlichen Vergangenheiten treffen wir auf zwei Kinder, die eines ganz ähnlich erleben: Ihre Bedürfnisse sind nicht wichtig (oder zumindest zweitrangig). Die der Eltern sind wichtiger, das wird ihnen mit intensiv negativen Strokes, jeweils vom Vater, deutlich gemacht. Die destruktive Grundbotschaft heißt bei beiden: *Sei nicht wichtig!* Wenn sie dieser Botschaft folgen – wenn Hans tüchtig am Hof mitarbeitet, als ob er schon erwachsen wäre, und wenn Marlene brav ihre Künste zeigt und dann still wartet, bis die Erwachsenen Kaffee getrunken haben –, dann bekommen sie (gelegentlich) bedingt positive Strokes: Hans ist dann der »Große« seiner Mutter, Marlene erhält Beifall von den Großeltern, wie »groß« sie denn schon sei. So festigt sich in den beiden die zweite destruktive Botschaft, auf der ihre Skripts aufbauen. Bei Hans heißt sie: *Sei kein Kind!*, bei Marlene: *Sei nicht du selbst!* (In der Therapiesitzung sagt sie enttäuscht: »Ich darf einfach nicht so sein, wie ich bin!«) Nicht immer, aber sehr häufig sind bei Paaren die Grundbotschaften ähnlich oder gleich. Manchmal sind sie aber auch komplementär, entgegengesetzt. Erinnern Sie sich noch an Martin und Martina aus dem Abschnitt über die Gefühlsfalle? Er ist passiv, zu wenig eigenständig, und überlässt ihr die Initiative (»Was soll man denn tun, wenn einem einfach gar nichts einfällt?«). Sie wird zornig (»Du kommst mir vor wie ein kleines Kind!«) und übernimmt Kontrolle und Verantwortung. Ihre Aussagen deuten darauf hin, dass Martins Grundbotschaft *Werde nicht erwachsen!* heißt – und die von Martina, genau entgegengesetzt, *Sei kein Kind!* Wahrscheinlich hat das anfangs ergänzend gut funktioniert; jetzt aber, vor allem, wo sie zwei Kinder haben, ist ein Konkurrenzverhältnis daraus entstanden.

Vieles im Beziehungsverhalten und den Konflikten zwischen Martin und Martina, ebenso zwischen Marlene und Hans und bei allen anderen Paaren, erklärt sich aus den grundlegenden Botschaften, dem ersten Baustein des Skripts: den Glaubenssätzen, den Ersatzgefühlen, den Stroke-Mustern. Sie bilden die weiteren Bausteine, mit den Antreibern kommt noch ein weiterer dazu. Mehr davon in den folgenden Abschnitten dieses Kapitels.

PERSÖNLICHE ÜBUNGEN

Sie haben einen langen Abschnitt hinter sich, in dem wir uns ausführlich mit dem ersten Skriptbaustein – den Grundbotschaften – beschäftigt haben. Es kann gut sein, dass Ihre Gedanken immer wieder zu Ihrer eigenen Geschichte abgeglitten sind und Sie sich gefragt haben: Wie war das denn bei mir? Trifft das auch auf mich zu? Was haben mir meine Eltern denn wirklich mitgegeben? War es so schlimm?

Wie schlimm es wirklich war, kann ich natürlich nicht sagen. Sicher haben Ihnen Ihre Eltern auch eine Menge an Positivem mitgegeben, sonst wären Sie heute nicht da, wo Sie in Ihrem Leben sind (bei allen Schwierigkeiten, die es mit sich bringt). Und gerade im Hinblick auf die Problempunkte in Ihrer Paarbeziehung ist es wichtig, auf das zu schauen, was Sie aus Ihrer Vergangenheit in die Gegenwart importieren. Das Gleiche gilt auch für Ihre Partnerin und dafür, wie Ihrer beider Grundbotschaften miteinander korrespondieren.

ÜBUNG 19
MEINE SKRIPT-GRUNDBOTSCHAFTEN

Bitte nehmen Sie sich noch einmal die von Ihnen in Übung 18 ausgewählten Fotos und Ihre Notizen dazu vor, insbesondere die über Ihre Eltern.
Sie finden hier noch einmal die zwölf Grundbotschaften aufgelistet. Bitte bewerten Sie sie alle auf einer Skala von 1 bis 10 (1: Das trifft sicher für mich nicht zu, diese Botschaft spielt keine besondere Rolle in meinem Leben; 10: Das trifft ganz genau auf mich zu, diese Botschaft prägt mein Leben bis heute). Sie müssen sich nicht für eine oder zwei entscheiden, bewerten Sie jede Einschärfung für sich, unabhängig von den anderen. Wenn Sie unsicher sind, lesen Sie noch einmal in den Erklärungen im vorangegangenen Abschnitt nach.

- Sei nicht!
  Punkte: ☐
- Sei nicht wichtig!
  Punkte: ☐
- Sei nicht du selbst!
  Punkte: ☐
- Sei kein Kind!
  Punkte: ☐
- Werde nicht erwachsen!
  Punkte: ☐
- Schaffe es nicht!
  Punkte: ☐
- Lass das!
  Punkte: ☐
- Gehöre nicht dazu!
  Punkte: ☐
- Sei nicht nahe!
  Punkte: ☐
- Sei nicht gesund!
  Punkte: ☐
- Denke nicht!
  Punkte: ☐
- Fühle nicht!
  Punkte: ☐

Die Grundbotschaften, die Sie mit 7 oder mehr Punkten bewertet haben, dürften für Sie maßgeblich sein.

Nehmen Sie sich jetzt Zeit, über die Ergebnisse Ihrer Selbsteinschätzung nachzudenken. Achten Sie dabei auf Ihre Gefühle. Und – auch wenn das vielleicht nicht einfach für Sie ist – bitte beschäftigen Sie sich jetzt nicht mit Fragen wie: Was muss (oder kann) ich da verändern? Wie muss ich in meiner Beziehung anders sein, um diesem Sog der Vergangenheit zu entkommen? Wir werden uns damit natürlich auseinandersetzen, aber so weit sind wir noch nicht. Wir müssen erst die vielen Verknüpfungen, die das Skript als Ganzes ausmachen, näher untersuchen, um sie lösen zu können. Und vor allem wollen wir Ihr Skript nicht losgelöst von dem Ihres Partners betrachten. Darum geht es in der nächsten Übung.

ÜBUNG 20
DEINE SKRIPT-GRUNDBOTSCHAFTEN

Bitten Sie Ihren Partner, Ihnen seine Fotos zu zeigen. Sprechen Sie mit ihm (wenn er es Ihnen erzählen will) über die Geschichten dazu und vor allem über seine Beschreibung seiner Eltern, wie er es in Übung 18 gemacht hat.
Dann schätzen Sie seine Grundbotschaften ein, so, wie Sie es mit Ihren gemacht haben. So, wie Sie ihn erleben, so, wie Sie seine Herkunftsfamilie kennen, so, wie er Ihnen über seine Kindheit erzählt. Bewerten Sie wieder auf der Skala von 1 bis 10 (1: Das trifft sicher für ihn nicht zu, diese Botschaft spielt keine besondere Rolle in seinem Leben; 10: Das trifft ganz genau auf ihn zu, diese Botschaft prägt sein Leben bis heute). Sie müssen sich nicht für eine oder zwei entscheiden, bewerten Sie jede Einschärfung für sich, unabhängig von den anderen. Wenn Sie unsicher sind, lesen Sie noch einmal in den Erklärungen im vorangegangenen Abschnitt nach.

- Sei nicht!
  Punkte: ☐
- Sei nicht wichtig!
  Punkte: ☐
- Sei nicht du selbst!
  Punkte: ☐

- Sei kein Kind!
  Punkte: ☐
- Werde nicht erwachsen!
  Punkte: ☐
- Schaffe es nicht!
  Punkte: ☐
- Lass das!
  Punkte: ☐
- Gehöre nicht dazu!
  Punkte: ☐
- Sei nicht nahe!
  Punkte: ☐
- Sei nicht gesund!
  Punkte: ☐
- Denke nicht!
  Punkte: ☐
- Fühle nicht!
  Punkte: ☐

Bitte seien Sie sich dessen bewusst, dass das nur Ihre Einschätzung ist; Ihr Partner könnte das auch ganz anders sehen.

Wenn Sie wollen, können Sie sich wieder mit Ihrer Partnerin über Ihre Ergebnisse austauschen, sowohl über die Einschätzung Ihrer eigenen Grundbotschaften als auch über die jeweiligen Fremdeinschätzungen. Nehmen Sie Unterschiede und Gemeinsamkeiten in Ihren Erwägungen einfach zur Kenntnis, ohne sie zu bewerten. Es geht nicht um richtig oder falsch.

Der anspruchsvollste Teil dabei ist die Frage, wie Ihre Grundbotschaften – die Ihren und die Ihrer Partnerin – einander ergänzen, sich widersprechen und sich vor allem wechselseitig verstärken. Wir haben das vorher schon bei unseren beiden Paaren gesehen. Hans und Marlene erleben beide – aufgrund ihrer Einschärfung *Sei nicht wichtig!* –, dass ihre eigenen Bedürfnisse weniger zählen als die des anderen. Das nehmen sie natürlich nicht so einfach hin, sondern kämpfen mit verschiedenen Mitteln darum, doch wichtig zu sein: Hans wird wütend bis zur Gewaltbereitschaft (Marlene sieht das als Beweis dafür, dass er wieder einmal wichtiger ist als sie). Marlene zieht sich schweigend zurück (Hans sieht das als Beweis, dass sie wieder einmal wichtiger ist als er). Aus dieser anscheinend hoffnungslosen Ausgangssituation heraus kommt das Karussell in Fahrt, die beiden tappen in eine Beziehungsfalle nach der anderen. Noch offenkundiger ist die gegenseitige Verstärkung bei Martin und Martina: Er darf nicht erwachsen sein und sie kein Kind (was in der Gegenwart heißt, dass ihre Bedürfnisse, aufgehoben zu sein und sich auf jemand verlassen zu können, zu kurz kommen). Je ängstlicher und kindlicher er sich benimmt, um so überverantwortlicher wird sie. Jeder folgt seinen Skriptbotschaften aus der Kindheit, und jeder hält den anderen für dafür verantwortlich: Wenn sie so ärgerlich kontrolliert, dann kann ich einfach nicht klar denken – und wenn er so hilflos ist, dann muss ich einfach alles entscheiden und umsetzen.

Wie sieht das jetzt bei Ihnen beiden aus? Wenn es Ihnen möglich ist, besprechen Sie diese Übung gemeinsam; ansonsten gehen Sie einfach von Ihrer Einschätzung der Grundbotschaften Ihrer Partnerin aus.

ÜBUNG 21:
WIE HÄNGEN UNSERE SKRIPTBOTSCHAFTEN ZUSAMMEN?

Wenn Sie Ihre Haupteinschärfung(en) mit denen Ihrer Partnerin vergleichen:

- Sind sie gleich oder ähnlich?
- Sind sie einander entgegengesetzt?
- Wie passen sie zusammen?
- Wie bestätigt mein Verhalten (wenn ich meiner Skriptbotschaft entsprechend handle) ihre Grundbotschaft?
- Wie bestätigt ihr Verhalten (wenn sie ihrer Skriptbotschaft entsprechend handelt) meine Grundbotschaft?

Damit haben Sie nicht nur wichtige Informationen über Ihren ersten Skriptbaustein – die Grundbotschaft – erhalten, sondern auch darüber, was diese Botschaft in Ihrem heutigen Leben und vor allem in Ihrer Beziehungskrise für eine Rolle spielt. Mit den nächsten Bausteinen werden wir die Verbindung zu den Mustern herstellen, über die wir im ersten Kapitel im Zusammenhang mit den drei Beziehungsfallen gesprochen haben.

2.1.2 DER ZWEITE SKRIPTBAUSTEIN:
WAS HEISST DAS ALLES FÜR MICH? GLAUBENSSÄTZE

I am just a poor boy
Though my story's seldom told
I have squandered my resistance
For a pocketful of mumbles
Such are promises all lies and jest
Still, a man hears what he wants to hear
And disregards the rest
Paul Simon, The Boxer

ALLMÄHLICH FÜGEN SICH DIE ELEMENTE, die die Psychodynamik einer Paarbeziehung in der Krise ausmachen, zusammen. Stellen Sie sich das Ganze als ein großes Puzzle vor, das wir zusammenlegen. Aus dem bunten Gewimmel von Steinen haben wir im ersten Kapitel schon drei große Gruppen von Teilen zusammengesetzt, die miteinander zusammenhängen: das Stroke-Muster, die entsprechenden Glaubenssätze und die Ersatzgefühle.

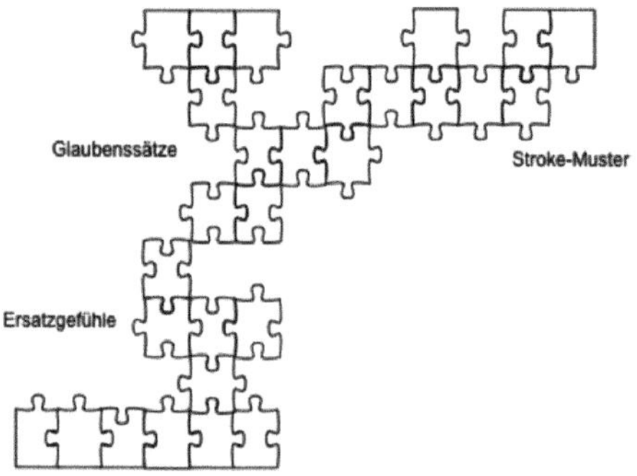

Das sind die Mechanismen, die das Paar im Hier und Jetzt der Gegenwart durchlebt. Diese drei Gruppen in unserem Puzzle liegen in Außenbereichen des Gesamtbildes. Wir konnten ihre Zusammenhänge erahnen oder sie lose aneinanderfügen. Es wurde immer deutlicher, dass es da in der Mitte etwas gibt, das sie alle miteinander verbindet. Jetzt haben wir es gefunden: das Skript und die Botschaften, aus denen es entsteht. Wir haben die Antwort darauf gefunden, wo das alles – die Beziehungsfallen und ihre Mechanismen – seinen Ursprung hat. In den nächsten vier Abschnitten werden wir diesen Mittelteil unseres Puzzles noch besser verstehen lernen und mit den Randteilen, die wir schon kennengelernt haben, verbinden.

In der Beschreibung der einzelnen Grundbotschaften haben Sie immer wieder den schon bekannten Begriff »Glaubenssätze« gefunden. Wir haben ihn im Abschnitt 1.2 so definiert: In jedem Menschen gibt es tief sitzende und verallgemeinernde Grundüberzeugungen, die er über sich, andere und die Welt und das Leben im Allgemeinen hat – und die unhinterfragt für wahr gehalten werden. Sie sind stärker als Verstand und Logik und werden aktiviert, wenn wir in emotionale Bedrängnis geraten. Paare halten sich mit ihren Glaubenssätzen in einer Falle fest: Diese unsere Beziehung soll anders sein, als unsere alten Glaubenssätze behaupten. Sie sollen endlich widerlegt werden. An die Stelle des bisherigen »Keiner liebt mich!« soll jetzt die nie endende Liebe des Partners treten. Der andere Mensch soll beweisen, dass die Glaubensüberzeugungen endlich nicht mehr stimmen. Der Haken dabei: Glaubenssätze sind Verallgemeinerungen, sie gelten (im Glauben des betreffenden Menschen) »immer«. Sie sind stereotyp. Also wird auch von einer Widerlegung erwartet, dass sie »immer« gilt. Sobald der Partner sich nicht an diese Regel hält, geraten wir in Bedrängnis. Der alte Glaubenssatz hat ja doch Gültigkeit. Also versuchen wir, den anderen dazu zu bringen, das zu entkräften: »Sag mir, dass du mich liebst und dass ich wichtig für dich bin!« Je mehr wir das tun, umso mehr gerät die Partnerin in Bedrängnis und versucht, sich zu entziehen. Schließlich soll (in ihrem Erleben) ja er ihre Glaubenssätze widerlegen, nicht sie die seinen! Mehr und mehr scheinen die ursprünglich verinnerlichten Auffassungen ja doch zu stimmen. Die beiden sitzen in der Falle.

So weit haben wir den Mechanismus bereits beschrieben. Aber wir sind noch nicht der Frage nachgegangen, wie und warum Menschen überhaupt **GLAUBENSSÄTZE** entwickeln. Die Antwort ist: Sie sind der **ZWEITE BAUSTEIN** des Skripts.

Eltern können ihren Kindern destruktive Grundbotschaften übermitteln, die nachhaltige Auswirkungen auf das ganze Leben haben. Ein Mensch wird gezeugt, empfangen, er verbringt neun Monate im Leib seiner Mutter und wird geboren. Er wächst in dieser Zeit entsprechend seinen genetischen Vorgaben heran, nicht nur in körperlicher, sondern auch in seelischer Hinsicht. Er entwickelt sich grundsätzlich und von vornherein mit einem tief in ihm sitzenden Empfinden, dass es gut ist, dass es ihn gibt, so, wie jedes andere Lebewesen auch. Er – der kleine Mensch – ist sich sicher, dass er sich entsprechend seinen Möglichkeiten entwickeln wird, dass er ein Recht darauf hat, als der Mensch, der er ist, selbstbestimmt, ganz, wichtig und willkommen zu sein. Das ist seine ihm von vornherein innewohnende »Überzeugung«, davon geht er instinktiv aus. (Natürlich können die primären Denk- und Fühlmuster eines Fötus und eines Neugeborenen nicht mit denen verglichen werden, die wir als Erwachsene haben. Der Einfachheit halber werden hier trotzdem Begriffe und Denkweisen verwendet, die unserem entwickelten Verständnis entsprechen.)

In der Transaktionsanalyse wird für diese primäre »Überzeugung« die einfache Formel »Ich bin o.k.« verwendet. Sehr bald erlebt das Kind, dass es mit dieser inneren Gewissheit auf andere Menschen trifft; seine Mutter fühlt Dinge in Bezug auf das Lebewesen in ihrem Leib und teilt sie ihm sprachlich und emotional mit. Ab der Geburt werden diese anderen Menschen physisch und psychisch präsent, und sie gehen auf die eine oder andere Weise mit seiner angeborenen menschlichen »Überzeugung« um. Sie bestätigen sie durch ihre Liebe und Fürsorge – oder sie widerlegen sie durch ihre eigenen, manchmal denen des Kindes zuwiderlaufenden Bedürfnisse.

Dieser Widerspruch wird in den destruktiven Grundbotschaften deutlich, die dem Kind vermittelt werden. Sie laufen dieser inneren Gewissheit, dass wir als Menschen o.k. sind, entgegen. Das bewirkt ein Gefühl der Verwirrung: Ich habe doch »geglaubt«, dass mit mir alles in Ordnung ist, damit, wie ich bin. Jetzt erfahre ich, dass mein Schreien nicht gewünscht ist, dass ich lieber kein Mädchen sein soll, dass ich im Weg bin, dass andere wichtiger sind als ich. Meine Bedürfnisse und die dieser wichtigen anderen Menschen passen nicht zusammen. Sie teilen mir mit, dass ich anders sein soll, als ich bin.

Die Übermittlung der Grundbotschaften ruft im Kind einen grundlegenden Zwiespalt hervor zwischen dem, wovon es selbstverständlich ausgegangen ist, und dem, was man von ihm verlangt. Erwachsene können in der Regel mit solchen inneren Widersprüchen umgehen: Wir können freundlich sein, auch wenn uns nicht danach zumute ist. Wir können unsere innere Grundhaltung beibehalten, auch wenn wir uns nach außen hin anders verhalten. Das ist für ein kleines Kind nicht möglich, es kann keinen Unterschied zwischen *Haltung* und *Verhalten* machen. Es versucht den Widerspruch zu lösen, indem es seine Haltung zu sich selbst, zu anderen, zur Welt verändert – um sich dann anders verhalten zu können. Wieder in Erwachsenensprache für ein Kind formuliert: Meine Haltung, ich sei o.k., führt mich zu einem Verhalten, das die Eltern nicht mögen. Besser, ich ändere das, denn ich bin ja von ihnen abhängig. Offensichtlich bin ich nicht so o.k., wie ich geglaubt habe. Wahrscheinlich ist es ja so, dass ich eigentlich nicht o.k. bin, weil ich etwas anderes tue, als meine Eltern gerne hätten. Ich muss meine Auffassungen von mir, von anderen wichtigen Menschen und vom Leben verändern, dann werde ich das schon hinkriegen.

Die Skript-Grundbotschaft löst durch ihren Widerspruch zu den bisherigen Annahmen des Kindes Verwirrung aus. Diese Verwirrung wird gelöst durch scheinbar »logische« Erklärungen: Aha, so ist das also, meine Bedürfnisse sind nicht wichtig, also bin ich als ganzer Mensch nicht wichtig. So ist das also, und andere sind wichtiger als ich. Gut, danach habe ich mich zu richten, auch wenn es sich nicht gut anfühlt.

Der zweite Skriptbaustein liefert eine Art Erklärung für den Inhalt der Grundbotschaft in Form von Glaubenssätzen. Hans kann sich unter der Woche wichtig für die Mutter fühlen – aber nur unter bestimmten Bedingungen; er muss die Rolle eines Erwachsenen ausfüllen. Am Wochenende, wenn der Vater da ist, wird er gänzlich unwichtig. Was er sagt, interessiert nicht. Wir können davon ausgehen, dass dieses Erleben nicht erst im Alter von etwa neun Jahren, an das er sich im Gespräch erinnert, begonnen hat, sondern schon viel früher. Mit neun Jahren ist es immer noch schlimm, aber als er klein war, muss es noch viel schlimmer gewesen sein, sich nur als Arbeitskraft und nicht als Mensch wichtig gefühlt zu haben. Das Bilden von Glaubenssätzen ist ebenso wenig wie das Übermitteln der Skriptbotschaft ein einmaliger Vorgang. Ganz allmählich wird sich in ihm die Überzeugung gebildet haben: Ich bin nicht wichtig. Andere sind wichtiger. Immer, wenn ich sie brauchen würde, lassen sie mich im Stich. Ich kann mich anstrengen, soviel ich will, aber letztlich ist das ja alles sinnlos. Ich bin ein Opfer, mich liebt keiner.

Diese Glaubensüberzeugungen begleiten ihn bis heute in seinem Leben. Wir haben sie schon in den Gesprächsauszügen mit Marlene kennengelernt: Wenn Marlene mit ihm nicht reden will, ist er »nicht überrascht, so geht es ja immer«. Wir sehen jetzt, dass dieses »immer« sich nicht nur auf die Beziehung zu seiner Frau bezieht, sondern auf sein ganzes Leben, ebenso wie der Satz, der dann folgt: »Irgendwas oder irgendwer ist immer wichtiger.«

Wir können also einen der Randteile unseres Puzzles mit dem Zentrum, der Skriptbotschaft, verbinden: die Glaubenssätze, den zweiten Baustein des Skripts.

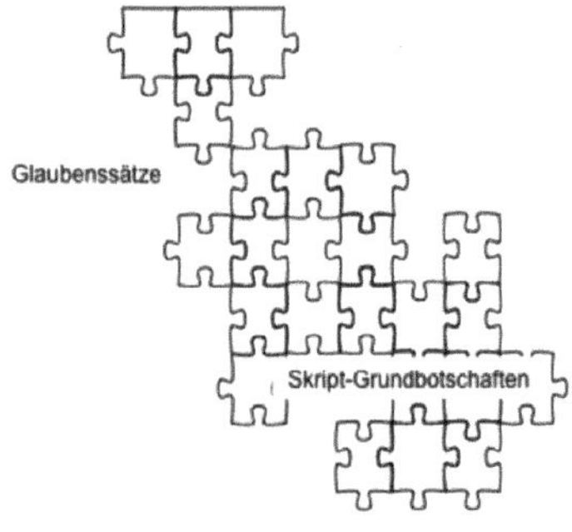

Beobachten wir diesen Schritt – die Skriptbotschaft wird zu Glaubenssätzen geformt – auch bei Marlene. Sie ist in der Welt ihrer Kindheit (bei ihr reichen die Erinnerungen weiter zurück als bei Hans) mit ganz Ähnlichem konfrontiert: Sie darf nur dann wichtig sein, wenn sie sich als erfolgreiche Tochter ihrer Eltern präsentiert. Wenn sie ihre eigenen Bedürfnisse äußert, wird sie zurückgewiesen. Am Anfang wird es ihr vielleicht Spaß gemacht haben zu zeigen, was sie schon kann, und der Stroke: »Du bist ja schon eine Große«, wird ihr geschmeichelt haben – bis sie dann auch wieder Raum für ihre kindlichen Bedürfnisse haben wollte. Mit der Zeit wurde ihr klar, dass dafür kein Platz war, und mehr und mehr wird sie sich die Glaubensüberzeugung angeeignet haben: »Was ich will, zählt nicht. Ich bin nicht wichtig, wichtig sind die anderen. So, wie ich bin, werde ich nicht geliebt. Ich muss mich anpassen.« Hierher passt der bereits zitierte Satz aus dem Gespräch mit Hans: »Ich darf einfach nicht so sein, wie ich bin.« Wenn sie es so sagt und so erlebt, dann folgt sie ihren Skripteinschärfungen »*Sei nicht wichtig!*« und »*Sei kein Kind!*«

Indem das Kind sich seine Glaubenssätze aneignet, *verinnerlicht* es die Grundbotschaften der Eltern. Es ist gar nicht mehr nötig, dass sie von außen kommen. In einer Art innerem Dialog erinnern wir uns selbst durch die Glaubenssätze daran, dass wir diesen Botschaften folgen müssen. Ab diesem Zeitpunkt übernehmen wir selbst das Lebenskonzept, von dem wir glauben, dass unsere Eltern es für uns vorgesehen haben. In der Transaktionsanalyse sprechen wir von *Skriptentscheidungen* des Kindes: Wir »entscheiden« uns dafür, bestimmte Dinge über uns, andere und die Welt zu glauben (und, wie wir später sehen werden, dafür, manches zu fühlen und anderes nicht, bestimmten inneren Befehlen zu folgen und ein spezifisches Stroke-Muster zu entwickeln).

Der Begriff »Entscheidung« ist natürlich nicht im erwachsenen Sinn zu verstehen, so wie wir uns für oder gegen ein bestimmtes Restaurant oder für oder gegen eine berufliche Veränderung, einen neuen Wohnsitz entscheiden. Die kindliche Entscheidung erfolgt nicht bewusst aktiv, sie folgt auch nicht primär Vorgängen des Denkens, sondern wird eher auf nichtsprachlicher, emotionaler und physiologischer Basis getroffen. Trotzdem ist dieses Verständnis von großer Bedeutung. Sie eröffnet die Perspektive, das, was ein Mensch als Kind entschieden hat, als Erwachsener neu zu entscheiden.

Mit diesem zweiten Baustein – den Glaubenssätzen – wird ein wesentlicher Aspekt des Skripts deutlich: Es *verzerrt die Wirklichkeit.* Wir sehen sie dann (zumindest wenn wir in emotional schwierigen Situationen sind) nur mehr unter dem Blickwinkel eingeschränkter Autonomie. Jeder allgemeine Leitsatz (ausgenommen Naturgesetze) verfremdet die Realität und erlaubt nicht mehr, das an Situationen Spezifische zu sehen. Natürlich kann es sein, dass die persönlichen Bedürfnisse von Hans und Marlene manchmal zweitrangig sind – wenn beispielsweise ein Kind schwer krank ist oder das kaputte Auto dringend in die Werkstatt muss. Das gilt aber eben nur für den speziellen Moment, nicht allgemein. Und es heißt nicht, dass sie als ganze Menschen unwichtig sind.

Autonomie bedeutet Bewusstheit, Spontaneität und Intimität. Alle drei Aspekte werden unter dem Einfluss der aus der Grundbotschaft stammenden Glaubensüberzeugungen eingeschränkt. In der Auseinandersetzung über Marlenes Wunsch zu lesen und Hans' Wunsch zu reden können sich beide weder ihrer eigenen Gefühle und Wünsche noch der des anderen wirklich bewusst werden. Sie wollen etwas durchsetzen, von dem sie ohnehin überzeugt sind, dass sie es nicht bekommen werden. Sie können nicht spontan mit der gerade jetzt gegebenen Situation umgehen, sondern sie verallgemeinern: »nicht einmal«, »gar nichts«, »immer«, »nur«, »gar nicht«, »einfach nicht«. Und Intimität – wirkliche Nähe, in der jeder der Mensch sein kann, der er ist – gibt es natürlich auch nicht. Wir sehen: Die Glaubenssatzfalle führt unmittelbar in die Abhängigkeitsfalle. Beide erleben sich hinsichtlich der Erfüllung ihrer Bedürfnisse als voneinander wechselseitig abhängig. Das Verstehen der Bausteine des Skripts macht klar, woher das kommt: Beide haben sich vor vielen Jahren unter dem Druck ihrer kindlichen Welt für ihre Glaubenssätze und die Einschränkung ihrer Autonomie »entschieden« (aus gutem

Grund und mangels sinnvoller Alternativen). Sie können sich heute *neu entscheiden*: dafür, die konkrete Realität zu überprüfen, statt sich mit verallgemeinernden Glaubenssätzen zu behelfen.

Eine erste Gelegenheit dafür finden Hans und Marlene in der Sitzung, die auf die oben geschilderte (in der beide mit ihren frühen Lebenssituationen in Kontakt kamen) folgt.

HANS UND MARLENE

HANS:	Ich habe seit letzter Woche viel über das nachgedacht, worüber wir gesprochen habe. Und mir sind so viele Erinnerungen gekommen. Mir ist klar, dass vieles von heute mit dem zusammenhängt, was ich als Kind erlebt habe.
THERAPEUT:	Wie hat man Sie als Kind genannt? Auch Hans, so wie jetzt?
HANS:	Nein, Hansl. Nur, wenn der Vater ganz streng war, dann hat er »Johann« gesagt.
THERAPEUT:	Dann lassen Sie uns jetzt vom Hansl sprechen, wenn es um den Buben und um seine Welt von damals geht. Und Hans sagen, wenn wir von dem erwachsenen Mann und seiner heutigen Welt reden.
HANS:	Gut. Einverstanden.

Mit dieser sprachlichen Unterscheidung wird ein erstes deutliches Signal zum Ausstieg aus dem Skript gesetzt, indem Vergangenheit und Gegenwart voneinander getrennt werden Der kleine Hansl musste sich so und nicht anders entscheiden, er hatte keine Wahl. Der große Hans hat ungleich viel mehr Alternativen, er kann erwachsen denken, fühlen und handeln.

HANS UND MARLENE

MARLENE:	Können wir das bei mir auch machen? Zu mir haben sie Leni gesagt.
THERAPEUT:	Gerne. Das ist eine gute Unterscheidung: die kleine Leni und die große Marlene. Der kleine Hansl und der große Hans.

HANS: Ja, wie gesagt, ich hab eine Menge begriffen über den kleinen Hansl. Aber irgendwie ist das doch alles schon lange vorbei.

MARLENE: Nein. Ist es nicht. Merkst du denn nicht, wenn du wütend aus dem Wohnzimmer stampfst und die Tür hinter dir zuknallst – dass der kleine Hansl auf den Dachboden zu seinen Katzen geht?

HANS: Wir haben gar keine Katzen. Und keinen Dachboden.

MARLENE: Du gehst halt zu deinem Computer. Oder in deine Kneipe.

HANS: Hmmm ... meinst du, das ist das Gleiche?

THERAPEUT: Was denken Sie, wenn Sie das Zimmer oder gleich das Haus verlassen?

HANS: Vergiss mich doch! Dann hat mich eben keiner lieb! Immer nur du, du, du! Ich bin auch ein Mensch. Beim ... (Name seiner Stammkneipe), da verstehen sie mich wenigstens!

THERAPEUT: Großer Hans oder kleiner Hansl?

HANS (lächelt): Na, der Hansl darf ja noch keinen Alkohol trinken. Doch, ja, stimmt schon.

THERAPEUT: Und die kleine Leni?

MARLENE: Die bleibt auf der Couch sitzen und starrt ins Leere. Wartet, dass die Zeit vergeht. So wie damals.

THERAPEUT: Und denkt dabei?

MARLENE: Immer das Gleiche. Sinnlos, sinnlos, sinnlos. Geh doch! Besser, als wenn du mir hier die Ohren vollquatschst. Du wirst mich ja doch nie verstehen. Keiner wird mich je verstehen.

THERAPEUT: Der kleine Hansl denkt: »Keiner hat mich lieb«, und die kleine Leni denkt: »Keiner wird mich je verstehen«. Keiner? Je?

MARLENE: Hans jedenfalls nicht.

HANS: Marlene nicht.

THERAPEUT: In dieser Situation sicher nicht. Aber auf alle denkbaren Situationen übertragen? Hat Marlene Sie nie lieb, Hans? Versteht Hans Sie niemals, Marlene?

HANS: Vielleicht doch. Nach der letzten Sitzung hat sie mir einen Kuss

	gegeben und gesagt: Es tut mir so leid für dich, dass sie so grausam zu dir waren.
THERAPEUT:	Und wie war das?
HANS:	Es hat so gut getan!
MARLENE:	Da hab ich dich wirklich lieb gehabt, in diesem Moment. Da warst du so weich und zugänglich.
THERAPEUT:	Und versteht Hans Sie wirklich niemals?
MARLENE:	Doch, schon viel besser. Er hat das auch gesagt, als wir über die letzte Sitzung gesprochen haben: Jetzt versteh ich vieles besser.
THERAPEUT:	Und wie war das für Sie?
MARLENE:	Ich hab's zuerst gar nicht glauben können. Aber er hat es ehrlich gemeint.
THERAPEUT:	»Keiner« und »je« stimmen also nicht.
MARLENE:	Nein, sowieso nicht. Auch bei anderen Menschen nicht. Ich könnte ja dann auch meine Freundin anrufen, statt nur ins Leere zu schauen.

Zwischen den beiden beginnt ein tieferes Verständnis zu keimen, tiefer als der Common Ground bisher. Sie können nicht nur erkennen, dass keiner von ihnen aus Jux und Tollerei so geworden ist, wie er ist, sondern auch die Not sehen, die dahintersteckt und die der andere in der Beziehung wieder erlebt. So können sie sich gegenseitig Veränderung erlauben. Im Moment geschehen die neuen Entscheidungen zur Überwindung der Skriptglaubenssätze vor allem im Denken. Damit der Prozess tiefer greifen kann, muss auch die emotionale Ebene erreicht werden. Damit werden wir uns im nächsten Abschnitt befassen.

PERSÖNLICHE ÜBUNGEN

In Übung 7 am Ende von Abschnitt 1.2 über die Glaubenssatzfalle haben Sie sich eingehend mit Ihren Glaubensüberzeugungen beschäftigt. In Übung 19 im vorigen Abschnitt waren dann die Skriptbotschaften dran. Wir können jetzt diese beiden Elemente unseres Puzzles zusammenfügen. Dabei gehen wir den Fragen nach, wie die Glaubenssätze aus den Botschaften Ihrer Eltern entstanden sind, wie Sie so begonnen haben, Ihr Skript zu einem inneren Prozess zu machen, und wie Sie die Welt Ihrer Partnerbeziehung unter diesem Blickwinkel erleben.

Dazu werde ich Sie einladen, in Ihrer Fantasie die Grundzüge eines Filmdrehbuchs zu entwerfen. Dieser Film (der natürlich nicht wirklich gedreht wird) soll im ersten Teil Szenen Ihrer Kindheit zeigen, im zweiten Szenen aus der Kindheit Ihrer Partnerin. Im dritten Teil machen wir dann einen Zeitsprung und sehen die beiden Protagonisten in ihrem jetzigen erwachsenen Leben. Der vierte Teil des Films wird sich schließlich mit Konzepten für die Zukunft beschäftigen. In den nächsten Abschnitten werden wir noch weitere Szenen einfügen.

ÜBUNG 22
SKRIPTBOTSCHAFTEN UND GLAUBENSSÄTZE: WIR DREHEN EINEN FILM
(Teil 1: Ich, Szenen 1–3)

In Übung 19 haben Sie die wesentlichen Skriptbotschaften identifiziert, die Ihnen Ihre Eltern und andere wichtige Personen für Ihr Leben mitgegeben haben.

Notieren Sie diese ein oder zwei Grundeinschärfungen hier noch einmal.

Stellen Sie sich vor, Sie würden einen Film drehen, der die Entwicklung des Kindes beschreibt, das Sie waren und aus dem Sie der Mensch von heute geworden sind. Am Beginn sollen einige Sequenzen stehen, die der Zuseherin verdeutlichen sollen, was diesem kleinen Jungen oder kleinen Mädchen an destruktiven Botschaften in sein Leben mitgegeben wurde.

Was müssen die anderen Akteure des Films zu dem Kind sagen? Was müssen sie tun und was nicht? Wie werden die Botschaften übermittelt?

Notieren Sie die Eingangsszene in Stichworten.

In der nächsten Sequenz unseres Films soll verdeutlicht werden, welche Folgen das im Innenleben des kindlichen Hauptdarstellers hat. Wir sehen das Kind in Großaufnahme. Wie alt ist es? Wir hören eine Stimme aus dem Off, die sein Denken in unsere Erwachsenensprache übersetzt.

Was empfindet das kleine Mädchen, der kleine Junge in Bezug auf die Botschaften der Erwachsenen? Wie ordnet das Kind dieses Verhalten ein? Zu welchen verallgemeinernden Schlussfolgerungen kommt das Kind

- in Bezug auf sich selbst
- in Bezug auf andere Menschen
- und in Bezug auf sein ganzes Leben?

Wir wechseln jetzt die Kameraposition und sehen das Kind wieder von außen in seiner Welt. Wie verhält es sich jetzt? Was sagt es, was sagt es nicht? Was tut es, was tut es nicht?

So weit zum Beginn unseres Films. Nehmen Sie sich jetzt Zeit für sich, denn wahrscheinlich war das keine einfache Aufgabe. Vielleicht sind Sie mit einer Vielzahl an Erinnerungen und Gefühlen in Berührung gekommen, und auch die Auswahl der Szenen und Texte kann anstrengend gewesen sein. Notieren Sie, was Ihnen dabei durch den Kopf gegangen ist, und das, was Sie jetzt beschäftigt (sozusagen als ein »Making of« Ihres Films). Sollte Ihnen schon ein Titel eingefallen sein, notieren Sie ihn, auch wenn Sie ihn später wieder verändern sollten. Sprechen Sie an dieser Stelle möglichst noch nicht mit Ihrem Partner, denn die nächsten Szenen des Films sollen ja ihn aus Ihrem Blickwinkel zeigen. Diese Sicht soll zuerst nur Ihre subjektive sein und noch nicht durch die eigenen Überlegungen des anderen verändert werden.

Lassen Sie sich am besten einen oder zwei Tage Zeit, bevor Sie sich an die nächste Übung und die nächsten Szenen machen. Wenn Sie wollen, können Sie die Glaubenssätze, die Sie für das Kind in dem Film entdeckt und entwickelt haben, mit denen vergleichen, die Sie in Übung 7 notiert haben. Sind es die gleichen? Hat sich seither etwas in Ihren Erkenntnissen darüber verändert? Kommen Sie zu unterschiedlichen Ergebnissen, wenn Sie – wie zum Zeitpunkt von Übung 7 – die Glaubensüberzeugungen mit Ihrer aktuellen Lebens- und Beziehungssituation in einen Bezug bringen oder wenn Sie sie jetzt im Zusammenhang mit den Skript-Grundbotschaften sehen?

Der Beginn des Films, sein erster Teil, zu dem Sie die ersten Szenen konzipiert haben, steht unter dem Titel »Ich«. Wenden wir uns nun dem zweiten Teil zu. Er nennt sich »Du«.

ÜBUNG 23
SKRIPTBOTSCHAFTEN UND GLAUBENSSÄTZE: WIR DREHEN EINEN FILM

(Teil 2: Du, Szenen 1–3)

In Übung 20 (und vielleicht auch im Gespräch) haben Sie sich mit den wesentlichen Skriptbotschaften Ihrer Partnerin beschäftigt. Notieren Sie diese ein oder zwei Grundeinschärfungen hier noch einmal.

Der zweite Teil des Films soll nun die Entwicklung des Kindes beschreiben, das sie war und aus dem sie der Mensch von heute geworden ist. Auch hier sollen am Beginn einige Sequenzen stehen, die dem Zuseher verdeutlichen, was diesem kleinen Jungen oder kleinen Mädchen an destruktiven Grundbotschaften in sein Leben mitgegeben wurde.

Was müssen die anderen Akteure des Films zu dem Kind sagen? Was müssen sie tun und was nicht? Wie werden die Botschaften übermittelt?
Notieren Sie die Eingangsszene des zweiten Teils in Stichworten.

In der nächsten Sequenz unseres Films soll verdeutlicht werden, welche Folgen das im Innenleben der kindlichen Hauptdarstellerin hat. Wir sehen das Kind in Großaufnahme. Wie alt ist es? Wir hören eine Stimme aus dem Off, die sein Denken in unsere Erwachsenensprache übersetzt.

Was empfindet das kleine Mädchen, der kleine Junge in Bezug auf die Botschaften der Erwachsenen? Wie ordnet das Kind dieses Verhalten ein? Zu welchen verallgemeinernden Schlussfolgerungen kommt das Kind

- in Bezug auf sich selbst
- in Bezug auf andere Menschen
- und in Bezug auf sein ganzes Leben?

Wir wechseln jetzt die Kameraposition und sehen das Kind wieder von außen in seiner Welt. Wie verhält es sich jetzt? Was sagt es, was sagt es nicht? Was tut es, was tut es nicht?

Nehmen Sie sich wieder Zeit, Ihre Gedanken und Gefühle während des Erstellens dieser ersten Szenen im zweiten Teil des Films zu reflektieren. Was geht in Ihnen vor, wenn Sie Ihre Vorstellungen davon entwickeln, wie der Start ins Leben für Ihren Partner ausgesehen haben könnte? Empfinden Sie Mitgefühl? Ablehnung? Traurigkeit? Aussichtslosigkeit? Widerstand? Gleichgültigkeit? Andere Gefühle?

Wenn Sie wollen, tauschen Sie sich mit Ihrem Partner über diese ersten zwei Teile Ihrer Filme aus. Sie können aufgrund dieser Gespräche Änderungen in Ihrem Drehbuch vornehmen, aber nicht zu viele. Es geht nicht darum, zu einer einheitlichen Sichtweise oder gar einem gemeinsamen Film zu kommen. Nehmen Sie einfach zur Kenntnis, wie er sich selbst und wie er Sie sieht, wo Ähnlichkeiten und Unterschiede zwischen Ihnen beiden bestehen.

Im dritten Teil werden wir einen Zeitsprung in Ihre Gegenwart und in die Vergangenheit machen, die nicht so weit zurückliegt. Auch dieser Abschnitt soll nicht gemeinsam entstehen, sondern aus der jeweiligen persönlichen Sicht gestaltet sein.

ÜBUNG 24
SKRIPTBOTSCHAFTEN UND GLAUBENSSÄTZE: WIR DREHEN EINEN FILM

(Teil 3: Wir, Szenen 1–3)

In Übung 21 (und vielleicht auch im Gespräch) haben Sie sich damit auseinandergesetzt, wie die Grundbotschaften Ihrer Skripts zusammenhängen könnten und wie Sie beide sich so verhalten, dass jeder die Bestätigung dieser Einschärfungen erlebt. Das wollen wir jetzt filmisch umsetzen und das Drehbuch dazu entwickeln.

Der dritte Teil des Films zeigt die beiden Protagonisten als erwachsene Menschen in Ihrem heutigen Leben. Sie leben seit Jahren in einer Beziehung, die ihr Auf und Ab erlebt und erlebt hat. Die erste Szene spielt in der unmittelbaren Gegenwart, die eher von einer Ab-Phase gekennzeichnet ist. Wir sehen das Paar in einer Auseinandersetzung, einem Streit, einem Konflikt.

Was sagen die beiden zueinander und was tun sie? Was sagen und tun sie nicht? Notieren Sie die Eingangsszene des dritten Teils in Stichworten.

In der nächsten Sequenz unseres Films sehen wir die beiden Hauptdarsteller abwechselnd in Großaufnahme. Wir hören ihre Stimmen aus dem Off, die ihr Denken zum Ausdruck bringen. Was empfinden sie in Bezug auf die Botschaften und die Strokes, die sie von ihrem Gegenüber erhalten? Wie ordnen sie sie ein? Zu welchen verallgemeinernden Schlussfolgerungen kommen sie

- in Bezug auf sich selbst
- in Bezug auf andere Menschen
- und in Bezug auf ihr ganzes Leben?

Die dritte Sequenz besteht aus einigen Rückblenden in die gemeinsame Geschichte der beiden als Paar. Die Erinnerungen können sowohl aus der unterschiedlichen Sicht der beiden als auch nur aus seiner oder nur aus ihrer Sicht kommen. Alle diese kurzen Bildfolgen umfassen Situationen, in denen sie auf ähnliche Art miteinander (oder gegeneinander) kommuniziert haben. Sie können weit zurückliegen oder aus der näheren Vergangenheit stammen.

Wieder bitte ich Sie, sich Zeit zu nehmen, um diese Übung zu reflektieren und sich Ihrer Gedanken, Ihrer Gefühle und Ihrer Erinnerungen bewusst zu werden.

Vergleichen Sie die Aussagen und das Verhalten unserer Hauptdarsteller mit den Botschaften, die den beiden als Kindern in den ersten Teilen des Films vermittelt wurden: Gibt es Parallelen? Unterschiede? Und vor allem: Gibt es Unterschiede, die aber vom jeweils anderen nicht so wahrgenommen werden? Kommunizieren die beiden zwar mit einem Menschen in der Gegenwart, sehen und erleben aber hinter ihm (bewusst oder unbewusst) einen oder mehrere Menschen aus der Vergangenheit? Sind sie psychologisch gesehen erwachsen oder sind sie zumindest teilweise in ihrem Handeln, Denken und Fühlen eher Kindern ähnlich – den Kindern, die sie einmal waren? Und wenn ja – wie alt könnten diese Kinder sein?

Wieder gibt es hier die Möglichkeit, mit Ihrer Partnerin über diesen dritten Teil zu sprechen, auch hier nur als Abgleich und zum Wahrnehmen von Unterschieden und Gemeinsamkeiten. Es ist Ihr persönliches Drehbuch, kein gemeinsames. Notieren Sie die Punkte, an denen Ihre Sichtweisen sich ähneln, und die, an denen sie auseinandergehen.

An dieser Stelle lade ich Sie zu einer weiteren Übung ein. Dabei geht es um ein Stück Vorarbeit für den vierten Teil des Films, den Sie erst später konzipieren werden. Er wird sich mit der Zukunft beschäftigen.

ÜBUNG 25
STIMMEN DIESE GLAUBENSSÄTZE WIRKLICH? UND WENN NICHT, WAS DANN?

Wir planen – obwohl die Teile 1 bis 3 noch gar nicht fertig sind (es werden noch einige Szenen hinzukommen) – jetzt schon Anfänge eines Grobkonzepts für den abschließenden Teil 4, der sich mit der Zukunft des Paares befasst.

Gehen Sie noch einmal die Szenen des Paares von heute und in seiner Beziehungsgeschichte durch, vor allem den Aspekt der Glaubenssätze der beiden über sich selbst, andere Menschen und das Leben. Achten Sie darauf, wo die beiden in ihren Aussagen und in ihrem Denken verallgemeinern (»immer«, »nur«, »genau das Gleiche«, »auch nicht anders«, »alle« und Ähnliches). Überprüfen Sie diese Generalisierungen: Stimmen sie wirklich so umfassend? Was relativiert sie im Sinne von zum Beispiel »vielleicht jetzt gerade, aber nicht immer« oder »vielleicht damals, aber nicht jetzt«?

Wenn den beiden Hauptdarstellern bewusst wäre, dass ihre Glaubenssätze nicht so umfassend zutreffen, wie sie es in diesem Moment empfinden: Was würden sie anders sehen? Anders denken? Anders sagen? Anders tun?

Lassen Sie uns nun – nach der Grundbotschaft und den Glaubenssätzen – einen Schritt weitergehen, zum dritten Baustein des Skripts: den Gefühlen, die damit zusammenhängen, und den Strategien, um mit ihnen umzugehen.

2.1.3 DER DRITTE SKRIPTBAUSTEIN:
DAS WILL ICH NIE MEHR FÜHLEN MÜSSEN! ERSATZGEFÜHLE

I look inside myself
And see my heart is black
I see my red door
I must have it painted black.
Mick Jagger/Keith Richards, Paint It Black

SEHEN WIR UNS JETZT UNSER GROSSES PUZZLE AN. In der Mitte wird das Bild des Skripts auf seinem Fundament, den Grundbotschaften, immer deutlicher. Dann gibt es eine Gruppe im, sagen wir, linken oberen Bereich, die damit schon über viele Verbindungssteine deutlich verbunden ist. Das sind die Glaubenssätze, die das darstellen, was wir in unserem Inneren mit den Skriptbotschaften machen – sie werden zu einem Teil von uns selbst. Darunter, links unten, haben wir schon recht viele Teile zusammengesetzt; sie sind auch mit den Elementen darüber recht gut verbunden, aber mit dem Mittelteil eher lose und vage. Wir kennen auch diesen Aspekt schon aus dem Kapitel aus der Gegenwart. Er hat mit abgewehrten Gefühlen und dem zu tun, was an ihre Stelle tritt: die Ersatzgefühle.

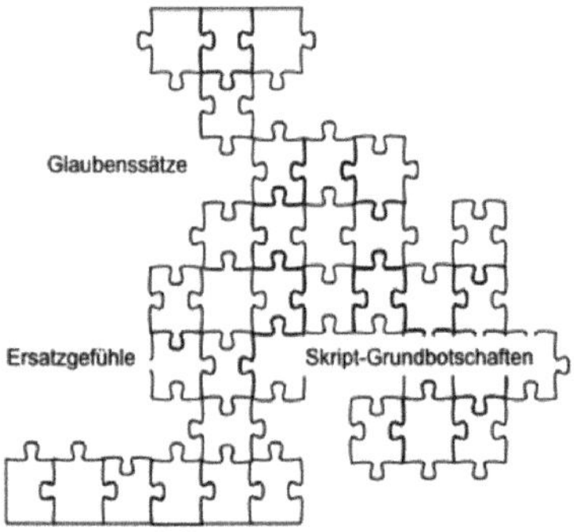

Bereits im Abschnitt über die Ersatzgefühlfalle haben wir den Bezug zu Situationen der Kindheit hergestellt. Wir haben darüber gesprochen, dass ein Säugling, dessen Schreien ignoriert wird, seine Gefühle von Angst, Zorn und Verzweiflung unterdrücken muss, weil sie nicht erwünscht sind und für ihn nicht zum Ziel – der Erfüllung seiner Bedürfnisse – führen. Diese Formulierungen klingen sehr nüchtern im Vergleich zu dem unglaublichen Schmerz, den die Seele des kleinen Kindes in dem Moment erfährt und den Worte nicht wirklich erfassen können. Es muss sich – soweit wir uns das als Erwachsene, die keine bewusste Erinnerung an dieses Alter haben, vorstellen können – unfassbar verzweifelt und hilflos fühlen. Es muss entsetzliche Angst haben, dass nie wieder jemand kommen könnte. All sein Instinkt sagt ihm, dass es in Lebensgefahr ist. Es hat keinerlei Möglichkeit zu relativieren. Es ist noch nicht gewohnt, körperliche Schmerzen zu ertragen. Einsamkeit, Dunkelheit, Hunger, all das kennt es nicht oder nur im Ansatz. Es weiß nichts über Zeit. Sekunden scheinen Ewigkeiten zu dauern, es gibt keine aus Erfahrung gewonnene tröstliche Gewissheit, dass dieser Zustand auch diesmal vorübergehen und schlussendlich jemand kommen wird. *Sei nicht wichtig!*, heißt die Skriptbotschaft, oder noch schlimmer: *Sei nicht!* Die Vorläufer der Glaubenssätze, die sich im Kind auf vorsprachlichem Niveau eingraben, könnten in etwa heißen: Meine Bedürfnisse zählen nicht, ich bin ein hilfloses Opfer. Nur das, was andere wollen, zählt – und was soll ich noch in dieser feindseligen Welt, die ein schlechter Platz für mich ist?

Es gibt kein sprachliches Äquivalent für das Ausmaß an Verzweiflung, an Wut, an Panik, die damit einhergehen. Wenn wir also sagen: Der Säugling »muss seine Gefühle unterdrücken«, dann ist das nicht vergleichbar mit Situationen, wo wir das als Erwachsene tun müssen: Wir können dem Chef nicht unseren Ärger ins Gesicht sagen, wir müssen die Angst vor einem kritischen medizinischen Befund einige Tage lang ertragen, wir wollen uns eine heimliche Liebe nicht anmerken lassen. Wir haben eine Menge Strategien für solche Situationen – beiseiteschieben, uns ablenken, lügen, mit anderen Menschen reden, unseren Verstand einsetzen und viele andere mehr. Ein Säugling kann das alles nicht. Er »weiß«, dass diese Gefühle ihn töten oder verrückt machen würden. Der einzige Weg, der ihm bleibt, ist – sie nicht mehr zu fühlen. Und es gelingt ihm tatsächlich. Diese Tatsache findet sich in der grausamen landläufigen Aussage: »Wenn man sie drei Nächte durchschreien lässt, dann hören sie von selbst auf.« Das tun sie, allerdings um den Preis eines emotionalen Zustandes von Apathie und Depression (der dann von den Eltern als »brav« anerkannt wird). Das Kind beginnt, **ERSATZGEFÜHLE** für die authentischen zu entwickeln: in diesem Fall Hilflosigkeit, Resignation, Depression.

Nicht alle skriptentscheidenden Situationen sind so früh angesiedelt, nicht alle Kinder erleben eine so intensive Missachtung ihrer Bedürfnisse. Der Mechanismus der Gefühlsabwehr und der Bildung eines Ersatzgefühls als **DRITTER BAUSTEIN** des Skripts lässt sich an diesem Beispiel deutlich nachvollziehen: Die Skriptbotschaft setzt sich im Innenleben des Kindes in Form von Glaubenssätzen fort. Diese Situation zu erleben und das über sich, andere Menschen und das Leben glauben zu müssen, lässt Gefühle entstehen, die alleine unerträglich wären. Daher müssen sie abgewehrt werden; Ersatzgefühle treten an ihre Stelle. Das Skript nimmt durch eine weitere »Entscheidung« immer deutlichere Gestalt an: Das Kind »entscheidet« sich dafür, bestimmte Gefühle nicht mehr zu spüren, sondern sie durch andere zu ersetzen. Immer wieder, wenn der erwachsen gewordene Mensch aus unserem Beispiel in Situationen kommt, in denen er auf sich selbst gestellt ist, agiert und reagiert er mit den entsprechenden Glaubenssätzen und sieht sich als Opfer, das nicht wichtig ist. Die dabei entstehenden authentischen Gefühle – in diesem Fall Ärger und Traurigkeit – werden durch Hilflosigkeit und Depressivität ersetzt. Ein weiteres großes Stück an Autonomie wird aufgegeben: die Bewusstheit hinsichtlich der eigenen Gefühle und damit die Fähigkeit, spontan und situationsangemessen zu reagieren. Intimität, Nähe, kann nicht entstehen, weil der Mensch mehr mit seiner Vergangenheit und den Personen dort in Kontakt ist als mit der Gegenwart. Mit diesem Thema – Beziehungen in der Gegenwart werden mit solchen aus der Vergangenheit verwechselt – werden wir uns beim fünften Baustein intensiv befassen, wenn es um das »Gummiband« der Übertragung geht, mit dem Partner einander in ihre jeweilige Lebensgeschichte zurückziehen.

Gleichzeitig geschieht unbewusst noch etwas von großer Bedeutung: Jedes Mal, wenn wir eine Situation ähnlich erleben wie die Situationen, in denen wir unser Skript geformt haben, erleben wir sie unbewusst als Bedrohung, dass die abgewehrten Gefühle unseres ganzen Lebens über uns hereinbrechen könnten. Durch Verdrängung und andere Mechanismen haben wir so etwas wie eine Staumauer aufgebaut, die uns davor schützen soll, uns jemals wieder so fühlen zu müssen wie damals. Jede Situation, die eben genau diese Gefühle erfordern würde, gefährdet den Schutz, die Staumauer, die wir mit unserem Skript geschaffen haben. Denn – und das ist ein wichtiger Punkt – wir »entscheiden« uns als Kinder für unsere Skriptmechanismen, um (aus unserer subjektiven Sicht) besser überleben zu können. Dafür sind wir bereit, unsere Autonomie einzuschränken, uns beengende Glaubenssätze anzueignen und Gefühle zu unterdrücken. Um in der Gegenwart jenseits der destruktiven Gesetze des Skripts agieren und reagieren zu können, müssen wir den Stausee hinter der Mauer vorsichtig ablassen. Anders gesagt: Die Partner in der Krise müssen ihre jeweilige Vergangenheit bewältigen, um in der Gegenwart anzukommen und so die Zukunft gestalten zu können.

Für diesen zentralen Teil der Therapie mit einem Paar ist es besonders wichtig, dass er (so wie alles andere) gemeinsam geschieht. Der Fokus liegt dabei zwar auf dem Einzelnen, der andere erlebt aber diese oft emotional bewegende Arbeit mit und gewinnt so wieder tieferen Zugang und tieferes Verständnis, also neuen Common Ground.

In der Sitzung, die auf die Arbeit mit den Glaubenssätzen folgt, macht Hans den Anfang.

HANS UND MARLENE

HANS: Die Dinge, die wir letztes Mal besprochen haben, haben bei mir sehr viel ausgelöst, und zwar vor allem der Satz: »Keiner hat mich lieb und keiner versteht mich.« Mir sind Sachen eingefallen, an die ich gar nicht mehr gedacht habe. Diese Gespräche, bei denen die Eltern mich rausgeschickt haben, das waren ja nur die Varianten, in denen ich in der Woche vorher keinen Fehler gemacht habe.

THERAPEUT: Fehler?

HANS: Ich habe mich wirklich sehr bemüht, der Mutter den Mann am Hof zu ersetzen. Aber manchmal war das doch zu viel für mich. Manchmal bin ich morgens nicht aus dem Bett gekommen, zum Beispiel, weil ich einfach todmüde war – sodass dann vor der Schule keine Zeit mehr war, die Kühe zu melken. Das musste ja alles noch mit der Hand geschehen, damals.

THERAPEUT: Und was ist dann passiert?

HANS: Zuerst einmal, dass die Mutter nicht mehr gesprochen hat. Ich meine, gar nichts mehr. Viel geredet hat sie ja nie, aber dann hat sie getan, als ob ich überhaupt nicht da wäre. Die Besprechungen am Abend haben dann nicht stattgefunden oder, noch ärger, mit einer von den Schwestern, und ich bin ins Bett geschickt worden. (Pause, er atmet tief.)

THERAPEUT: Aber da war noch Schlimmeres.

HANS: Ja. Am Freitag, wenn der Vater heimgekommen ist aus der Fabrik, dann hat sie es ihm erzählt. Heimlich. Ich hab mich früher immer so gefreut, wenn er heimgekommen ist, ich bin ihm entgegengelaufen, und er hat schon von weitem gerufen: »Hansl!« Und manchmal, wenn am Wochenende ein bisschen Zeit war, dann hat er zu mir gesagt: »Komm, setz dich her zu mir, Hansl.« Einfach zu ihm setzen. (Pause)

THERAPEUT: Aber wenn Sie »Fehler« gemacht haben?

HANS: Ja. Dann hat sie es ihm erzählt. Das habe ich anfangs gar nicht gewusst. Er hat auch so getan, als ob nichts wäre. Aber irgendwann war dann dieses: »Setz dich her zu mir.« So wie immer. Und dann hat er mich auf einmal angeschaut und hat gesagt: »Ich hab da was für dich, Hansl.« Und ich hab gehofft, er hat mir etwas aus der Stadt mitgebracht, das war früher manchmal so. Aber er hat dann den Gürtel aus der Hose gezogen.

MARLENE (betroffen): Mein Gott, das hast du mir ja nie erzählt …

HANS (leise): Auf Holzscheiten knien, mit dem Gürtel auspeitschen, das volle Gewaltprogramm. Praktisch jedes Wochenende. Ich hab aufgehört, mich auf ihn zu freuen. Ich hab mich gefürchtet. Irgendein Fehler ist mir unter der Woche immer passiert. (Schweigt.)

THERAPEUT: Hans, was fühlen Sie, wenn Sie das erzählen?

HANS (mit erstickter Stimme): Es ist so ... ich hab keine Worte dafür.

THERAPEUT: Es gibt auch keine, die das erfassen können.

MARLENE: Das ist ja schrecklich! Hans, das tut mir so leid! (Sie beginnt zu weinen.) So leid für den kleinen Hansl.

THERAPEUT: Sie haben Tränen in den Augen, Hans.

HANS (nickt): Ja. Aber wenn ich jetzt zu weinen anfangen würde ...

THERAPEUT: Dann?

HANS: Ich habe das Gefühl, dann könnte ich nie wieder aufhören. Es ist so eine Gemeinheit! Ich war doch noch so klein! Aber ich hab's trotzdem geschafft! Ich brauch ihn nicht, den brutalen Kerl! Ich brauche niemanden! Dann lieben sie mich halt nicht!

MARLENE (sieht ihn erschrocken an): Wird er jetzt wieder zornig?

Hier wird deutlich, wie stark Hans sein authentisches Gefühl der Traurigkeit abwehrt. Er aktiviert Zorn und Wut; seine Glaubenssätze sollen ihm helfen, die schreckliche Situation der Hilflosigkeit und des Ausgeliefert-Seins zu ertragen. Seine Staumauer ist in Gefahr: Er hat Angst, die Trauer würde ihn überwältigen und nie wieder aufhören.

HANS UND MARLENE

THERAPEUT: Doch, Hans. Sie brauchen andere Menschen, wie wir alle. Und vor allem der kleine Hansl hätte Eltern gebraucht, die ihn lieb gehabt hätten. So wie der große Hans eine Frau braucht, die ihn liebt.

MARLENE: Aber das tue ich doch! Nur in deinem Zorn bist du so schwer erreichbar.

THERAPEUT: Wie geht es Ihnen, Hans, wenn Sie hören, wie traurig Marlene über das ist, was Ihnen angetan wurde?

HANS: Bist du das?

MARLENE: O ja. Es tut mir so leid, Hans.

HANS (beginnt zu weinen): Ja. Mir auch. Es war so schrecklich. Jedes Wochenende, fast jedes, über Jahre. Bis er begriffen hat, dass ich zurückschlagen würde.

THERAPEUT: Und auch das ist sehr traurig – wenn ein Sohn seinem Vater drohen muss zurückzuschlagen.

HANS (nickt): Ich hätte ihn doch viel lieber umarmt, wenn er heimgekommen ist. Er hat geglaubt, ich hasse ihn.

THERAPEUT: Das haben Sie wahrscheinlich auch für das, was er Ihnen angetan hat. Aber vor allem haben Sie nie aufgehört, ihn zu lieben.

HANS: Nie. Ich habe zwar keine Träne bei seinem Begräbnis geweint. Es hat mir damals nicht leidgetan, dass er tot ist. Aber jetzt – acht Jahre später – jetzt ...

THERAPEUT: Jetzt vermissen Sie ihn trotz allem.

HANS: Ja. Jeden einzelnen Tag. Und ...

THERAPEUT: Und?

HANS: Und dass es jetzt zu spät ist. Nie mehr ... (weint heftig) ... nie mehr werden wir uns versöhnen.

MARLENE (nimmt seine Hand, er drückt sie heftig): Aber vielleicht ist es für uns noch nicht zu spät. (Lange Pause) Jetzt versteh ich, warum du nie Fehler machen darfst.

THERAPEUT (zu Marlene): Und warum es für ihn so unerträglich ist, wenn er sich im Streit wieder so erlebt, als ob alles an ihm falsch wäre. Denn für falsch sein, für Fehler, gibt es furchtbare Strafen. Dann wird das, was er einmal als Liebe erlebt hat, zu Gewalt und Ablehnung.

HANS (nickt): Ja. Wenn du dann schweigst ...

THERAPEUT: Marlene ist nicht ihr Vater. Sie bestraft Sie nicht, sie will sich selbst schützen. Vor Ihrer Wut. Die gilt aber nicht ihr, sondern Ihrem Vater.

MARLENE: Hmmm ... das stimmt nur zum Teil. Ich fürchte mich schon vor seinem Zorn.

THERAPEUT: Hans, wir haben schon öfter darüber gesprochen, wie schwer Marlenes Schweigen für Sie ist. Wie sehr Sie es als Bestrafung erleben, wie Sie versuchen, tapfer zu bleiben. Und dass die Enttäuschung dann doch durchbricht und der kleine Hansl dann trotzig und auch zornig wird.

HANS: Ja. Das ist auch enttäuschend.

THERAPEUT: Ja, klar. Aber der Zorn des kleinen Hansl bricht dann im Körper eines erwachsenen Mannes durch, und das kann sehr bedrohlich wirken.

HANS: Also muss ich mich doch weiter beherrschen.

THERAPEUT: Es geht nicht um die Enttäuschung des kleinen Hansl. Es geht um den großen Hans, der wieder versucht hat, von seiner Frau verstanden zu werden, und glaubt, nicht anzukommen. Das ist enttäuschend. Und traurig.

HANS (nickt): Ja, das ist es.

THERAPEUT: Sie kann oder will Sie in diesen Momenten nicht verstehen. Sie will Sie nicht bestrafen, sie will nur ihre Zeit für sich selbst haben. Das darf ruhig traurig für Sie sein.

HANS (zu Marlene): Darf ich dann traurig sein?

MARLENE: Klar. Natürlich. Eigentlich bin ich das ja auch.

THERAPEUT: Ich denke, da gibt es zwei Anteile bei dieser Ihrer Traurigkeit, Marlene: Einer gehört zur erwachsenen Marlene, der andere zur kleinen Leni.

MARLENE: Vielleicht ... ich weiß, ich sollte mich damit näher befassen, mit der kleinen Leni, meine ich. Aber vielleicht brauchst du noch was, Hans? Vielleicht bist du noch nicht fertig?

THERAPEUT: Wollen Sie denn über die kleine Leni reden?

MARLENE: Ja, ich glaube schon, dass das gut wäre. Aber Hans –

THERAPEUT: Vielleicht vermischt sich an diesem Punkt ja schon das kleine Mädchen mit der erwachsenen Frau.

MARLENE: Wie meinen Sie das?

HANS: Dass du wissen willst, ob es mir recht ist, wenn du mit deinen Themen weitermachst. Was ist denn dir recht? Ich kann mich schon selbst melden, wenn was für mich nicht passt.

Unterbrechen wir hier kurz das Therapieprotokoll. Hans hat gerade einen Mechanismus bei Marlene angesprochen, auf den wir im nächsten Abschnitt noch ausführlich zu sprechen kommen werden und der ein zusätzliches Element im Skriptpuzzle darstellt: einen *Antreiber*. Auf den ersten Blick wirkt Marlenes Frage an Hans rücksichtsvoll; sie hat ja auch Berechtigung, da er gerade in einer bewegenden emotionalen Situation ist. Sie klingt wie ein bedingungslos positiver Stroke: Du bist wichtig! Allerdings fragt Marlene in zaghaftem Ton, mit einem schüchternen Blick auf ihren Mann. Dadurch vermittelt sie unterschwellig: »Du bist wichtiger als ich!« Damit ist sie wieder auf der Wellenlänge ihrer Glaubenssätze und in Gefahr, in die entsprechende Beziehungsfalle zu tappen. Hans hat das erkannt und direkt angesprochen. Sehen wir, wie Marlene darauf reagiert.

HANS UND MARLENE

THERAPEUT: Ein wichtiger Punkt, Hans.

MARLENE: Wieso? Ich wollte doch nur sicher sein, dass du dich nicht schon wieder zurückgesetzt fühlen musst und nicht schon wieder das Gefühl hast, dass alles andere wichtiger ist als du.

THERAPEUT: Marlene, sind Sie jetzt gekränkt?

MARLENE: Ja, irgendwie schon. Ich wollte einen alten Fehler vermeiden und Hans das Gefühl geben, dass er wichtig ist. Und dann kommt er so patzig: Ich kann schon auf mich selber schauen! Und am Schluss ist er wieder enttäuscht und zornig.

THERAPEUT: Ja, die Überlegung kann ich nachvollziehen. Mein Grund, bei Ihnen weiter nachzufragen und eine mögliche Vermischung anzusprechen, war, dass ich Sie bei dieser Frage an Hans als etwas schüchtern und ängstlich erlebt habe. Die Überlegung, die Sie gerade angestellt haben – wie vermeide ich frühere Fehler? –, die ist erwachsen. Die Art, wie Sie gefragt haben, hat ein wenig nach einem kleinen Mädchen geklungen. Nach einem kleinen Mädchen, das gelernt hat, die Bedürfnisse der anderen wichtiger zu nehmen als die eigenen.

HANS: Darf ich was dazu sagen?

THERAPEUT: Gerne.

HANS: Du hast schon recht, ich war ein bisschen patzig, so wie: Ich kann das schon alleine. Ich hab's nett gefunden, dass du an mich gedacht hast, und gleichzeitig war da etwas in deiner Frage, dass ich das Gefühl hatte, da steckt noch was anderes dahinter.

MARLENE: Was denn?

HANS: Wenn ich gesagt hätte, ja, ich brauche noch Zeit für mich – wie hättest du dann reagiert?

MARLENE: Wie schon? Ich hätte »okay« gesagt.

HANS: Hmmm ...

THERAPEUT: Haben Sie Zweifel?

HANS: Irgendwie ja.

MARLENE: Wieso?

HANS: Dass du zwar »okay« gesagt hättest, aber eigentlich beleidigt gewesen wärst.

MARLENE (lächelt): Vielleicht hast du nicht ganz unrecht.

HANS (lächelt ebenfalls): Aber danke, dass du an mich gedacht hast.

THERAPEUT: Ich bin beeindruckt, wie Sie beide miteinander sprechen!

Der Dialog zwischen den beiden zeigt, wie konstruktiv sie mittlerweile miteinander umgehen können. Es gäbe einige Möglichkeiten, um in Abhängigkeits-, Glaubenssatz- oder Gefühlsfalle zu tappen. Manchmal ist Hans nahe dran, und manchmal Marlene. Es gelingt ihnen, immer wieder gegenzusteuern – das ist die Voraussetzung dafür, dass die Arbeit an den persönlichen Skripts möglich ist. In diesem Prozess kommen Menschen mit den heikelsten und verletzlichsten Punkten ihrer Lebensgeschichte in Berührung. Dabei handelt es sich oft in der einen oder anderen Form auch um ein wirkliches Trauma (wie wir es bei Hans gesehen haben).[7]

Wenn zu diesem Zeitpunkt nicht genügend Common Ground geschaffen ist, kann das Paar sehr leicht wieder in seine destruktiven Muster verfallen. Wir könnten uns das für das gerade geschilderte Gespräch beispielsweise so vorstellen: Marlene müsste nur auf Hans' Zweifel an ihrer Bereitschaft, momentan zurückzustehen, antworten: »Na typisch, da nehme ich einmal deine Bedürfnisse ernst und du glaubst es mir dann wieder nicht. Ich kann es ja doch nur falsch machen.« Und Hans könnte reagieren mit: »Na klar, ich darf nicht einmal Zweifel haben. Schon bist du wieder beleidigt.« Das wirkliche Problem dabei wäre nicht, dass das Karussell wieder in Gang gekommen wäre; schlimmer wäre, dass durch diese rasche Aktivierung der Skript-Glaubenssätze, der Ersatzgefühle und des Paar-Stroke-Musters das, was Hans sich gerade erarbeitet hat, wieder weit weg wäre – ebenso wie Marlenes Bereitschaft, sich mit ihren eigenen Verletzungen auseinanderzusetzen. Wir haben bereits kurz den Ausdruck »Gummiband« für den Mechanismus erwähnt, mit dem ein Paar sich gegenseitig ins Skript hineinziehen kann. Wir werden später noch darauf zu sprechen kommen.

Jetzt aber haben Hans und Marlene dieses Gummiband erfolgreich vermieden. Seine neuen Entscheidungen (sinngemäß: »Ich darf Trauer empfinden und ausdrücken, statt wütend zu werden«, und: »Ich darf meinen Vater lieben und vermissen, auch wenn er ein schlechter Vater war«) können erfolgreich bestehen bleiben. Neuentscheidungen über das Skript müssen nicht immer in expliziten verbalen Formulierungen getroffen werden. Wichtiger ist das emotionale Verstehen, dass das, was bisher gegolten hat, jetzt anders sein kann und darf.

Nun kann Marlene mit ihrem Teil der Skriptarbeit beginnen.

HANS UND MARLENE

MARLENE:	Darf ich Sie etwas zu dieser Vermischung fragen, von der Sie vorher gesprochen haben?
THERAPEUT:	Natürlich.

MARLENE: Kann man sagen, dass die kleine Leni irgendwie stärker ist als die erwachsene Marlene? Ich wollte ja gar nicht kindlich sein.

THERAPEUT: Man könnte es so sagen: Das, was uns nicht wirklich hinsichtlich unserer Lebensgeschichte bewusst ist, bekommt in schwierigen Situationen unbewusst große Macht über uns.

MARLENE: Aber was ist mir denn noch nicht bewusst? Ich weiß doch jetzt, wie sehr ich zurückstecken musste und dass ich nie wichtig sein durfte.

THERAPEUT: Was fühlen Sie denn, wenn Sie diesen Satz sagen: »Ich durfte nie wichtig sein«?

MARLENE (wiederholt): Ich durfte nie wichtig sein. Na ja, so war es halt. Unangenehm fühlt es sich an.

THERAPEUT: Unangenehme Gefühle gibt es viele. Wie unangenehm genau?

MARLENE: Hilflos. Aussichtslos.

THERAPEUT: Was ist es denn, was so aussichtslos ist, wenn Sie ein kleines Mädchen sind?

MARLENE: Dass es niemanden interessiert, was mir wichtig ist.

THERAPEUT: Wenn wir uns noch einmal diese Situation in der Wohnung Ihrer Großeltern vorstellen: Sie sollen vorführen, was Sie alles können, und Sie wollen nicht mehr.

MARLENE: Genau. Und Oma ist gekränkt, und Papa wird wütend. Aussichtslos. Keine Chance.

THERAPEUT: Was hätte diese kleine Leni denn lieber in diesem Moment?

MARLENE: Dass jemand mit ihr spielt. Oder ihr vorliest. Es war doch gerade Weihnachtsbescherung, aber ich hab die Geschenke noch nicht einmal auspacken dürfen.

HANS: Was? Noch nicht einmal auspacken? (Schüttelt den Kopf.)

MARLENE: Nein. Zuerst Gedichte aufsagen, Lieder vorsingen, dann Kaffee trinken ...

HANS: Unglaublich. So schlimm war es ja nicht einmal bei uns zu Hause.

THERAPEUT: Was hätte der kleine Hansl gemacht, wenn er seine Geschenke zu Weihnachten nicht gleich hätte auspacken dürfen?

HANS: Er wäre unglaublich zornig geworden.

THERAPEUT: Ich denke, die kleine Leni könnte in ihrer Aussichtslosigkeit etwas Hilfe brauchen. Stellen wir uns vor, wie durch ein Wunder könnte der kleine Hansl dabei sein bei dieser großelterlichen Weihnachtsfeier in dieser für ihn ganz fremden Wohnung. Wie wäre das für die kleine Leni?

MARLENE: Cool! Da hätte sie wen zum Spielen.

THERAPEUT: Und würde das die Familie erlauben?

MARLENE (grinst breit): Na, die würden schön schauen! Aber Geschenke auspacken, bevor alles andere abgelaufen ist – nein, das ist undenkbar!

THERAPEUT: Hans?

HANS: Undenkbar? Undenkbar ist es, ein Kind so lange warten zu lassen!

MARLENE: Stimmt! Gib's ihnen, Hansl!

HANS: Soll ich? So als wäre ich wirklich dort?

THERAPEUT: Ja, klar.

HANS: Lasst sie gefälligst ihre Geschenke auspacken! Und dann spielen wir alle mit ihr. Was soll denn der blöde Kaffee? Kinder trinken doch gar keinen Kaffee!

MARLENE: Genau!

THERAPEUT: Was fühlen Sie jetzt, Marlene?

MARLENE: Eine unglaubliche Wut! Was soll denn der Scheiß? Gedichte aufsagen, Ballett tanzen, Kaffee trinken? Wer bin ich denn? Eine Zirkuskünstlerin?

THERAPEUT: Nein, ein kleines Mädchen, das sich auf Weihnachten so gefreut hat wie alle Kinder.

MARLENE: Ja, das bin ich. Ein Kind, und keine kleine Erwachsene! (Beginnt zu weinen.) Es war alles so unglaublich gemein! Ich hab immer das Gefühl gehabt, ich wäre ein Nichts, ein Niemand. Aber ich bin doch wer! (Stampft mit dem Fuß auf.)

THERAPEUT: Und jetzt, als erwachsene Frau?

MARLENE: Da bin ich auch wer! Ein Mensch mit seinen Bedürfnissen. Und

	wenn ich meine Ruhe haben will, dann will ich meine Ruhe haben!
THERAPEUT:	Hans?
HANS:	Stimmt. Du hast ein Recht auf deine Ruhe, wenn du sie haben willst.
THERAPEUT:	Und wenn das für Sie enttäuschend ist?
Hans:	Dann ist es halt enttäuschend.
MARLENE (erstaunt):	Echt jetzt?
HANS:	Ja, echt. Du wirst ja nicht den Rest deines Lebens lesen oder nachdenken wollen.
MARLENE:	Natürlich nicht.

Beide, Marlene und Hans, haben in dieser Sitzung wirklich einen Durchbruch im Ausstieg aus ihren Skripts geschafft. Die ursprünglich und dann ein Leben lang weiter abgewehrten Gefühle können zum ersten Mal zugelassen werden, authentisches Erleben tritt an die Stelle der Ersatzgefühle. In der großen Staumauer ist ein erster Riss entstanden. Natürlich ist der See dahinter noch nicht verschwunden; es wird noch eine Weile dauern, ihn Stück für Stück abzulassen. Es geht ja auch nicht darum, eine Flut auszulösen, die vieles mit sich reißen würde. Ein Mensch, der sich intensiv mit den zentralen Punkten seines Skripts auseinandersetzt, muss gleichzeitig auch sein ganz normales Leben weiterführen. Hans und Marlene haben ihre Berufe, müssen ihren Alltag bewältigen und haben auch immer wieder die Aufgabe, auf sich selbst und aufeinander zu achten, damit ihr Beziehungsfallen-Karussell nicht wieder in Gang kommt. Sie haben also nur begrenzte Kapazität, sich mit den Wunden der Vergangenheit auseinanderzusetzen.

Skript-Neuentscheidungen sind kein einmaliger Vorgang, nach dem alles gut und anders ist. Sie stellen sich immer wieder neu. Nicht nur sind Grundbotschaften, Glaubenssätze und Ersatzgefühle ein millionenfach gelerntes Lebensmuster, das ebenso wenig von heute auf morgen verschwindet, wie das seinerzeit die alten europäischen Währungen gegenüber dem Euro getan haben. Skript ist ja auch ein Überlebensmuster, das seinerzeit in einer schwierigen Umwelt gute Dienste geleistet hat. Wenn Sie als Kind nicht schwimmen gelernt und sich bisher nur mit einem Schwimmreifen im Wasser bewegt hätten, dann wäre das zwar angesichts Ihres erwachsenen Alters anachronistisch, aber doch lebenserhaltend. Wenn Sie jetzt schwimmen lernen würden, würde es einige Zeit brauchen, bis Sie wirklich darauf vertrauen könnten, dass Sie ohne den schützenden Reifen nicht ertrinken werden.

Wir sind noch nicht am Ende mit den Puzzleteilen, aus denen das Skript sich zusammensetzt. Eines von ihnen, das Stroke-Muster, kennen wir schon als kommunikativen Mechanismus. Wir werden uns damit im übernächsten Abschnitt noch einmal beschäftigen, um seine Verbindungen mit dem Skript zu untersuchen. Vorher aber lernen wir einen Aspekt kennen, der uns zwar in den Gesprächen mit Hans und Marlene und auch den anderen Paaren implizit begegnet ist, den wir aber noch nicht näher kennengelernt haben: die *Antreiber*.

PERSÖNLICHE ÜBUNGEN

In diesem Übungsteil setzen wir weitere Puzzleteile zusammen und bauen das Drehbuch zu unserem »Film« aus. Wir können es jetzt durch den Teil »Ersatzgefühle« erweitern oder, genauer gesagt, um die Frage, welche authentischen Gefühle unterdrückt werden müssen und welche Ersatzgefühle an ihre Stelle treten. Wir haben sie – die Ersatzgefühle – im Abschnitt 1.3 auch »Lieblingsgefühle« genannt, und in den Übungen 13 und 14 sind Sie den Ihren und denen Ihres Partners nachgegangen. In den Übungen 15 und 16 haben Sie sich mit dem Ersatzgefühl-Kreislauf beschäftigt, der ja zum ersten Mal verschiedene Puzzleteile zusammengefügt hat: die Lieblingsgefühle, die Glaubenssätze und das Stroke-Muster. Jetzt können wir die Verbindung zum Skript herstellen, dessen dritter Baustein die Ersatzgefühle sind. Mit den Glaubenssätzen – dem zweiten Baustein – beginnt der Prozess der Verinnerlichung der Skriptbotschaften, durch die Unterdrückung authentischer Gefühle setzt ein sich selbst bestätigender Kreislauf ein: Die Ersatzgefühle unterstreichen die Glaubenssätze, und beide wiederum helfen beim Abwehren von authentischen, als übewältigend und bedrohlich erlebten Emotionen.

Ich lade Sie in den folgenden Übungen dazu ein, das Drehbuch Ihres Films zu erweitern. Wir werden dabei in der gleichen Reihenfolge wie im letzten Abschnitt vorgehen: Zuerst geht es um Szenen aus Ihrer Kindheit, dann um die aus der Ihres Partners. Anschließend gehen wir wieder in die Gegenwart, in Ihr jetziges erwachsenes Leben, und dann in die Zukunft. Der Film wird damit aber noch nicht vollständig sein – wir werden in den Abschnitten über die Skriptbausteine vier und fünf daran weiter arbeiten. Der vierte, abschließende Abschnitt des Films wird sich schließlich mit Konzepten für die Zukunft beschäftigen. Wir werden ihn im dritten Kapitel des Buchs fertigstellen.

ÜBUNG 26
ERSATZGEFÜHLE UND AUTHENTISCHE GEFÜHLE: WIR DREHEN EINEN FILM

(Teil 1: Ich, Szenen 4–6)

Wir knüpfen direkt an Szene drei im ersten Teil des Films an, in der wir dargestellt haben, wie das Kind (das Sie einmal waren) sich von außen gesehen verhält, nachdem es seine Glaubenssätze als Reaktion auf die Skript-Grundbotschaften entwickelt hat.

In dieser vierten Szene begegnen wir symbolischen Gestalten, die die Gefühle dieses Kindes zum Ausdruck bringen. Wie könnten diese Figuren aussehen? Sind es Schatten? Personen in menschlicher Gestalt? Fantasiegebilde? Sind ihre Gesichter zu sehen oder nicht? Welche Farben haben sie? Sind sie alle gleich groß, oder gibt es Unterschiede?

Diese Figuren umkreisen das Kind und stellen seine Angst, seine Verzweiflung, seinen Zorn, seine Traurigkeit dar. Welche von ihnen kommen ihm dabei nahe, welche sind eher im Hintergrund? Von welchen geht die stärkste Bedrohung aus? Sprechen sie zu dem Kind? Wenn ja, was sagen sie? Was hat der kleine Junge, das kleine Mädchen für einen Gesichtsausdruck, was für eine Körperhaltung?

Welche der Gestalten muss dieses Kind loswerden, um seine Situation besser ertragen zu können?

Notieren Sie die vierte Szene in Stichworten.

In der nächsten Sequenz ruft das Kind unseres Films andere Figuren zu Hilfe. Gegen die ein oder zwei Gestalten, die ihm am bedrohlichsten nahekommen, braucht es Unterstützer, die die schlimmen Gefühle verscheuchen sollen. Auch sie sind auf ihre Art Gefühle, aber nicht mehr so unerträgliche. Sie könnten Ärger, Ängstlichkeit, Rückzug, Depression, Hilflosigkeit, Resignation, aber auch künstliche Fröhlichkeit heißen. Wie sehen sie aus? Sind ihre Gesichter zu sehen oder nicht? Welche Farben haben sie? Sind sie alle gleich groß, oder gibt es Unterschiede? Wie sind ihre Umrisse? Welche davon sind für unsere Hauptdarstellerin am hilfreichsten? Welche drängen die bedrohlichen Figuren am besten in den Hintergrund? Sprechen sie zu dem Kind? Wenn ja, was sagen sie?

Stellen Sie sich vor, wie diese Helfer das Kind in Schutz nehmen und sich vor die anderen Gestalten stellen. Diese verschwinden aber nicht zur Gänze, sie sind nur aus dem Gesichtsfeld des Kindes gerückt. Wie sind jetzt Gesichtsausdruck und Körperhaltung des Kindes?

In der sechsten Szene nimmt die Kamera den Blickwinkel der Erwachsenen in der Welt des Kindes ein. Wie verhält es sich jetzt aus deren Blickwinkel? Was sagt es, was sagt es nicht? Was tut es, was tut es nicht? Welcher Gefühlsausdruck wird sichtbar, welcher nicht?

War es schwierig für Sie, diese Szenen zu gestalten? Was für Gefühle hat das bei Ihnen ausgelöst? Nehmen Sie sich wieder Zeit für sich. Es kann sein, dass Sie Widerstände verspüren, sich mit dieser Welt aus Erinnerungen und Gefühlen auseinanderzusetzen, zum Beispiel in der Form, dass Sie sich wenig dazu vorstellen können. Das macht nichts, es ist nur ein Zeichen dafür, wie schwierig diese Situationen und Vorgänge für Sie als Kind gewesen sind. Wahrscheinlich werden die Widerstände allmählich weniger werden. Nehmen Sie sie einfach zur Kenntnis und notieren Sie Ihre Beobachtungen über sich selbst. Vielleicht kommen Ihnen auch neue Ideen zu einem Titel für den Film. Auch jetzt ist es besser, wenn Sie noch nicht mit Ihrer Partnerin sprechen, um für die nächsten Szenen noch bei Ihrer subjektiven Sicht auf sie bleiben zu können.

Wenn Sie wollen, können Sie die Gefühle und Ersatzgefühle, die im Film aufgetaucht sind, mit denen vergleichen, die Sie in den Übungen 13 und 15 notiert haben. Sind es die gleichen? Hat sich seither etwas an Ihren Erkenntnissen darüber verändert? Kommen Sie zu unterschiedlichen Ergebnissen, wenn Sie – wie zum Zeitpunkt der Übungen 13 und 15 – die Ersatzgefühle nur mit Ihrer aktuellen Lebens- und Beziehungssituation in Bezug bringen oder sie jetzt im Zusammenhang mit den Skript-Grundbotschaften und den Glaubenssätzen sehen?

Nun kommen wir zu den nächsten Szenen im Abschnitt »Du« des Films, die sich wieder mit dem Schicksal Ihres Partner beschäftigen.

ÜBUNG 27
ERSATZGEFÜHLE UND AUTHENTISCHE GEFÜHLE: WIR DREHEN EINEN FILM

(Teil 2: Du, Szenen 4–6)

Auch hier knüpfen wir an Szene drei des zweiten Teils des Films an. Das Kind (das Ihr Partner einmal war) hat seine Glaubenssätze als Reaktion auf die Skript-Grundbotschaften entwickelt.

Auch hier sehen wir Gestalten, die die Gefühle dieses Kindes symbolisieren. Figuren, die seine Angst, seine Verzweiflung, seinen Zorn, seine Traurigkeit darstellen, umkreisen es. Wie sehen sie aus? Welche Farben haben sie? Sind sie alle gleich groß, oder gibt es Unterschiede? Welche von ihnen kommen ihm dabei nahe, welche sind eher im Hintergrund? Von welchen geht die größte Bedrohung aus? Sprechen sie zu dem Kind? Wenn ja, was sagen sie? Was hat der kleine Junge, das kleine Mädchen für einen Gesichtsausdruck, was für eine Körperhaltung? Welche der Gestalten muss es loswerden, um seine Situation besser ertragen zu können?

Notieren Sie die vierte Szene in Stichworten.

Auch dieses Kind ruft in der nächsten Sequenz des Films andere Figuren zu Hilfe. Für die ein oder zwei Gestalten, die ihm am bedrohlichsten nahekommen, braucht es Unterstützer, die die schlimmen Gefühle verscheuchen sollen. Auch sie sind auf ihre Art Gefühle, aber nicht mehr so unerträgliche. Sie könnten Ärger heißen, Ängstlichkeit, Rückzug, Depression, Hilflosigkeit, Resignation, aber auch künstliche Fröhlichkeit. Wie sehen sie aus? Wie sind ihre Farben, ihre Umrisse, ihre Größe? Welche davon sind für unsere Hauptdarstellerin am hilfreichsten? Sprechen sie zu dem Kind? Wenn ja, was sagen sie? Welche drängen die bedrohlichen Figuren am besten in den Hintergrund?

Stellen Sie sich vor, wie diese Helfer das Kind in Schutz nehmen und sich vor die anderen Gestalten stellen. Diese verschwinden aber nicht zur Gänze, sie sind nur aus dem Gesichtsfeld des Kindes gerückt. Wie sind jetzt Gesichtsausdruck und Körperhaltung des Kindes?

In der sechsten Szene nimmt die Kamera den Blickwinkel der Erwachsenen in der Welt des Kindes ein. Wie verhält es sich jetzt aus deren Blickwinkel? Was sagt es, was sagt es nicht? Was tut es, was tut es nicht? Welcher Gefühlsausdruck wird sichtbar, welcher nicht?

Nehmen Sie sich jetzt Zeit für Ihre Gedanken und Gefühle in Bezug auf diese Szenen im zweiten Teil des Films. Was geht in Ihnen vor, wenn Sie sich vorstellen, mit welchen Emotionen Ihre Partnerin als Kind konfrontiert war? Empfinden Sie Mitgefühl? Ablehnung? Traurigkeit? Aussichtslosigkeit? Widerstand? Gleichgültigkeit? Andere Gefühle?

Jetzt haben Sie die Gelegenheit, mit Ihrem Partner über diese neuen Szenen der Teile eins und zwei Ihrer jeweiligen Filme zu sprechen. Sie dürfen unterschiedliche Sichtweisen haben und die des anderen einfach interessiert zur Kenntnis nehmen.

Der dritte Teil bringt uns wieder in Ihre Gegenwart und nahe Vergangenheit zurück. Gestalten Sie auch diesen Abschnitt aus der jeweiligen persönlichen Sicht, nicht gemeinsam.

ÜBUNG 28
ERSATZGEFÜHLE UND AUTHENTISCHE GEFÜHLE: WIR DREHEN EINEN FILM

(Teil 3: Wir, Szenen 4–6)

Sie haben sich bereits in den Szenen eins bis drei des dritten Filmteils damit beschäftigt, wie Ihrer beider Skriptbotschaften und Glaubenssätze miteinander zusammenhängen und sich wechselseitig ergänzen. Jetzt wollen wir das Drehbuch dazu um die entsprechenden Gefühle und Ersatzgefühle erweitern.

Wir sind wieder bei den beiden Protagonisten als erwachsene Menschen in ihrem heutigen Leben. Noch einmal sehen wir das Paar in einer Auseinandersetzung, einem Streit, einem Konflikt, ähnlich dem in der ersten Szene dieses Filmabschnittes, der sich mit der Gegenwart des Paares beschäftigt. Nehmen Sie aber nicht die gleiche Situation, sondern finden Sie eine neue.

Was sagen die beiden zueinander und was tun sie? Was sagen und tun sie nicht? Notieren Sie die Szene in Stichworten.

In der nächsten, der fünften Sequenz des Wir-Teiles unseres Films sehen wir die beiden Hauptdarsteller, umgeben von ihren Gefühlsgestalten aus der Kindheit, den bedrohlichen wie den als Helfer eingesetzten.

Welche von ihnen tauchen aus dem Hintergrund auf, welche Hilfsfiguren versuchen, mit der Situation zurechtzukommen? Was sagen diese symbolischen Gestalten zu den Hauptdarstellern? Für welche Gefühle entscheiden sie sich in der Konfliktsituation?

Die sechste Szene besteht wieder aus Rückblenden in die gemeinsame Geschichte der beiden als Paar. Die Erinnerungen können sowohl aus der unterschiedlichen Sicht der beiden als auch nur aus seiner oder nur aus ihrer Sicht stammen. Alle diese kurzen Bildfolgen umfassen Situationen, in denen sie auf ähnliche Art gefühlt haben, in denen sie ebenso wie heute bedrohliche Gefühle durch Lieblingsgefühle ersetzt haben.

Nehmen Sie sich wieder die Zeit, um über diese Übung nachzudenken. Vergleichen Sie die Aussagen, das Verhalten und die Gefühlswelt der Hauptdarsteller mit den entsprechenden Situationen, die die Kindheit der beiden wiedergeben. Gibt es Parallelen? Unterschiede? Sind es dieselben symbolischen Gefühlsgestalten, mit denen sie sich als Erwachsene auseinandersetzen? Richten sich diese Gefühle – die abgewehrten wie die Ersatzgefühle der als Helfer gedachten Figuren – wirklich an die Partnerin aus der Erwachsenenwelt? Oder beziehen sie sich (bewusst oder unbewusst) auf Menschen aus der Vergangenheit? Sind diese Gefühlsgestalten psychologisch gesehen erwachsen oder sind sie, vor allem im Umgang mit ihren Gefühlen, eher Kindern ähnlich – den Kindern, die sie einmal waren? Und wenn ja – wie alt könnten diese Kinder sein?

Sprechen Sie, wenn Sie wollen, mit Ihrem Partner über diese Fortsetzung des dritten Teils. Nehmen Sie Unterschiede und Gemeinsamkeiten wahr, ohne etwas an Ihrem Drehbuch verändern zu müssen. Notieren Sie die Punkte, an denen Ihre Sichtweisen sich ähneln, und die, an denen Sie auseinandergehen.

Auch hier entwerfen wir in Umrissen ein Szenario für die Fortsetzung des vierten Teils des Films, der sich mit der Zukunft beschäftigen wird und den Sie erst später im Detail verfassen werden.

ÜBUNG 29
BRAUCHEN WIR UNSERE ERSATZGEFÜHLE WIRKLICH? UND WENN NICHT, WAS DANN?

Gehen Sie noch einmal die Szenen des Paares von heute aus Übung 28 durch, vor allem den Aspekt der »Hilfsgefühle«, die dabei unterstützen sollen, bedrohliche Gefühle in den Hintergrund zu drängen. Achten Sie darauf, wann und wie die Ersatzgefühle der beiden sichtbar werden. Brauchen Sie sie wirklich? Wären die authentischen Gefühle darunter wirklich unerträglich?

Wenn den beiden Hauptdarstellern bewusst wäre, dass sie ihre Ersatzgefühle als erwachsene Menschen nicht brauchen – was würden sie dann in diesem Moment fühlen? Und wie würden sie diese Gefühle zum Ausdruck bringen? Was würden sie tun? Was würden sie sagen?

Nun haben wir den dritten großen Baustein des Skripts kennengelernt. Grundbotschaften werden in der Seele des Kindes zu Glaubenssätzen komprimiert, mit denen es diese Botschaften akzeptiert und verinnerlicht. Die Gefühle, die dabei entstehen, werden abgewehrt und durch andere, subjektiv leichter erträgliche ersetzt. Allmählich wird unser Puzzle komplett, immer klarer wird der komplexe und komplizierte Prozess des Zusammenhangs gegenwärtiger zwischenmenschlicher Probleme mit der Vergangenheit von Menschen. Wenden wir uns nun den zwei noch fehlenden Bausteinen zu: den Antreibern und der Übertragung.

2.1.4 DER VIERTE SKRIPTBAUSTEIN: SO KANN ES NICHT WEITERGEHEN! ANTREIBER: RETTUNGSVERSUCHE, DIE DOCH WIEDER IM SKRIPT HÄNGEN BLEIBEN

If you want a lover
I'll do anything you ask me to
And if you want another kind of love
I'll wear a mask for you
If you want a partner, take my hand, or
If you want to strike me down in anger
Here I stand
I'm your man
Leonard Cohen, I'm Your Man

WERFEN WIR EINEN NEUERLICHEN ZUSAMMENFASSENDEN BLICK auf die bisherigen Skript-Puzzleteile. Wir haben ein eindrückliches Bild davon erhalten, wie sie alle in eine Richtung laufen: Sie wiederholen und bestätigen etwas, was immer so war. Sie vernetzen sich und wirken zusammen – Grundeinschärfung, Glaubenssätze und Ersatzgefühle. In einem umfassenden unbewussten Prozess versuchen Menschen, etwas, was einmal, in äußerst schwierigen Lebenssituationen, beim Kind gewirkt hat, zu wiederholen. Dabei soll – auch wieder außerhalb des Bewusstseins – endlich alles gut werden (so die Hoffnung dahinter) und wird doch wieder nur gleich schlecht. Was seinerzeit *funktional* war, ist jetzt, im Erwachsenenleben, *dysfunktional* geworden. Wir haben gesehen, wie dieser Mechanismus funktioniert; erst recht wenn zwei Menschen dabei zusammenwirken.

Tief sitzende Glaubensüberzeugungen und der Kampf gegen unterdrückte Gefühle leisten entscheidende Beiträge dazu.

Hier stellt sich die Frage: Wenn den beiden Partnern das alles mittlerweile bewusst geworden ist, wieso geben sie sich nicht einfach Mühe, all die kritischen Punkte zu umschiffen? Das müsste doch funktionieren, und dann hätte sich die Geschichte erledigt! Könnte es dann nicht wie im Märchen sein – »und sie lebten glücklich und zufrieden bis ans Ende ihrer Tage«?

Nun, zum einen sind wir ja noch nicht am Ende unserer Reise angelangt. Hans und Marlene (und jedes andere Paar) haben noch eine Menge gemeinsamer Geschichte ihrer Liebe und ihrer Nicht-Liebe aufzuarbeiten. Und zum anderen sind wir in den bisherigen Gesprächsausschnitten mit Hans und Marlene an einigen Punkten auf ein bemerkenswertes Phänomen gestoßen. Sie geben sich ja Mühe, immer wieder, und doch scheint das nur begrenzt zu wirken.

Erinnern wir uns: Als die beiden berichten, es sei nun viel besser geworden und sie würden wahrscheinlich zusammenbleiben, sagt Hans: »Ich bemühe mich sehr, Marlene so sein zu lassen, wie sie ist. Es zu ertragen, wenn sie sich zurückzieht und schweigt.«

Und kurz darauf Marlene über ihren Rückzug: »Ich versuche, es unter Kontrolle halten, ich weiß doch, dass Hans das nicht mag.«

Ganz offensichtlich geben sich die beiden Mühe. Doch kurz darauf, im weiteren Gesprächsverlauf, entgleitet ihnen wieder die Kontrolle über sich selbst. Marlene bezweifelt, dass sie verstanden würde, wenn sie im Kontakt mit Hans bliebe: »Würdest du? (...) Dann, wenn ich eigentlich etwas anderes will.« Und er wird wieder von seinem Ärger überrollt: »Ja, wenn es nach dir ginge, dürfte ich gar nichts erzählen!«

Hier geht es um mehr als die Tatsache, dass die Skripts der beiden eben tief verwurzelt und gründlich gelernt und eingeübt sind. Wir sind hier einem Mechanismus auf der Spur, den Kinder in ihrer Skriptentwicklung als **VIERTEN BAUSTEIN** einfügen, um besser in der Mühsal und Trostlosigkeit ihres unbewussten Lebensplans zurechtzukommen: dem persönlichen **ANTREIBER**.

Nehmen wir das, was wir von Hans und seiner Geschichte schon kennen, um das näher zu erläutern. Als seine zentrale Grundbotschaft haben wir *Sei nicht wichtig!* definiert. Nach dem, was wir mittlerweile über die körperliche Gewalt wissen, der er von Seiten seines Vaters ausgesetzt war, können wir davon ausgehen, dass auch eine *Sei nicht!*-Botschaft mit dabei ist (körperliche und massive seelische Gewalt und sexueller Missbrauch sind eine hochgradige Bedrohung der physischen Existenz und werden daher in aller Regel vom betroffenen Kind als der elterliche Impuls verstanden, es umzubringen). Ergänzt wird das noch durch *Sei kein Kind!* Darauf baut er seine Glaubensüberzeugungen auf: »Ich bin nicht wichtig, andere sind wichtiger, ich werde im Stich gelassen und werde nicht geliebt. Das Leben ist im Grunde sinnlos.« Die tiefe Verzweiflung darüber unterdrückt er und ersetzt sie durch Aggression.

Aber wie soll er so weiterleben – ohne jede Hoffnung, jemals wichtig sein zu können, ja, mit der Hypothek, eigentlich nicht einmal am Leben sein zu dürfen? Mit der trostlosen Aussicht, nicht geliebt zu werden und ein sinnloses Leben führen zu müssen? An diesem Punkt ist die ganze Kreativität, der ganze intuitive Einfallsreichtum eines Kindes gefordert. Es braucht – wie wir alle – etwas, das Hoffnung gibt. Es muss sich in diesem sich bildenden Skript so zurechtfinden, dass es eine Perspektive gibt. Es braucht eine Abschwächung, eine Kompensation für die Wucht der Einschärfungen, der Glaubenssätze, der Unterdrückung seiner Gefühle. Und da bildet sich in ihm eine Idee (nicht im Sinne eines einleuchtenden Einfalls, mehr als eine Kombination des Empfindens und des Ausprobierens von Verhaltensweisen): Ich muss lernen, das alles zu erdulden. Ich muss sehr, sehr stark werden, dann kann ich mit all diesem übermenschlich Schwierigen zurechtkommen. Und dann, wenn ich nur lang genug stark bin und alles ertrage, dann, ja dann werde ich eines Tages belohnt werden. Dann werde ich es erreichen, irgendwann einmal geliebt zu werden. Ohne dass Hans sich dessen bewusst ist, hat er ein Motiv gefunden, sein Leben zu gestalten, etwas, das ihn motiviert und antreibt. Es wird für ihn zu einem unbewussten Leitsatz: *Ich muss stark sein und alles ertragen.* Wenn die Mutter schweigt, wenn der Vater ihn schlägt, wenn er aus dem Zimmer geschickt wird, wenn er sich auf den Dachboden zurückzieht, beißt er die Zähne zusammen (oft buchstäblich in seinem ohnmächtigen Zorn): Ich muss stark sein! Und er nimmt diesen Antreiber mit in sein Erwachsenenleben: Als sein mittleres Kind schwer erkrankt und zu sterben droht, als er mit Mitte vierzig seine Arbeit verliert und noch einmal von vorne anfangen muss, als Marlene ihn bei einer seiner Affären auffordert auszuziehen, ja selbst, als ihm schon sehr viel über die Mechanismen zwischen ihm und seiner Frau klar geworden ist und sie eben gerade nicht mit ihm reden will: Ich muss stark sein und alles ertragen! Selbst in den kleinsten Dingen, wenn er keinen Parkplatz findet und zu einem Termin zu spät kommt, wenn keine Konzertkarten mehr zu kriegen sind, wenn sich sein neuer Mitarbeiter nicht zurechtfindet, wenn er bei Regen den Schirm zu Hause vergessen hat – er muss stark sein.

Wir merken, wie zwiespältig ein Antreiber sein kann: Seine Fähigkeit durchzuhalten hat Hans sehr oft im Leben geholfen. Dass er die Gewalt, die er bei seinem Vater erfahren hat, nicht an seinen eigenen Kindern ausgelebt und sich beherrscht hat – das verdankt er dem Antreiber. Dass er die Krankheit seines Kindes ausgehalten hat, obwohl er Angst hatte, verrückt zu werden, dass er immer wieder von neuem versucht, die Beziehung mit Marlene aufrechtzuerhalten, dass er auch in der Paartherapie bei der Stange bleibt, obwohl er immer wieder in Versuchung ist aufzugeben, das alles kann er dank der konstruktiven Kraft seines Antreibers. Zum Problem wird dieser innere Motor dadurch, dass er stereotyp auftritt: Wann immer etwas im Leben schwierig ist, egal, ob bedeutende oder unbedeutende Dinge – dann glaubt Hans, stark sein zu müssen.

Sehen wir uns die Dynamik des Antreibers bei Marlene an. Auch sie ist als Kind in einem für sie unlösbaren Dilemma. Sie darf nicht wichtig sein, sie darf kein Kind sein, sie darf nicht zornig werden. Sie fühlt sich durch und durch ungeliebt, so wie sie ist. Da entdeckt sie etwas, das ihr Hoffnung gibt: Wenn sie gute Miene zum bösen Spiel macht und ein liebes, braves Mädchen ist, das sich rührend um die Bedürfnisse der Erwachsenen kümmert, dann – ja, dann wird die Welt doch eines Tages sehen, was für ein liebenswerter Mensch sie ist. Sie bemüht sich, bei den Vorführungen für die Großeltern eine bewundernswerte Tänzerin, Sängerin, Gedichtrezitatorin zu sein. In der Schule bringt sie durchgehend hervorragende Leistungen, sie hilft der Mutter im Haushalt, wo sie kann. Sie erfasst die schlechte Laune des Vaters beim Heimkommen und umschmeichelt ihn, tröstet ihn, holt ihm eine Tasse Tee. Ihr ist klar geworden: Ich muss es immer allen recht machen! Das wird ihr Leitsatz, ihr Antreiber, der sie durchs Leben begleitet. Als junges Mädchen im Tanzkurs wird sie umschwärmt, weil keine sich so gut auf einen schlecht tanzenden Burschen einstellen und ihm das Gefühl geben kann, er beherrsche den Wiener Walzer perfekt. Sie ist eine rührend fürsorgliche Mutter, ihrem kranken Kind steht sie über Wochen hinweg vierundzwanzig Stunden am Tag bei, bis die Krise überstanden ist. Die Ärzte schätzen sie als kooperative und verständnisvolle Ansprechpartnerin. Wenn Hans eine Außenbeziehung hat, versucht sie, zu einer Mischung aus zärtlicher Verführerin und perfektem Hausmütterchen zu werden. Wenn Hans seinen Schirm vergessen hat, läuft sie ihm nach, und die Konzertkarten bekommt sie doch nach stundenlangen liebenswürdigen Telefonaten. Wenn sich jemand in der Schlange an der Supermarktkasse vordrängt, erhält er von ihr ein freundliches Lächeln.

Auch hier wird die Doppelgesichtigkeit des Antreibers deutlich: Natürlich ist es wunderbar, eine begehrte Tanzpartnerin zu sein. Für ihr krankes Kind ist ihr guter Kontakt zu den Ärzten sehr wichtig. Ihre Freundlichkeit und ihre Fähigkeit, sich auf andere Menschen einzustellen, haben ihr im Leben viel geholfen – bei den Lehrern ihrer Kinder, in ihrem Beruf als Physiotherapeutin, über weite Strecken in ihrer Ehe mit Hans. Auch in der Paartherapie ist sie diejenige, die ihren Mann immer wieder motiviert weiterzumachen. Aber auch hier kann das Stereotyp zum Verhängnis werden, wenn sie immer wieder auf das verzichtet, was ihr wichtig ist. Das Konzert interessiert sie überhaupt nicht, Hans liebt Rockmusik, sie kann damit nicht viel anfangen. Eigentlich will sie den Einkauf im Supermarkt schnell erledigt haben, weil sie wieder zurück zur Arbeit muss. Aber trotzdem steht über ihrem Leben dieses Antreibermotto: Ich muss es allen recht machen!

Insgesamt spricht man in der Transaktionsanalyse von fünf Antreibern. Bei den meisten Menschen finden sich mehr oder weniger Anteile von jedem von ihnen, aber in der Regel steht einer im Vordergrund (manchmal können es auch zwei sein). Zwei davon haben wir schon kennengelernt:

Ich muss stark sein und alles ertragen.

Ich muss es den anderen ständig recht machen.

Die übrigen drei heißen:

Ich muss mich ständig anstrengen.

Ich muss mich ständig beeilen.

Ich muss immer perfekt sein.

»Ich muss mich ständig anstrengen« ist das Lebensmotto von Menschen, die aus allem eine Leistung machen. Im Beruf machen sie Überstunden, ihre sportlichen Ergebnisse und ihre Gewichtsabnahme posten sie laufend auf Facebook, sie führen endlose Gespräche mit ihrer Partnerin über die Probleme in der Beziehung; Gedanken über das, was sie alles noch nicht erreicht haben, rauben ihnen den Schlaf und begleiten sie bis in ihre Träume. Sie können sehr diszipliniert sein (das ist die konstruktive Seite dieses Antreibers) – und sie kommen so gut wie nie zur Ruhe und können nur schwer genießen, weil sie sich stereotyp immer anstrengen müssen, auch wenn es gar nicht nötig ist. Auf andere können sie sich nur schwer verlassen; lieber ist es ihnen, Dinge selbst zu erledigen.

Menschen, deren Hauptantreiber »Ich muss mich ständig beeilen« heißt, sind laufend unter Termindruck. Ein Stau auf der Autobahn stellt für sie eine fast unerträgliche Belastung dar, sie entschuldigen sich mehrmals täglich mit der Aussage: »Ich bin im Stress!« Sie leiden chronisch unter Schlafmangel, weil es so viele Dinge gibt, die erledigt werden müssen. Zu ihren Terminen kommen sie überpünktlich und ärgern sich darüber, dass sie warten müssen. Auch andere Menschen – Partner, Kinder, Arbeitskollegen – werden von ihnen zur Pünktlichkeit getrieben. Sie sind äußerst zuverlässig; andererseits sind sie im Kontakt und in Beziehungen schwer wirklich erreichbar, weil sie ständig die tickende Uhr im Hinterkopf haben.

»Ich muss immer perfekt sein« bedeutet gleichzeitig, dass alles, was solche Menschen anfangen, nie gut genug und nie fertig ist. An einer Präsentation wird nächtelang gefeilt, dem Gesprächspartner wird alles in langen, endlosen Statements erklärt (»Einen Satz noch dazu ...«). Das Bankkonto wird täglich kontrolliert und darf nie im Minus sein, die Wohnung, das Haus, der Garten sind ständig in einem Zustand, als ob jeden Moment hoher Besuch käme. Dieser Antreiber lässt Menschen sehr umsichtig und achtsam sein, gleichzeitig aber auch übervorsichtig und nie zufrieden mit sich und der Welt.

Erinnern wir uns kurz an die beiden Paare, die uns neben Marlene und Hans im ersten Kapitel begegnet sind (Martin und Martina, Claudia und Richard) und versuchen wir, Hinweise auf ihre Antreiber in den Gesprächsauszügen zu finden.

Sie erinnern sich: Martin bemüht sich »wirklich sehr, ein guter Ehemann und Vater zu sein«. Er hilft, wo er kann, hat aber »das Gefühl, ich kann Martina gar nichts recht machen«. Martina ist zornig auf ihn, weil er »überhaupt keine Eigeninitiative« zeigt. Es gäbe »tausend Möglichkeiten«, aber er habe »keine Ideen, keine Planung. Bis ich zum Schluss das wieder alles übernehme.« Wütend redet sie auf ihn ein, bis er völlig blockiert ist.

Martin benennt seinen Antreiber deutlich: Er versucht, es Martina (und vermutlich auch den meisten anderen Menschen) recht zu machen. Das macht ihn in seinem Beruf zu einem Top-Verkäufer – aber er stößt an seine Grenzen, wenn er dabei spontan und eigenständig sein soll. »Ich muss es allen recht machen« heißt eben: Ich brauche klare Vorgaben, die kann ich dann mustergültig erfüllen. Was ich selber will, spielt keine Rolle. Martina wiederum übernimmt schlussendlich alles selbst, weil sie sich ständig anstrengen muss. Das hilft ihr in ihrem Beruf, in dem sie sehr eigenständig sein muss. In der Beziehung zu Martin stößt sie schnell an ihre Grenzen, weil sie sich noch so anstrengen kann und trotzdem nicht erreicht, dass er selbstständig denkt und handelt.

Auch Claudia und Richard – das Paar, bei dem es im ersten Gespräch um Sushi ging, das er überraschend mitgebracht hatte – geben Hinweise auf ihre Antreiber. Richard wollte einen »wirklich schönen Abend für uns beide, und du hast einfach nicht mitgemacht«. Es war von ihm »doch gut gemeint«. Er bemüht sich um sie, »und sie will dann nicht. Das tut schon weh!« Claudia wiederum strengt sich ihrem Erleben nach genauso an: »Ich bügle dir deine Hemden, ich lade dir dein Handy auf, weil du es vergisst, ich erledige die Anrufe bei den Handwerkern, wenn die Heizung wieder nicht geht.«

Die beiden scheinen den gleichen Antreiber zu haben: »Ich muss mich ständig anstrengen« (bei Richard könnte auch noch ein Schuss »Ich muss perfekt sein« dabei sein).

Wir haben davon gesprochen, dass die Antreiber entwickelt wurden, um das Skript mit seinen ursprünglichen drei Bausteinen abzumildern. Doch an allen sechs Beispielen können wir sehen, dass das Gegenteil passiert. Das Antreiberverhalten führt direkt zur Bestätigung der ursprünglichen Glaubenssätze, zu den gleichen Ersatzgefühlen und den alten Grundbotschaften. Der Grund liegt darin, dass die seinerzeitige unbewusste Absicht war, so die Liebe zu bekommen, die im Skript nicht vorgesehen war. Man könnte die Formulierungen für die Antreiber durch die Intention ergänzen, die dahintersteckt: Dann gilt die Grundeinschärfung nicht mehr, und ich werde so geliebt, wie ich bin!

Das ist eine Falle. Nehmen wir Marlene (oder vielmehr Leni): Sie will für wichtig genommen (und geliebt) werden, so wie sie ist. Mit anderen Worten, sie will und braucht bedingungslos positive Strokes für den Menschen, der sie ist. Das will sie damit erreichen, dass sie es allen recht macht – mit einer Leistung. Dafür bekommt sie durchaus Strokes – aber es sind eben bedingt positive, an ein Verhalten geknüpft, nicht an die ganze Person. Die kurzzeitige Genugtuung, wenn es gelingt, perfekt zu sein, sich ständig anzustrengen, stark zu sein, sich immer zu beeilen, es allen recht zu machen, wird schnell getrübt durch eine Art von Leere: Gut, schön, aber das ist doch nicht alles, was ich brauche! Also was tun? Ich muss mich noch mehr beeilen, es noch mehr recht machen, noch stärker sein, noch perfekter, mich noch mehr anstrengen.

Noch fataler ist es, wenn auch die bedingt positiven Strokes ausbleiben und es stattdessen negative, bedingte wie bedingungslose, gibt.

In allen unseren Beispielen passiert genau das: Martina ist zornig über Martins Bemühen, es ihr recht zu machen. Hans geht es bei Marlene ähnlich, Marlene ist verletzt darüber, dass sie Hans mit ihrem Verständnis und ihrer Einfühlsamkeit nie wirklich erreichen kann. Martin wird hilflos bei Martinas Anstrengung, und Claudia und Richard fühlen sich in ihrem Bemühen nicht gesehen. Das ist die Situation, in der die Antreiberdynamik ins Leere geht. Alles fühlt sich so an, wie es sich immer angefühlt hat, alle Skriptbausteine passen wieder. Es war wieder umsonst, es gibt kein Entrinnen. Für einen Moment stellen sich tiefe Kränkung, Verzweiflung und so etwas wie Depression ein. Hinter dem Staudamm der abgewehrten Gefühle droht eine ansteigende Flut, die alles mit sich reißen könnte. Das sind die Situationen, in denen Marlene sich zurückzieht, Hans wütend wird, Richard und Claudia sich gegenseitig mit Vorwürfen überschütten, Martina vor Zorn »explodieren« könnte und Martin in Denkunfähigkeit erstarrt. Aber so darf es nicht bleiben! Das würde ja heißen, dass sie alle wieder am Ausgangspunkt wären, dort, wo sie ihr Skript zu bauen begonnen haben. Dorthin wollen sie nie wieder zurück. Doch es gibt Hilfe: Der Antreiber, der die stereotype Lösung aller Probleme ist, wurde eben nicht genügend intensiv eingesetzt. Also auf zur nächsten Runde! Martin versucht doppelt, es Martina recht zu machen, bügelt, putzt die Küche und bringt die Kinder ins Bett. Martina setzt sich an den Computer und organisiert einen Traumurlaub. Richard läuft Claudia nach und bettelt um Versöhnung, Claudia versorgt sein Handy mit Strom und überlegt sich, welches Hemd er am nächsten Tag am besten zum grauen Anzug tragen könnte. Hans müht sich ab, Marlenes Rückzug zu ertragen, indem er die Minuten zählt, und Marlene ringt um ein neuerliches Verzeihen.

Damit ist der vierte Baustein des Skripts fertig. Der konstruktiv gemeinte Rettungsversuch aus einer ausweglosen Situation führt doch wieder genau dorthin zurück. Unser Puzzle ist jetzt fast vollständig. Wir haben die Teile gefunden, die erklären, warum alle bisher bekannten Wege noch nicht wirklich aus dem Skript herausgeführt haben, auch wenn sie den beteiligten Personen klar sind. Die Antreiber sind ein mächtiger Mechanismus, der so stark mit Hoffnung verknüpft ist, dass er sehr schnell aktiviert wird und schwer zu überwinden ist.

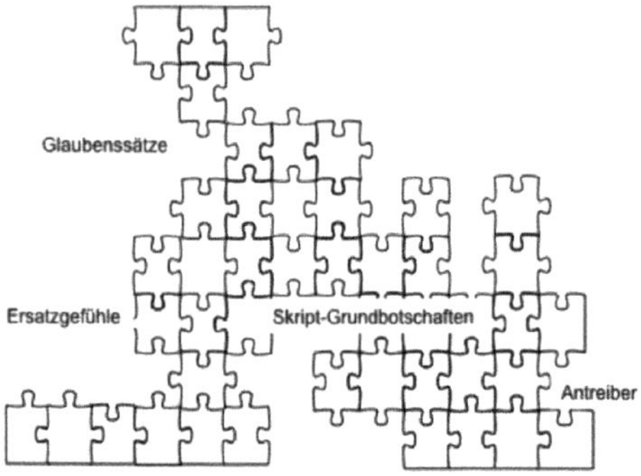

Antreiber sind dem Bewusstsein gut zugänglich, weil sie so deutlich – auch für einen selbst – im Verhalten erkennbar sind. Hans und Marlene waren im vorigen Abschnitt ein gutes Beispiel dafür, wie Partner Antreiberverhalten wechselseitig erkennen und ihm aus dem Weg gehen können (als Marlene vorsichtig nachfragte, ob er einverstanden sei, wenn sie an ihren Themen arbeiten würde, und Hans nicht darauf einging).

In der Transaktionsanalyse werden oft »Erlaubnisse« als Gegenmittel gegen den Befehl des Antreibers empfohlen, wie zum Beispiel »Ich darf mir die Zeit nehmen, die ich brauche« gegen »Ich muss mich ständig beeilen« oder »Ich darf auch Fehler machen« gegen »Ich muss perfekt sein«. Meiner Erfahrung nach bleibt dieses Instrument eher auf der Ebene des Verstandes hängen. Es ist hauptsächlich an das Denken, Fühlen und Verhalten eines erwachsenen Menschen gerichtet und erreicht nicht die Tiefe und Ernsthaftigkeit, mit der das seinerzeitige Kind seine Strategie entwickelt hat. Antreiber sind ja nicht nur eine Form des Handelns. Ihnen liegen tief verwurzelte und verzweigte Denk- und Fühlprozesse zugrunde, die mit der Seele eines Kindes zu tun haben, und diese arbeitet und verarbeitet ganz anders als die eines erwachsenen Menschen.

Kinder haben oft magische und märchenhafte Vorstellungen vom Leben. Sie leben in den Geschichten weiter, die ihnen erzählt wurden, die sie selber gelesen oder auch erfunden haben. Oft werden die Hauptfiguren dieser Geschichten zu ihren Vorbildern, weil sie ganz ähnliche Schicksale wie sie zu haben scheinen. Helden von Sagen, Mythen und Märchen fühlen sich auch von starken Motiven angetrieben, wollen schwierigen Lebenssituationen entkommen und ihr Schicksal meistern. Viele von ihnen haben stark zu sein und viel zu ertragen, bis sie an ihr Ziel kommen. Andere müssen Aufgabe um Aufgabe perfekt bewältigen, wieder andere übermenschliche Anstrengungen vollbringen. Dann gibt es welche, von denen gefordert ist, lieblich und immer gut gelaunt zu sein, um ihren Prinzen zu finden, und welche, die unter großem Zeitdruck stehen und bis Sonnenuntergang eine Aufgabe lösen müssen.

Auch der kleine Hansl glaubt, dass er viele schwierige Abenteuer bestehen muss, um dann endlich zu dem guten Ende zu kommen, das solche Geschichten haben: Und sie lebten glücklich und zufrieden bis ans Ende ihrer Tage. Wenn ich nur lang genug stark bin und alles ertrage, denkt und fühlt er, dann werde ich eines Tages belohnt werden. Dann werde ich eine wunderschöne Frau finden und erreichen, dass sie mich wirklich von ganzem Herzen liebt. Dann wird sich – in der uns mittlerweile geläufigen Fachsprache – meine Skriptbotschaft in Luft auflösen, die Glaubenssätze werden nicht mehr stimmen, kein schreckliches Gefühl wird mich mehr bedrohen und ich kann endlich aufhören, stark sein zu müssen.

Irgendwo im erwachsenen Hans gibt es immer noch den Traum vom starken Helden, der für all sein Dulden eines Tages belohnt werden wird. Wenn dieser Lohn – die immerwährende Liebe – sich nicht einstellt, dann nur, weil er noch nicht stark genug war. Also nimmt er einen neuen Anlauf und kämpft seinen Kampf weiter.

Antreiber als innere Mechanismen sind also mit blumigen und märchenhaften Fantasien ausgestaltet. Diese magische Welt hat das Kind damals verwendet, um sein Skript so gestalten zu können, dass dessen grausamste Schärfen abgemildert wurden. Wir können diese Welt auch heute noch nutzen, um konstruktive, ebenso fantasievolle Auswege und Alternativen zu finden.

Wie sieht das bei Marlene und Hans aus?

HANS UND MARLENE

THERAPEUT: Ich möchte noch einmal die Situation von vorletzter Sitzung ansprechen, in der ich davon beeindruckt war, wie Sie mittlerweile miteinander umgehen.

MARLENE: Sie meinen, als ich bei Hans so nachgefragt habe, ob er wirklich einverstanden ist, wenn ich weitermache?

THERAPEUT: Genau.

HANS: Als du es mir recht machen wolltest.

THERAPEUT: Das ist genau der Punkt. Marlene, nach allem, was ich mittlerweile von Ihnen weiß, von Ihrer Gegenwart und vor allem von Ihrer Geschichte, ist dieses Rechtmachen meinem Eindruck nach eine große Triebfeder für Sie.

MARLENE: Wie meinen Sie das?

THERAPEUT: Da gibt es zum Beispiel immer wieder Situationen wie die erwähnte, in denen Sie fragend zu Hans schauen. Oft am Anfang der Sitzung, wenn ich Sie beide frage, worüber Sie heute sprechen wollen. Wie Sie all die Jahre Ihrer Beziehung immer wieder schnell bereit waren, ihm zu verzeihen, auch wenn Sie sehr verletzt waren.

MARLENE: Probiert habe ich es immer wieder. Hat aber nicht wirklich funktioniert.

THERAPEUT: Sie haben beispielsweise erzählt, dass Sie an dem Tag, nachdem Sie von seiner Affäre erfahren haben, ein romantisches Essen mit Kerzenlicht zubereitet und sich schick angezogen haben.

MARLENE: Das ist mir heute peinlich. So richtig nach der Ratgeberin einer Frauenzeitschrift.

THERAPEUT: Ich kann Sie gut verstehen. Ich habe ja die kleine Leni kennengelernt, die entdeckt hat, dass Bravsein die beste Alternative für sie war. Dann war der Vater milde gestimmt und stolz auf seine Tochter. – Was denken Sie gerade, Marlene?

MARLENE: Dass Sie recht haben. Mir sind gerade eine Million Erinnerungen gekommen – an die Schulzeit, als die Lehrerin ständig gesagt hat: Nehmt euch ein Beispiel an der Leni. Die ist wirklich eine Brave! Die anderen Kinder haben mich dafür gehasst, und ich habe ihnen Geschenke gebastelt, damit sie mich wieder mögen. An die unsäglichen Großeltern-Nachmittage natürlich. Wenn ich meine Freundin besuchen wollte und meine Mutter es mir verboten hat, weil die Sophia, meine Freundin, zu wild war. Sophia wollte, dass ich heimlich aus dem Fenster klettere und zu ihr komme, aber das hätte ich mich nie getraut.

THERAPEUT: Hatten Sie ein Lieblingsmärchen oder eine Lieblingsgeschichte als Kind?

MARLENE: Am liebsten hätte ich Pippi Langstrumpf gelesen, aber das war auch verboten. Sophia hat mir ihre Bücher geborgt, und ich habe sie heimlich gelesen. Aber viel zu schnell und manchmal nicht fertig, weil ich das Buch wieder zurückgegeben habe, damit es nicht gefunden wird. Vielleicht hätte ich Pippi gern als Lieblingsgeschichte gehabt ... aber bei uns zu Hause waren mehr die klassischen Märchen angesagt und die üblichen Mädchenbücher der Zeit damals.

THERAPEUT: Und bei den Märchen?

MARLENE: Hmmm ... alle diese üblichen Sachen von den Prinzessinnen, die erlöst werden, Dornröschen, Schneewittchen ... eigentlich am meisten gerührt hat mich das Aschenputtel.

THERAPEUT: Das brav zu Hause sitzen bleibt und Linsen klauben muss, während seine Stiefschwestern auf den Ball ins Schloss gehen dürfen.

MARLENE: Ja, aber weil sie so brav und anständig ist, helfen ihr die weißen Tauben, und sie darf doch ins Schloss und kriegt ein Kleid und am Schluss den Prinzen.

THERAPEUT: Weil sie so brav und anständig ist. So wie die kleine Leni. Das ist die Moral der Geschichte: Mädchen, die immer brav sind und es allen recht machen, werden belohnt und bekommen einen Prinzen.

MARLENE: Ein ganz schön blödes Märchen.

THERAPEUT: Das würde ich nicht sagen. Es hat Ihnen sehr geholfen – damals.

HANS (lächelt): Dann wäre ich der Prinz, auf den du gehofft hast?

THERAPEUT: Und Sie, Hans? Haben Sie nicht auf eine Prinzessin gehofft? Tun wir das nicht alle mehr oder weniger?

HANS: Ich hab natürlich schon überlegt, was meine Geschichte sein könnte. Und jetzt weiß ich es: die Odyssee!

THERAPEUT: Zehn Jahre Kampf im Trojanischen Krieg, und dann zehn Jahre Irrfahrt. Übermenschliche Abenteuer – der menschenfressende einäugige Riese ...

HANS (lächelt): Polyphem!

THERAPEUT: ... eine Wanderung durch die Unterwelt, Seeungeheuer. Alle seine Gefährten waren tot, als er alleine nach Ithaka zurückkehrte. Und da wartet sie, die Prinzessin: Penelope, seine Gattin, seit zwanzig Jahren.

MARLENE: Das gibt's nicht! Das kommt genau hin! Vor bald zwanzig Jahren hast du deine erste ... wie soll ich sagen ...

THERAPEUT: ... Außenbeziehung gehabt.

MARLENE: Genau.

HANS: Das ist jetzt aber Zufall.

THERAPEUT: Kann sein. Aber dass Odysseus der Held des kleinen Hansl geworden ist, das ist sicher kein Zufall. Ebenso wenig wie Aschenputtel für die kleine Leni. Ein Held, der stark sein und alles ertragen muss, eine Heldin, die es allen recht machen muss. Beide, damit sie endlich erlöst werden und die Liebe eines Prinzen, einer Prinzessin finden. Damit am Ende alles gut wird.

MARLENE (nach längerem Schweigen): Aber da können wir ja ewig warten! Prinzen und Prinzessinnen und ein glückliches Ende gibt es doch nur im Märchen.

THERAPEUT: Ja, wenn man es zwei weißen Tauben überlassen muss. Oder wie in der Sage den Göttern, die strafen oder erretten können. Aber Sie müssen ja nicht weiter warten, dass Aschenputtel und

Odysseus zu dem guten Ende kommen, dass die Brüder Grimm und Homer für sie vorgesehen haben.

HANS: Sondern?

MARLENE: Warte einen Augenblick, Hans. Ich glaube, ich habe eine Idee. Klar könnte ich sagen, ich bin halt nicht das Aschenputtel, und ich brauche keinen Prinzen. Aber so klingt das irgendwie langweilig. Unromantisch. Mir ist gerade was anderes eingefallen: Die Gebrüder Grimm würden doch nichts dagegen haben, wenn wir das Märchen umschreiben?

HANS: Schwerlich. Die sind tot.

MARLENE: Das meine ich doch nicht. Ich meine, wäre es schlimm, wenn man ein anderes Ende erfinden würde?

THERAPEUT: Schlimm für wen? Für die kleine Leni, die so lange an dieses Märchen geglaubt hat?

MARLENE: Vielleicht. Ich hab das schon immer sehr schön gefunden, wie der Prinz am Schluss herausfindet, dass der Schuh wirklich auf ihren Fuß passt.

THERAPEUT: Aber sie muss warten und hoffen, und nur die Tauben können ihr helfen.

MARLENE: Meine Idee vorher war ja: Pippi Langstrumpf könnte dem Aschenputtel helfen.

THERAPEUT: Das heißt, Sie würden Ihre zwei Lieblingsgeschichten verbinden: das brave Mädchen und das wilde Mädchen.

MARLENE: Ja. Die eine, die sich immer um die Wünsche der anderen kümmert, und die andere, die sich darum überhaupt nichts schert. Aschenputtel sitzt in der Küche und klaubt die Linsen aus. Da klettert Pippi Langstrumpf beim Fenster herein und fragt sie, was sie denn da tut. Und sie erklärt es ihr. Pippi schüttelt den Kopf und sagt: schön blöd! Sie stößt mit dem Fuß gegen die Linsenschüssel, und alle liegen in der Küche herum. Soll die böse Stiefmutter das doch selber machen! Komm, Aschenputtel, wir gehen in die weite Welt. Vergiss den Prinzen! Was willst du denn mit einem Mann, für den der Vater einen Ball veranstaltet, damit er vielleicht eine Frau findet? (Lebhaft) Ja, das ist gut. Die beiden gehen einfach in die Welt hinaus, und Aschenputtel darf so frech und wild sein wie Pippi. Mit Pippi als Freundin kann sie alles schaffen! Die Stiefmutter kann den bösen Schwestern meinetwegen die Füße abhacken oder nicht, und der Prinz kann heiraten, wen er will!

Den Antreiber zu finden, um mit den Grundbotschaften, den Glaubenssätzen und den Ersatzgefühlen zurechtzukommen, war eine kreative Leistung. Als Metapher dafür hat sich Leni das Schicksal von Aschenputtel gewählt. Die Geschichte ist für sie so etwas wie eine Leitschnur, die sie durch ihr Leben führt und ihr Hoffnung gibt. In einem neuen, ebenso kreativen Akt findet sie für ihr heutiges Leben eine Wende. Sie findet ein neues Leitmotiv: die Unterstützung von Pippi Langstrumpf, die sie ermutigt, sich wichtig zu nehmen, dem Leben einen neuen Sinn zu geben und wild und zornig zu sein, wenn ihr danach ist. Diese innere Pippi kann ihr helfen, ihre Skriptbausteine Stück für Stück abzutragen und ihr Leben und ihre Beziehung selbst zu bestimmen.

Und wie ist das bei Hans?

HANS UND MARLENE

HANS: Da könnte man fast neidisch werden.

THERAPEUT: Neidisch?

HANS: Ja, weil Marlene so eine tolle Wendung in der Geschichte gefunden hat.

THERAPEUT: Und wie ist das mit Odysseus?

HANS: Die Abenteuer des Odysseus sind für mich immer die Abenteuer des Odysseus. Da gibt es nichts zu verändern. Er hat es schwer gehabt, genau wie ich. Was hätte er denn tun sollen? Nicht in den Trojanischen Krieg ziehen? Alle griechischen Fürsten mussten das.

THERAPEUT: Sie haben sich gründlich mit der Odyssee beschäftigt.

HANS: Ja, das habe ich. Ich habe später sogar versucht, Altgriechisch zu lernen, um sie im Original zu lesen.

THERAPEUT: Sie haben recht. Die Odyssee kann nicht umgeschrieben werden. Odysseus hat erlebt, was er erlebt hat. Wie alt wird er gewesen sein, als er Ithaka damals verließ, um dann zehn Jahre lang Troja zu belagern?

HANS: So, wie ich mir das als Bub vorgestellt habe, schon ziemlich alt und ziemlich erwachsen. Aber nach der damaligen Lebenserwartung wird das wohl nicht so gewesen sein. Ich schätze, vielleicht zwanzig, fünfundzwanzig.

THERAPEUT: Dann war er vierzig, fünfundvierzig, als er zurückgekehrt ist. Wie könnte sein Leben dann weitergegangen sein? Ein friedlicher Lebensabend mit Penelope? Hat er Wein angebaut? Seinem Sohn bald den Thron übergeben?

HANS: Das macht mich sehr nachdenklich, was wir da reden. Es stimmt ja. Als Odysseus heimgekehrt ist, war er wahrscheinlich jünger als ich jetzt. Und ich habe immer geglaubt, ich bin mitten in seinen Abenteuern drin, und das gute Ende kommt erst. Die Abenteuer sind ja vorbei.

THERAPEUT: Die Abenteuer sind vorbei. Odysseus muss nicht mehr stark sein.

HANS: Er kann durch die Berge seiner Insel wandern und sich mit seinen Freunden treffen. (Lacht.) Wenn denen die alten Heldengeschichten nicht schon langweilig geworden sind. (Pause) Und manchmal ist er auch traurig um seine Gefährten und um die vielen Jahre, die er versäumt hat. Aber vor allem: Er kann Zeit mit Penelope verbringen. Schließlich hat sie lange genug auf ihn gewartet. Und ... (lange Pause) ... sie hat immer auf ihn gewartet.

MARLENE (sieht ihn an): Ja. Das hat sie.

HANS: Danke, Marlene. (Pause) Sollen wir diesen Sommer wieder nach Griechenland fahren? So wie damals, bevor die Kinder da waren?

MARLENE (lächelt): Du meinst, auf die Insel Ithaka?

HANS: Ja.

MARLENE: Gern. Wenn wir dafür nächstes Jahr – halt, stopp: nein! Griechenland kommt erst nächstes Jahr dran. Heuer fliegen wir nach Schweden. Ins Astrid-Lindgren-Museum!

Wir können sehen, wie stark die (unbewusste) Hoffnung auf das gute Ende der Geschichte, untermauert durch die Antreiber-Sage, in Hans verwurzelt ist: Er will das Schicksal des Odysseus nicht verändern. Natürlich gäbe es diese Möglichkeit auch: Der griechische Held müsste beispielweise überhaupt nicht in den Krieg ziehen und könnte sich anders einen legendären Namen erwerben. Aber die Variante, dass er seine Abenteuer alle schon erlebt hat und jetzt sein Leben genießen, aber auch um Unwiederbringliches trauern kann, hat auch etwas für sich. Schließlich hat ja Hans seine eigenen Kämpfe gegen die Schreckgespenster seines Lebens auch absolviert – und dabei auch vieles verloren.

Das Entscheidende in diesem Teil der Arbeit besteht darin, den alten Anker, der aus dem Skript herausführen sollte und es doch nur intensiviert, durch einen neuen zu ersetzen. Wie das funktionieren kann, sieht man bereits am Ende der Gesprächssequenz: Marlene/Aschenputtel wollte es Hans noch einmal recht machen und ihren Urlaubswunsch zurückstellen. Sie besinnt sich – man könnte sagen, sie fragt Pippi Langstrumpf um Rat – und nimmt sich und ihren Wunsch ernst. Dass beide auf den Spuren ihrer neuen Ankerfiguren wandern wollen, zeigt, dass die neue Wendung in ihnen bereits zu wirken beginnt. Davon erzählen sie auch in der nächsten Stunde.

HANS UND MARLENE

MARLENE: Das mit der Pippi klappt ganz wunderbar. Ich frage sie immer wieder um Rat, wenn ich merke, dass ich wieder dabei bin, mich selbst zurückstellen. Und oft kommt sie ganz ungefragt und sagt: so ein Blödsinn! Lass das bleiben und denk an dich! Das macht viel Spaß, aber immer kann ich ihr nicht recht geben. Neulich zum Beispiel bin ich in eine Verkehrskontrolle geraten, und da wollte die Pippi einfach weiterfahren. Da ist dann die Aschenputtel-Strategie besser: stehen bleiben und höflich mit der Polizei reden.

THERAPEUT: Toll, Marlene, vor allem, wie Sie differenzieren. Manchmal kann es sehr hilfreich sein, sich anzupassen, und manchmal ist es genau das Falsche. Wie sieht das in der Beziehung mit Hans aus?

MARLENE: Ich sage viel öfter, was ich will und was ich nicht will. Manchmal ist es auch okay nachzugeben, aber sicher nicht immer.

THERAPEUT: Und Hans, wie geht es Ihnen mit dem heimgekehrten Odysseus?

HANS: Ich habe viel über ihn nachgedacht, wie sein Leben jetzt aussehen könnte. Ich bin drauf gekommen, dass es keineswegs nur beschaulich ist. Er hat eine Menge Arbeit, er muss sein Königreich regieren und schützen, er muss auf seinen Weinbau und auf seine Landwirtschaft schauen. Und ja, traurig ist er auch, dass es so war, wie es war. Er vermisst seine Gefährten, und er leidet darunter, dass er nicht unschuldig an ihrem Tod ist. Aber er braucht keine Abenteuer mehr und muss keine Ungeheuer besiegen.

THERAPEUT: Und kann er Ihnen in Ihrem Leben hilfreich sein?

HANS: Ja, sehr. Ich frage mich immer wieder: Ist das jetzt ein Abenteuer oder eine ganz normale Lebensaufgabe?

THERAPEUT: Zum Beispiel?

HANS: Wenn es wieder Probleme mit meinem Chef gibt. Er ist kein Ungeheuer, er ist halt ein ganz normal schwieriger Vorgesetzter. Ich muss nicht alles von ihm erdulden, und ich muss auch nicht ständig gegen ihn kämpfen.

THERAPEUT: Und wie ist das mit Marlene?

HANS: Die ist erst recht kein Ungeheuer. Manchmal gefällt es mir, wie sie wie die Pippi sagt: Nein, das will ich nicht. Das macht einfach vieles klarer. Und manchmal gefällt es mir nicht, aber dann muss ich auch nicht in den Krieg gegen sie ziehen.

Die Erschaffung der neuen inneren Hilfsfiguren ist die zentrale Skript-Neuentscheidung für die beiden. Der heimgekehrte Odysseus und die neu gefundene Pippi helfen ihnen, ihre Grundbotschaften zu entkräften. Sie dürfen wichtig sein und sich und einander wichtig nehmen. Damit müssen sie sich auch nicht mehr an ihre Glaubenssätze halten, sondern können jede Situation neu überprüfen. So kann auch Platz für ihre authentischen Gefühle entstehen. Wie sie damit umgehen, werden wir im nächsten Abschnitt sehen, in dem wir wieder auf ihr Stroke-Muster unter dem Aspekt der Übertragung, des »Gummibandes«, zurückkommen werden.

PERSÖNLICHE ÜBUNGEN

Auch dieser Übungsteil wird sich damit beschäftigen, wie wir das Filmdrehbuch Ihres Skripts, das Ihres Partners und Ihre gemeinsamen Verflechtungen um diesen weiteren Baustein erweitern können. Doch zuerst wollen wir Ihrem Antreiber und einer für Sie passenden Märchen- oder Geschichtenfigur auf die Spur kommen. Natürlich muss das nicht immer eine Gestalt aus der Literaturgeschichte oder einem Kinderbuch sein. Sie kann auch selbst erfunden sein, aus einem Film stammen oder aus einem Comic kommen. Donald Duck, Asterix oder Lucky Luke beispielsweise könnten sich ebenso gut dafür eignen wie Odysseus bei Hans oder Aschenputtel bei Marlene.

Doch beginnen wir mit den Antreibern, Ihrem (oder Ihren) und dem (oder denen) Ihrer Partnerin. Sie haben in diesem Abschnitt Beispiele für einige von ihnen gefunden und sich vermutlich schon während des Lesens Gedanken darüber gemacht, was für Sie zutreffen könnte.

ÜBUNG 30
MEIN(E) HAUPTANTREIBER

Überdenken Sie Ihr Verhalten in Situationen von Stress und Belastung (in der Beziehung, im Beruf, in anderen Situationen). Was ist Ihre spontane Strategie, um damit umzugehen?

Sie finden hier noch einmal die fünf Antreiber aufgelistet. Bitte bewerten Sie sie alle auf einer Skala von 1 bis 10 (1: Das trifft sicher für mich nicht zu, dieser Antreiber spielt keine nennenswerte Rolle in meinem Leben; 10: Das trifft ganz genau auf mich zu, diesen Leitsatz wende ich bewusst oder unbewusst regelmäßig an). Sie müssen sich nicht gleich für einen oder zwei entscheiden, bewerten Sie jeden Antreiber für sich, unabhängig von den anderen. Wenn Sie unsicher sind, lesen Sie noch einmal in den Erklärungen und Beispielen im vorangegangenen Abschnitt nach.

- Ich muss stark sein und alles ertragen
  Punkte: ☐
- Ich muss es allen recht machen
  Punkte: ☐
- Ich muss mich ständig anstrengen
  Punkte: ☐
- Ich muss mich ständig beeilen
  Punkte: ☐
- Ich muss perfekt sein
  Punkte: ☐

Der Antreiber mit den meisten Punkten ist der für Sie maßgebliche. Es kann sein, dass Sie zwei oder sogar drei mit hohen Punktzahlen haben (7 Punkte oder mehr). Sollten Sie sich nicht entscheiden können, könnte das ein Hinweis darauf sein, dass Sie auch diese Übung perfekt machen wollen.

Vielleicht sind Sie überrascht, wie oft Ihr Antreiber in Ihnen aktiv wird. Sie können davon ausgehen, dass das bei Ihnen – wie bei den meisten Menschen – nahezu täglich und auch mehrmals täglich (und nächtlich) der Fall ist. Es muss an dieser Stelle nicht zwingend sein, dass Sie sich eindeutig auf einen Antreiber festlegen. Wenn Sie sich unsicher sind, macht das nichts. Wahrscheinlich wird Ihnen einiges während der folgenden Übungen und auch später im Gespräch mit Ihrem Partner klarer werden.

Jetzt geht es darum, so wie Hans und Marlene eine Gestalt, eine Figur, einen Menschen oder auch ein Tier zu finden, der oder das ein inneres Vorbild für das Entwickeln und Ausdrücken dieses Antreibers für Sie war oder ist. Auch dazu haben Sie vielleicht schon Überlegungen angestellt.

ÜBUNG 31
MEIN ANTREIBERVORBILD

Hatte ich als Kind ein Lieblingsbuch? Ein Lieblingsmärchen? Eine Sage? Eine Geschichte? Gab es eine Comicfigur oder eine Gestalt aus einem Film, einer Fernsehserie, mit der ich mich besonders identifizieren konnte?

Gibt oder gab es eine Person aus einem Buch, einem Film in meinem erwachsenen Leben, in der ich mich besonders wiederfinde oder wiederfand? (Beschreiben Sie sie so ausführlich wie möglich.)

Was hat oder hatte diese Gestalt mit mir gemeinsam?

Verkörpert sie für mich meinen Antreiber?

Nehmen Sie sich für diese Übung Zeit. Wenn Sie wollen, lesen Sie nach, erforschen Sie im Internet Hintergründe, sehen Sie sich Filme oder Filmausschnitte an. Erlauben Sie sich, auch Freude daran zu haben, Ihre Figur näher kennenzulernen und herauszufinden, wo es Ähnlichkeiten, aber auch Unterschiede zu Ihnen gibt. Dieser Teil Ihrer Persönlichkeit und Ihrer Geschichte ist kreativ und fantasievoll. Sprechen Sie darüber noch nicht mit Ihrem Partner, denn im Folgenden werden Sie für ihn und er für Sie auch eine Figur finden. Dabei sollen Sie ihn nicht beeinflussen und selbst auch nicht beeinflusst werden.

Doch zuvor geht es noch um Ihr Bild von seinem Antreiberverhalten, das Sie aus Ihrer Sicht einschätzen sollen.

ÜBUNG 32
DEIN(E) HAUPTANTREIBER

Überdenken Sie das Verhalten Ihrer Partnerin in Situationen von Stress und Belastung (in der Beziehung, im Beruf, in anderen sozialen Beziehungen). Was ist ihre spontane Strategie, um damit umzugehen?

Bitte bewerten Sie auch für sie die Antreiber auf einer Skala von 1 bis 10 (1: Das trifft sicher für sie nicht zu, dieser Antreiber spielt keine nennenswerte Rolle in ihrem Leben; 10: Das trifft ganz genau auf sie zu, diesen Leitsatz wendet sie bewusst oder unbewusst regelmäßig an). Sie müssen sich nicht gleich für einen oder zwei entscheiden, bewerten Sie jeden Antreiber für sich, unabhängig von den anderen.

- Ich muss stark sein und alles ertragen
  Punkte: ☐
- Ich muss es allen recht machen
  Punkte: ☐
- Ich muss mich ständig anstrengen
  Punkte: ☐
- Ich muss mich ständig beeilen
  Punkte: ☐
- Ich muss perfekt sein
  Punkte: ☐

Der Antreiber mit den meisten Punkten ist Ihrer Einschätzung nach der für Ihre Partnerin maßgebliche. Beachten Sie dabei bitte, dass es nur um Ihre subjektive Meinung geht. Sie kann das auch ganz anders sehen.

Sie wissen wahrscheinlich, für welche Bücher, Geschichten, Filme, Comics oder Fernsehserien Ihr Partner eine Vorliebe hat oder hatte. Haben Sie sich schon gefragt, warum? Was findet er darin von sich selbst wieder?

ÜBUNG 33
DEIN ANTREIBERVORBILD

Finden Sie auch für Ihre Partnerin eine Figur aus einem Buch, einer Geschichte, einem Märchen, einem Film, einer Fernsehserie, einem Comic, die ihr Antreiberverhalten treffend verkörpern könnte. Das kann, muss aber nicht eine Gestalt sein, von der Sie wissen, dass sie für Ihre Partnerin wichtig ist. Es kann auch jemand oder etwas sein, das sie gar nicht kennt. Beschreiben Sie sie so ausführlich wie möglich.

Was hat diese Gestalt mit ihr gemeinsam?

Wie war es für Sie, diese Figur, dieses Vorbild für das Leben Ihres Partners zu finden? Wo und wie begegnet Ihnen diese Gestalt im täglichen Leben wieder? Macht diese Vorstellung manches leichter oder schwerer? Behalten Sie auch jetzt Ihre Gedanken und Überlegungen noch für sich, gleichen Sie sich noch nicht mit Ihrer Partnerin ab. Zuerst wollen wir diese Antreiber in unseren Film einbauen.

ÜBUNG 34
ANTREIBER: WIR DREHEN EINEN FILM

(Teil 1: Ich, Szenen 7–8)

In der bisher vorletzten, der fünften Szene haben wir uns mit den Gefühlsgestalten – den bedrohlichen und den hilfreichen – der kindlichen Hauptdarstellerin beschäftigt.

Jetzt tritt noch eine unterstützende Figur auf den Plan. Sie stammt aus einer Geschichte, einem Märchen, einer Sage, einem Film oder einem Comic und ist das Antreibervorbild, das Sie in Übung 30 identifiziert haben.

Sie tritt in das Leben des Kindes und will ihm helfen, sein mittlerweile schon recht schwierig gewordenes Dasein zu bewältigen. Was sagt sie zu ihm? Was schlägt sie ihm vor? Was tut sie für das Kind? Sie wird es ab jetzt weiter begleiten und sich auf Schritt und Tritt zu Wort melden.

Wieder wechselt das Szenario zur Außensicht des Kindes. Wir können es mit den Augen der Erwachsenen in seinem Leben betrachten. Wie verhält es sich jetzt? Was tut es, was tut es nicht, was sagt es, was sagt es nicht? Wie scheitert es immer wieder daran, mit Hilfe seiner Antreiberfigur alles besser zu machen?

Allmählich nimmt unser Film Gestalt für seinen ersten Teil an. Immer eindrücklicher können wir dieses von seiner Umwelt wenig verstandene Kind in seiner Not und seinen inneren und äußeren Mechanismen sehen. Es hat schon fast alles Rüstzeug beisammen, das es braucht, um – ausgehend von den Startbedingungen, die es bekommen hat – in dieses Leben hinauszugehen.

Werfen wir noch einen Blick auf das zweite Kind, das dem anderen viele Jahre später begegnen und mit ihm einen gemeinsamen Weg gehen wird.

ÜBUNG 35
ANTREIBER: WIR DREHEN EINEN FILM

(Teil 2: Du, Szenen 7–8)

Auch hier tritt die Gestalt auf den Plan, die Sie vorher für Ihre Partnerin als Vorbild für ihr Antreiberverhalten entdeckt haben. Sie will dem Kind helfen, mit seinen Skriptbausteinen besser zurechtzukommen und einen Ausweg daraus zu entdecken, mit dessen Hilfe am Ende alles gut werden soll.

Was sagt sie zu ihm? Was schlägt sie ihm vor? Was tut sie für das Kind? Sie wird es ab jetzt weiterbegleiten und sich auf Schritt und Tritt zu Wort melden.

Das Szenario wechselt zur Außensicht des Kindes. Wir können es mit den Augen der Erwachsenen in seinem Leben betrachten. Wie verhält es sich jetzt? Was tut es, was tut es nicht, was sagt es, was sagt es nicht? Wie scheitert es immer wieder daran, mit Hilfe seiner Antreiberfigur alles besser zu machen?

Auch für das zweite Kind haben wir jetzt das Drehbuch fast fertig. Wir haben einen guten Überblick darüber, wie es mit seinem Leben umgeht, was es kann und was es nicht kann, was es noch lernen muss und was es so nicht oder nur unzureichend lernen kann.

Wieder machen wir in der Fortsetzung des dritten Teils des Films einen Sprung in die Gegenwart, in der die beiden Kinder erwachsen geworden sind und ihr Leben (mehr oder weniger) miteinander teilen. Wieder werden wir sehen, wie sie ihre Vergangenheit wie in einem Rucksack mit sich genommen haben und wie das, was geschehen ist, immer noch geschieht.

ÜBUNG 36
ANTREIBER: WIR DREHEN EINEN FILM

(Teil 3: Wir, Szenen 7–9)

Wir sind wieder im erwachsenen Leben der beiden Hautdarsteller. In Szene sieben sehen wir die zwei in einem Konflikt, einer Auseinandersetzung, einem Streit, in dem beide sich – jeder auf seine Art – verzweifelt bemühen, einen Ausweg zu finden. Und doch scheitern sie daran – und versuchen es immer und immer wieder auf die gleiche Art.

Was sagen die beiden zueinander und was tun sie? Was sagen und tun sie nicht? Wie kommt es, dass das Bemühen die beiden doch nicht zueinander finden lässt?

Notieren Sie die Szene in Stichworten.

In der achten Sequenz des Wir-Teiles unseres Films tauchen hinter den Protagonisten des Films ihre Antreibervorbilder auf. Sie sind es, die die Lösungsversuche der beiden steuern, so wie sie es schon seit Jahrzehnten tun.

Was sagen diese symbolischen Figuren zu den Hauptdarstellern? Wie ermutigen sie die beiden, immer wieder weiterzumachen, auch wenn es noch so aussichtslos erscheint?

Die neunte Szene bringt wieder Rückblenden in die gemeinsame Geschichte des Paares. Die Erinnerungen können sowohl aus der unterschiedlichen Sicht der beiden als auch nur aus seiner oder nur aus ihrer Sicht kommen. In all diesen Bildfolgen spielen die Antreiberfiguren mit und beeinflussen das Denken, Verhalten und Fühlen der Hauptdarsteller. Wie sehen diese Erinnerungsbilder aus? Aus welchen Zeiten stammen sie?

Schließen Sie die Arbeit am Film, soweit er sich mit der Vergangenheit und der Gegenwart beschäftigt, wieder innerlich ab. Nehmen Sie sich Zeit, diesen mittlerweile sehr komplexen Eindruck von Ihrem Leben und dem Ihrer Partnerin und vor allem Ihrer gemeinsamen Zeit wieder ruhen zu lassen. Tauschen Sie sich noch nicht mit ihr aus; dafür wird nach der folgenden Übung Zeit sein. Im nächsten Abschnitt werden wir unseren Film dann in seinen ersten drei Teilen fertigstellen.

Jetzt brauchen wir noch einen Entwurf für ein Zukunftsszenario, das dabei helfen soll, aus dem Antreiberverhalten auszusteigen. Dafür brauchen Sie Ihre Fantasie und Ihre Kreativität, so, wie Sie sie damals gebraucht haben, als Sie als Kind Ihre Vorbilder für sich und Ihr Leben verinnerlicht haben.

Hier zwei Beispiele, die Ihnen Ideen und Anstöße für Möglichkeiten geben könnten, das Schicksal Ihres literarischen oder filmischen Vorbildes zu verändern:

Donald Duck (»Ich muss mich ständig anstrengen«): Donald bringt Onkel Dagobert dazu, sich aufs Altenteil zurückzuziehen und ihm einen großen Teil seines Vermögens zu überlassen. Donald kann endlich Daisy heiraten und führt mit ihr eine leidenschaftliche Liebesbeziehung, während Tick, Trick und Track endlich erwachsen werden.

Heidi (»Ich muss es den anderen ständig recht machen«): Heidi weigert sich erfolgreich, nach Frankfurt mitzufahren. Sie ist nicht dazu da, die Gesellschafterin der gelähmten Klara zu werden. Sie bleibt in der Schweiz und findet heraus, dass ihre Mutter zwar gestorben ist, ihr Vater aber lebt und nichts von ihr weiß. Sie setzt alle Hebel in Bewegung, um ihn zu finden, was ihr dann auch gelingt.

ÜBUNG 37
BRAUCHEN WIR UNSERE ANTREIBER WIRKLICH?
WIE KÖNNEN WIR DER GESCHICHTE EINE ANDERE WENDUNG GEBEN?

Vergegenwärtigen Sie sich noch einmal die Geschichte Ihrer Antreiberleitfigur. Wenn Sie wollen, lesen Sie noch einmal nach, sehen Sie sich den entsprechenden Film oder eine Folge aus der Serie an.

Wie könnte diese Figur, die in der Geschichte von ihrem Schicksal getrieben ist, dieses selbst in die Hand nehmen? Was für neue Lebensperspektiven werden dadurch eröffnet?

Nehmen Sie sich Zeit, die neuen Geschichten auszugestalten. Stellen Sie sich Begebenheiten, Dialoge, Beziehungen darin im Detail vor.

Wie kann diese veränderte Gestalt Ihr Leben anders beeinflussen, als das bis jetzt geschehen ist?

Machen Sie dieselbe Übung für Ihren Partner. Informieren Sie sich auch über seine Figur genau und erlauben Sie auch ihm, sein Lebensschicksal selbst neu zu gestalten und veränderten Einfluss auf das Verhalten jenseits des Antreibers zu nehmen.

Wenn Sie wollen, tauschen Sie sich jetzt mit Ihrer Partnerin über diesen Übungsteil aus. Nehmen Sie mit Interesse zur Kenntnis, welchen Antreiber sie bei sich selbst erkannt hat und ob es der gleiche oder ein anderer ist als der, den sie vermuten. Ebenso bei der Figur aus der Antreibergeschichte: Überrascht es Sie, was Ihr Partner da für Sie entdeckt hat? Finden Sie sich darin wieder, oder unterscheidet es sich deutlich von Ihrer eigenen Geschichte und Ihrer eigenen Leitfigur?

Wie geht es Ihnen mit dem neuen Ende, das er für Sie gefunden hat? Wenn es für Sie hilfreich ist, können Sie Elemente davon in Ihre eigene Neuerzählung integrieren.

Vieles von dem, was in unserem Skript-Puzzle noch gefehlt hat, ist jetzt deutlich geworden. Grundbotschaft, Glaubenssätze und Ersatzgefühle werden im Antreiberverhalten gleichsam gebündelt und auf die

Gegenwart fokussiert. Das mächtige Bemühen, das Skript endlich gut werden zu lassen, scheitert – weil es die ursprünglichen Bausteine nicht überwinden kann, sondern letztlich nur verstärkt. Hier finden wir auch ein deutliches Motiv dafür, dass Paare sich so schwer trennen können: Wenn ich so lange versucht habe, es dem anderen recht zu machen, stark zu sein, mich anzustrengen, perfekt zu sein, mich zu beeilen, dann kann ich doch jetzt nicht aufgeben. Das würde mich in die bodenlose Verzweiflung darüber stürzen, dass mein Skript doch endlich wahr geworden ist. Erst das Erkennen und Verändern all dieser Mechanismen (mit Hilfe der anders gewordenen inneren Leitfigur) machen es möglich, Entscheidungen jenseits des Skripts zu treffen.

Ein Baustein aber fehlt uns noch: Ein Teil des Paares allein kann nicht aus dem Karussell aussteigen, der andere wird immer wieder versuchen, ihn zurückzuziehen. Was hat es auf sich mit diesem gemeinsamen Mechanismus, diesem »Gummiband«, wie wir es schon wiederholt genannt haben?

2.1.5 DER FÜNFTE SKRIPTBAUSTEIN:
... ABER SO GEHT ES DOCH IMMER WEITER! STROKE-MUSTER, ÜBERTRAGUNG UND DAS »GUMMIBAND« IN DIE VERGANGENHEIT

While I must live up to contracts
I did not give up my dreams
If I see it as experience
It hasn't gone to waste
Lately all the missing pieces
Have been falling into place
Billy Joel, Getting Closer

EIN LETZTER BEREICH FEHLT UNS NOCH in unserem Puzzle, damit wir den komplexen Prozess des Skripts und vor allem der Verknüpfung von zwei Skripts in einer Paarbeziehung wirklich verstehen können. Die vier bisherigen Bausteine – Grundbotschaften, Glaubenssätze, Ersatzgefühle, Antreiber – wurden in der Kindheit entwickelt und werden im erwachsenen Leben wieder und wieder durchgespielt und bestätigt. Mit ebendiesem eigenartigen Mechanismus – die Vergangenheit wird in der Gegenwart immer wieder neu aufgelegt – beschäftigen wir uns in diesem Abschnitt. Es ist, als würde etwas in uns und zwischen uns nicht erlauben, die Vergangenheit einfach hinter uns zu lassen. Bisher haben wir nur beschrieben, dass Menschen aufgrund ihrer frühen Erfahrungen in Beziehungen so destruktiv handeln, denken und fühlen, wie sie es tun. Es war eine brauchbare Erklärung dafür, wo alles herkommt. Doch *warum* das so ist, damit werden wir uns jetzt näher auseinandersetzen. Mehr noch: warum es besonders verstärkt auftritt, wenn ein Paar drauf und dran ist, sich aus seinen Fesseln zu befreien. Wir werden sehen, dass es um einen Mechanismus geht, der das Skript erst vollständig macht – mit seinem **FÜNFTEN BAUSTEIN**. Er wird **ÜBERTRAGUNG** oder auch »Gummiband« genannt. Das ist ein gemeinsamer innerer Prozess, der im Stroke-Muster sichtbar wird.

Beginnen wir mit einem kurzen Einblick in die Geschichte eines anderen Paares, das wir bisher noch nicht kennengelernt haben. Es sind Maria und Werner, beide Mitte sechzig und bereits im Ruhestand. Sie verbringen viel Zeit miteinander, aber das funktioniert nicht so, wie sie es sich vorgestellt haben. Statt ihr Leben zu genießen, reiben sie sich immer mehr aneinander. Zu dem Zeitpunkt, aus dem der folgende Gesprächsausschnitt stammt, sind sie schon fast ein Jahr mit unterschiedlichen Zeitintervallen in Paartherapie. Viel haben sie verstanden in dieser Zeit, vieles haben sie auch verändert – und trotzdem landen sie nach längeren glücklichen und entspannten Phasen immer wieder am gleichen Punkt. Immer wieder scheint es, als ob die Therapie erfolgreich beendet wäre und sie einen Neubeginn geschafft hätten, doch dann rufen sie an und bitten um einen neuen Termin.

MARIA UND WERNER

WERNER: Die letzte Woche war wirklich sehr gut – bis zum gestrigen Tag. Wir sind ganz normal aufgestanden, haben uns einen guten Morgen gewünscht, aber Maria war die ganze Zeit so angespannt und nervös, als ob sie etwas beschäftigen würde.

Ich habe sie dann gefragt, ob sie etwas bedrückt, aber sie hat nur mürrisch geantwortet, nein, es ist nichts, lass mich doch in Ruhe. Ich hab dann noch ein paar Mal nachgefragt, aber es kam immer die gleiche Antwort: Nein, es ist nichts. Ich habe aber gespürt, dass sie sehr wohl unruhig ist und immer unruhiger wird. Dann waren wir einkaufen, und die ganze Zeit über hat sie kaum geredet, aber ich hatte das Gefühl, dass ihr nichts an mir recht ist. Dann wollte ich kurz mit dem Auto in die Werkstatt fahren, weil etwas nicht in Ordnung war, aber auch das war ihr nicht recht. Da war dann wieder dieses: »Ja, fahr nur, dein Auto ist ja sowieso das Einzige, das dir wichtig ist!« Aber ich musste halt in die Werkstatt fahren. Später habe ich dann den Geschirrspüler eingeräumt, und die Dichtung hat geklemmt. Ich habe an der Türe herumgewerkelt, bis die Dichtung ganz abgerissen ist, dafür kann ich nichts. Da ist sie gekommen und hat mich beschimpft: »Jetzt hast du es kaputtgemacht, weil du das eben nicht kannst.« Dabei habe ich mich wirklich bemüht! Und das hat mich dann so gekränkt. Das hat mich wirklich gekränkt! Da habe ich mich dann wieder zurückgezogen, was ich schon lange nicht mehr getan habe, und habe kein Wort mehr gesprochen und habe den ganzen Abend vor dem Fernseher gesessen. Sie ist dann zwar gekommen und hat sich entschuldigt, aber das habe ich nicht mehr annehmen können. Ich war einfach so gekränkt. Heute ist es wieder besser, aber gut ist es noch nicht.

THERAPEUT: Maria, jetzt möchte ich Sie bitten, mir den gestrigen Tag zu erzählen, so wie Sie ihn erlebt haben.

MARIA: Ich bin ganz normal aufgestanden, ich muss dazu sagen, dass es mir jetzt wirklich besser geht. Ich fühle mich gut und ausgeschlafen, ich lese ein wenig und dann frühstücken wir gemeinsam. Und Werner hat mich ständig gefragt, ständig nachgebohrt, was denn mit mir los sei. Ich habe ihm zuerst nur gesagt, gar nichts sei los, und dann: Wenn du schon glaubst, dass ich unruhig bin, dann nimm mich doch einfach in den Arm! Aber das hat er natürlich nicht getan. Da habe ich schon gemerkt, dass er wieder beleidigt ist, aber ich habe mir gedacht: Gut, ich lasse ihm seine Zeit, es wird schon wieder werden. Nach dem Einkaufen war er dann so unruhig, er hat es überhaupt nicht zu Hause ausgehalten und gesagt, er würde in die Werkstatt fahren. Mir ist mittlerweile klar, dass sein Auto einfach das Wichtigste für ihn ist, das ist eben seine einzige Freude, und das akzeptiere ich auch. Also habe ich ganz ruhig gesagt, ja, kümmere dich um dein Auto, bis später. Als er heimgekommen ist, war es aber gar nicht besser. Er hat nervös im Haushalt herumhantiert, bis ich dann den Lärm in der Küche gehört habe, wie er die Türe vom Geschirrspüler aufgerissen und zugeschlagen hat. Dann habe ich ganz vorsichtig gesagt: Wahrscheinlich ist die Dichtung davon kaputt geworden. Ich kenne den Geschirrspüler halt besser als er, ich weiß, wie man damit umgehen muss. Ich hab nur gesagt: Einen Fehler kann jeder machen. Und dann war er sauer, ist hinausgestampft aus der Küche und hat sich ins Wohnzimmer vor den Fernseher gesetzt. Ich wusste, oje, jetzt ist es wieder so weit. Ich bin dann zu ihm gegangen und habe gesagt, es tut mir leid, wenn du das so gehört hast, ich wollte dich nicht kritisieren. Aber er hat die Arme hinter dem Kopf verschränkt und nur in den Fernseher geschaut. Da hab ich gesagt: Ist es wirklich so wie mit meinem Vater? Der hat auch oft drei Tage lang nicht mit mir geredet. Soll ich auf den Knien vor dir rutschen wie bei meinem Vater? Das halte ich nicht noch einmal aus!

Zwei ganz verschiedene Schilderungen, zwei ganz verschiedene Erlebenswelten. Jeder der beiden sieht sich als Opfer, obwohl er und sie sich redlich bemüht haben. Das ist nichts Ungewöhnliches, dieses Phänomen gibt es bei Paaren häufig, und wahrscheinlich kennen Sie es auch aus Ihrem eigenen Leben. Wenn Werner und Maria am Anfang ihrer

Therapie wären, könnten wir jetzt, beginnend mit dem Stroke-Muster, ihre Beziehungsfallen analysieren und nach Auswegen suchen. Wir könnten, wenn sie schon fortgeschrittener wären, die lebensgeschichtlichen Hintergründe dafür suchen, warum sie denken, fühlen und handeln, wie sie es tun. All das ist längst geschehen, und dieses ganze Instrumentarium ist ihnen zugänglich. Darum erleben sie auch längere Zeiten, in denen es ihnen wirklich gut miteinander geht.

Den entscheidenden Satz sagt Maria zum Schluss ihrer Erzählung: »Ist es wirklich so wie mit meinem Vater?« Wenn Werner sich zurückzieht und nicht mehr spricht, wenn er nach ihrer Definition »beleidigt« und nach seiner »gekränkt« ist, dann erlebt sich Maria wie an einem Gummiband zurückgezogen in ihre Vergangenheit mit ihrem kalten, lieblosen und strengen Vater, der sie immer dafür verachtet hat, dass sie »nur ein Mädchen« war und nicht der Sohn, den er sich erwartet hatte. Sie musste ihn tatsächlich auf Knien um Verzeihung bitten, ohne erhört zu werden.

Wenn Maria am Morgen wenig gesprächig ist, rührt sie damit bei Werner an eine Angst, die er von seiner ebenso kalten und lieblosen Mutter kennt (die mit einem gewalttätigen schweren Trinker verheiratet und deswegen ständig in Unruhe und Sorge war). Werner wurde regelmäßig kritisiert und zurechtgewiesen und konnte der Mutter nichts recht machen. Auch er wird von seinem Gummiband zurückgezogen, so als ob keine Zeit vergangen und er mehr als fünfzig Jahre jünger wäre. So sehr den beiden diese ihre Geschichte bewusst ist, scheinen sie doch in diesen Momenten nicht anders zu können. Wenn Werner hilfreich sein möchte, tadelt ihn Maria, wenn sie sich entschuldigt, straft er sie mit Schweigen. Sie aktivieren ihre Antreiber (»Ich muss mich ständig anstrengen« ist für beide das entsprechende Leitmotiv), kommen damit nicht ans Ziel und bleiben in ihren Kränkungen hängen.

Doch diese Verletzung rührt nur vordergründig aus dem Verhalten des anderen her. Sie kennen ja wechselseitig ihre Reaktionsmuster und wissen, dass sie leicht zu Missverständnissen führen können, die sich aber aufklären lassen. Die wirklichen Kränkungen sind die, die Maria von ihrem Vater und Werner von seiner Mutter erlebt hat. Bezeichnend ist, wie »gut« sie beide zusammenpassen.

Wir haben diesen Mechanismus schon öfter erwähnt: Wir haben über die unbewusste Hoffnung gesprochen, dass es diesmal endlich gut wird, über das Aktivieren der Glaubenssätze und der Ersatzgefühle, um den Staudamm vor den ursprünglichen (subjektiv unerträglichen) Gefühlen weiter aufrechterhalten zu können, über den Antreiber, es jetzt endlich und für alle Zeit gut werden zu lassen. Aber was bringt dieses immer gleiche Räderwerk in Gang, in dem sich beide nahtlos ineinanderfügen wie eine gut geölte Maschinerie? Es muss ein mächtiger Mechanismus sein, den sie sich da teilen (und Hans und Marlene geht es genauso, wie wir später sehen werden): ein Mechanismus, der sich hartnäckig allem bisher Erarbeiteten widersetzt. Er führt Paare manchmal in eine neuerliche Krise der Hoffnungslosigkeit (»Es war ja doch alles umsonst, wir kommen da nicht heraus«). Tatsächlich aber ist es ein letztes Aufbäumen dagegen, die Vergangenheit hinter sich lassen zu müssen.

Wir haben es hier mit dem Phänomen zu tun, das Sigmund Freud Übertragung genannt hat. Er stellte fest und berichtete zum ersten Mal 1912 darüber, dass Patientinnen Gefühle der Liebe, aber auch des Hasses, die sie aus ihrer Kindheit mitbrachten, unpassenderweise auf ihn richteten – eben übertrugen.[8] Mittlerweile ist diese Bezeichnung auch für andere Beziehungen als nur die therapeutische gebräuchlich und bedeutet: Erfahrungen, die wir in früheren Beziehungen gemacht haben, erleben wir in heutigen Beziehungen wieder. Sie werden gleichsam auf eine Leinwand projiziert, die vor den anderen Menschen gespannt ist. Natürlich geschieht das nicht in jeder beliebigen Art von Beziehung, sondern in Beziehungen mit Menschen, die uns besonders nahe sind. Am Beispiel von Maria und Werner wird das sehr anschaulich deutlich.

Doch wozu soll das gut sein? Das klingt doch völlig absurd. Warum wollen Menschen nicht sehen, dass es anders geworden ist, dass die Menschen der Gegenwart anders sind als die der Vergangenheit, und vor allem, dass sie selbst anders und längst erwachsen geworden sind? Warum tun sie so viel, um sich einbilden zu können, alles wäre gleich geblieben und ginge immer so weiter? Hängt das nur damit zusammen, dass wir es nicht anders gelernt haben? Wir haben uns doch mittlerweile in vielen anderen Bereichen jede Menge Neues zusätzlich angeeignet und machen vieles nicht mehr so, wie wir es als Kinder gemacht haben. Die »Macht der Gewohnheit« allein erklärt es wohl nicht.

Es hat nicht nur mit der Hoffnung zu tun, alles könne gut werden, die ich vorhin erwähnt habe. Es handelt sich auch um Widerstand dagegen, sich wieder und wieder an die alten Verletzungen erinnern zu müssen. Es ist, als ob eine innere Macht in Maria sagen würde: »Da streite ich mich doch lieber mit Werner über Kränkung und Entschuldigung, als dass ich mich mit meinem schrecklich unverzeihlichen Vater beschäftigen muss.« Und ebenso in Werners Unbewusstem: »Da bin ich doch lieber über Maria beleidigt und verzeihe ihr nicht, als dass ich mich damit auseinandersetze, wie unversöhnlich ich meiner Mutter gegenüber noch zwanzig Jahre nach ihrem Tod bin.«

Man kann sagen: Die beiden schützen sich gegenseitig davor, ihre Vergangenheit noch einmal aufrollen zu müssen und sich damit abzufinden, dass alles so war, wie es war, und keine Macht der Welt es ungeschehen machen wird.

Dazu haben sie ihr Gummiband. Wenn zwei Menschen sich finden und ineinander verlieben, dann geschieht das natürlich auch wegen der Attraktivität des Aussehens und des Verhaltens. Aber attraktive Menschen, die interessant und amüsant sind, gibt es viele; nicht in jeden verlieben wir uns. Zu einem guten Teil verdanken wir das unserer Intuition, die blitzartig und ohne dass uns das bewusst wird, erfasst: Dieser Mensch passt in seinem Skript zu meinem. Der hat Ähnliches erlebt, der kann mich verstehen. Und: Er ähnelt irgendwie den Personen, die meine Kindheit bestimmt haben. Mit ihm kann ich mein Skript verstärken und ausleben – oder, im glücklichen Fall, lösen.

Es ist oft verblüffend, was für Parallelen sichtbar werden, wenn sich ein Paar mit seiner Beziehung und den individuellen Lebensgeschichten auseinandersetzt. Erinnern Sie sich noch an Michael, den ich am Anfang dieses Kapitels (S. 91–93) als Beispiel für das Verdrängen von Erinnerung erwähnte? Er hat seinen Vater mit elf Jahren bei einem Lawinenunglück verloren. Als er davon erzählt, ist Susanne, seine Freundin, plötzlich erstaunt: Ihr ist klar geworden, dass sie auch gerade elf war, als ihre Eltern sich scheiden ließen, wonach sie ihren Vater über Jahre hinweg nicht mehr gesehen hat, erst im Erwachsenenalter wieder. Das ist eine Gemeinsamkeit, die den beiden nie bewusst geworden ist, die aber ihre Intuition, ihr Unbewusstes entdeckt zu haben scheint: Da ist ein Mensch, der als Kind genauso einsam und vaterlos war wie ich, der könnte mich verstehen! Diese beiden Kinder haben seinerzeit unterschiedliche, man könnte sagen spiegelverkehrte Reaktionsformen gefunden, damit umzugehen und ihr Skript entsprechend zu gestalten. Susanne hat ihren Vater vor der Trennung als sehr nahe und ihr zugewandt erlebt. Dementsprechend sucht sie in Beziehungen intensiv die Nähe und neigt dazu, sich anzuklammern und ihren Partner zu vereinnahmen. Bei Michael ist es genau andersherum: Sein Vater war schon vor seinem Tod kaum anwesend, und wenn, dann sehr distanziert. Sein Beziehungsmuster ist gegenteilig. Er will viel Freiheit, um für sich alleine zu sein, und lässt sich in der Partnerschaft nur wenig auf Nähe ein. Diese Muster verbinden sich zu einer Mischung, die sich aufschaukelt: Je mehr sie die Nähe sucht, umso mehr zieht er sich zurück, und je mehr er sich zurückzieht, umso mehr will sie ihn festhalten.

Die beiden übertragen ihre alten Beziehungserfahrungen. Bei Susanne ist das ein verzweifeltes Bestreben, den Vater (und jetzt den Partner, der auch immer wieder für sie nicht erreichbar ist) wieder für sich zurückzugewinnen. Als Teenager hat sie ihm seitenlange Briefe geschrieben (die immer unbeantwortet geblieben sind), dasselbe tut sie jetzt auch mit Michael. Der wiederum nimmt den Verlust, den er immer mehr und schließlich als endgültig erlebt hat, in seiner Angst vorweg: »Bevor sie mich verlässt, gehe lieber ich!«, sagt er. Und so manifestieren sich die Gummibänder, an denen die beiden einander in die Vergangenheit ziehen. Was sie tut, denkt und fühlt (aktiviert durch ihn), löst bei ihm ein Handeln, Denken und Fühlen aus, das aus seiner Kindheit stammt. Das wiederum bewirkt bei ihr eine Intensivierung des Skripts, und das wieder umgekehrt bei ihm.

Wenn Menschen übertragen, dann tun sie das nicht beiläufig und nebenher. Sie entwickeln einen starken Sog (eben das Gummiband), der den anderen unbewusst dazu bringen soll, so zu agieren und zu reagieren, dass es ins Skript passt. Aber dafür eignet sich natürlich nicht jede beliebige Person, sie muss etwas an sich haben, das an die frühe Beziehungsperson erinnert. Maria hat – bei aller Unterschiedlichkeit zu Werners Mutter – an einem Punkt Ähnlichkeiten mit ihr: Sie reagiert leicht gereizt, neigt dazu, überkritisch zu sein, und nörgelt häufig. Werner kann – auch wenn er in vielem ganz anders ist als Marias Vater – aufbrausend sein und straft dann mit Schweigen, Rückzug und Unversöhnlichkeit.

Die Übertragung hat zwei Motive, die eng miteinander zusammenhängen. Das eine davon ist die Hoffnung, es könne endlich gut werden: Wenn Susanne Michael dazu bewegen kann, ganz sicher und nah bei ihr zu bleiben, dann könnte die alte Wunde doch heilen; wenn Werner Maria verzeiht, dann könnte es doch so sein, als ob ihr der Vater endlich verziehen hätte. Die zweite Triebfeder soll helfen, die Auseinandersetzung mit der eigenen Vergangenheit zu vermeiden: Wenn Michael Susanne wieder verlässt (für unbestimmte Zeit oder für immer), dann beschäftigt ihn der Kampf ums Loskommen so sehr, dass er sich nicht mit dem traumatischen Verlust seines Vaters beschäftigen muss. Wenn Werner Maria dazu zwingen will, ihn nie mehr zu kritisieren, sondern ihn bedingungslos zu lieben, dann kann er die Erinnerung an seine Mutter weit weg in sein Unbewusstes schieben.

Übertragung, dieses wechselseitige Gummiband, gibt es in einer Beziehung potenziell immer, vor allem aber in Krisen. Sie ist der Mechanismus, der das Skript in der Wiederholung vollständig macht, die dann in den Beziehungsfallen zum Ausdruck kommt. Scheinbar paradoxerweise intensiviert der Mechanismus sich an einer Stelle, an der man ihn gar nicht mehr erwarten würde. Das Paar hat sich mittlerweile viel Common Ground und viel Verständnis füreinander in den persönlichen Schicksalen erarbeitet. Tatsächlich aber fehlen noch zwei wesentliche Aspekte, um endlich entscheidungsfähig werden zu können. Einer davon findet sich auf der persönlichen Ebene, der andere auf der der Paarbeziehung.

Jetzt, wo klar ist, was die eigene Geschichte in all ihren Verletzungen und ihren Auswirkungen in die Gegenwart ausmacht, geht es darum, die Vergangenheit endgültig loszulassen. Das bedeutet, die Hoffnung darauf aufzugeben, dass es für das Kind von damals endlich gut werden könnte. Nichts aber ist für Menschen so schwer, wie sich von Hoffnung zu lösen, und sei sie noch so unerfüllbar. Nach dem Tod eines Kindes hoffen Eltern noch lange Zeit, dass es auf irgendeine magische Art wieder zurückkommen könnte. (»Ich gehe in der Nacht nicht in ihr Kinderzimmer, aber ich bin mir in diesen Momenten so gut wie sicher: Wenn ich hineingehen würde, dann würde sie in ihrem Bett liegen und schlafen wie immer.«)

Was das Paar betrifft, liegt ja noch ein ganz wesentlicher Teil vor ihm: die Aufarbeitung der gemeinsamen Geschichte von Liebe und Nicht-Liebe, von Hass, von Verletzung und von Enttäuschung. Immer wieder erwähnen Hans oder Marlene eher beiläufig, dass es jetzt wohl wichtig sei, sich das heikle Thema seiner Außenbeziehungen näher anzusehen, und immer drängen sich dann aktuelle Themen und Streitereien in den Vordergrund. Wenn sie sich dieser Frage stellen, wird das zu der endgültigen Entscheidung über Trennung oder Neubeginn führen. Um das bewerkstelligen zu können, müssen wir uns vorher mit diesem nochmaligen Aufbäumen der Skriptmechanismen beschäftigen.

Es ist ein langer und komplizierter Weg heraus aus der Krise eines Paares, denn es war auch ein langer und komplizierter Weg hinein, der eigentlich schon mit der frühen Kindheit der beiden Menschen begonnen hat. Um in die Zukunft gehen zu können, ist es wichtig, diese weite Strecke hinter sich zu lassen. Dabei hilft uns ein alter Bekannter: das Stroke-Muster.

Übertragung ist ein unbewusster Vorgang, der in den Strokes zum Ausdruck kommt, die wir als Paar austauschen. Strokes, die Energie der Kommunikation, aktivieren das Gummiband von der Gegenwart in die Vergangenheit.

Damit können wir das Puzzle um den letzten Abschnitt vervollständigen. Das, was wir schon im Kapitel über die Gegenwart mit ihren Stroke-Mustern kennengelernt haben, kann jetzt durch den Begriff Übertragung ergänzt werden und fügt sich als fünfter Baustein ins Skript. Die Strokes, die Partner im Konflikt miteinander austauschen, sind an vielen Punkten eigentlich ihren frühen Beziehungspartnern, vor allem ihren Eltern, zugedacht.

Ganz am Anfang der Gespräche mit Hans und Marlene kann man das schon ahnen: Wenn Marlene sich beschwert, dass Hans »stundenlange Monologe« hält, in denen er ihr erklärt, dass sie »an allem schuld« ist, dann richtet sich diese erbitterte Anklage wahrscheinlich nicht nur gegen ihn, sondern es ist etwas, das sie jemand anderem vorwerfen will, den sie wahrscheinlich als oberlehrerhaft erlebt hat. Wenn Hans sagt, dass Marlene »etwas Kränkendes« sagt, dass ihr »ständig« etwas einfällt, dass sie an ihm »stört« – meint er damit nicht auch jemand anderen, der ihn vielleicht unerbittlich gestraft und beschämt hat? Sagt er es nicht gleichzeitig jener Person mit diesem bedingungslos negativen Stroke? Wir haben ja im späteren Verlauf erfahren, dass es bei beiden Elternfiguren sind, an die sie sich – hinter den Partnern – richten: bei Marlene der Vater, bei Hans Vater und Mutter.

Die Strokes, die die Partner austauschen, sind zu einem guten Teil eigentlich die Strokes, die sie ihren Eltern immer geben wollten, aber nie konnten, die Vorwürfe ebenso wie die liebevoll gemeinten Strokes.

Wenn Hans sagt: »Andererseits ist Marlene einfach die Frau, die ich liebe«, dann sagt er gleichzeitig zu seinem Vater: »Ich liebe dich, so schrecklich du mich auch behandelst.« Ebenso Marlene: Auch ihr »Wahrscheinlich habe ich auch nie aufgehört, ihn zu lieben« meint nicht nur Hans, sondern auch ihren Vater. Beiden ist das aber nicht bewusst.

Wir haben uns im Kapitel über die Gegenwart mit der Veränderung des Paar-Stroke-Musters beschäftigt. Das hat sehr dabei geholfen, das Karussell zu stoppen und den Weg zu tieferen Erkenntnissen und zu Skript-Neuentscheidungen frei zu machen. Trotzdem brechen die Muster und die alten vernichtenden Aussagen wieder auf. Das hat mit Übertragung zu tun. Wir können mit dem, was wir mittlerweile wissen, sagen, dass die intensivsten Strokes, die bedingungslosen, sich eher an die ursprünglichen Beziehungspersonen als an die Partner richten. Wenn ein

Mensch sagt: »Ich will dich nie wiedersehen!«, dann ist die Frage nicht so sehr, warum er denn seine Partnerin nie wiedersehen will, sondern an wen er sich damit am liebsten wenden würde. Dabei denkt, fühlt und handelt er wie als Kind. Das Gleiche gilt aber auch oft für bedingungslos positive Strokes. In so heftigen Krisen, wie wir sie bei Hans und Marlene erlebt haben, wo so viele Verletzungen passiert sind und so viele Wunden noch offen sind, sind Aussagen wie »Ich liebe dich einfach immer noch« oder »Du bist der Mann meines Lebens« bei Tageslicht besehen überzogen und entsprechen nicht der realen Situation. Auch sie richten sich sehnsuchtsvoll an die Mutter oder den Vater, die das Kind trotz allem, was sie ihm antun, immer noch unbeirrbar liebt.

Die Analyse des Stroke-Musters hilft uns, die Übertragung zu erkennen; indem es uns gelingt, die Strokes dorthin zu richten, wo sie wirklich hingehören – in die Gegenwart oder in die unabgeschlossene Vergangenheit, an einen Menschen von früher oder an einen von heute – können wir für die Partnerschaft andere Arten des Stroke-Austausches finden.

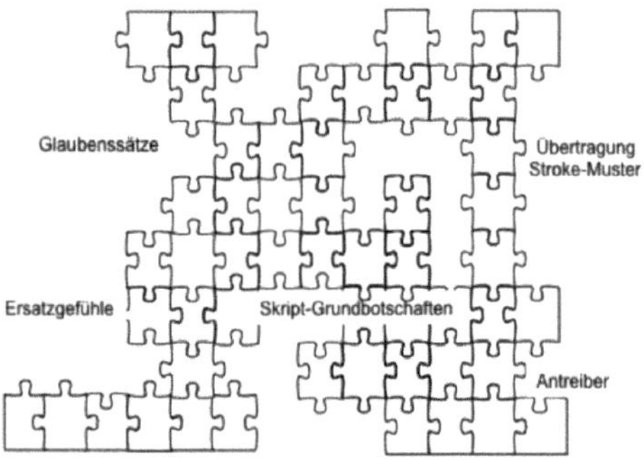

Dass in der Abbildung nicht alle einzelnen Puzzlesteine daliegen, hat damit zu tun, dass sie auch nicht alle in ihrer Vollständigkeit sichtbar und bearbeitbar werden müssen. Es geht um ein umfassendes Bild, nicht um jedes einzelne kleine Detail.

Wenden wir uns nun wieder Hans und Marlene zu. Auch ihr Prozess ist nach all den ermutigenden Schritten, die sie getan haben, wieder in eine Krise geraten.

HANS UND MARLENE

HANS: Ich bin wirklich verzagt, und ich glaube, Marlene geht es genauso. Jetzt kommen wir schon so lange alle zwei Wochen zu Ihnen und haben lange geglaubt, es hilft uns wirklich weiter. Aber jetzt kommt es mir vor, als stünden wir wieder völlig am Anfang. Wir streiten wieder, als ob nichts von dem mehr da wäre, was wir gelernt haben.

THERAPEUT: Marlene, wie erleben Sie das?

MARLENE: Ganz genauso. Aber das ist schon die einzige Gemeinsamkeit, die wir zur Zeit haben: Wir schätzen die Situation gleich ein. Da waren wir doch schon einmal – ganz am Anfang!

THERAPEUT: Ich möchte Sie einladen, darüber direkt miteinander zu sprechen, nicht über den Umweg, dass Sie es mir erzählen. Bitte drehen Sie Ihre Stühle ein wenig, so dass Sie einander gegenübersitzen. Ich werde fürs Erste nur beobachten und Ihnen dann Rückmeldung geben. (Die beiden drehen sich zueinander.)

HANS: Also, was meinst du mit: »Das ist die einzige Gemeinsamkeit«?

MARLENE: Du sagst ja selbst: Nichts ist mehr da von dem, was wir gelernt haben. Aber das trifft wohl mehr auf dich zu. Ich kann mich bemühen, wie ich will, du kriegst wieder deine Wutausbrüche. Und die Pippi (dreht sich kurz zum Therapeuten) sagt: Verlass ihn, den Blödmann. Der wird sich nie ändern.

HANS: Du ewig mit deiner hirnlosen Pippi! Die hat dir nur beigebracht, dass du dich noch weiter von mir entfernst. Du kapierst einfach nicht, dass ich dich immer noch liebe. Obwohl du es nicht wert bist.

MARLENE: Ja und? Ist dein stupider Odysseus vielleicht besser? Der streift auch nur einsam durch seine Berge und schleift schon wieder sein Schwert für die nächsten Abenteuer!

HANS: Wundert dich das wirklich? Immer nur daheim herumsitzen und deinem Schweigen zuhören ist auch keine tolle Alternative!

MARLENE: Na bitte! Hast du schon wieder die Nächste? Tu mir das nicht noch einmal an. Ich liebe dich doch!

HANS (zum Therapeuten): Davon merke ich aber nichts!

THERAPEUT: Wir könnten jetzt natürlich wieder von vorn anfangen, Ihre Muster zu analysieren, ich könnte nach den Gefühlen fragen, die dahinterstecken, und wir könnten wieder darauf kommen, wie das alles mit Ihren Lebensgeschichten zusammenhängt.

HANS (ungeduldig): Das wissen wir doch alles schon, und es hat uns nicht geholfen.

THERAPEUT: Da sind Sie mir etwas zu radikal. Es ist nicht so selten, dass Paare zu einer Neuauflage ihrer Krise kommen, wenn es wirklich ans Eingemachte geht.

MARLENE: Was meinen Sie damit, das Eingemachte?

THERAPEUT: Man könnte es ja auch so sehen: Es ist doch auf eine gewisse Weise viel einfacher zu vermuten, dass Hans wieder eine Affäre hat – statt sich mit den Narben zu beschäftigen, die die früheren Affären hinterlassen haben. Und vielleicht wäre es auch für Sie einfacher, sich in eine neue Beziehung zu stürzen, Hans, statt sich damit auseinanderzusetzen, was denn da früher zwischen Ihnen geschehen ist.

HANS (zornig): Ich hab aber keine Neue! So blöd bin ich dann auch wieder nicht, dass ich das noch einmal tue! Da trenne ich mich doch lieber gleich!

THERAPEUT: Das ist genau das, worauf ich hinauswill: Trennen wir uns lieber gleich, bevor wir uns damit befassen, wie weh wir einander getan haben. Da tun wir einander lieber noch einmal aktuell weh, dann können wir das alles hinter uns lassen.

MARLENE: Glauben Sie?

THERAPEUT: Ja. Und dahinter steckt noch ein Impuls: nicht nur die gemeinsame Geschichte einfach abzuschneiden und zu vergessen, sondern auch all das, was dahintersteckt.

HANS: Dahinter?

THERAPEUT: Ich möchte das gern anhand Ihrer beiden Hilfsfiguren erklären, die Sie sich gerade gegenseitig um die Ohren geschlagen haben: hirnlose Pippi, stupider Odysseus. Da ist ja noch eine Rechnung offen. Und damit meine ich jetzt nicht die offenen Rechnungen zwischen Ihnen beiden, sondern für Odysseus, aber auch für das Aschenputtel.

MARLENE: Was hat das mit dem Aschenputtel zu tun?

THERAPEUT: Pippi hat ihm geholfen, aus der Küche heraus und von der bösen Stiefmutter wegzukommen. Aber das ändert nichts daran, dass das Aschenputtel Jahre der Lieblosigkeit und der Unscheinbarkeit verbracht hat, die ihm keiner mehr zurückgibt.

MARLENE: Und?

THERAPEUT: So sehr Ihre imaginäre Pippi Ihnen heute hilft, zur Selbstbestimmtheit zu finden, so wenig ändert das für die kleine Leni, die zwar nicht in der Küche, aber unter dem Kaffeetisch gesessen hat.

MARLENE: Ich mag davon nichts mehr hören. Ich mag nicht mehr daran denken! Das ist lange vorbei!

THERAPEUT: Das ist der Punkt, Marlene. Es ist nicht vorbei. Sie sind zwar groß geworden, aber sie erleben Hans immer noch so, als ob er ihr zorniger und liebloser Vater wäre.

MARLENE: Tue ich das?

THERAPEUT: Tun Sie das?

HANS: Gerade neulich hast du gesagt: Du bist nicht mein Vater, ich lass mir das nicht mehr gefallen!

MARLENE: Aber wenn du doch genauso bist! Es kommt mir so vor, als ob keine Zeit vergangen wäre, als ob ich wieder genauso uninteressant und unwichtig wäre. Jetzt, wo ich mir wieder vorstellen könnte, mit dir zu reden und auch mit dir zu schlafen, genau jetzt hast du wieder keine Zeit und keine Lust und interessierst dich nur für dein iPad.

THERAPEUT: Nein, Marlene, er ist nicht genauso. Er ist anders, auch wenn sie ihn manchmal so erleben. Er interessiert sich immer noch für Sie, auch wenn es vielleicht manchmal nicht so aussieht. Sonst würde er schon längst nicht mehr herkommen.

MARLENE: Aber wie werde ich das endlich los?

THERAPEUT: Wie viele Jahre haben Sie denn unter dem Kaffeetisch verbracht?

MARLENE: Unendlich viele. Manchmal kommt es mir vor, als wäre ich nie darunter hervorgekommen. Vielleicht manchmal ein bisschen, zum Beispiel, als ich Hans kennengelernt habe. Aber immer wieder bin ich dort gelandet. Erst in letzter Zeit, mit Pippis Hilfe, habe ich das Gefühl gehabt, ich finde da langsam heraus. Und jetzt ist es so, als ob er mich mit aller Gewalt wieder hineinzwingen wollte!

THERAPEUT: Vielleicht hat er umgekehrt das Gefühl, dass Sie Odysseus dazu zwingen, wieder sein Schwert zu schleifen.

HANS: Genau!

THERAPEUT: Sie halten sich beide gegenseitig fest wie an einem Gummiband und ziehen sich in die Vergangenheit zurück. Keiner fängt nur an, und keiner reagiert nur. Und, ohne das zu wollen, helfen Sie sich beide gegenseitig.

HANS: Helfen?

THERAPEUT: Indem Sie die alten Konflikte neu inszenieren, helfen Sie Marlene, nicht über die verlorenen Jahre unterm Kaffeetisch trauern zu müssen. Und sie hilft Ihnen dabei, nicht wegen Ihrer schrecklichen Kindheit traurig werden zu müssen.

MARLENE: Da bin ich doch lieber traurig darüber, dass es mit uns wahrscheinlich endgültig zu Ende geht. Da habe ich wenigstens die Aussicht auf eine bessere Zukunft.

THERAPEUT: Warten Sie noch. Vielleicht ist es ja noch gar nicht endgültig zu Ende mit Ihnen beiden. Wir sind noch nicht bei der Entscheidung. Endgültig zu Ende ist nur Lenis Kindheit, die keine Kindheit war. Niemand kann sie Ihnen zurückgeben.

MARLENE: Aber das ist ja furchtbar! Das kann doch nicht alles gewesen sein, keine Kindheit gehabt zu haben.

THERAPEUT: Doch, Marlene. Das war alles. Mehr Kindheit hat es für Sie nicht gegeben.

MARLENE: Aber irgendwas muss es da doch geben! Es gibt doch den Spruch: Es ist nie zu spät für eine glückliche Kindheit.

THERAPEUT: Es ist nie zu spät für ein glückliches Erwachsenenleben. Die erwachsene Marlene hat keinen Platz mehr unter dem Kaffeetisch, aber die kleine Leni wird ewig dort sitzen bleiben. Mit einem einzigen Unterschied: Sie hat heute jemanden, der sie lieb hat.

MARLENE: Sie meinen mich selbst?

THERAPEUT: Genau. (Pause) Wenn es möglich wäre, dass diese kleine Leni heute hier bei Ihnen wäre – können Sie sich das vorstellen?

MARLENE: O ja. Sehr gut.

THERAPEUT: Können Sie sie vor sich sehen?

MARLENE: Ja. Ganz genau.

THERAPEUT: Wie alt ist sie?

MARLENE: Vielleicht fünf oder sechs, mit ihren blonden Locken und ihrem roten Weihnachtskleidchen.

THERAPEUT: Was würden Sie mit ihr reden oder tun?

MARLENE (schluckt): Ich würde – ich würde sie auf den Schoß nehmen, so wie ich das vor langer Zeit mit meinen eigenen Kindern getan habe. Ich würde sie streicheln und sagen: Es tut mir so leid, Leni. (Beginnt zu weinen.) So schrecklich leid. Du bist so ein liebes Mädchen, aber keiner sagt dir das. Du glaubst es ja selbst nicht. Aber du bist es. Du bist so sehr zum Liebhaben, Leni. Ich hab dich so lieb. Und keiner hat das gesehen, wie lieb du bist. Wie sehr du dich bemühst, ein braves Mädchen zu sein. Keiner hat gesagt, hör doch auf damit, du musst dich nicht bemühen, sei einfach so, wie du bist. Keiner! (Weint heftig, Hans nimmt ihre Hand und drückt sie, sie erwidert den Druck.)

HANS: Mir tut das auch so leid. Ich hab sie auch lieb, die kleine Leni.

Ich will nicht, dass sie wieder unter den Kaffeetisch muss. Ich will sie nicht mehr anschreien. Ich will nicht mehr mein Schwert schleifen. (Pause) Denn dann bin ich ja auch wie mein Vater. Gürtel, Schwert, anschreien, es ist alles dasselbe. Es macht Menschen fertig. Ich will keine Menschen mehr fertigmachen!

THERAPEUT: Hans, wollen Sie etwas Ähnliches ausprobieren wie Marlene?

HANS: Mit dem kleinen Hansl?

THERAPEUT: Nein, mit Ihrem Vater.

HANS: Mit dem? Der ist doch tot. Schon lange.

THERAPEUT: Ja, äußerlich. Aber in Ihnen lebt er weiter. Können Sie sich vorstellen, dass er noch einmal für fünf Minuten hier wäre und Sie noch ein letztes Mal zu ihm sprechen könnten?

HANS: Wenn Sie meinen ...

THERAPEUT: Was würden Sie zu ihm sagen?

HANS: Da siehst du, was du angerichtet hast, Vater. Ich mache es mit meiner Frau genauso wie du mit mir. Danke! Hast du das gewollt?

THERAPEUT: Wollen Sie ihm sagen, was er mit Ihnen gemacht hat?

HANS: Das weißt du doch ganz genau. Geschlagen hast du mich bis aufs Blut. Auf Scheiten knien lassen, stundenlang. Angeschrien! Dass ich das Letzte bin! Dass ich nicht dein Sohn bin! (Sehr wütend.) Ich hasse dich, Vater! Gut, dass du tot bist!

THERAPEUT: Und Sie lieben ihn. Sie haben ihn immer geliebt.

HANS: Aber das ist er nicht wert!

THERAPEUT: Nein, wahrscheinlich nicht. Aber deswegen ist Ihre Liebe nicht weniger wertvoll und kostbar.

HANS: Ich hab dich so geliebt, Vater, ich hab dich bewundert. Aber dann habe ich dich gehasst! Und noch viel schlimmer: verachtet! Ich hätte dich so gern weiter geliebt. Ich hätte (beginnt zu weinen) ... ich hätte es so gern gehabt, wenn du mich auch geliebt hättest. Ich war doch so ein lieber, braver Bub! Alles hätte ich getan, damit du mir wieder gesagt hättest: Setz dich her zu mir, Hansl. Einfach nur hersetzen. Ach Vater, warum? (Weint heftig.) Solange du am Leben warst, habe ich gehofft, es wird alles noch gut. Vielleicht am Totenbett, habe ich mir vorgestellt. Aber dann warst du nur starr in deiner Krankheit. Starr und steif und hast nicht mehr geredet. Auf nichts mehr reagiert. Und dann war ich froh, dass es endlich vorbei war. Dass du gebüßt hast, habe ich mir gedacht, für all deine Schlechtigkeit. Dass es gerecht war, dass der Krebs dich aufgefressen hat.

THERAPEUT: Jetzt ist die Möglichkeit, ihm noch zu sagen, was Sie am Totenbett nicht sagen konnten.

HANS: Vater ... dann stirb eben. Dann ist es eben zu spät. Wenn es einen Himmel gibt, weiß ich nicht, ob du hinkommen wirst. Aber das liegt nicht an mir. Ich hätte dich lieb gehabt, und jetzt ist es zu spät. (Weint wieder.) Leb wohl, Vater. Es ist schade, dass es vorbei ist. Und es ist gut so.

THERAPEUT: Genauso ist es, Hans. Es ist schade, und es ist gut so.

HANS: Und es ist so unfassbar traurig.

THERAPEUT: Ja. Das ist es. So traurig, dass es keine Worte dafür gibt.

MARLENE (hat die ganze Zeit über weiter seine Hand gehalten): Ach, Hans. Mein Hans.

HANS: Danke, dass du da bist, Marlene.

So sehr Hans und Marlene einander mit ihren abwertenden Aussagen auch neue Verletzungen zufügen (und alte wieder aufreißen), so sehr meinen sie damit (unbewusst) in erster Linie gar nicht einander. Denn tatsächlich stimmt die Befürchtung, sie hätten nichts gelernt und alles sei umsonst gewesen, so nicht. Das haben sie lange genug bewiesen, und sie beweisen es wieder dadurch, wie sie in der obigen Sequenz miteinander umgehen. Ihre Strokes (vor allem ihre bedingungslosen) richten sich an die Eltern dahinter. Marlene meint mit: »Ich kann mich bemühen, wie ich will, du kriegst wieder deine Wutausbrüche!«, ihren Vater, ebenso mit ihrem verzweifelten: »Ich liebe dich doch!« Um ihre Liebe weiß Hans inzwischen längst, und er wird sie zwanzig Minuten später im Gespräch wieder erleben. Aber Marlenes (eigentlich Lenis) Vater, an den ihre Sätze wirklich adressiert sind, weiß es nicht und hat es nie verstanden. Hans' (genauer: Hansls) Reaktion darauf – »Davon merke ich aber nichts!« – zeigt, wie präzise die beiden Gummibänder aufeinander abgestimmt sind. Seine Antwort richtet sich an seinen Vater und genauso an seine Mutter: Ich merke nichts von eurer angeblichen Liebe. Er sagt es noch deutlicher: »Du kapierst einfach nicht, dass ich dich immer noch liebe. Obwohl du es nicht wert bist.« Das kann nicht an Marlene gerichtet sein. Sie hat sich inzwischen dieser seiner Liebe sehr wohl als wert erwiesen.

Marlene wiederum hört das, als ob ihr Vater es sagen würde. Sie richtet sich an ihre Elternfigur, er an die seinen, sie hört ihn als ihren Vater, er sie als den seinen (oder auch seine Mutter, das mischt sich in diesem Fall). Bedingungslos positiv, bedingungslos negativ in stetem Wechsel – das ist die Essenz des Übertragungsgeschehens. So wie Freud auch von seinen Patientinnen in der Übertragung nur schrankenlose Liebe oder schrankenlosen Hass zu spüren bekam, so geht es dem Paar im Konflikt. Die übersteigerten Gefühle – bedingungslose Strokes – richten sich an die Personen, die auf den Projektionsleinwänden zwischen den beiden stehen.

In der Übertragung und den Stroke-Mustern, in denen sie aktiv wird, taucht das ganze Skript in all seinen Bausteinen konzentriert auf: Die Grundbotschaften werden intensiv bestätigt (»Sei nicht wichtig« für beide – schon das Entwerten ihrer jeweiligen Hilfsfiguren transportiert diese Mitteilung), die Glaubenssätze sind wieder in Kraft gesetzt (Hans erlebt sich als ungeliebtes Opfer; Marlene sieht keine Möglichkeit, ihre Bedürfnisse umzusetzen, sie kann sich »bemühen, wie ich will«). Im ganzen ersten Teil des Dialogs sind die jeweiligen Ersatzgefühle mit dabei: Hans ist wütend, Marlene plant den ultimativen Rückzug (»Verlass ihn, den Blödmann«). Auch die Antreiber werden aktiviert: Hans signalisiert seine Stärke (»Da trenne ich mich doch lieber gleich!«), Marlene kippt ins Flehentliche, um es Hans wieder recht zu machen: »Tu mir das nicht noch einmal an. Ich liebe dich doch!« Das ist die Funktion des Gummibandes: Beide denken, fühlen und handeln, als ob sie wieder die Kinder von damals wären. Sie scheinen wieder beim Karussell angelangt zu sein; es ist, als ob sich nichts verändert hätte, nicht nur in ihrer Beziehung, sondern in ihrem ganzen Leben. Denn um nichts anderes geht es in den drei Beziehungsfallen aus dem ersten Kapitel: Alles, aber auch wirklich alles aus der ganzen Lebensgeschichte soll endlich gut werden – und bleibt dadurch genauso, wie es ist.

Im Grunde haben Hans und Marlene längst verstanden, worum es geht. Ihnen ist klar, dass sie weder in dieser Beziehung noch sonst jemals etwas gut machen können, was vergangen ist und daher niemals mehr gut werden kann. Eine verlorene Kindheit kann man nicht nachholen, ebenso wenig wie den gestrigen Tag. Was geschehen ist, ist geschehen, und was verloren ist, ist unwiederbringlich verloren. Aber nichts ist so schwierig wie das Aufgeben von Hoffnung. Im Abschnitt über authentische und Ersatzgefühle haben wir herausgefunden, dass jedes echte Gefühl dazu da ist, eine bestimmte Art von Problemen zu lösen. Dafür, etwas hinter uns zu lassen und zu akzeptieren, dass es nicht mehr zu ändern ist, haben wir das schmerzliche Gefühl der Trauer. Sie scheint anfangs fast unerträglich zu sein, wir scheuen uns, sie wirklich zuzulassen, wir versuchen auf verschiedene Arten, sie zu vermeiden. Das kann wie bei Marlene Protest sein (»Das kann doch nicht alles gewesen sein, keine Kindheit gehabt zu haben!«) oder wie bei Hans scheinbare Vernunftargumente (»Der ist doch tot. Schon lange«). Aber schlussendlich, vor allem, wenn unsere Partnerin uns dabei begleitet, klärt die Trauer den Blick. Wir lernen, zu unterscheiden, was von unseren Konflikten tatsächlich mit unserer Beziehung zu tun hat (und daher veränderbar ist) und was davon in eine unveränderliche Vergangenheit gehört.

»Hinter sich lassen« bedeutet natürlich nicht, dass einen die Themen der Kindheit nie mehr berühren werden. Aber der Schmerz wird mit der Zeit erträglich und zu etwas, mit dem man leben kann. Vor allem lernt man, die Gefühle und die unerfüllbaren Sehnsüchte der Vergangenheit zuzuordnen, und muss sie nicht mehr auf Menschen der Gegenwart übertragen.

Erst jetzt, auch und gerade durch diese Erfahrung, dass es möglich ist, etwas abzuschließen und ruhen zu lassen, kann ein Paar sich dem zuwenden, was als Herzstück für den Prozess zur gemeinsamen Entscheidung gesehen werden kann: Wie bewältigen wir unsere gemeinsame Geschichte von Liebe und vor allem von Nicht-Liebe? Können wir mit diesen Belastungen so fertigwerden, dass wir eine Zukunft als Paar haben – oder ist es besser, sich einvernehmlich in Würde und Respekt zu trennen?

PERSÖNLICHE ÜBUNGEN

Auch mit den Übungen kommen wir jetzt ans Ende des langen Teils, der sich mit dem Skript befasst hat. So, wie unser Puzzle jetzt komplett ist, werden wir hier auch den Teil des Films fertigstellen, der sich mit der persönlichen Lebensgeschichte der beiden Hauptdarsteller und ihren Auswirkungen auf die Gegenwart befasst. Im nächsten Abschnitt ergänzen wir noch den Teil, der sich darauf bezieht, wie das Paar mit seinen gemeinsamen Jahren umgehen kann, um dann – im dritten Kapitel des Buches – einen Blick in die Zukunft zu werfen.

Doch zuvor gibt es noch einige Übungen, die Ihnen helfen sollen, Klarheit über die Themen und Inhalte Ihrer Übertragung und der Ihres Partners zu gewinnen. Dabei können Sie herausfinden, was von Ihrer Vergangenheit Sie und er aktiv hinter sich lassen und betrauern können.

In Übung 18 haben Sie sich intensiv mit Ihrer frühen Lebensgeschichte und den Figuren auseinandergesetzt, die darin eine wichtige Rolle gespielt haben. Nehmen Sie die Ergebnisse dieser Reflexion – Fotos, Geschichten, Erinnerungen, Gefühle – noch einmal zur Hand. Auch in vielen anderen Übungen, vor allem im Schreiben des Filmdrehbuchs, haben Sie sich schon mit all dem befasst, was damals geschehen und nicht geschehen ist, vor allem aber mit dem, was nie erfüllt wurde und bis heute unerfüllt geblieben ist. Jetzt rücken wir all das noch einmal in den Mittelpunkt Ihrer Aufmerksamkeit.

ÜBUNG 38
MEINE »OFFENEN RECHNUNGEN«:
UNERFÜLLTE WÜNSCHE UND SEHNSÜCHTE

Wenn Sie noch einmal durch Ihre Erinnerungen gehen, die Fotos betrachten und an die Entwürfe für das Drehbuch des Films in Teil 1 (Ich) denken:

- Was waren die wirklich belastenden und traumatisierenden Erfahrungen meiner Kindheit und Jugend?
- Wem von den wichtigen Personen meines jungen Lebens würde ich heute gerne etwas darüber mitteilen, wenn er oder sie wirklich zuhören würde?
- Wer von ihnen ist nicht mehr am Leben?
- Vermisse ich sie oder ihn?
- Was in meinem Leben, das vorbei ist, wird nie wieder gut werden?

Schreiben Sie den Menschen, denen Sie etwas mitteilen möchten (auch wenn sie vielleicht schon verstorben sind), einen Brief, der nie abgesendet werden wird. Achten Sie dabei auf Ihre Gefühle und lassen Sie sie zu.

Nehmen Sie sich viel Zeit für diese Übung. Auch wenn sie Ihnen vielleicht schwerfällt und Sie Pausen dabei brauchen, ist sie sehr wichtig dafür, Vergangenes von dem Gegenwärtigen in Ihrer Beziehung zu trennen. Überlegen Sie, ob es Menschen gibt, denen Sie sich damit anvertrauen können und wollen. Geben Sie Ihrer Traurigkeit und auch Ihrem Zorn Raum. Diese Gefühle können sehr widersprüchlich sein und manchmal unerwartet auftauchen. Vielleicht werden Sie sie nur schwer akzeptieren können – und doch sind es Ihre Gefühle. Es geht nicht darum, ob Sie damit vielleicht jemandem Unrecht tun. Versuchen Sie, nicht zu schnell die Motive für das Handeln Ihrer Eltern und anderer Bezugspersonen zu verstehen (»Sie hat es ja auch nicht leicht gehabt!«). Es geht um die Erlebniswelt des Kindes, das Sie waren, nicht um die der Erwachsenen. Wir alle wollen unsere Eltern innerlich schützen, um sie weiter lieben zu können. Das ist nicht in Frage gestellt: Sie können Ihre Eltern weiter lieben, auch wenn sie – vielleicht schwere – Fehler gemacht haben. Und Sie dürfen gleichzeitig wütend auf sie und traurig über sie sein. Sie schreiben ja Briefe, die nie abgesendet werden, daher müssen Sie den anderen Personen nicht gerecht werden, sondern nur sich selbst.

An dieser Stelle soll ein wichtiger Punkt angesprochen werden: Wenn sie herausfinden, wie sie ihre Kindheit erlebt haben, haben viele Menschen das Bedürfnis, ihre Eltern (wenn sie noch am Leben sind) damit zu konfrontieren. Auch dieser Wunsch entspringt oft der Sehnsucht, alles könnte doch noch gut werden, wenn die Eltern verstehen würden, was damals geschehen ist. Das muss aber nicht sein – es besteht sogar die Gefahr, dass dasselbe Unverständnis wie damals wiederholt wird. Oder es kann sein, dass tiefe Kränkungen bei den Gesprächspartnern ausgelöst werden, die nur schwer wieder aufzulösen sind. Andere Menschen überlegen, mit den Eltern endgültig zu brechen, auch das in dem Wunsch, alles solle endlich vorbei sein.

Beides – Gespräch wie Abbruch der Beziehung – kann sinnvoll sein, muss es aber nicht. Übertragung geschieht natürlich und gerade auch bei den Menschen, die seinerzeit am Anfang des Prozesses gestanden haben: Auf einen alt gewordenen Vater werden Gefühle, Wünsche und Sehnsüchte übertragen, die zwar derselben Person gegolten haben – nur eben einem vierzig oder fünfzig Jahre jüngeren Vater, der sich seither auch verändert hat. Im Zentrum Ihres Prozesses steht die Gestaltung Ihrer Paarbeziehung, nicht die des Verhältnisses zu Ihren Eltern.

Ergänzen wir jetzt Ihre Sichtweise auf Ihre »offenen Rechnungen« durch einen Blick auf die Ihrer Partnerin.

ÜBUNG 39
DEINE »OFFENEN RECHNUNGEN«: UNERFÜLLTE WÜNSCHE UND SEHNSÜCHTE

Sie wissen mittlerweile viel über die frühe Lebensgeschichte Ihrer Partnerin. Fassen Sie das hier komprimiert zusammen:

- Was waren die wirklich belastenden und traumatisierenden Erfahrungen in der Kindheit und Jugend Ihrer Partnerin?
- Wem von den wichtigen Personen ihres jungen Lebens könnte sie heute etwas darüber mitteilen, wenn er oder sie wirklich zuhören würde?
- Wer von diesen Personen ist nicht mehr am Leben?
- Was im Leben Ihrer Partnerin, das vorbei ist, wird nie wieder gut werden?
- Was für einen Inhalt könnten Briefe haben, die sie an diese Personen schreiben würde?
- Was würde sie beim Schreiben fühlen?

Jetzt wenden wir uns der Frage zu, was Sie denn da auf Ihre Partnerin übertragen und wie Sie das Gummiband aktivieren, das sie in ihre Geschichte zieht und auch sie übertragen lässt (womit sie wiederum ihr Gummiband für Sie spannt).

Wichtig dabei ist, dass Übertragung zwar durch Geschlechtsgleichheit erleichtert wird, sich aber nicht zwingend daran hält. Wir können auch eine Frau mit dem Vater »verwechseln« oder einen Mann mit der Mutter. Es kommt auf die Inhalte, die Energien der Botschaften an, die mit den Strokes übermittelt werden.

Nehmen Sie sich bitte noch einmal Übung 6a aus dem ersten Kapitel vor. Dort haben Sie analysiert, wo Sie Unterschiede in Ihrer Beziehung finden, und Sie haben diese auf einer Skala bewertet: von »Dieser Unterschied ist für mich unerträglich« bis zu »Diesen Unterschied erlebe ich als bereichernd«. Oft sind es gerade die als mühsam erlebten Unterschiedlichkeiten, das, was uns sehr häufig am anderen stört, das uns an unsere Elternfiguren erinnert. Hans erträgt es kaum, wenn Marlene nicht reden will. Er erlebt ihr Schweigen als so qualvoll und strafend wie das seiner Mutter. Marlene sieht die größte Differenz zu sich in Hans' impulsivem Ärger, den sie mit dem ihres Vaters gleichsetzt.

ÜBUNG 40
UNSERE UNTERSCHIEDE:
WAS ERINNERT MICH AN FRÜHER?

Gehen Sie noch einmal die Punkte aus Übung 6a durch, in denen Sie eine Wertung der Unterschiedlichkeiten bei Ihnen beiden vorgenommen haben. Fangen Sie mit dem niedrigsten Wert an, also mit dem, was Sie am trennendsten erleben.

Warum stören mich diese Unterschiede so sehr? Gibt es dabei etwas, das ich in den Inhalten der Briefe wiederfinde, die ich in der vorigen Übung an meine Bezugspersonen geschrieben habe?

Wo ist mein Partner – spontan und undifferenziert erlebt – scheinbar genauso wie meine Mutter, mein Vater oder andere wichtige Menschen aus meiner Kindheit und Jugend?

Stellen Sie sich Ihren Partner in Situationen vor, in denen Sie ihn als ganz anders erleben als sich selbst – aber sehr ähnlich wie Mutter oder Vater. Was genau erinnert mich so sehr an diese Person von früher? Formulierungen? Die Körperhaltung? Gesten? Der Tonfall?

Dann sehen Sie noch einmal genauer hin. Auch wenn mein Partner mich punktuell an Erlebnisse aus Ihrer Kindheit erinnert: Wo ist er anders? Was relativiert die Ähnlichkeit und erlaubt mir, ihn als einen anderen Menschen zu sehen?

Ist Ihnen die Übung schwer- oder leichtgefallen? Was löst es in Ihnen aus, wenn Sie Ihrer Übertragung auf die Spur kommen? Erleichterung, ein Aha-Erlebnis? Freude? Beschämung? Traurigkeit? Ratlosigkeit? Gleichgültigkeit? Werden Sie ärgerlich – auf sich selbst, auf Ihre Partnerin?

Nehmen Sie Ihre Empfindungen wahr, ohne den Anspruch, sie verändern zu müssen. Übertragung ist normal - und sie hat durchaus positive Aspekte: Auch in den Gemeinsamkeiten eines Paares (auch wenn sie in der Krise vielleicht wenig geworden sind) wird sie spürbar. Vielleicht finden Sie in Ihren Gemeinsamkeiten etwas, das Sie an Schönes aus Ihrer Kindheit erinnert, oder es ist etwas, das Ihnen den Unterschied zu früher wohltuend deutlich macht.

In der nächsten Übung drehen wir die Fragestellung wieder um: Inwiefern erinnern Sie Ihre Partnerin an früher? Wie »erleichtern« Sie ihr die Übertragung? Versuchen Sie dabei, Ihre Erkenntnisse nicht gleich zu relativieren (»Ja, schon, aber eigentlich bin ich doch ganz anders als ihr Vater!«). Rücken Sie das (vermutete) Erleben Ihres Gegenübers in den Vordergrund, nicht Ihre eigenen Gedanken dazu. Später können Sie über Ihre Ergebnisse miteinander sprechen und werden Zeit dafür haben, manches zu differenzieren.

ÜBUNG 41
UNSERE UNTERSCHIEDE: WAS ERINNERT DICH AN FRÜHER?

Sie haben vielleicht auch die Ergebnisse Ihrer Partnerin aus Übung 6 zu den Unterschiedlichkeiten kennengelernt. Wenn nicht, dann haben Sie doch vermutlich ein deutliches Bild dazu, was Ihre Partnerin am meisten an Ihnen stört. Gehen Sie diese Punkte durch.

Warum stören meine Partnerin diese Unterschiede so sehr? Was könnte sie daran besonders an ihre Bezugspersonen erinnern (möglicherweise kennen Sie ja auch die Briefe, die sie geschrieben hat)?

Wo könnte mich meine Partnerin – spontan und undifferenziert – scheinbar genauso erleben wie ihre Mutter, ihren Vater oder andere wichtige Menschen aus ihrer Kindheit und Jugend?

Sehen Sie sich selbst in Situationen, in denen sie Sie als ganz anders als sich selbst, aber sehr ähnlich wie Mutter oder Vater erleben könnte. Was genau an mir erinnert meine Partnerin so sehr an diese Person von früher? Formulierungen? Die Körperhaltung? Gesten? Der Tonfall?

Diese Übung erfordert viel Selbstreflexion. Vielleicht fällt sie Ihnen leichter, wenn Sie sich vorstellen, Sie wären eine außenstehende Beobachterin, jemand anders als Sie selbst, der Sie noch nie vorher gesehen hat und daher völlig unvoreingenommen ist. Diese Person kennt allerdings

Ihren Partner und weiß über seine Verletzungen und empfindlichen Punkte Bescheid. Was kann sie dann bei Ihnen wahrnehmen, was die Übertragung Ihres Partners auslösen könnte?

Wenn Sie wollen, tauschen Sie sich jetzt miteinander über die beiden Übungen aus. Gerade an dieser Stelle, wo es um die Übertragung geht, ist es sehr wichtig, unterschiedliche Standpunkte nur als solche und als nichts anderes wahrzunehmen. Es muss nicht sein, dass Ihre Partnerin Ihre Sichtweise darüber teilt, wo Sie sie beispielsweise wie Ihre Mutter erleben. Umgekehrt kann Sie sich an ganz anderen Punkten von Ihnen zur Übertragung eingeladen fühlen, als Ihnen bewusst ist. Es geht nicht darum, einen Konsens zu finden, sondern die persönliche Erlebnisweise des anderen kennenzulernen und zu respektieren.

In den Übungen 8 bis 10 haben Sie sich mit Ihrem eigenen Stroke-Muster, mit dem vermuteten Stroke-Muster Ihres Partners und mit Ihrem gemeinsamen Stroke-Muster beschäftigt. Dort knüpfen wir jetzt an. In den Strokes, die Sie miteinander austauschen, wird die Übertragung sichtbar. Das gilt vor allem für die bedingungslos negativen (»Ich ertrage dich einfach nicht mehr!«) Strokes. Auch scheinbar bedingt negative Strokes können sich bei näherem Hinsehen als verkappt bedingungslos herausstellen (»Es stört mich unglaublich, dass du ständig alles herumliegen lässt!«). Auch positive Strokes, bedingte wie bedingungslose, die nicht zur Situation passen, können Übertragungsinhalte transportieren (»Ja, sicher, es gibt viel an dir, das ich mag, aber …«, »Bitte glaub mir doch, dass ich dich wirklich über alles liebe!«). Das klingt auf den ersten Blick komplizierter, als es ist. Wir können es auf die einfache Faustregel reduzieren: Das Stroke-Muster eines Paares im Karussell der Beziehungsfallen hat in der Regel mehr mit Übertragung zu tun als mit den realen Personen der Gegenwart, die die beiden sind.

Sie können die folgende Übung alleine oder zu zweit machen. Wenn Sie sie gemeinsam besprechen, achten Sie darauf, ob sich das Stroke-Muster in Ihrer Diskussion wiederholt.

ÜBUNG 42
UNSER STROKE-MUSTER: WAS WIR ÜBERTRAGEN

Wählen Sie einen beliebigen für Sie beide typischen Streit der jüngeren Vergangenheit aus, der Ihnen noch deutlich in Erinnerung ist. Nehmen Sie daraus nur eine kurze Sequenz, in der jeder von Ihnen nicht öfter als fünf Mal das Wort (oder auch das Schweigen als Reaktion) hat. Schreiben Sie das Gespräch mit den Verhaltensweisen (Gesten, Körpersprache, Tonfall) so wortgetreu wie möglich auf. Dann gehen Sie Stroke für Stroke durch.

- Was für ein Stroke wird hier gegeben?
- Wie wird er wahrgenommen?
- An welche Person aus meiner Kindheit richtet er sich wirklich?
- Als von welcher Person aus meiner Kindheit kommend wird er wahrgenommen?
- Wie ziehe ich am Gummiband, wie wird er/sie gezogen – und umgekehrt?

Sie werden bei dieser Analyse feststellen, dass es manchmal knifflig sein kann, eindeutig herauszufinden, um was für eine Art von Stroke es sich tatsächlich handelt, wie er tatsächlich wahrgenommen wird, ob es sich um Übertragung handelt und, wenn ja, welche frühere Beziehungserfahrung in die Gegenwart mitgenommen wird. Das macht nichts. Psychologie hat selten mit Eindeutigkeiten zu tun, sondern viel öfter mit Möglichkeiten. Wichtig ist, dass Sie eine Idee davon bekommen, wie schnell Übertragung passieren kann und wie mächtig dieser Gummiband-Mechanismus in einer Paarbeziehung ist.

Machen Sie eine Pause von einem oder zwei Tagen, bevor Sie sich an die letzten Übungen dieses Abschnittes machen. Es kann hilfreich sein, wenn sich die Erkenntnisse und Erfahrungen, die Sie gemacht haben, etwas setzen können, bevor Sie dazu übergehen, Ihren Film zu ergänzen und zu vervollständigen.

ÜBUNG 43
ÜBERTRAGUNG: WIR DREHEN EINEN FILM

Teil 1: Ich, Szene 9

Noch einmal begegnen wir unserer ersten Hauptdarstellerin als Kind. Sie ist nicht mehr klein, bald wird sie eine Jugendliche sein und in die Pubertät kommen. Alles, was sie in ihrem jungen Leben geformt hat, ist im Wesentlichen schon geschehen.

Wir sehen sie in Großaufnahme und hören ihre Stimme aus dem Off, ohne dass sich ihr Mund öffnet. Sie denkt an all das, was nicht mehr rückgängig und nie wiedergutzumachen ist. Sie beschäftigt sich mit ihrer Hoffnung, es doch irgendwann im Leben ungeschehen machen zu können. Sie macht sich innerlich bereit, all die unerledigten Dinge zu wiederholen. In ihrer Pubertät wird sie damit beginnen.

Der Ich-Teil des Films ist damit beendet. Wenn Sie wollen, lesen Sie sich alle neun Szenen in ihrer Abfolge noch einmal durch. Wenn etwas dabei nicht stimmig ist oder so nicht in den gesamten Bogen passt, können Sie es verändern. Lassen Sie dieses Gesamtbild der Entstehung Ihres eigenen Skripts auf sich wirken. Würdigen Sie Ihre Leistung, ein derart durchkonstruiertes Gebilde erschaffen zu haben, um durch ein kindliches Leben zu kommen, das in Wirklichkeit für ein Kind unzumutbar schwierig war.

Dieses Drehbuch, eben das Skript, ist jetzt fertig und bereit, im erwachsenen Leben durchgespielt zu werden.

ÜBUNG 44
ÜBERTRAGUNG: WIR DREHEN EINEN FILM

(Teil 2: Du, Szene 9)

Wir begegnen dem zweiten Hauptdarsteller ein letztes Mal als Kind. Auch er ist nicht mehr klein, bald wird er ein Jugendlicher sein und in die Pubertät kommen.

Alles, was ihn in seinem jungen Leben geformt hat, ist im Wesentlichen schon geschehen.

Wir sehen ihn in Großaufnahme und hören seine Stimme aus dem Off, ohne dass sich sein Mund öffnet. Er denkt an all das, was nicht mehr rückgängig und nie wiedergutzumachen ist. Er beschäftigt sich mit seiner Hoffnung, es doch irgendwann im Leben ungeschehen machen zu können. Er macht sich innerlich bereit, all die unerledigten Dinge zu wiederholen. In seiner Pubertät wird er damit beginnen.

Jetzt ist auch der zweite Teil fertig, der sich mit der Skriptentstehung Ihres Partners (aus Ihrer Sicht) beschäftigt. Lesen Sie diese neun Szenen noch einmal in Folge durch und – wenn nötig – überarbeiten Sie sie.

Lassen Sie den Gesamtkomplex auf sich wirken. Wie mag es sein, in so einem Leben, mit solchen Grundbotschaften, Glaubenssätzen, Ersatzgefühlen, mit so einem Antreiber und diesen unerledigten Übertragungsinhalten zu leben? Ist es nicht beeindruckend, was für ein umfassendes Gebäude er sich da erschaffen hat, um mit einer Welt zurechtzukommen, die für ihn als Kind eigentlich viel zu schwierig war?

Auch sein Drehbuch ist fertig. Ohne es zu wissen, hat er es – auch – für Sie und die Beziehung mit Ihnen geschrieben. Nicht, um diese Beziehung zu zerstören, sondern in dem Wunsch und der Hoffnung, sie gut werden zu lassen.

Sprechen Sie – wenn Sie wollen – miteinander über die Drehbücher zu den beiden ersten Teilen des Films. Achten Sie auf Unterschiede und Gemeinsamkeiten, darauf, wo Sie sich verstanden, aber auch darauf, wo Sie sich unverstanden fühlen. Sie können, müssen aber nicht, Ihre Drehbücher nach diesem Gespräch ergänzen und verändern.

ÜBUNG 45
ÜBERTRAGUNG: WIR DREHEN EINEN FILM

(Teil 3: Wir, Szene 10)

Im Wesentlichen beinhaltet diese letzte Szene das, was Sie bereits vorher in Übung 42 über Ihr Übertragungs-Stroke-Muster erarbeitet haben.

Wir blenden zurück in die gemeinsame Geschichte des Paares und finden dort Situationen, die der aus Übung 42 in ihrem Ablauf ähnlich sind, manchmal dramatischer, manchmal weniger. Diesmal kommen diese Erinnerungen nicht aus entweder ihrer oder seiner Sicht, sondern immer aus der gemeinsamen Sicht beider. In all diesen Bildfolgen geht es um das Gummiband der Übertragung, mit dem die beiden sich dabei beeinflussen, zu denken, zu handeln und zu fühlen, wie sie das als Kinder getan haben. Wie sehen diese Erinnerungsbilder aus? Aus welchen Zeiten stammen sie?

Nun haben wir auch den dritten Teil des Films fertiggestellt. Vielleicht sind Sie überrascht, wie viel und wie häufig die Übertragung in Ihrer Beziehung eine Rolle spielt und gespielt hat. Wahrscheinlich ist sie der Schlüssel zu vielen Ihrer Probleme und Ihrer Kränkungen. Allerdings ist das nur eine Erklärung und eine Möglichkeit, aus diesen Problemen herauszufinden. Auch wenn viele der Verletzungen, die Sie sich gegenseitig zugefügt haben, unbewusst anderen Personen zugedacht waren, auch wenn sie aus dem Wunsch entstanden sind, sich selbst zu schützen, haben Sie doch Ihre Partnerin getroffen, und sie hat Sie getroffen. Erklärungen erleichtern das Heilen von Wunden, aber sie reichen dafür nicht aus. Was dafür noch entscheidend ist, darüber werden Sie im nächsten Abschnitt mehr erfahren.

Doch zuvor gibt es noch die Vorarbeit für den vierten Teil des Films, der die Zukunftsgestaltung des Paares zeigen soll. Wie auch bisher handelt es sich nur um ein vorläufiges Konzept.

ÜBUNG 46
BRAUCHEN WIR DIE ÜBERTRAGUNG WIRKLICH?
WIE KÖNNEN WIR DIE MENSCHEN SEIN, DIE WIR SIND?

Wie könnte die Beziehung zwischen uns aussehen, wenn wir ohne oder mit wenig Übertragung auskämen?

Wie würden wir dann miteinander kommunizieren? Was würden wir miteinander tun oder lassen? Was würden wir fühlen?

Wie könnten wir merken, dass das Gummiband sich zwischen uns wieder spannt?

Wie könnten wir uns selbst und gegenseitig helfen, wieder den Menschen zu sehen, den wir wirklich vor uns haben, statt eine Person aus unserer Vergangenheit?

Wenn es möglich ist, diskutieren Sie diesen Punkt gemeinsam. Ein Leben ganz ohne Übertragung, nur auf die reale Person in der Gegenwart konzentriert, wäre wohl idealtypisch. Natürlich rutschen wir alle in Stresssituationen mehr oder weniger unmerklich in alte Muster – und das zentrale Muster dabei ist eben die Übertragung.

Sie haben mittlerweile viele Instrumente erarbeitet, um das rechtzeitig zu merken und einen Ausstieg zu finden: die Glaubenssätze zu hinterfragen, die authentischen Gefühle zuzulassen, das Stroke-Muster zu ändern, die Antreiberleitfigur ins Spiel zu bringen. Ein weiterer Weg ist, die Übertragung zu erkennen und zu unterbrechen: Was unterscheidet meinen Partner von meinem Vater? Und was unterscheidet mich heute von dem Kind, das ich war?

Hier beenden wir unseren langen Ausflug in die Kindheit. Im Anschluss finden Sie eine Zusammenfassung über die Skriptentwicklung und ihre Bausteine. Damit sind wir zu einem großen Teil wieder in der Gegenwart angekommen. Doch bevor wir in die Zukunft schauen können, müssen wir uns noch mit einem zweiten Aspekt der Vergangenheit beschäftigen, der diesmal aber bereits mit dem Erwachsenenleben der beiden Partner zu tun hat: der Geschichte als Paar mit all dem Guten und Schlechten, das da war, um schließlich auch diesen Aspekt zum Abschluss zu bringen und hinter uns lassen zu können.

ZUSAMMENFASSUNG

Menschen erarbeiten sich in ihrer Kindheit unter dem Einfluss der Eltern und anderer wichtiger Personen einen unbewussten Lebensplan, der ihnen helfen soll, konstruktiv mit den einschränkenden Bedingungen fertigzuwerden, denen sie unterworfen sind. Dieser Plan wird **SKRIPT** genannt und ist ursprünglich hilfreich. Da er aber ins erwachsene Leben mitgenommen wird und auch da die Gestaltung von Beziehungen über weite Strecken bestimmt, wird er dysfunktional. Damit Paare aus der Krise kommen können, ist es notwendig, die Skripts der beiden zu analysieren und individuelle und gemeinsame Auswege zu finden. Eine Besonderheit dabei ist, dass die Skripts der beiden Partner eng miteinander verzahnt sind und sich wechselseitig ergänzen. Daraus entsteht die im ersten Kapitel beschriebene Dynamik der drei Beziehungsfallen (Abhängigkeits-, Glaubenssatz- und Gefühlsfalle). Ziel bei der konstruktiven Lösung der Krise des Paares ist es, gemeinsam aus den individuellen Skripts und der Kombination aus beiden auszusteigen und sich auf das Hier und Jetzt statt auf die Vergangenheit zu beziehen.

Das Skript setzt sich aus fünf Bausteinen zusammen:

- den destruktiven und einschränkenden **GRUNDBOTSCHAFTEN**, die von den Eltern übermittelt werden und die Entwicklung des Kindes zu einem autonomen Menschen begrenzen;
- den verallgemeinernden **GLAUBENSSÄTZEN** über sich, andere und die Welt, mit denen das Kind eine Erklärung für die Grundbotschaften (auch Einschärfungen genannt) sucht und sie so verinnerlicht und zu einem Teil seiner Persönlichkeit macht;
- den **ERSATZGEFÜHLEN**, die dabei helfen, die echten Gefühle, die mit der Skriptentstehung verbunden sind (Verzweiflung, Wut, Angst), abzuwehren. Diese »Lieblingsgefühle« helfen dabei, die kindliche Situation erträglicher zu gestalten, bestätigen aber gleichzeitig wieder die Grundbotschaften;

- den **ANTREIBERN**, die einen Weg suchen, doch die uneingeschränkte Liebe zu bekommen, die von Grundbotschaft, Glaubenssätzen und Ersatzgefühlen verwehrt wird. Das Kind findet einen erfolgversprechenden Weg, Bedingungen zu erfüllen, unter denen es doch noch geliebt werden könnte. Da das aber nie zu bedingungsloser Liebe führt, landen auch die Antreiber wieder in der ursprünglichen aussichtslosen Verzweiflung – um dann mit verdoppelter Energie neu zum Einsatz zu kommen;
- der **ÜBERTRAGUNG**, die bedeutet, dass frühere Beziehungsmuster auf Menschen in der Gegenwart projiziert werden. Ziel dieses unbewussten Vorganges ist es, endlich alles gut werden zu lassen und sich nie wieder mit der Vergangenheit auseinandersetzen zu müssen. Ausgedrückt wird die Übertragung im Stroke-Muster, insbesondere in dem kombinierten Muster eines Paares. Diese Art des Stroke-Austauschs führt letztlich wieder zur Bestätigung aller Teile des Skripts: der Grundbotschaft, der Glaubenssätze, der Ersatzgefühle und der Antreiber. So wird das Skript immer weiter aufrechterhalten und verstärkt.

2.2 WIE IST ES GEKOMMEN, DASS ALLES SO GEKOMMEN IST?

UNSERE GESCHICHTEN VON LIEBE UND VERLETZUNG

I could've loved you better, didn't mean to be unkind
You know that was the last thing on my mind
Tom Paxton, The Last Thing On My Mind

DIE GESCHICHTE ALS PAAR mit all dem Guten und Schlechten, das da war, hinter uns lassen zu können – mit diesem Satz haben wir den langen Abschnitt zum Skript beendet. Das sagt sich leicht, und es ist schließlich auch das, was jedes Paar in der Krise will und oft beschwört. »Wir müssen einmal einen Schlussstrich ziehen, so oder so!«, hat Hans schon in der ersten gemeinsamen Sitzung gesagt. Doch es scheint, dass das Thema »Wie ist denn das alles so gekommen?« für ein Paar sehr schwer jenseits von Schuldzuweisungen und Ersatzgefühlen miteinander zu besprechen ist. Beide haben große Angst, wieder das alte Karussell zu besteigen, denn das ist ja auch oft genug geschehen. So groß anfänglich die Widerstände waren, aktuelle Konfliktmuster zu analysieren und später die lebensgeschichtlichen Verletzungen aufzuarbeiten, so sehr scheint das nun beides einfacher zu sein, als sich mit dem zu konfrontieren, was man einander im Laufe der Jahre angetan, gegeben und genommen hat. An diesem Punkt verfügt das Paar im Grunde über alle Grundinstrumente, um miteinander konstruktiv umgehen zu können, aber es tauchen, scheinbar merkwürdigerweise, wieder Konflikte über Konflikte auf, die eigentlich banal erscheinen. Sie haben auch nicht mehr die Schwere der heftigen Übertragungsstreitereien, aber sie beschäftigen das Paar doch wieder und wieder.

Wenden wir uns dazu zwei Menschen zu, die wir noch nicht kennengelernt haben. Alexander und Johanna – er ist Anfang fünfzig, sie Anfang vierzig – sind zur Paartherapie gekommen, weil sich Johanna in einen anderen Mann verliebt hatte. Diese Außenbeziehung ist mittlerweile beendet. Sie haben einen konstruktiven und respektvollen Umgang miteinander gefunden und ihre Skripts kennengelernt. Sie wissen, was zu der Entfremdung beigetragen hat, aus der heraus die Krise eskalierte. Es scheint so, dass ihre Entwicklung auf eine Trennung hinauslaufen wird. Sie mögen einander sehr, aber die Unterschiede sind mittlerweile so groß, dass sie wahrscheinlich nicht mehr sinnvoll zu überbrücken sein werden. Dieses Thema wird von den beiden mehr und mehr angesprochen; ein Standardsatz bei ihnen lautet: »Wir müssen jetzt aber wirklich darüber sprechen, wie es mit uns weitergehen soll.« Dieses Gespräch erfolgt aber nie, weil immer etwas »dazwischenkommt«: In Johannas Arbeit gibt es gerade Probleme, ein Kind durchläuft eine schwierige Pubertät, Alexander muss sich einer Operation unterziehen, Johannas Mutter erkrankt und stirbt. Wie es scheint, müssen noch einige ungeklärte Fragen gelöst werden, bevor die beiden ihre Lebensentscheidung treffen können.

Ihre Paartherapie-Sitzungen sind seltener geworden, sie kommen etwa alle vier bis sechs Wochen. Dann geht es um die oben geschilderten Lebensprobleme oder um banale Alltagskonflikte.

ALEXANDER UND JOHANNA

ALEXANDER: Was ich heute besprechen möchte, liegt mir sehr am Herzen. Wenn ich abends heimkomme, dann essen wir meistens gemeinsam.

JOHANNA: Genau. Und du liest die Zeitung. Oder der Fernseher läuft.

ALEXANDER: Ja, das brauche ich halt zur Entspannung. Aber anschließend würde ich gerne mit Johanna reden. Dann verschwindet sie in die Küche.

JOHANNA: Irgendwer muss ja das Geschirr wegräumen.

ALEXANDER: Ja, aber das kann doch warten.

JOHANNA: Du kannst ja zu mir in die Küche kommen, wenn du reden willst.

ALEXANDER: Nein, das geht nicht, wenn du was anderes machst.

JOHANNA: Auch nicht anders, als wenn du die Zeitung liest.

THERAPEUT: Was möchten Sie denn so Schwieriges miteinander besprechen?

ALEXANDER (erstaunt): Wieso? Gar nichts, einfach ganz normal reden, wie denn der Tag so war.

JOHANNA: Wieso fragen Sie das?

THERAPEUT: Man könnte den Eindruck bekommen, dass es da um etwas sehr Ernsthaftes gehen muss. Jeder will die ungeteilte Aufmerksamkeit, und gleichzeitig haben Sie beide immer wieder Gründe, diese Aufmerksamkeit dem anderen nicht zu geben.

ALEXANDER: Nein, das glaube ich nicht. Ich will nur darüber reden, dass mich das stört.

THERAPEUT: Das ist Ihr Thema für die Therapiesitzung?

ALEXANDER: Ja. Sag ich doch.

Die Angelegenheit, die die beiden schildern, ist nicht besonders schwerwiegend, und sie erzählen sie auch nicht so, wie das ein Paar mitten im Karussell der Beziehungsfallen oder am Höhepunkt der Übertragung tun würde. Sie reden eher beiläufig, ohne sonderliche Ersatzgefühle oder bedingungslos negative Strokes. Es ist eher ein Geplänkel. Dass sie es sogar zum Thema einer Therapiesitzung machen, ist ein Hinweis darauf, dass sie nach unverfänglichem Gesprächsstoff suchen, um Wesentliches nicht ansprechen zu müssen.

ALEXANDER UND JOHANNA

THERAPEUT:	Vielleicht geht es um das, was Sie immer wieder ansprechen, aber nie weiter erörtern: Sie müssten endlich darüber reden, wie es mit Ihnen weitergehen soll. Genauer gesagt, denke ich, Sie müssten sich darüber unterhalten, was zwischen Ihnen alles geschehen ist, um zu einer Lösung kommen zu können.
JOHANNA:	Vielleicht haben Sie recht. Eigentlich weiche ich einem Gespräch aus, weil ich Angst habe, dass dann wieder die Vorwürfe kommen: Warum hast du mir das angetan?
THERAPEUT:	Sie meinen Ihre Außenbeziehung.
JOHANNA:	Ja. Was soll ich denn immer darüber reden? Das ist passiert, und jetzt ist es vorbei.
ALEXANDER:	Vorbei! Nur weil du den Typen nicht mehr siehst, habe ich trotzdem jedes Mal Angst, wenn du im Nebenzimmer telefonierst, dass das alles wieder von vorne losgehen könnte.
JOHANNA:	Ach, ich hab es satt. Das nervt so!
THERAPEUT:	Und es macht ein schlechtes Gewissen. Weil Sie merken, dass Sie Alexander wehgetan haben.
JOHANNA:	Hört denn das nie auf? Ich kann es ja nicht mehr ungeschehen machen. Und wie weh er mir getan hat mit seinem Arbeiten bis spät in die Nacht, seinen Dienstreisen, danach fragt niemand.
THERAPEUT:	Doch, Johanna. Davon muss genauso die Rede sein.
ALEXANDER:	Ach, jetzt bin ich wieder schuld!

Kein Wunder, dass Johanna und Alexander – und jedes andere Paar auch – Angst vor dieser Diskussion haben. Sie sind drauf und dran, wieder in ihre Beziehungsfallen zu schlittern. Schuldzuweisungen und in ihrem Gefolge Ersatzgefühle und negative Strokes klopfen sozusagen schon an die Türe. Sie haben ja oft versucht, über die wirklich heiklen

Punkte ihrer Beziehung ins Gespräch zu kommen, und haben dabei ihre Wunden nur vertieft. Um eine solche Unterredung zu führen, brauchen sie Regeln, die ihnen dabei helfen können, das konstruktiv zu tun.

Doch warum ist es überhaupt notwendig, noch einmal über die Paarvergangenheit zu reden, wenn es doch so gefährlich sein könnte? Kann sie nicht einfach vergangen sein? Die Mechanismen aus den persönlichen Skripts mit ihrer Übertragung sind doch längst klar. Und vor allem: Wozu soll das gut sein, wenn die beiden sich – wie bei Alexander und Johanna absehbar – doch ohnehin trennen werden?

Verletzungen, die Partner einander zugefügt haben, führen meist zu einem Dilemma zwischen »recht haben« und »im Unrecht sein«. Der eine ist das Opfer, der andere der Täter, und die zentrale Frage, die dabei abgehandelt wird, ist die der *Schuld*. Doch Schuld ist ein theologischer und juristischer Begriff. Wenn wir versuchen, sie einem Menschen zuzuschieben, wird das zu *Schuldgefühlen* und *Beschämung* führen. Beides sind Empfindungen, die fast nicht zu ertragen sind, daher beginnt der Beschuldigte, sich zu rechtfertigen, und geht zum Gegenangriff über: »Ich habe ja nur so gehandelt, weil du vorher ….« Der Ausweg daraus besteht darin, Verantwortung zu übernehmen. Dafür brauchen beide Seiten das Verständnis des jeweils anderen.

Menschen brauchen dieses Verständnis, damit seelische Wunden heilen können, die ihnen zugefügt wurden. Am besten ist es, wenn sie von der Person verstanden werden, die ihnen wehgetan hat. Zugleich braucht auch der, der verletzt hat, die Unterstützung des anderen, um seine Schuldgefühle und seine Scham bewältigen zu können. Alexander hat an einem früheren Punkt der gemeinsamen Arbeit seine Verletzung und seine Schuldzuweisung an Johanna so auf den Punkt gebracht: »Manchmal glaube ich, sie ist ein Dämon, der direkt aus der Hölle gestiegen ist, um mir wehzutun.« Genau darum geht es – um die Ent-Dämonisierung des Verletzenden: Johanna hat das, was sie getan und gesagt hat, nicht zielgerichtet und überlegt gesagt und getan, um Alexander Leid zuzufügen, und schon gar nicht, weil sie eine böse Frau wäre. Sie ist ein Mensch, kein Teufel, und sie hat aus menschlichen Gefühlen heraus gehandelt: aus Einsamkeit, Sehnsucht, Verliebtheit und wahrscheinlich noch anderen Gründen.

»Verständnis« bedeutet noch nicht zwingend Verzeihen. Das ist noch ein weiterer Schritt, mit dem wir uns im dritten Kapitel beschäftigen werden. Oft ist eine zu schnelle Entschuldigung und ein ebenso zu schnelles Verzeihen ein neuerlicher Versuch, dem Reden, dem Zuhören und dem Verstehen aus dem Weg zu gehen.

Die Übertragung einer Beziehungssituation auf eine andere Person ist nicht nur ein Prozess, der in der Kindheit entsteht. Wir können auch schmerzliche Erfahrungen aus dem Erwachsenenleben auf andere Situationen und Menschen übertragen, wenn wir sie nicht bewältigt haben. Bei einem Neubeginn ohne das Aufarbeiten der gemeinsamen Geschichte besteht die Gefahr, dass die Verletzungserfahrung in die Zukunft weiterprojiziert wird, dass also der veränderte Mensch von heute als der unveränderte von früher gesehen wird (»Sie wird es ja doch wieder tun!«). Bei einer Trennung wird das Unbewältigte später auf einen neuen Partner übertragen (»Er ist doch genauso wie mein Ex-Mann!«). Und noch ein Aspekt ist für den Fall der Trennung wichtig: Wenn das Paar Kinder miteinander hat, dann bleiben die beiden gemeinsam Eltern mit gemeinsamer Verantwortung. Diese kann nur dann wirklich übernommen werden, wenn es keine wesentlichen offenen Rechnungen mehr gibt.

Bei der Auseinandersetzung über die gemeinsame Geschichte geht es nicht nur um Verletzung. Es geht auch um die Liebe, das Schöne und Verbindende, das das Paar erlebt hat, das nicht zu kurz kommen darf. Dabei ist unvermeidlich wieder Trauer mit dabei: darüber, dass das, was gut war, zu weit verloren gegangen ist, als dass die beiden noch einmal dorthin zurückkehren könnten, wo sie einander noch sicher und unzweifelhaft geliebt haben. Oder – und das ist ein besonders heikler Punkt – den zwei Menschen wird an dieser Stelle bewusst, dass sie nie wirklich tiefe Liebe füreinander empfunden haben und aus verschiedenen anderen Gründen ein gemeinsames Leben geführt haben.

Wir werden daher hier drei Varianten betrachten:

- das Paar auf dem Weg zur Trennung,
- das Paar auf dem Weg zum Neubeginn und
- das Paar, das sich nie wirklich geliebt hat.

Diese Unterscheidung ist bedeutungsvoll, weil hier, in der Auseinandersetzung über die gemeinsame Geschichte, die entscheidenden Grundlagen für die letztliche Entscheidung gefunden werden. Die Art und Weise, wie diese Gespräche geführt werden, ihre Inhalte und der Umgang mit dem Verstehen geben deutliche Hinweise darauf, wo das Paar letztlich hingehen wird. Jede der drei Situationen hat ihre Tücken, die beachtet werden müssen.

Die Auseinandersetzungen über die Geschichten des Paares von Liebe und Verletzung brauchen, wie gesagt, **REGELN.** Bitte lesen Sie sich diese Punkte an dieser Stelle nur durch. Führen Sie vorerst noch kein Gespräch im Sinne des vorgeschlagenen Ablaufs. Dazu werden wir später mit entsprechender Vorbereitung im Übungsteil kommen.

- Die Grundregel ist, dass der Sinn dieser Gespräche (noch) nicht im Verzeihen (oder Nicht-Verzeihen) liegt, sondern vorerst im Verstehen.
- Sie vereinbaren, wer mit seiner Darstellung beginnt. Ihre Einleitung dafür ist sinngemäß: »Ich möchte, dass du von mir weißt, dass ...«
- Dieses erste Statement sollte nicht länger als zwei oder drei Sätze sein. Dann teilt der/die Zuhörende in seinen/ihren eigenen Worten mit, was er/sie verstanden zu haben glauben. Das bestätigt oder korrigiert der/die Erzählende.
- Dann fährt der/die Erzählende fort, wieder in nicht mehr als zwei oder drei Sätzen, und gibt dem/der Zuhörenden anschließend Zeit, sein/ihr Verstehen – oder Nicht-Verstehen – mitzuteilen.
- Der/die Zuhörerende gibt keine Kommentare, Erklärungen oder Widerlegungen ab. Es geht nur darum, zu verstehen, er/sie müssen die Sicht und die Gefühle des Partners nicht teilen.

- Dieses Gesprächsmuster – Erzählen, Verstehen, Erzählen, Verstehen – behalten Sie etwa eine Viertelstunde lang bei, nicht länger. Bleiben Sie dabei nur bei dem einen Thema, mit dem der/die Erzählende begonnen hat, auch wenn Ihnen wahrscheinlich rasch Verbindungen zu mehr und mehr ähnlichen Ereignissen einfallen werden.
- Dann wechseln Sie und führen das Gespräch nach den gleichen Regeln in umgekehrter Rollenverteilung durch.
- Nach einer halben Stunde beenden Sie den Austausch fürs Erste. Wichtig ist, nicht zu viel auf einmal in diese schwierige Situation zu packen. Jeder von Ihnen erzählt über ein bestimmtes Thema, jeder von Ihnen hört einmal zu. Beides ist anstrengend und braucht anschließend Zeit, um das Gesagte und Gehörte zu verdauen.
- Teilen Sie einander nach dieser halben Stunde mit, wie Sie sich jetzt, nach diesem Gespräch, fühlen.
- Nehmen Sie sich dann noch individuell Zeit, um Ihren Gedanken und Gefühlen Raum zu geben. Vielleicht wollen Sie Notizen darüber machen.

Warum können diese Unterredungen nicht schon viel früher in dem Prozess geführt werden? Könnte man sich damit nicht Zeit ersparen? Ein Paar, dessen Karussell sich noch heftig dreht, wird sich vermutlich nicht an die vorgeschlagenen Regeln halten, nicht im Beisein eines Therapeuten und schon gar nicht ohne ihn. Zu eingefahren sind die Mechanismen der Beziehungsfallen, zu heftig die Emotionen, als dass einer sich die Mühe machen würde, dem anderen zuzuhören. Erst das Aussteigen aus diesem Räderwerk und das Erkennen der lebensgeschichtlich wunden Punkte schafft die Basis für aufmerksames Zuhören und für das Interesse am anderen Menschen. Erst dann ist es möglich, die innere Haltung: »Ich weiß, dass sie der Mensch ist, der sie ist, und ich kann verstehen, warum sie fühlt, denkt und handelt, wie sie es tut«, einzunehmen.

2.2.1 DAS PAAR AUF DEM WEG ZUR TRENNUNG – »ICH KANN DICH VERSTEHEN, ABER ICH KOMME NICHT DARÜBER HINWEG«

When you turn and walk away, don't look back
I wanna remember you just like this
Let's just kiss and say goodbye
Winfred Lovett, Kiss And Say Goodbye

DIE ART UND WEISE, wie Paare über ihre Geschichte miteinander reden, gibt meist deutliche Hinweise darauf, wie ihre Entscheidung über die Zukunft ausfallen wird. Menschen, die keinen gemeinsamen Weg mehr für sich sehen, gehen anders mit ihren Gefühlen und denen des anderen um. Sie können zwar Verständnis für das Erleben des Partners entwickeln, trotzdem ist ihnen sein Handeln eher fremd. Sie sind auch – durchaus bei gegenseitigem Respekt – weniger bereit, einander über die Verletzungen hinwegzuhelfen. Das bedeutet nicht, dass die Atmosphäre dieser Gespräche feindselig ist, sie kann auch freundschaftlich sein, aber die beiden merken, dass ihre Liebe zu Ende geht (oder schon gegangen ist).

Wir können das gut an Alexander und Johanna in der ersten Runde ihrer Unterredungen beobachten.

ALEXANDER UND JOHANNA

ALEXANDER: Johanna, ich möchte, dass du von mir weißt, wie schrecklich diese Zeit war, als es den anderen gegeben hat. Diese Heimlichkeiten und diese Lügen, als du immer noch behauptet hast, es sei nichts, ich bilde mir das alles nur ein. Ich habe ...

THERAPEUT: Einen Moment, Alexander. Geben Sie Johanna Zeit, das, was Sie ihr sagen, in kleinen Portionen zu hören und zu verstehen. Johanna?

JOHANNA: Das ist schwer ... wie war das noch mal? Ich soll das, was ich verstanden habe, in meinen eigenen Worten wiedergeben?

THERAPEUT: Genau.

JOHANNA: Ja. Ich habe gehört, dass das eine schreckliche Zeit für dich war. Dass du dich belogen gefühlt hast, weil ich gesagt habe, es sei nichts.

THERAPEUT: Alexander, hat Johanna verstanden, was Sie ihr gesagt haben?

ALEXANDER: Nicht ganz. Ich habe mich nicht belogen gefühlt, du hast mich belogen.

JOHANNA: Was hättest denn du getan?

THERAPEUT: Das ist im Moment nicht die Frage. Sie können gern später aus Ihrer Sicht sprechen, jetzt ist Alexander dran.

JOHANNA: Gut. Es war schrecklich für dich, dass ich dich belogen habe.

ALEXANDER (mit zittriger Stimme): Ja. Das war es. Und ich möchte dir auch ehrlich sagen, dass ich nicht weiß, wie ich in so einer Situation an deiner Stelle gehandelt hätte. Aber ich war nicht an deiner Stelle. Du hast dich dafür gerechtfertigt, dass du nicht anders konntest. Doch, das konntest du: Du hättest früher mit mir reden können, nicht erst auf mein Drängen und Nachfragen.

JOHANNA: Du weißt nicht, ob du an meiner Stelle anders gehandelt hättest, und du findest, ich hätte früher mit dir reden können. Hätte ich. Aber es war eben nicht so.

THERAPEUT: Zu unseren Regeln gehört es, die Aussagen des anderen nicht zu kommentieren. Alexander, gibt es von Ihrer Seite her noch etwas zu dieser ersten Runde?

ALEXANDER: Ja. Ich möchte, dass du weißt, dass ich schon verstehen kann, wie du gehandelt hast. Ich verurteile dich nicht mehr. Aber es tut immer noch sehr weh, und ich komme nicht darüber hinweg.

JOHANNA (mit Tränen in den Augen): Du verstehst mich, und du verurteilst mich nicht, aber du kommst nicht darüber hinweg. (Pause)

THERAPEUT: Johanna, jetzt sind Sie dran.

JOHANNA: Alexander, du sollst von mir wissen, dass ich mich nicht gut gefühlt habe damals. Mir war klar, dass ich dich betrüge. Es hat sich furchtbar angefühlt, und auch richtig.

ALEXANDER: Richtig?

THERAPEUT: Was haben Sie verstanden von dem, was Johanna gesagt hat?

ALEXANDER: Okay. Dass es sich furchtbar angefühlt hat, aber auch richtig. Und dass du dich nicht gut gefühlt hast.

JOHANNA: Und ich habe mich sehr vor deinem Zorn gefürchtet. Ich war sehr einsam damals, du warst fast immer unterwegs und hast keinen Kopf für mich gehabt. Dieter hat eigentlich nur seine Arme öffnen müssen –

ALEXANDER: Genug! Das will ich nicht hören! Ich kann es mir vorstellen, aber ich will es nicht hören. Also: Du hast dich einsam gefühlt, und du hast Angst vor mir gehabt.

JOHANNA: Vor deinem Zorn.

ALEXANDER: Vor meinem Zorn.

JOHANNA: Und ich will dir sagen, dass es mir leidtut, dass du nicht darüber hinwegkommst. Und du sollst auch wissen, dass ich bereit bin, damit zu leben, dass du mir nicht verzeihen kannst.

ALEXANDER: Du kannst damit leben, dass ich dir nicht verzeihen kann, und es tut dir leid, dass ich das nicht kann. (Pause) Es tut mir auch leid, dass ich das nicht kann; ich habe es versucht, aber es geht einfach nicht.

Es ist die erste Runde der Gespräche der beiden über ihre Geschichte von Liebe und Verletzung. Daher kann es im Moment so aussehen, als ob Alexanders Verletzung schwerwiegender wäre als die Johannas. Doch dafür wird später noch Platz sein. Jetzt ist es an der Zeit, auf die Gefühle der beiden nach diesem schwierigen Prozess zu achten.

ALEXANDER UND JOHANNA

THERAPEUT: Danke an Sie beide für diese erste Runde und dafür, dass Sie dieses wirklich schwierige Thema mit viel Respekt füreinander besprochen haben. Wie war es für Sie, zu sagen, was Ihnen wichtig ist, und zu hören, was der andere Ihnen zu sagen hat?

JOHANNA: Ich bin froh, dass wir jetzt einmal eine Pause machen dürfen. Das war wirklich hart.

THERAPEUT: Wie fühlen Sie sich jetzt, Johanna?

JOHANNA: Einerseits ziemlich schlecht. Schuldig. Will ich aber nicht, so habe ich mich lange genug gefühlt. Ich will aber auch Alexander keine Schuld geben.

THERAPEUT: Alexander?

ALEXANDER: Eine Mischung aus Wut – ich hätte noch so viel dazu zu sagen, aber am Ende würde nichts anderes herauskommen als das, wo wir jetzt stehen – und ich komme mir als Versager vor, weil ich nicht verzeihen kann.

JOHANNA: Alex, die Versagerin bin doch ich!

ALEXANDER: Nein, ich habe dich so viel allein gelassen.

THERAPEUT: Sie haben beide verletzt, und Sie sind beide verletzt worden.

ALEXANDER: Vielleicht haben wir es beide vermasselt.

JOHANNA (nimmt seine Hand): Ja, das haben wir. Alex, ich bin so traurig darüber, was aus uns geworden ist.

ALEXANDER: Das bin ich auch. Am liebsten würde ich noch »mein Schatz« dazu sagen, so wie früher. Aber das bist du nicht mehr.

JOHANNA: Nein, das bin ich nicht mehr.

THERAPEUT: Trotzdem gibt es noch einiges miteinander zu klären.

So berührend dieser Prozess zwischen Alexander und Johanna ist, so sehr besteht an diesem Punkt die Gefahr, dass sie sich auf eine zu schnelle Trennung hinbewegen, um ihre Trauer abzukürzen. Darauf werden wir im dritten Kapitel noch zu sprechen kommen.

Die beiden haben ja erst über *eine* Geschichte von Liebe und Verletzung gesprochen. Die Außenbeziehung Johannas zieht natürlich viel Aufmerksamkeit auf sich und steht deshalb im Moment im Vordergrund. Doch sie war erst der Kulminationspunkt einer langen Kette von Ereignissen der Entfremdung in einer fast zwanzig Jahre dauernden Beziehung. Noch haben Johanna und Alexander keine ausreichenden Grundlagen, um ihre Lebensentscheidung in gemeinsamer Autonomie zu treffen. Allerdings stehen die Zeichen auf Trennung. Dafür sind nicht nur die Inhalte dessen, was die beiden miteinander sprechen, ein Indiz (»Du bist nicht mehr mein Schatz« – »Nein, das bin ich nicht mehr«). Auch die Schwierigkeiten, einander wirklich zuzuhören und sich mit Kommentaren und Gegenfragen zurückzuhalten, deuten darauf hin. Ohne das Eingreifen des Therapeuten laufen sie immer wieder Gefahr, in das alte Karussell der Beziehungsfallen einzusteigen. Im Moment erscheint es unwahrscheinlich, dass sie ihre Gespräche alleine weiterführen können.

2.2.2 DAS PAAR AUF DEM WEG ZUM NEUBEGINN – »ES TUT MIR LEID, DASS ICH DAS NICHT GEWUSST HABE«

I've got to admit it's getting better
It's a little better all the time
John Lennon/Paul McCartney, Getting Better

BEI PAAREN, DIE SICH IN RICHTUNG NEUBEGINN BEWEGEN, verlaufen die Unterredungen meist anders. Hier steht nicht so sehr ein singuläres dramatisches Ereignis, das der letztliche Auslöser für die Krise war, im Vordergrund. Diese Partner beschäftigen sich mehr mit der Frage, die diesem Abschnitt den Titel gegeben hat: Wie ist es gekommen, dass es so gekommen ist? So verläuft es auch bei Hans und Marlene.

HANS UND MARLENE

MARLENE: Hans, ich habe in der letzten Zeit oft über unsere vielen gemeinsamen Jahre nachgedacht und darüber, wo das alles begonnen hat.

HANS: Ja?

MARLENE: Ich glaube, das hat nach Sophies Geburt begonnen, gleich danach. Du weißt, wie das für mich war. Nachdem sie da war und meine Wunde vernäht und wir beide versorgt waren, wolltest du gleich wieder nach Hause, um deine Familie anzurufen. Wenn ich nicht gesagt hätte: »Bleib bitte noch da«, dann wärst du schon weg gewesen und hättest mich allein gelassen.

HANS: Du denkst, dass unsere Schwierigkeiten schon begonnen haben, als Sophie damals, vor 26 Jahren, geboren wurde. Du hast dich von mir alleine gelassen gefühlt, weil ich – wie du glaubst – gleich nach ihrer Geburt wieder nach Hause fahren wollte.

MARLENE (nickt): Ja, genau. Und am Tag danach bist du auf Besuch gekommen, hast dich ans Fußende des Bettes gesetzt und dich nur mit der Kleinen beschäftigt. Ich habe nicht einmal einen Kuss von dir gekriegt. Ich bin mir so vereinsamt vorgekommen!

HANS: Du hast dich einsam gefühlt, weil ich mich beim ersten Besuch nur mit Sophie beschäftigt habe und dich nicht einmal richtig begrüßt habe.

MARLENE: Und ich will, dass du weißt, dass ich mich schon an die Blumen erinnere, die du mitgebracht hast. Wahrscheinlich hast du einfach keine Ahnung davon gehabt, wie alleine man sich als Frau fühlen kann, wenn der Bauch plötzlich leer geworden ist.

HANS: Nein, das habe ich nicht gewusst. Es tut mir so leid. Halt! Du kannst dich an die Blumen erinnern, die ich mitgebracht habe, und du kannst sehen, dass mir überhaupt nicht klar war, wie es einer Frau nach einer Entbindung geht.

MARLENE: Gut. Ich wollte, dass du das weißt. Jetzt bist du dran.

HANS: Ich habe eigentlich vorgehabt, über etwas anderes zu sprechen. Aber jetzt möchte ich doch, dass du etwas zu Sophies Geburt weißt. Ich möchte dir sagen, dass ich einfach so unbeholfen war. Ich bin mir bei der Geburt vollkommen überflüssig vorgekommen; ich konnte gar nichts für dich tun. Und dann war ich so überwältigt von unserem kleinen Mädchen und so stolz auf sie! Ich weiß noch, wie du gesagt hast: »Jetzt ist sie da, Lieber!« Ich bin so traurig darüber, dass dann alles so gekommen ist. Wenn ich mehr auf dich geachtet hätte, wäre vielleicht alles anders geworden.

MARLENE: Das war jetzt viel auf einmal – mal sehen: Du warst unbeholfen, du hast dich überflüssig gefühlt, du warst stolz auf Sophie. Und du bist traurig.

HANS: Ja. Aber ich bin jeden einzelnen Tag seither glücklich, dass es Sophie gibt. Und dass du sie zur Welt gebracht hast.

MARLENE: Du bist glücklich über Sophie und darüber, dass ich sie geboren habe. Das bin ich auch. Wir haben eine wunderbare Tochter – und zwei wunderbare Söhne.

HANS: Und wir haben es ihnen nicht immer einfach gemacht.

MARLENE: Ich möchte sagen, wie ich mich jetzt fühle. Ich bin froh, dass du mir so zugehört hast, ohne dich zu rechtfertigen. Ich habe es dir zwar immer wieder gesagt, aber es hat mich immer noch belastet. Und ich bin traurig, dass ich dann so lange verletzt war und mich viele Jahre lang von dir zurückgezogen habe. Wir haben uns so gefreut auf Sophie und haben gedacht, alles würde wunderbar werden! (Weint.)

HANS: Ich bin auch traurig. Und ich habe dich lieb, Marlene. Dass das so viele Jahre dauern kann, bis wir einander endlich verstehen! Aber jetzt wird alles gut, du wirst sehen.

Hier ist es genau umgekehrt wie bei Alexander und Johanna: Die beiden sind tief berührt von einander. Ihre Erleichterung darüber, endlich einen Stein aus dem Weg geräumt zu haben, könnte sie zu einem vorschnellen Neubeginn verleiten (»Jetzt wird alles gut!«). Die Entfremdung, die damals begonnen hat, war ja noch nicht alles. Sie hat zu vielen, vielen weiteren Verletzungen geführt. Marlene und Hans könnten verleitet sein, sich diese Auseinandersetzung und die traurigen und zornigen Gefühle, die dazugehören, ersparen zu wollen. Auch sie sind erst am Anfang ihrer Gespräche über Liebe und Verletzung, aber es ist ein ermutigender Anfang. Es ist noch zu früh, eine wirkliche Entscheidung zu treffen; noch können sie nicht wissen, ob sie das Schmerzliche ihrer Geschichte wirklich hinter sich lassen können. Auch auf diese Gefahr eines vorschnellen Neubeginns werden wir im dritten Kapitel zu sprechen kommen.

Der Unterschied in der Gesprächsführung im Vergleich zu Alexander und Johanna ist deutlich: Sie können einander wirklich zuhören, die korrigierende Führung durch den Therapeuten ist überflüssig. Sie werden diese Gespräche auch alleine weiterführen können, ohne in ihre alten Beziehungsfallen zu geraten.

2.2.3 DAS PAAR, DAS SICH NIE GELIEBT HAT – »WIR HABEN VIEL ZEIT VERLOREN!«

Some love is just a lie of the heart
The cold remains of what began with a passionate start
And they may not want it to end
But it will it's just a question of when
Billy Joel, Matter Of Trust

WIR HABEN BISHER EINEN ASPEKT der Situation von Paaren in der Krise ausgeklammert: den eines Paares, das sich nie wirklich geliebt hat. Wenn die Liebe einmal da war, aber von den beiden verschüttet wurde und immer seltener aufgeflammt ist, spitzt sich die Entscheidung über Trennung und Neubeginn letztlich auf die Frage zu, ob diese Liebe wieder neu entstehen kann oder nicht. Es kann aber auch sein, dass zwei Menschen im Laufe der Auseinandersetzung mit ihrem Beziehungskarussell und ihren Lebensgeschichten zu der Erkenntnis kommen, dass sie zwar mehr oder weniger gut funktionierende Partner waren (vor allem in der Kindererziehung), aber keine Liebenden. Dafür sollen hier zwei Beispiele vorgestellt werden, das eines älteren und das eines jüngeren Paares.

Maria und Werner sind uns schon in dem Abschnitt zur Übertragung begegnet, als sie ihr unterschiedliches Erleben eines schwierigen Tagesverlaufes erzählt haben. Trotz ihrer wiederholten Beteuerungen, einander sehr zu »mögen« (das Wort »lieben« fällt nie), obwohl sie immer wieder zu Verständnis füreinander finden, scheint ihr Zusammenleben nie über ein kameradschaftliches Verhältnis hinauszukommen. Seit mehr als fünf Jahren gab es keinen sexuellen Kontakt, vor allem Werner ist daran desinteressiert (»Das muss doch nicht sein, so jung sind wir wirklich nicht mehr!«). Zu dem Zeitpunkt, an dem wir uns wieder in ihre Geschichte einblenden, haben sie schon mehrere Gespräche über ihre Erlebnisse von Liebe und Verletzungen geführt. Alle waren sie erfolgreich, und doch scheinen die zwei sich in ihrem Prozess nicht wirklich zu bewegen. Immer neue verletzende Begebenheiten aus ihren gemeinsamen Jahrzehnten fallen ihnen ein.

MARIA UND WERNER

THERAPEUT:	Ich habe den Eindruck, dass Sie in letzter Zeit zwar vieles geklärt haben, das Sie belastet hat, dass Sie aber trotzdem wesentliche Dinge auslassen.
WERNER:	Was meinen Sie damit?
THERAPEUT:	Vielleicht sollten wir uns den Anfang ihrer Beziehung näher ansehen. Dort waren Sie noch nie in dem, was sie einander mitteilen wollten.
WERNER:	Das wissen Sie doch, wir waren ganz jung, ich neunzehn und Maria siebzehn. Sie ist gleich schwanger geworden, und dann haben wir geheiratet.
MARIA:	Wir sind gar nicht gefragt worden, ob wir das wollen. Unsere Eltern haben das einfach beschlossen, das war damals so. Er war meine erste sexuelle Erfahrung, und das ist auch so geblieben. Dann sind die anderen Kinder gekommen, und wir haben das Haus gebaut.
THERAPEUT:	Gibt es etwas, das der andere von Ihnen über Ihren Anfang verstehen sollte?
MARIA:	Werner, du hast mir schon gefallen. Du warst ein hübscher lustiger Bursch, du hast gut getanzt, und es war aufregend, mit dir zu schlafen. Aber als ich dann schwanger war, habe ich mir gedacht: Mein Gott, jetzt muss ich bei ihm bleiben!
WERNER:	Was? Das hast du mir nie gesagt!
MARIA:	Nein.
THERAPEUT:	Was haben Sie denn von Maria verstanden, Werner?
WERNER:	Dass sie mich nie geliebt hat.
THERAPEUT:	Maria?
MARIA:	Das kann man so nicht sagen. Ich war sehr verliebt in dich, damals, und auch später immer wieder. Aber was weiß man denn mit siebzehn über die Liebe! Genauer gesagt, und das macht mir jetzt Angst: Ich weiß nicht, ob ich dich geliebt habe. Damals und später. Ich habe mir immer wieder gesagt: Doch, er behandelt dich gut, er ist gut zu den Kindern, was willst du noch mehr?

WERNER: Das klingt so, als ob du all die Jahre Zweifel gehabt hättest.

MARIA: Ja, hab ich.

WERNER: Aber dass du auch nicht der Meinung bist, dass ich ein schlechter Mann bin. War.

MARIA: Nein, das bist du nicht. Du hast mir viel gegeben in all diesen Jahren, und ich bin dir dankbar dafür.

WERNER: Darf ich jetzt was sagen?

THERAPEUT: Ja, jetzt sind Sie dran.

WERNER: Also, Maria, ich möchte, dass du von mir weißt, dass das sehr schwer für mich ist, was du da sagst. Aber es erklärt mir einiges. Ich habe immer wieder gedacht: Warum liebt sie mich denn nicht? Ich tue doch alles für die Familie.

MARIA: Du hast dich von mir nicht geliebt gefühlt, und du hast dich bemüht. Meinst du das?

WERNER: Ja, genau. Ich weiß nicht, ob ich dich einmal geliebt habe, aber ehrlich gesagt, ist das schon lange her. Ich glaube, jetzt nicht mehr. Darum will ich auch keine Nähe mehr.

MARIA: Du meinst, dass du mich nicht liebst?

WERNER: Ja, das meine ich. Ich mag dich sehr, ich bin gern mit dir in unserem Garten. Aber ich glaube nicht, dass ich dich liebhabe. Vielleicht hätten wir nicht heiraten sollen, damals – aber das ist fast fünfzig Jahre her. Wer kann schon sagen, was dann gekommen wäre?

MARIA: Und was machen wir jetzt? Uns auf unsere alten Tage trennen? Ich finde doch keinen anderen mehr!

THERAPEUT: So weit sind wir noch nicht. Wie fühlen Sie beide sich jetzt?

WERNER: Ich möchte sagen, dass es mir sehr schlecht geht. Das ist eine so bedrückende Wahrheit, nach all den Jahren.

MARIA: Ich habe Angst davor, dass wir uns jetzt trennen müssen.

THERAPEUT: Das müssen Sie nicht zwangsläufig. Wir werden sehen, wie es weitergeht. Auf keinen Fall sollten Sie jetzt übereilte Entscheidungen treffen.

WERNER: Das habe ich überhaupt nicht vor. Wir sind doch sehr zusam-

	mengewachsen, auch wenn es vielleicht nie Liebe war. Es ist doch auch viel Schönes gewesen in dieser langen Zeit.
MARIA:	Ja. Danke für diese Jahre, Werner. (Weint.) Ich bin so traurig. So viel Zeit, die vergangen ist und nie wiederkommt!
WERNER:	Du bist trotzdem meine Frau, Maria. Und ich bin dein Mann.
MARIA:	Vielleicht haben wir uns so sehr wehgetan, weil wir die Liebe nie gefunden haben. Es tut mir so leid, Werner, aber es ist nun einmal so, wie es ist.

Auch die schmerzliche Klarheit, die Werner und Maria hier gewinnen, bedeutet noch keine Entscheidung über ihre Zukunft. Zuerst brauchen sie Zeit, um sich dieser Wahrheit zu stellen und zu lernen, mit ihr umzugehen. Natürlich ist eine Trennung eine Möglichkeit, angesichts des Lebensalters der beiden stellt sich aber die Frage nach der Perspektive danach. Sie sind einander sehr vertraut geworden in dem halben Jahrhundert ihrer Ehe. Ein Neubeginn könnte in ihrem Fall auch heißen, eine Art von freundschaftlichem Verhältnis zu akzeptieren, in dem sie leben könnten. Auch so würde ihre Krise ein Ende finden.

Lisa und Paul sind beide Ende zwanzig. Sie kennen einander seit fast zehn Jahren und haben ihre Beziehung in dieser Zeit drei Mal beendet und ebenso oft wieder begonnen. Sie fühlen sich stark zueinander hingezogen, sind sich aber trotzdem nicht sicher, ob ihre Beziehung wirklich das Richtige für sie beide ist. Diese Frage steht alle Phasen ihrer Klärung hindurch im Raum. Sie haben viel übereinander gelernt, sind sich während des gemeinsamen Prozesses nähergekommen, wieder auf Distanz gegangen und wieder nähergekommen. Auch als ihre gemeinsame Geschichte zur Sprache kommt, taucht das Thema auf.

LISA UND PAUL

LISA:	Paul, unsere Geschichte war eine einzige Achterbahnfahrt. Jedes Mal, wenn es hinuntergegangen ist, hast du mich verletzt, und jedes Mal, wenn es bergauf gegangen ist, habe ich wieder Hoffnung geschöpft.

THERAPEUT: Was war es denn, was Sie so verletzt hat?

LISA: Unsere Trennungen waren immer wegen deiner Unsicherheit, ob ich die Richtige für dein Leben bin. Dann bin ich gegangen, weil ich das nicht ausgehalten habe. Je länger wir auseinander waren, desto größer war meine Sehnsucht nach dir. Aber ich möchte dir sagen, dass mir jetzt klar geworden ist, dass es vor allem die sexuelle Anziehung war.

PAUL: Du hast dich von mir getrennt, weil ich mir nicht sicher war, dass du die Richtige bist. Und deine Sehnsucht nach mir war nur nach Sex.

LISA: So formuliert klingt es hart, aber ja, es ist so. Das ist auch der Bereich, wo wir uns am besten verstehen. Sonst lebst du in einer anderen Welt. Du hast deine Freunde, die mich zum Teil gar nicht kennen. Du hast mich aus deinem Leben ausgeschlossen. An diesen Abenden fühle ich mich sehr allein.

PAUL: Du fühlst dich allein, wenn ich mit meinen Freunden unterwegs bin.

LISA: Ja. Mehr gibt es im Moment für mich nicht zu sagen.

PAUL: Dann bin ich dran. Ich finde, dass du eine sehr attraktive Frau bist, und auch eine intelligente. Manchmal glaube ich, du bist zu intelligent für mich, und ich kann da nicht mithalten. Die Frau, die ich suche, die muss sich damit zufriedengeben, dass ich mein Leben lebe. Ich kann mir nicht vorstellen, mit dir Kinder zu haben.

LISA: Du findest mich attraktiv, aber du glaubst, dass ich zu intelligent für dich bin. Du willst mit mir keine Kinder haben.

PAUL: Ja. Ich vermisse dich auch, wenn wir getrennt sind, und dann versuche ich, mir einzureden, dass es schon das Richtige sein wird, wenn ich dich so vermisse. Aber kaum sind wir zusammen, kommen die Zweifel. Ich weiß schon, dass das mit der Geschichte mit meiner Mutter zu tun hat, aber ich kann nicht an gegen dieses Gefühl.

LISA: Du vermisst mich auch, aber du glaubst, dass ich nicht die

	Richtige bin. Zu deiner Mutter mag ich nichts mehr sagen, das haben wir oft genug besprochen.
THERAPEUT:	Wie geht es Ihnen jetzt?
PAUL:	Ziemlich ungut. Wir kommen immer an denselben Punkt. Eigentlich gibt es nichts mehr zu sagen.
THERAPEUT:	Und was ist das für ein Gefühl?
PAUL:	Als ob ich weinen müsste.
THERAPEUT:	Traurig?
PAUL:	Ja, sicher.
THERAPEUT:	Lisa?
LISA:	Auch traurig. Aber auch wütend. Wir haben viel Zeit verloren, bis uns das klar geworden ist.

Hier scheint die endgültige Trennung nicht mehr weit entfernt zu sein. Doch auch die beiden sind noch nicht ganz an dem Punkt, es sind noch Verletzungen offen, die sie daran hindern, einander loszulassen.

Wir werden diesen vier Paaren im letzten Kapitel des Buches wieder begegnen, wenn sie ihre gemeinsame Entscheidung treffen.

Bevor wir den Abschnitt über die Vergangenheit, die individuelle und die gemeinsame, beenden, finden Sie wie gewohnt einige persönliche Übungen zu Ihren Gesprächen über Ihre gemeinsame Geschichte.

PERSÖNLICHE ÜBUNGEN

Sie haben an Alexander und Johanna, Hans und Marlene, Maria und Werner und an Lisa und Paul mitverfolgen können, wie Gespräche zwischen Paaren zur Bewältigung ihrer Geschichten von Liebe und Verletzung aussehen können. Trauen Sie sich zu, solche Gespräche auch miteinander zu führen, vor dem Hintergrund all der Klarheiten, die Sie bisher gewonnen haben?

Eine erste Übung für Sie alleine soll Ihnen helfen, sich darauf einzustimmen.

ÜBUNG 47
VORBEREITUNG AUF DIE GEMEINSAMEN GESPRÄCHE

Gehen Sie in Gedanken Ihre gemeinsamen Jahre und Ihre Geschichten von Liebe und Verletzung durch. Von welchen Dingen ist es Ihnen wichtig, dass Ihre Partnerin weiß, was Sie bewegt? Denken Sie dabei nicht nur an Kränkungen, sondern auch an schöne Dinge.

Erstellen Sie eine vorläufige Liste all der Themen, die für Sie bedeutsam sind. Überlegen Sie, was genau Sie ihr dazu mitteilen wollen und was Sie dabei von ihr verstanden wissen wollen. Machen Sie sich Notizen.

Jedes Gespräch, das Sie führen werden, wird nur einen Punkt von Ihrer Seite und einen von der Ihrer Partnerin umfassen.

Wählen Sie jeweils vor einem Gespräch dieses Thema aus und machen Sie sich Gedanken darüber, was Sie sagen werden. Achten Sie darauf, genau bei der einen Frage zu bleiben und nicht zu verallgemeinern. Sie werden abwechselnd beginnen. Wenn Sie der Zweite sind, bleiben Sie bei Ihrem vorbereiteten Thema, das sich nicht unbedingt auf das des anderen beziehen muss (anders, als das in den im Text geschilderten Unterredungen war, die im Beisein eines Therapeuten geführt wurden).

Wenn Ihre Vorbereitungen abgeschlossen sind, vereinbaren Sie einen Termin, zu dem Sie sich eine halbe Stunde Zeit nehmen. Danach ist das Gespräch beendet, reden Sie dann nicht weiter über die Themen miteinander.

Sind Sie so weit?

ÜBUNG 48
GESPRÄCHE ÜBER DIE GESCHICHTEN VON LIEBE UND VERLETZUNG

Achten Sie, bevor Sie beginnen, auf Ihre Gefühle. Wenn Sie wollen, können Sie sie auch ansprechen, zum Beispiel: »Ich bin aufgeregt und ein wenig ängstlich.«

Suchen Sie sich einen Platz, an dem Sie einander gut in die Augen sehen können. Vereinbaren Sie, wer diesmal beginnt. Beim nächsten Mal werden Sie dann wechseln.

Rufen Sie sich noch einmal gemeinsam die Gesprächsregeln auf S. 233f. in Erinnerung.

Sollten Sie merken, dass Sie in Ihr gewohntes Konfliktmuster verfallen, vereinbaren Sie eine Auszeit und starten Sie nach zehn Minuten wieder von vorne.

Wie war dieses erste Gespräch? Besser als erwartet? Schlechter? Lassen Sie sich nicht entmutigen, wenn es nicht so gut gelaufen ist, wie Sie erhofft haben. Sie sind erst am Anfang dieses Prozesses. Wenn es sich gut angefühlt hat, lassen Sie sich nicht dazu verleiten, zu glauben, jetzt sei ohnehin alles erledigt. In jedem Fall haben Sie noch einige Gespräche vor sich. Nichts Wesentliches sollte unter den Tisch gekehrt, nichts Unwesentliches aufgebauscht werden. Mit der Zeit werden Sie herausfinden, was in diesen Dialogen der Kernpunkt ist, den Sie Ihrem Partner verständlich machen wollen.

Wichtig ist, dass Sie das Gespräch, das Sie gerade beendet haben, nicht einfach zur Seite schieben und gleich zur Tagesordnung übergehen (»So, und was gibt's jetzt zum Abendessen?«). Sie brauchen Zeit für eine persönliche Nachbereitung.

ÜBUNG 49
NACHBEREITUNG DER GESPRÄCHE

Wenn Sie mit Ihrer gemeinsamen halben Stunde fertig sind, nehmen Sie sich ein paar Minuten für sich selbst:

- Was sind die wesentlichen Dinge, die ich jetzt besser oder anders von meinem Partner verstehe?
- Was denke und was fühle ich in Bezug auf das, was ich da gehört und verstanden habe?
- Gibt es etwas, das ich noch nicht wirklich verstanden habe und nach dem ich vor dem nächsten Gespräch fragen möchte?
- Wie war es für mich, mein Thema darzustellen? Habe ich den Eindruck, verstanden worden zu sein?
- Wie fühle ich mich jetzt? Erleichtert? Frustriert? Ungeduldig? Müde? Traurig? Wütend? Ängstlich? Freudig? Neugierig?

Lassen Sie bis zum nächsten Gespräch mindestens einen Tag vergehen. Achten Sie in der Zwischenzeit auf Ihre Gedanken und Ihre Gefühle.

Bereiten Sie sich auf diesen Termin wieder ähnlich vor wie auf den ersten. Nehmen Sie Ihre Liste zur Hand. Hat die erste Unterredung etwas daran verändert? Sind Punkte überflüssig geworden oder neue dazu gekommen? Achten Sie darauf, nicht mit einer Erwiderung auf die Sichtweise Ihres Partners aus der vorigen Aussprache zu antworten. Bleiben Sie bei Ihren Themen und wählen Sie eines davon aus.

Dann gehen Sie in Ihren zweiten Termin.

Machen Sie sich bewusst, dass diese Gespräche anstrengend sind. Es ist anstrengend, nur zuzuhören und zu verstehen und nichts darauf zu erwidern, denn es widerspricht dem gewohnten Muster einer Unterhaltung. Es ist vermutlich noch anstrengender, nicht in Ihre Beziehungsfallen zu geraten, die ja bisher Ihre Versuche scheitern ließen, über all diese Themen so zu sprechen, wie Sie es jetzt tun. Sie reden miteinander über sehr heikle Themen, die mit vielen Gefühlen verbunden sind, unter anderem wahrscheinlich auch mit Scham. Auch das ist anstrengend.

Nehmen Sie sich wirklich Zeit für diesen zentralen Punkt in Ihrem Prozess. Wenn Sie sich gründlich mit Ihren Geschichten von Liebe und Verletzung befassen, wird Ihnen das Ihre künftige Entscheidung über Trennung oder Neubeginn deutlich erleichtern, und es wird eine gute Basis für Ihr künftiges Leben, allein oder zu zweit, sein.

Jetzt haben wir unsere Reise in die Vergangenheit beendet. Sie können stolz auf sich sein: Was hinter Ihnen liegt, ist ein komplexer und komplizierter Prozess, den Sie erfolgreich hinter sich gebracht haben. Einige Tücken und Fallstricke liegen noch vor uns, bevor Sie wirklich Ihre gemeinsame autonome Lebensentscheidung treffen können. Aber Sie sind schon sehr weit gekommen; es wird nicht mehr lange dauern, bis wir am Ziel sind.

3. DIE ZUKUNFT
WIE SOLL ES MIT UNS WEITERGEHEN?

You follow your feelings, you follow your dreams
You follow the leader into the trees
And what's in there waiting, neither one of us knows
You gotta keep one eye open the further you go
Tom Petty, Wake Up Time

AM ANFANG DIESES BUCHES haben wir davon gesprochen, dass Paare in der Krise immer wieder Ausflüge in die Vergangenheit (»Das war schon immer so!«) und in die Zukunft (»Wie soll das alles weitergehen?«) unternehmen, statt in ihrer Gegenwart zu bleiben. Beides korrespondiert mit einer Besonderheit des Menschen und seines Gehirns: Wir setzen unsere Identität aus Erinnerung zusammen (davon war am Anfang des zweiten Kapitels ausführlich die Rede) – und wir wollen unsere Zukunft gestalten.

Als einzige Gattung sind wir uns der Tatsache bewusst, dass wir eines Tages sterben werden (auch wenn wir es uns nicht wirklich vorstellen können). Anders als Tiere haben wir nicht nur einen Überlebensinstinkt, sondern wir denken über die Lebensspanne nach, die uns noch bleiben wird. Wir wollen sie möglichst gut und erfolgreich gestalten. Dazu resümieren wir die Erfahrungen der Vergangenheit und versuchen, in der Gegenwart die Zukunft zu planen. Dass das nur sehr begrenzt möglich ist, erleben wir immer wieder deutlich, wenn wir den Satz sagen: »Das habe ich mir aber ganz anders vorgestellt!«

Der Dichter Bertolt Brecht fasst das in seiner sarkastischen Art in der »Ballade von der Unzulänglichkeit menschlichen Planens« so zusammen:

Ja, mach nur einen Plan!
Sei nur ein großes Licht!
Und mach dann noch 'nen zweiten Plan
Gehn tun sie beide nicht.[9]

Das liegt vor allem an zwei Dingen: Zum einen können wir uns etwas gänzlich anderes als das bisher Erlebte nicht vorstellen, wir rechnen im Grund nur die Vergangenheit und die Gegenwart hoch. Vielleicht haben Sie den zweiten Teil der Filmtrilogie »Zurück in die Zukunft« gesehen, der 1989 gedreht wurde. Darin spielen einige Szenen im Jahr 2015. Amüsant, dass man damals glaubte, es würde noch über Fax kommuniziert und es würde fliegende Autos und schwebende Skateboards geben.

Wenn ein Paar miteinander glücklich ist, rechnet es fest damit, dass das für immer so bleiben wird. Wenn es in der Krise ist, glaubt es, dass dieses Unglück nie ein Ende haben wird (höchstens mit einer radikalen Trennung).

Das führt uns zum zweiten Grund der Schwierigkeit, die Zukunft abschätzen zu können: Wenn wir die Vergangenheit nicht hinter uns lassen können, halten wir ihre Fortsetzung für unumgänglich. Wir sind dann nicht wirklich offen für Neues. Daher pendeln wir hin und her. Wir glauben, die Zukunft werde rosig sein – oder düster bis katastrophal. Etwas wirklich substanziell anderes können wir erst für möglich halten (und auch das nur annähernd), wenn wir zumindest einen Vorgeschmack darauf erhalten haben.

Dazu hat all die Vorarbeit gedient, die Sie als Paar mittlerweile hinter sich gebracht haben. Ihnen ist – wie auch den Paaren in diesem Buch – auf der Basis der bisherigen Erkenntnisse in Ansätzen möglich geworden, sich eine bessere Zukunft entweder miteinander oder ohneeinander vorzustellen. Sie haben sich der gemeinsamen Entscheidung genähert, und

Sie haben mittlerweile auch eine gesunde Basis dafür. Einige Stolpersteine liegen jedoch noch auf dem Weg, mit denen wir uns näher befassen werden. Sie sind

- die Hoffnungen eines Paares und die Frage, wann sie noch in Erfüllung gehen können oder wann sie illusionär geworden sind;
- das Verzeihen als Mittel dafür, die Vergangenheit hinter sich lassen zu können – was aber komplizierter ist als meist angenommen (und manchmal auch unmöglich);
- die Illusion, dass eine Trennung tatsächlich das Ende all dessen bedeutet, was geschehen ist;
- die Fallen, die einen Neubeginn wieder zunichte machen können.

Doch zuerst schlage ich Ihnen eine Übung in drei Teilen vor, die Ihnen dabei helfen soll, Ihren momentanen Ist-Stand einzuschätzen.

PERSÖNLICHE ÜBUNGEN

ÜBUNG 50
DAS BILD UNSERER BEZIEHUNG, TEIL 1

In Übung 17 am Ende des Kapitels über die Gegenwart haben Sie ein Bild mit dem Titel »Ich und wir in unserer Beziehung« gemalt. Holen Sie dieses Bild wieder hervor.

Betrachten Sie es für sich allein. Lassen Sie es auf sich wirken.Hat sich seither etwas für Sie verändert? Gibt es etwas zu ergänzen oder umzugestalten?

Bereiten Sie wieder Ihre Malutensilien vor und legen Sie sie dort, wo Sie malen wollen, neben dem Bild bereit. Sorgen Sie dafür, dass Sie etwa zwanzig Minuten ungestört sein können.

Ergänzen oder erweitern Sie dann Ihr bisheriges Bild. Sie können es auch übermalen, aber malen Sie kein neues Bild. Wenn sich für Sie nichts verändert hat, dann lassen Sie das Bild so, wie es ist. Alles ist richtig.

Nehmen Sie sich nach dem Malen etwa ein bis zwei Tage Zeit, bis Sie zum zweiten Teil der Übung übergehen. Sprechen Sie in dieser Zeit noch nicht mit Ihrem Partner darüber, dazu werden Sie nach der Pause kommen. Jetzt ist es wichtig, dass die Eindrücke sich in Ihnen setzen können.

ÜBUNG 51
DAS BILD UNSERER BEZIEHUNG, TEIL 2

Zeigen Sie Ihr Bild Ihrem Partner und lassen Sie sich von ihm sein Bild zeigen. Erklären Sie nichts, fragen Sie nichts. Lassen Sie das Bild auf sich wirken. Dann vereinbaren Sie, wer von Ihnen beginnt.

Erzählen Sie, was Sie in diesem Bild des anderen sehen und was es in Ihnen auslöst. Als Malerin des Bildes hören Sie nur zu und erklären nicht weiter, was Ihre Intention beim Malen war. Nehmen Sie nur zur Kenntnis, wie Ihr Partner die Zeichnung erlebt.

Dann wechseln Sie. Anschließend tauschen Sie sich über Ihre Gefühle aus. Wichtig ist, auch jetzt nichts zu erklären. Der Eindruck des Bildes beim jeweils anderen soll so als sein Empfinden stehen bleiben, ebenso Ihre Gedanken und Gefühle über sein Empfinden.

Lassen Sie wieder ein bis zwei Tage vergehen, in denen Sie nicht weiter über die Bilder sprechen. Es ist sehr wichtig, dass Sie bei Ihren Gefühlen und Gedanken bleiben, die durch Fragen und Erklärungen nicht verändert werden sollen. Im dritten Teil der Übung werden Sie ein gemeinsames Bild malen.

ÜBUNG 52
DAS BILD UNSERER BEZIEHUNG, TEIL 3

Bereiten Sie gemeinsam Malutensilien vor. Das können Buntstifte, Wasserfarben, Fingerfarben, Wachsmalkreiden oder etwas anderes Ihrer Wahl sein. Jeder von Ihnen kann malen, womit er oder sie will.

Bereiten Sie ein Blatt Papier in der Größe Ihrer Wahl vor; Das kann ein Zeichenblatt oder noch besser ein großer Bogen, etwa Flipchart-Papier, sein.

Legen Sie Blatt und Malwerkzeug dort bereit, wo Sie Ihr gemeinsames Bild malen wollen, und sorgen Sie dafür, dass Sie etwa zwanzig Minuten ungestört sein können.

Denken Sie nicht darüber nach, was Sie jetzt malen könnten oder werden. Klar ist nur der Titel: Wir in unserer Beziehung.

Stellen Sie jetzt einen Wecker auf fünf Minuten. Dann stellen Sie sich beide vor einen Spiegel, am besten einen, der Sie ganz zeigt, und beobachten Sie sich selbst und einander diese fünf Minuten lang, ohne zu sprechen. Achten Sie darauf, was Sie dabei fühlen: Ungeduld? Interesse? Langeweile? Unsicherheit? Angst? Freude? Scham? Berührtheit? Ärger? Amüsement? Verlegenheit?

Wenn Sie das Gefühl haben, nicht mehr zu können, hilft es Ihnen vielleicht, sich auf Details zu konzentrieren: Wie nahe oder entfernt stehen wir einander? Wie ist die Körperspannung bei mir, beim anderen? Was machen unsere Hände?

Wenn das Signal des Weckers ertönt, gehen Sie zurück zu Ihrem Malplatz und malen Sie einfach gleichzeitig, was Ihnen in den Sinn kommt – gegenständlich, abstrakt, farbig, schwarz-weiß, wie auch immer. Sie können jeder für sich auf dem gleichen Blatt malen oder auch in das Zeichnen des anderen hinein. Sprechen Sie dabei nicht miteinander.

Was entsteht da? Wie fühlt es sich an, gemeinsam zu malen? Wächst etwas in dem Bild zusammen, oder entwickelt sich etwas auseinander? Oder beides?

Anschließend erzählen Sie einander, wie es Ihnen dabei gegangen ist und was Sie in dem Bild sehen. Sie müssen sich nicht auf eine gemeinsame Sichtweise einigen.

Zum Schluss suchen Sie gemeinsam einen Untertitel für »Wir in unserer Beziehung«.

Wie lautet er? Merken Sie sich diesen Titel.

Nun wenden wir uns den fünf Abschnitten dieses Kapitels zu, die sich um Hoffnung, Verzeihen, Trennung, Neubeginn und um die Entscheidung drehen werden.

3.1 HOFFNUNG – UND IHRE ILLUSIONEN

WIRD AM ENDE ALLES GUT?

I am waiting, I am waiting, oh yeah, oh yeah
Waiting for someone to come out of somewhere
You can't hold out, you can't hold out, oh yeah, oh yeah
Waiting for someone to come out of somewhere
Mick Jagger/Keith Richards, I Am Waiting

UNTER DEN DINGEN, DIE DEN MENSCHEN wesentlich von Tieren unterscheiden, ist ein zentrales Element das, was wir mit dem Wort »Hoffnung« umschreiben. Der Ausspruch: »Es hofft der Mensch, solang er lebt«, findet sich wahrscheinlich in allen Sprachen wieder: »Tant qu'il y a de la vie, il y a de l'espoir«, heißt er auf Französisch, »While I breathe, I hope« auf Englisch. Hoffnung ist eine lebensbestimmende Kraft, die eine eigentümliche Mischung darstellt: Gefühle wie Sehnsucht, Angst und Verzweiflung paaren sich mit Gedanken, die aus realer Wahrscheinlichkeit stammen können, genauso wie aus Spiritualität und Glauben ohne jeden Beweis; schließlich kann all dem jeder Realitätsbezug fehlen. Da wir in Bezug auf unsere Zukunft und unsere Sterblichkeit Gedanken und Gefühle haben können, versuchen wir, der absoluten Unbestimmtheit dieses vor uns Liegenden so etwas wie eine optimistische Note zu geben. Und gleichzeitig scheint das Scheitern der Hoffnung nahezu vorprogrammiert zu sein: Goethe kontrastiert das lebenslange Hoffen mit dem Satz: »Es irrt der Mensch, solang er strebt«.[10] Noch schärfer formuliert es Erich Kästner:

Er irrt, solang er hofft.
Und wenn er ziemlich lange lebt,
dann irrt er, bis man ihn begräbt,
verhältnismäßig oft.

Hoffnung ist ein Mechanismus, der das Schwere der Gegenwart leichter ertragen lässt, und dabei scheint es keine entscheidende Rolle zu spielen, ob die Hoffnung erfüllbar ist oder nicht. Wichtig ist nur, an sie glauben zu können. Ruth Elias, die die Konzentrationslager des »Dritten Reiches« überlebt hat, sieht ihre Hoffnung als entscheidenden Faktor dafür an.[11]

Natürlich ist das Skript eng mit der Hoffnung verbunden, einen Ausweg aus der bedrängten Kindheit zu finden. Am deutlichsten wird das bei den Antreibern, über die wir im dritten Kapitel ausführlich gesprochen haben. Diese Aussicht ist es ja auch, die es so schwer macht, Wege aus dem Skript zu finden und zu nutzen. Es scheint, wie schon erwähnt, dass kaum etwas im Leben so schwer ist wie das Aufgeben von Hoffnung, und sei sie noch so illusionär. Dabei scheint die Dauer des Hoffens der Intensität zu entsprechen, mit der wir daran festhalten: Je länger wir hoffen, umso weniger wollen wir davon lassen.

Das gilt natürlich ganz besonders für Paare in der Krise. Marlene bringt das in einem frühen Stadium der Paartherapie auf den Punkt:

HANS UND MARLENE

MARLENE:	Natürlich stellt sich die Frage nach einer Trennung immer wieder. Aber dann denke ich mir; jetzt habe ich so lange gehofft, jetzt kann ich doch nicht einfach aufgeben.
THERAPEUT:	Denn wenn Sie – wie Sie es nennen – aufgeben würden?
MARLENE:	Dann wären all diese Jahre umsonst gewesen.
THERAPEUT:	Also, je länger Sie hoffen, desto schwieriger wird es, loszulassen?
MARLENE:	Klingt paradox, wenn Sie es so sagen.
HANS:	Aber wo ist der Punkt, an dem man erkennen kann, dass die Hoffnung nicht mehr in Erfüllung gehen wird?

Natürlich existiert so ein Punkt nicht, weil dazu ja gesicherte Informationen über die Zukunft nötig wären. Die Hoffnung auf ein Weiterleben nach dem Tod könnten wir auch nur aufgeben, wenn wir Beweise dafür hätten, dass es das nicht gibt.

Grundsätzlich können wir bei einem Paar in der Krise drei Arten von Hoffnung unterscheiden:

- die Hoffnung, wieder in eine Zeit zurückkehren zu können, in der »alles« gut war;
- die Hoffnung, alles werde auf irgendeine Art »am Ende« gut werden;

– und die auf die Erfahrung des gemeinsamen Prozesses gegründete Hoffnung, zu konstruktiven Lösungen finden zu können.

Die ersten beiden sind natürlich illusorisch und hängen meist mit dem Skript zusammen. Damit haben wir uns in den vorigen Kapiteln viel auseinandergesetzt. Erst ihr Überwinden macht es möglich, zur realistischen Hoffnung zu finden. Darin liegt die Bedeutung der intensiven Verarbeitung der eigenen und der gemeinsamen Geschichte.

Wenn ein Paar sich in Richtung gemeinsamer Entscheidung bewegt, ist der Umgang mit Hoffnung ein wesentlicher Punkt. Die Frage ist, worauf sich die Erwartung, dass es gemeinsam oder getrennt besser werden kann, realistisch stützen kann. Sehen wir uns diesen Prozess bei den vier Paaren an, deren Entwicklung wir im letzten Abschnitt des dritten Kapitels mitverfolgt haben.

Den Anfang machen Hans und Marlene.

HANS UND MARLENE

HANS: Ich denke – oder wir denken –, dass wir gerade dabei sind, eine Entscheidung zu treffen. Und wahrscheinlich wird es Sie nicht überraschen, dass sie in Richtung Neubeginn geht. Wir möchten von Ihnen wissen, wie Sie unsere Chancen diesbezüglich einschätzen.

THERAPEUT: Die Frage werde ich gerne beantworten, aber vorher möchte ich von Ihnen wissen, worauf Ihre Zuversicht beruht, dass es Ihnen gelingen kann.

MARLENE: Heißt das, Sie trauen uns das nicht zu?

THERAPEUT: Nein, das heißt es nicht. Sie trauen es sich selbst zu, und ich möchte gerne wissen, was dieses Vertrauen in Ihre Beziehung für Wurzeln hat.

HANS: Also, da ist zuerst einmal die Art, wie wir miteinander umgehen. So haben wir eigentlich noch nie miteinander gesprochen. Wenn ich etwas nicht verstehe, dann frage ich nach, und Marlene antwortet mir. Und mir ist klar geworden, dass ich gar nicht alles verstehen muss, sondern dass sie eben so ist, wie sie ist.

MARLENE:	Ja, das merke ich auch bei dir. Für mich ist ein ganz wesentlicher Punkt, wie Hans damit umgeht, wenn er gekränkt ist. Er sagt es mir. Und ich sage dann: Das tut mir leid, ich wollte dich nicht kränken.
THERAPEUT:	Gibt es Punkte, die schwierig für Sie sind?
MARLENE:	Na ja … da ist schon immer wieder die Angst vor seinem Aufbrausen. Dass er mir dann wieder so schreckliche Dinge an den Kopf werfen könnte: Ich werde dir alles nehmen, du wirst nackt auf der Straße stehen, auch die Kinder nehme ich dir weg.
HANS:	Ach, Gott! Hört denn das nie auf?
MARLENE:	Das steckt fester in meinem Kopf, als ich es selbst haben will. Es hat mir so viel Angst gemacht. Dabei wünsche ich mir so sehr, zum alten Vertrauen zurückkehren zu können, das ich früher in Hans gehabt habe.
THERAPEUT:	Wie wäre es denn mit neuem Vertrauen?
HANS:	Damit muss doch endlich Schluss sein. Habe ich nicht schon oft bewiesen, dass es diese Ausbrüche nicht mehr gibt?
THERAPEUT:	Hans, das sucht sich Marlene nicht aus. Verzeihen kann viel schwieriger sein, als man es sich oft vorstellt. Und es ist kein einmaliger Akt, mit dem alles aus der Welt geschafft ist.
HANS:	Ich weiß.
THERAPEUT:	Damit komme ich zu meiner Antwort auf Ihre Frage. Ich erlebe Sie beide so, dass Sie wirklich viel bewältigt und viel verändert haben. Sie haben aus meiner Sicht gute Chancen, einen wirklichen Neubeginn gestalten zu können.
HANS:	Aber?
THERAPEUT:	Nicht aber, sondern und: Es gibt noch diesen schwierigen Punkt, an dem sich alles entscheiden wird. Gelingt es Ihnen, einander zu verzeihen – oder nicht.
MARLENE:	Was müsste denn Hans mir verzeihen?
THERAPEUT:	Vielleicht auch eine ganze Menge an Verletzungen.
HANS:	Ach, da bin ich zuversichtlich. Das kriegen wir schon hin.
MARLENE:	Ich weiß nicht so recht …
THERAPEUT:	Lassen wir es doch fürs Erste noch offen.

Wir sehen, wie sich realistische Hoffnungen mit illusionären mischen: Realistisch ist, dass die Art und Weise, wie die beiden miteinander umgehen, eine solide Basis für eine wirkliche Beziehung darstellt. Illusionär ist Marlenes Vorstellung, wieder zum »alten Vertrauen« zurückkehren zu können, ebenso wie Hans' Aussage: »Das kriegen wir schon hin«. Ersteres wird natürlich nicht passieren, weil sie nicht mehr die Menschen von damals sind; Letzteres ist möglich, aber nicht sicher, vor allem nicht ohne intensive Auseinandersetzung damit. Die Angst, die erlebten Verletzungen könnten sich wiederholen, ist das stärkste Hindernis für den Neubeginn. Die Lösung besteht darin, sich dieser Angst zu stellen und mit ihr umzugehen. Stattdessen flüchten die Partner in unrealistische Hoffnungen, entweder dorthin zurückkehren zu können, wo das alles noch nicht da war, oder andererseits in die Illusion, alles ganz einfach hinter sich lassen und bewältigen zu können (»Die Ausbrüche gibt es nicht mehr!«). Wir werden im Abschnitt 3.4 über den Neubeginn noch einmal darauf zu sprechen kommen.

Sehen wir uns den Umgang mit Hoffnung als Nächstes bei Alexander und Johanna an, dem Paar auf dem Weg zur Trennung.

ALEXANDER UND JOHANNA

JOHANNA:	Ich habe gemerkt, dass das mit der Trennung gar nicht so einfach ist. Am liebsten würde ich sagen: Fangen wir doch noch einmal von vorne an. Es kann doch nicht sein, dass das alles gewesen ist!
THERAPEUT:	Was lässt Sie hoffen, dass das funktionieren könnte?
JOHANNA:	Vieles. Wir gehen so vorsichtig miteinander um wie noch nie. Wir lachen viel miteinander. Wir vermeiden die heiklen Themen.
THERAPEUT:	Wie zum Beispiel?
ALEXANDER:	Die Sexualität. Johanna versucht immer wieder, sich anzunähern. Aber für mich geht es einfach nicht.
THERAPEUT:	Geht was nicht?
ALEXANDER:	Mit ihr zu schlafen. Einerseits hätte ich schon Sehnsucht

danach, dass es wieder wird, wie es einmal war, als da noch nicht diese dritte Person zwischen uns gestanden hat. Aber dann denke ich unwillkürlich: Hat sie es mit dem anderen auch so gemacht? Und diese Fantasiebilder tauchen auf. Und dann geht es nicht.

THERAPEUT: Heißt das, Sie haben keine Erektion?

ALEXANDER: Sie verschwindet wieder.

JOHANNA: Mein Gott, das ist so frustrierend!

ALEXANDER: Ich kann es auch nicht ändern. Ich glaube, das wäre erst mit einer anderen Frau wieder normal.

JOHANNA (weint): Und ich soll das alles kaputtgemacht haben? Wenn ich es doch ungeschehen machen könnte!

THERAPEUT: Nein, Johanna. Nicht nur, dass das natürlich nicht geht, aber Ihre Außenbeziehung war ja nur ein Symptom für den Zustand der Beziehung, nicht die Ursache.

JOHANNA: Das stimmt. Er hat sich schon vorher zurückgezogen, darum habe ich ja mit einem anderen Mann ...

ALEXANDER: Hör auf damit! Genug! Ich denke mir doch auch: Hätte ich mich damals mehr um dich gekümmert, dann hättest du nicht ...

THERAPEUT: Es ist geschehen, was geschehen ist. Sie haben sich im Lauf der Jahre weit voneinander entfernt, und die Außenbeziehung hat diesen Abstand noch vergrößert.

JOHANNA: Aber können wir ihn nicht wieder verkleinern?

THERAPEUT: Das haben Sie in einem gewissen Ausmaß getan. Sie sind wieder so etwas wie Freunde geworden, aber keine Liebespartner mehr. Das zeigt sich am deutlichsten in Ihrer Sexualität – oder genauer, in Ihrer Nicht-Sexualität.

JOHANNA: Ja. Wenn ich ehrlich bin, dann möchte ich durch Sex mit Alexander die andere Geschichte auslöschen und alles wieder gut machen. Eigentlich will ich gar nicht mit ihm schlafen, es ist nur die Hoffnung, dass dann alles wieder gut wird.

THERAPEUT: Das versuchen Paare häufig, manchmal auch noch nach der Trennung. Aber es ändert nichts mehr.

Wir merken den Unterschied zu dem Gespräch mit Hans und Marlene: Während sich dort die Hoffnung zum überwiegenden Teil aus den neuen Erfahrungen miteinander nährt, sind es bei Johanna im Grunde nur mehr die Vorstellungen, alles Trennende könne durch Sexualität wie durch Magie verschwinden. Gerade diese Idee ist – wie im Gespräch mit Alexander und Johanna angeklungen – sehr häufig. Mir ist sogar der Fall eines Ex-Paares bekannt, das in der Nacht nach der Scheidung noch ein gemeinsames Kind zeugte – aber natürlich trotzdem bei der Trennung geblieben ist. Sexualität in der Partnerschaft ist die Erneuerung und Bekräftigung der Liebe, und das hat auch über viele Jahre hinweg funktioniert. So mancher Streit hat mit einer Aussöhnung im Bett geendet. Die Idee ist verständlich, dass das auch jetzt noch klappen könnte. Dass Alexander auch diese Hoffnung im Grunde nicht mehr hat, begünstigt die Ent-Täuschung, das Auflösen der Illusion.

Damit erkennen wir ein wichtiges Kriterium für das Finden der Entscheidung im Umgang mit der Hoffnung: Begründet sie sich (zu einem Zeitpunkt, an dem die Skript-Verstrickungen der Partner bereits sichtbar und im Wesentlichen bearbeitet sind) überwiegend in der Illusion, alles ungeschehen und wiedergutmachen zu können? Oder beruht sie realitätsnah auf positiven neuen Erfahrungen miteinander? Am Ende dieses Abschnitts finden Sie zwei Übungen zur Einschätzung Ihrer eigenen Hoffnungen.

Ein ganz anderes Bild zeigt sich bei Lisa und Paul, dem jüngeren der beiden Paare, die einander nie geliebt haben.

LISA UND PAUL

LISA:	Paul, lassen wir es doch einfach gut sein. Ich brauche einen Mann, der sich mit mir sicher ist, und du brauchst eine Frau, mit der du dein Haus bauen und deine Kinder haben kannst. Solange wir uns nicht voneinander lösen, werden wir das nicht finden.
THERAPEUT:	Und nach der Trennung?
LISA:	Dann ist der Weg für uns beide frei.

PAUL: Das sehe ich auch so.

THERAPEUT: Was lässt Sie da so sicher sein?

PAUL: Sie meinen, das könnte mir bei der nächsten Frau wieder so gehen?

THERAPEUT: Ausgeschlossen ist es nicht. Solange Sie immer wieder zusammengekommen sind, mussten Sie sich ja nicht der Frage stellen, was es Ihnen denn so schwer macht, sich auf eine Frau wirklich einzulassen. Sie mussten nicht herausfinden, ob es wirklich nur an dieser Beziehung liegt oder ob es in einer anderen vielleicht genauso wäre.

LISA: Na ja, was es mit jedem Einzelnen von uns zu tun hat, haben wir ja jetzt herausgefunden. Die Geschichte mit meinem Vater, der immer lieber einen Sohn gehabt hätte ... und Pauls Geschichte mit seiner Mutter, die immer wusste, was richtig für ihn ist.

THERAPEUT: Und könnte das in einer nächsten Beziehung wieder zum Thema werden?

PAUL: Sie sagen das so, als ob das schon vorprogrammiert wäre.

THERAPEUT: Das ist es nicht – ebenso wenig, wie vorprogrammiert ist, dass es beim nächsten Mal gutgehen wird.

LISA: Ja, ich hatte schon den Gedanken, dass es gut wäre, nach der Trennung noch weiter an mir zu arbeiten und vielleicht einige Zeit alleine zu leben.

PAUL: Vielleicht wäre es besser ... aber das kann ich mir zur Zeit überhaupt nicht vorstellen.

LISA: Heißt das, es gibt schon eine Neue?

PAUL: Vielleicht.

LISA: Na, du musst wissen, was du tust.

THERAPEUT: Ich möchte Sie daran erinnern, dass die definitive Entscheidung zur Trennung ja noch gar nicht gefallen ist. Sie leben noch zusammen, und doch tun Sie so, als ob Sie schon in Ihrem neuen Leben drin wären.

Wir treffen hier auf eine andere Variante der illusionären Hoffnung: Es lag nur an dieser Beziehung, genauer gesagt, nur an dem anderen Menschen. Beim nächsten Mal wird alles gut werden. Das ist ein Versuch, dem Schmerz und der Trauer über die Trennung zu entkommen. So besteht wirklich die Gefahr, bei einer neuen Beziehung die alten Fehler zu machen – aus einer unversöhnten Position mit dem vorherigen Partner heraus, die dann zu häufigen Vergleichen führt. Der neue Mensch wird einerseits als »völlig anders« erlebt, andererseits argwöhnisch auf vielleicht doch auftauchende Ähnlichkeiten hin beäugt (»Du bist ja genauso wie meine Ex!«). Auch hier ist das Ausmaß der illusionären Hoffnung ein Indiz: nicht für die Richtung der Entscheidung, sondern dafür, wie weit das Paar auf dem Weg dorthin schon gegangen ist, um sich wirklich voneinander lösen zu können. Der zentrale Punkt dabei ist auch hier das Verzeihen, zu dem wir im nächsten Abschnitt kommen werden.

Werner und Maria sind in gewisser Weise ein Sonderfall. Ihre lange gemeinsame Geschichte und ihr fortgeschrittenes Alter lassen eine Trennung nicht unbedingt als die sinnvollste aller Möglichkeiten erscheinen, auch wenn sie herausgefunden haben, dass sie einander nie wirklich geliebt haben.

MARIA UND WERNER

WERNER: Wir haben seit der letzten Sitzung viel darüber gesprochen, wie es jetzt weitergehen soll. Dieses »Wir haben uns nie geliebt«, das ist schon ziemlich schlimm. Ich mag Maria doch wirklich sehr. Ich will nicht ohne sie leben.

MARIA: Ich mag dich auch sehr. Ich wollte immer mit dir alt werden.

THERAPEUT: Merken Sie, dass Sie von »mögen« sprechen und nicht von »lieben«?

MARIA: Das haben wir immer so gesagt. Wenn wir es gesagt haben.

THERAPEUT: Und was bedeutet das für Sie?

MARIA: Vielleicht wird es ja doch noch!

THERAPEUT: Was?

MARIA: Dass wir uns noch lieben können.

WERNER:	Maria, das haben wir doch schon so lange gehofft.
MARIA:	Aber jetzt, wo wir ja wissen, woran es gelegen hat, dass wir so viel gestritten haben ...
WERNER:	Wird doch keine Liebe mehr daraus.
MARIA:	Weißt du, ich sehne mich so danach, dass du mich einmal in den Arm nimmst. Und ich sehne mich auch nach Sex. Wissen Sie, seit fünf Jahren haben wir keinen Sex mehr gehabt. Das fehlt einer Frau schon, das Gefühl, begehrt zu werden.
THERAPEUT:	Das verstehe ich, Maria.
WERNER:	Mir fehlt es auch. Aber ich habe mich so zurückgezogen, weil ich so Angst vor dir hatte. Die habe ich nicht mehr, wenn ich weiß, dass du von mir keine Liebe mehr erwartest. Aber du erwartest sie ja doch noch!
THERAPEUT:	Und Sie, Werner?
WERNER:	Ja, irgendwie auch. Ohne Liebe zu leben, das ist schon schwer.
THERAPEUT:	Ja, das ist es.
MARIA:	Glauben Sie, dass wir noch Freunde werden können?
THERAPEUT:	Sind Sie das nicht schon in einer gewissen Weise?
MARIA:	Vielleicht. Aber was bedeutet das? Heißt das, dass wir trotzdem miteinander schlafen können, als Freunde? (Lacht.)
THERAPEUT:	Was das genau heißt, das können Sie ja herausfinden. Das ist Ihnen überlassen.

Auch hier mischen sich illusionäre Hoffnungen mit der Sicht auf die Realität. So entsteht eine merkwürdige Widersprüchlichkeit: Einerseits ist für die beiden überhaupt nicht sicher, ob sie überhaupt eine Art von Beziehung finden werden, die ihnen ein Zusammenbleiben erlaubt, andererseits werden bereits Details dieser ungewissen Zukunft verhandelt. Die verschwundene Sexualität wird nicht als Symptom dafür gesehen, dass die beiden keine Liebe verbindet, sondern als Ursache ihrer Schwierigkeiten. Marias Wunsch läuft darauf hinaus, so weiterzuleben wie bisher, aber ohne Konflikte und mit Sexualität. Das würde bedeuten, weiter so zu tun, als ob sie im Grunde ja doch ein Liebespaar wären.

Woran liegt es, dass Paare in der Krise entweder rückbezüglich (»Kehren wir doch dorthin zurück, wo wir einmal waren!«) oder unbestimmt auf eine bessere kommende Zeit hoffen (»Am Ende wird alles gut werden!«)? So lange die beiden Personen in ihren Beziehungsfallen gefangen sind, gibt es so gut wie keine realistischen Anhaltspunkte für eine Sichtweise auf eine konstruktive Zukunft. Menschen brauchen aber Hoffnung, um ihre schwierige Gegenwart ertragen zu können. So scheint nichts anderes zu bleiben als die Flucht in die Vergangenheit oder ein vager Trost auf Tage, in denen alles besser sein wird. Daher ist der lange Prozess so wichtig, der hier in diesem Buch beschrieben wird. Um illusionäre Hoffnungen loslassen zu können, brauchen wir stattdessen realitätsnähere Perspektiven. Diese wiederum entstehen aus dem wachsenden Common Ground, den sich das Paar über das Stoppen des Beziehungsfallen-Karussells und das Bewältigen der Vergangenheit erarbeitet hat. Die Auseinandersetzung mit der Hoffnung und das Unterscheiden der Illusionen von tatsächlichen Möglichkeiten bereiten dann den letzten Punkt vor, der noch vor der Entscheidung über Trennung oder Neubeginn liegt: die Frage des Verzeihens.

PERSÖNLICHE ÜBUNGEN

In diesem Teil finden Sie zwei Übungen, die Sie vorerst bitte für sich alleine durchführen. Sie sollen Ihnen bei zwei Aspekten helfen. Zum einen geht es darum, der Frage nachzugehen, wie sehr Sie noch Illusionen über die Möglichkeit einer Rückkehr zur Vergangenheit oder über eine unbestimmte bessere Zukunft nachhängen. Zum anderen werden wir überprüfen, was Ihnen aus dem gemeinsamen Prozess begründete realistische Hoffnung geben kann. Die dritte Übung ist dann für Sie beide gemeinsam gedacht.

ÜBUNG 53
MEINE HOFFNUNGEN, UNSERE HOFFNUNGEN

Bitte bewerten Sie die folgenden Aussagen nach den Kategorien

☐ stimmt ☐ stimmt teilweise ☐ stimmt nicht

Wenn ich ehrlich bin, hätte ich am liebsten meinen Partner als den Menschen zurück, der er einmal war.

☐ stimmt (1 Punkt) ☐ stimmt teilweise (3 Punkte) ☐ stimmt nicht (5 Punkte)

Wir reden oft sentimental darüber, wie schön es früher war.

☐ stimmt (1 Punkt) ☐ stimmt teilweise (3 Punkte) ☐ stimmt nicht (5 Punkte)

Ich kann mindestens fünf Dinge aufzählen, die wir miteinander zum Positiven verändert haben.

☐ stimmt (1 Punkt) ☐ stimmt teilweise (3 Punkte) ☐ stimmt nicht (5 Punkte)

Eine saubere Trennung wäre wohl die beste aller Lösungen.

☐ stimmt (1 Punkt) ☐ stimmt teilweise (3 Punkte) ☐ stimmt nicht (5 Punkte)

Trotz allem, was ich gelernt und herausgefunden habe, glaube ich, dass wir das schon irgendwie hinkriegen werden.

☐ stimmt (1 Punkt) ☐ stimmt teilweise (3 Punkte) ☐ stimmt nicht (5 Punkte)

Eine Trennung kann ich mir nach wie vor nicht vorstellen.

☐ stimmt (1 Punkt) ☐ stimmt teilweise (3 Punkte) ☐ stimmt nicht (5 Punkte)

Auswertung: Zählen Sie Ihre Punkte zusammen.

1 – 10 PUNKTE

Sie sind noch sehr von illusionären Hoffnungen getragen. Sie brauchen noch mehr Realitätseinschätzung Ihrer Beziehung und wahrscheinlich auch noch einiges an Verzeihen. Möglicherweise geht Ihre Partnerschaft eher in Richtung Trennung.

11 – 20 PUNKTE

Sie wechseln in Ihren Hoffnungen zwischen Realität und Wunschdenken. Im Moment scheint eine Trennung wahrscheinlicher als ein Neubeginn.

21 – 30 PUNKTE

Sie haben ein gesundes Ausmaß an realitätsbezogenen Hoffnungen. Das deutet auf gute Chancen für einen Neubeginn Ihrer Beziehung hin.

Betrachten Sie diese Übung als eine Standortbestimmung. Wenn Ihr Punktewert niedrig ist, Sie also noch einigen Illusionen über Ihre Zukunft als Paar nachhängen, dann verstehen Sie das nicht als Entmutigung. Achten Sie darauf, nicht Ihre entsprechenden Antreiber zu aktivieren (der Impuls dazu wird wahrscheinlich auftauchen). So ein Ergebnis bedeutet weder, dass die bisherige Arbeit erfolglos war, noch, dass Sie noch weit von Ihrer Entscheidung entfernt sind. Wesentlich ist jetzt zu untersuchen, welche Anhaltspunkte sich aus den bisherigen Erfahrungen dafür ergeben, wie eine – gemeinsame oder getrennte – Zukunft aussehen könnte.

Dafür werden wir jetzt den vierten Teil unseres »Films« konzipieren. Sie haben ja bereits einiges Material zusammengetragen, als Sie die Teile 1 bis 3 Stück für Stück entworfen haben. Jeweils danach haben Sie sich damit beschäftigt, wie (und ob) Sie Ihre Paarbeziehung jenseits von Glaubenssätzen, Ersatzgefühlen, Antreibern und Übertragung leben könnten.

ÜBUNG 54
WIR DREHEN EINEN FILM

(Teil 4: Die Zukunft)

Nehmen Sie sich Zeit, über Ihren bisherigen Prozess nachzudenken. Wenn Sie wollen, können Sie dazu Ihre Aufzeichnungen und die Ergebnisse der bisherigen Übungen verwenden. Vor allem die Übungen 25, 29, 37 und 46 (in denen Sie ein Zukunftsszenario jenseits der Einschränkungen und Verwicklungen Ihrer Skripts entworfen haben) sind dabei wichtig.

Die ersten zwei Teile des Films (Ich und Du) haben sich mit der Vergangenheit der Hauptdarsteller beschäftigt, der dritte (Wir) mit ihrer Gegenwart. Nun entwerfen Sie bitte ein Drehbuch für die Zukunft der beiden. Lesen Sie sich vorher noch Ihre »Drehbücher« für die ersten drei Teile durch. Wie könnte der rote Faden dieser beiden Lebensgeschichten, der sich von der Vergangenheit in die Gegenwart spannt, künftig verlaufen?

Wenn Sie jetzt die drei Szenen des vierten und letzten Teils verfassen, überlegen Sie nicht lange, sondern geben Sie Ihren spontanen Gedanken, Gefühlen und Fantasien Raum. Versuchen Sie nicht, dem Ganzen um jeden Preis eine »positive« Wendung zu geben, indem Sie wieder illusionäre Hoffnungen einfließen lassen. Welche Anhaltspunkte für realistische Erwartungen haben Sie aus Ihrem bisherigen Prozess gewonnen?

Szene eins spielt in der nahen Zukunft, in vielleicht drei bis sechs Monaten. Die beiden Personen haben gerade einen Konflikt miteinander. Worum geht es dabei? Wie verhalten sie sich? Was denken sie dabei? Was fühlen sie? Können sie den Konflikt konstruktiv lösen oder nicht? Wenn ja, wie?

Die zweite Szene findet von heute an gerechnet in etwa drei bis fünf Jahren statt. Wieder sehen wir die beiden Hauptdarsteller im Gespräch miteinander. Sie sprechen über die letzten Jahre, die vergangen sind, seit sie sich mit den Themen dieses Buches befasst haben. Sind sie noch in ihrer Beziehung – oder leben sie getrennt? Was erzählen sie einander? Wie gehen sie miteinander um? Was tun, denken, fühlen sie?

Die allerletzte Szene des Films, die dritte des vierten Teils, spielt in zehn bis zwanzig Jahren. Die Protagonisten sind älter geworden. Wieder begegnen sie einander und erzählen von diesen Jahren. Sprechen sie noch miteinander – oder erzählen sie dem Zuschauer des Films ihre Geschichte getrennt? Was erzählen sie? Wie gehen sie miteinander um? Was tun, denken, fühlen sie?

Was fühlen Sie jetzt, nachdem Sie einen Blick in die mögliche Zukunft getan haben? Freuen Sie sich? Sind Sie erleichtert? Beunruhigt? Traurig? Resigniert? Zwiespältig? Ängstlich? Lassen Sie das, was Sie geschrieben haben, auf sich wirken. Verändern Sie es nicht mehr. Nach einiger Zeit sprechen Sie – wenn Sie wollen – mit Ihrer Partnerin. Hören Sie ihr zu, ohne zu kommentieren. Ist ihr Zukunftsszenario ähnlich wie das Ihre – oder anders? Es kommt nicht darauf an, dass Sie beide ein gemeinsames Drehbuch schreiben. Sie sind ja noch nicht bei Ihrer letztlichen Entscheidung, Unterschiede dürfen ruhig bestehen bleiben.

Die dritte Übung sollten Sie – wenn möglich – gemeinsam überlegen und besprechen. Es geht jetzt darum, Ihren Prozess und seine bisherigen Ergebnisse zu reflektieren, um herauszufinden, was von dem gefundenen Common Ground Ihnen Anlass für eine realistische Hoffnung geben kann. Bitte beachten Sie, dass »Gemeinsamkeit« auch bedeuten kann, gemeinsam herauszufinden, dass manche Steine für Sie beide (noch?) zu schwer sind, um sie aus dem Weg zu räumen.

ÜBUNG 55
WORAUF KÖNNEN WIR UNSERE HOFFNUNG SETZEN?

Besprechen Sie die folgenden Punkte miteinander:

- Hat sich in unserer Kommunikation und unserem Umgang miteinander etwas substanziell und nachhaltig verändert? Was genau?
- Können wir die Veränderungen, die jeder von uns im Laufe der Beziehung vollzogen hat, verstehen? Können wir sie akzeptieren? Können wir damit leben?
- Erleben wir den anderen über weite Strecken als den Menschen, der er ist – oder häufig noch als die Wiederkehr einer Bezugsperson von früher?
- Was sind die Punkte, Situationen, Themen, die weiterhin schwierig für uns sind?
- Welche unserer Hoffnungen werden wohl nie mehr in Erfüllung gehen? Können wir uns von ihnen verabschieden – oder wollen wir weiter an ihnen festhalten?

Listen Sie bitte alle diese Punkte gemeinsam auf und lassen Sie sie auf sich wirken. Wenn das alles so ist, wie es ist – wohin tendiert dann im Moment Ihre Entscheidung?

Tragen Sie Ihre gegenwärtige Einschätzung auf dem Hintergrund der Diskussion über realistische und illusionäre Hoffungen auf dem untenstehenden Kontinuum zwischen Trennung und Neubeginn ein, jeder von Ihnen für sich.

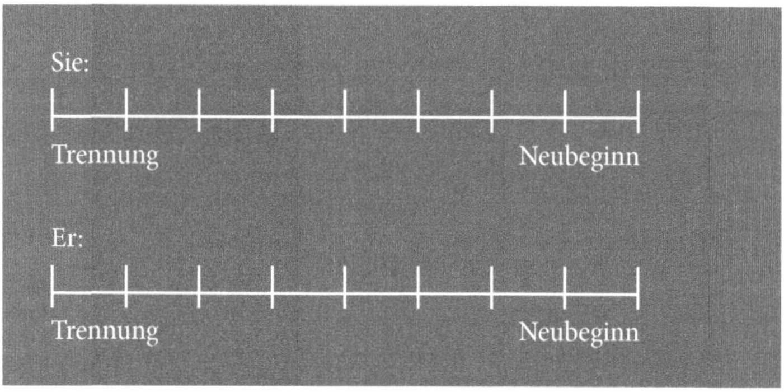

Bitte beachten Sie, dass das eine momentane Situationsaufnahme ist, noch nicht die definitive Entscheidung. Vor Ihnen liegt noch ein wesentliches, schlussendlich entscheidendes Thema: das Verzeihen.

3.2 VERZEIHEN – UND DIE TÜCKEN DABEI

KÖNNEN WIR JETZT ALLES VERGESSEN?

Forgive me
Is all that you can't say
Years gone by and still
Words don't come easily
Like forgive me
Tracy Chapman, Baby Can I Hold You

»VERZEIHEN« UND »VERGEBEN« sind zentrale Dimensionen in der Psyche des Menschen. Alle großen Religionen beschäftigen sich mit dem Thema, im Christentum sind das Verzeihen anderen Menschen gegenüber wie auch die Bitte um Vergebung an Gott von zentraler Bedeutung: »Vergib uns unsere Schuld, wie auch wir vergeben unseren Schuldigern«, heißt es im Vaterunser. Es geht also um die Dialektik zwischen »Schuld« und »Verzeihen«. Schuldgefühle als moralische Richtschnur scheinen etwas zu sein, das uns angeboren ist – wofür wir uns allerdings schuldig fühlen, ist kulturell bestimmt und nicht allgemeingültig. Dieses Empfinden, etwas verschuldet zu haben, das offensichtlich nicht wieder rückgängig zu machen ist, ist ein quälendes und peinigendes Gefühl. Um uns davon befreien zu können, wollen wir Vergebung erlangen. Wir bitten darum, wir entschuldigen uns, wir versuchen, Buße zu tun und unsere Taten zu sühnen.[12] Es scheint aber leichter zu sein, um Verzeihung zu bitten, als sie zu gewähren. Im Vaterunser wird sogar Gottes Hilfe für diesen Prozess erbeten.

Das hat damit zu tun, dass wir bei einer Verletzung, wenn uns etwas angetan wurde, damit fertigwerden müssen, dass es geschehen ist und nicht mehr rückgängig gemacht werden kann. Verzeihen geschieht in vier Stufen, die den in der Literatur beschrieben Stadien des Trauerns ähnlich sind.[13]

- Verleugnen
- Wut, Zorn und Rachewünsche
- Trauer
- Verzeihen und Annehmen

Wenn wir gekränkt werden, wenn uns jemand oder etwas Wichtiges genommen wird, wollen wir das im ersten Moment nicht wahrhaben. Das ist die *erste Stufe* des Bewältigungsprozesses. Wir leugnen es, wir wehren es ab und tun so, als ob wir es nicht zur Kenntnis nehmen würden. Zumindest versuchen wir es abzuschwächen. Menschen, die erfahren, dass ihr Partner sich in jemand anderen verliebt hat, stellen fast standardisiert die Frage: »Hast du mit ihm geschlafen?« Dahinter steckt die Hoffnung, dass es vielleicht doch nicht ganz so schlimm sein möge. Je nach Grad der Verletzung dauert dieser Abwehrmechanismus des Verleugnens unterschiedlich lang, von wenigen Sekunden bis zu Tagen oder Wochen.

Wenn uns klar wird, dass es wirklich geschehen ist, kommen meist heftige Impulse von Wut und Zorn. Wir wollen das, was uns angetan wurde, wieder aus der Welt schaffen. Derjenige, der uns wehgetan hat, soll es »wieder gut« machen. Wir wollen ihn bestrafen, durch Verachtung, Beschimpfung, indem wir es ihm zurückzahlen (»Sie soll nur sehen, was sie mir angetan hat!«). Wenn nötig, wollen wir das mit Gewalt erreichen. Wir finden in uns sehr archaische Empfindungen wie »Rache«, »Vergeltung« und »Wiedergutmachung«.

Zorn, die *zweite Stufe*, ist ein legitimes und wichtiges Gefühl. Es ist wichtig, es ausdrücken zu dürfen, auch wenn das für den, der verletzt hat, nicht leicht auszuhalten ist (»Das muss doch endlich einmal genug sein!«). Ein zu frühes und unechtes Verzeihen wird nicht wirksam sein, und Wut, die noch nicht abgearbeitet wurde, holt einen wieder ein. Das führt natürlich zu Unverständnis bei dem, dem ja angeblich bereits verziehen wurde.

Oft wird das Ausdrücken und Artikulieren des Zorns zurückgehalten, weil es mit Angst verbunden ist: der Angst, dass einen der andere dann endgültig verlassen könnte. Dann – wenn der Zorn nicht genügend Raum hat und auch vom anderen nicht genügend akzeptiert wird – hat er die Neigung, sich innerlich »festzufressen«. Er lässt uns nicht mehr los und kann jahrelang anhalten, im schlimmsten Fall für das restliche Leben. Er nimmt dann den Charakter eines Ersatzgefühls an (wie in Kapitel 1.3 beschrieben). Verzeihen und Loslassen würden davon befreien; deswegen sind sie psychologisch so wichtig. Doch davor kommt das, was die Ersatzgefühl-Wut verdecken soll: So wie bei den lebensgeschichtlichen Verletzungen, die nicht mehr rückgängig gemacht werden können, folgt auch hier eine Phase der Trauer. Diese *dritte Stufe* der Bewältigung kann sehr schmerzhaft sein. Auch sie ist für den anderen schwer auszuhalten, weil das Leiden eines Menschen am eigenen Verhalten natürlich mit Schuldgefühlen verbunden ist. Wichtig für die Verletzte ist es, hier eine ehrlich gemeinte Entschuldigung zu bekommen.

Erst dann, wenn die Traurigkeit spürbar und sichtbar wird, kann ein erstes Verzeihen von innen her erfolgen. Von »erstem Verzeihen« ist hier deswegen die Rede, weil das kein einmaliger Prozess ist. Der Zyklus wird wahrscheinlich öfter auftreten als erwartet. Verleugnung (»Ich will einfach nicht, dass das passiert ist!«), Wut (»Warum hast du mir das angetan?«) und Trauer (»Es tut so weh, ich weiß nicht, ob das jemals aufhört!«) kommen wieder, aber in allmählich abflauender Intensität und Häufigkeit.

Die beiden Partner brauchen einander für den Prozess gegenseitig: Der Verletzte kann ohne Entschuldigung nur schwer zum Verzeihen finden (obwohl es manchmal nicht anders geht, etwa nach einer Trennung, die schon vor diesem Prozess und eigentlich zu rasch erfolgt ist). Und der Verletzende braucht Unterstützung, um sich seinen Schuldgefühlen stellen zu können, ohne verurteilt zu werden.

Um zu einer gemeinsamen Entscheidung kommen zu können, ist Verzeihen ein wesentliches Kriterium. Gelingt es dem Paar nicht (und Vergebung lässt sich nicht erzwingen), dann kann es keine gemeinsame Zukunft geben. Umgekehrt bedeutet es aber nicht, dass ein wirkliches Verzeihen in jedem Fall die Tür zum Neubeginn öffnet. Wir werden das bei unseren vier Paaren näher untersuchen. Sie machen bei ihren Versuchen, einander zu verzeihen, unterschiedliche Prozesse durch.

Beginnen wir mit Alexander und Johanna, dem Paar auf dem Weg zur Trennung. Sie haben gerade erkannt, dass ihre Hoffnungen, wieder zusammenzufinden, eher ins Reich der Illusionen als in das der Realität gehören.

ALEXANDER UND JOHANNA

THERAPEUT: In der letzten Sitzung ist deutlich geworden, dass Sie beide keine wirklichen Hoffnungen mehr haben, zusammenzufinden. Ihre Sexualität – oder genauer Ihre Nicht-Sexualität – war dafür ein deutlicher Indikator.

JOHANNA: Ich habe viel darüber nachgedacht, warum ich die Geschichte mit dem anderen Mann am liebsten ungeschehen machen möchte. Abgesehen davon, dass das natürlich nicht geht, war sie für mich ja ein wichtiger Prozess, um zu erkennen, was in meinem Leben alles schiefläuft.

ALEXANDER: Na, super! Soll ich ihm vielleicht auch noch dankbar sein?

JOHANNA: Nein. Aber ich möchte am liebsten ungeschehen machen, dass es dir immer noch so wehtut.

THERAPEUT: Dass er Ihnen verzeiht?

JOHANNA: Ja. Paradox, oder? Ich habe doch gesagt, ich kann damit leben, dass er mir nicht verzeiht.

THERAPEUT: Das würde heißen, dass Sie alleine mit Ihren Schuldgefühlen fertigwerden müssen.

ALEXANDER: Hast du die? Schuldgefühle?

JOHANNA: Ja, Alexander.

ALEXANDER: Das hättest du dir früher überlegen müssen.

THERAPEUT: Alexander, Johanna hat weniger Schuldgefühle für das, was sie getan hat, als dafür, dass es Sie so verletzt hat.

ALEXANDER: Das eine geht halt nicht ohne das andere.

JOHANNA: Jetzt sei doch nicht so verbittert! Es tut mir doch leid.

ALEXANDER: Ja, ich weiß. Aber ich komme halt nicht darüber hinweg.

THERAPEUT: Was würden Sie denn brauchen, um darüber hinwegzukommen?

ALEXANDER: Wahrscheinlich müsste ich Johanna verzeihen. Aber das geht eben nicht.

THERAPEUT: Darum geht es mir nicht in erster Linie. Ein Verzeihen, das nicht wirklich stimmt, ändert nichts. Sie sind sehr zornig, Alexander, immer noch.

ALEXANDER: Ja, bin ich. Kommt mir selber merkwürdig vor, es ist doch schon einige Zeit her. Und ich glaube Johanna auch, dass es ihr leidtut.

THERAPEUT: Johanna, können Sie Alexanders Zorn verstehen?

JOHANNA: Zum Teil. Klar, das muss furchtbar für ihn gewesen sein. Und ich kann mir schon vorstellen, dass er die Bilder in seinem Kopf nicht los wird. Aber es kommt mir auch so vor, dass er schon ziemlich daran festhält. An seinem gerechten Zorn, wie er es immer nennt. Ich bin schließlich nur ein Mensch, ja, und ich mache Fehler. Aber tust du das nicht?

ALEXANDER: Schon. Das weiß ich. Ich hätte dich nicht so viel allein lassen müssen. Ich habe mir dieses Jahr in Amerika ja selbst zuzuschreiben. Natürlich habe ich immer nur meine Karriere im Kopf gehabt. Aber gleich eine Affäre, das will ich nicht begreifen.

THERAPEUT: Das wollen Sie nicht begreifen. Sie sagen nicht, das kann ich nicht begreifen, Sie sagen, ich will nicht.

ALEXANDER: Stimmt. Natürlich könnte ich es, so blöd bin ich ja auch nicht.

THERAPEUT: Denn wenn Sie es begreifen würden? Wirklich begreifen, dass es geschehen ist, unwiderruflich geschehen?

ALEXANDER: Mein Gott, Sie haben ja recht. Es ist geschehen. Es ist geschehen. Du hast mit ihm ... nein, ich will jetzt kein hässliches Wort sagen. Ach, Johanna! Musste das sein?

JOHANNA (zuckt die Achseln)

ALEXANDER: Was für eine dumme Frage.

THERAPEUT: Ob es sein musste oder nicht, ändert nichts daran, dass es war.

ALEXANDER: Ja.

THERAPEUT: Was fühlen Sie jetzt, Alexander?

ALEXANDER: Es tut weh.

THERAPEUT: Sind Sie traurig?

ALEXANDER: Und wie! Meine Hanna – weißt du noch? So hab ich dich immer genannt!

JOHANNA: Natürlich weiß ich das.

ALEXANDER: Und die gab es ab diesem Moment nicht mehr – meine Hanna. Du warst seine Hanna. Das bist du jetzt nicht mehr, ich weiß, aber meine bist du auch nicht mehr.

JOHANNA (weint): Oh Alex!

ALEXANDER: Ja, Hanna. Es ist so furchtbar schade um uns zwei. Weißt du, wie sehr ich dich mag? Ich will dir nicht mehr böse sein. Aber ich will auch nicht mehr mit dir leben.

JOHANNA: Kannst du mir verzeihen?

ALEXANDER: Vielleicht.

THERAPEUT: Sie fangen gerade damit an.

ALEXANDER: Und es tut mir leid, dass ich so lange nicht von meinem Zorn weggekommen bin.

In diesem Gesprächsauszug liegt der Schwerpunkt auf Alexanders Verletzung. Natürlich ist das auch Teil des Mechanismus, den sein anhaltender Zorn in Gang hält: Im Vordergrund stehen während des Prozesses meist Johanna und ihre Außenbeziehung. Alexander beschäftigt sich nur peripher damit, wie er sie verletzt hat. Ihre Einsamkeit während des langen Jahres, das er in Amerika verbracht hat, würde wahrscheinlich auch ihm Schuldgefühle machen. Erst durch die Traurigkeit und den Beginn seines Verzeihens kann der Weg dafür frei werden - und damit auch dafür, dass Johanna ihm vergeben kann.

Maria und Werner hatten die Hoffnung, vielleicht auf wunderbare Art und Weise nach all den Jahren doch noch zu einer Art von Liebe zu finden. Der (unbewusste) Grund dafür liegt nicht nur darin, dass es schwer ist zu akzeptieren, dass sie in der Lebenszeit, die ihnen noch bleibt, wahrscheinlich keine partnerschaftliche Liebe mehr vor sich haben. Sie hoffen auch, damit all die kleinen alltäglichen Verletzungen vergessen zu können, die sie sich in ihrer Enttäuschung zugefügt haben.

MARIA UND WERNER

WERNER:	Weißt du, Maria, wenn wir Freunde werden wollen, dann musst du aber aufhören, mich immer mit deinen schlechten Launen zu nerven.
MARIA:	Schlechte Laune hab ich nur, wenn du dich wieder hinter deinem Fernseher verkriechst.
WERNER:	Umgekehrt. Ich ziehe mich nur zurück, wenn wieder dicke Luft ist. Dann bringe ich mich einfach in Sicherheit, weil ich nicht wieder verletzt werden will.
MARIA:	Und meine Verletzungen?
THERAPEUT:	Viele, viele Verletzungen, die Sie einander über die Jahrzehnte hinweg zugefügt haben. Jede einzelne ist vielleicht klein, aber sie haben sich summiert. Ich möchte Ihnen ein kleines Rollenspiel vorschlagen. Sie, Maria, sind ein paar Minuten lang Werner und erzählen als Werner, wie Maria Sie über die Jahre verletzt hat. Und Sie, Werner, sind Maria und erzählen, wie Werner Sie verletzt hat.
WERNER:	Als ob ich nicht ich wäre, sondern Maria?
MARIA:	Genau. Und ich mache es umgekehrt.
THERAPEUT:	Vielleicht beginnen Sie damit, zu sagen: Ich bin Maria und ... ich bin Werner und ...

MARIA: Darf ich anfangen? Also: Ich bin Werner. Maria verletzt mich immer wieder, weil sie so unberechenbar ist. Von einem Moment auf den anderen kann sie auf einmal stinksauer sein und böse Sachen zu mir sagen.

THERAPEUT (zu Maria): Und wie ist das dann für Sie, Werner, wenn Sie Maria so erleben?

MARIA (als Werner): Das kränkt mich. Ich könnte heulen, wenn ich nicht ein Mann wäre. Ich weiß ja gar nicht, was ich ihr getan habe. Vielleicht habe ich einen Fehler gemacht, das kann schon sein, aber muss sie gleich so heftig reagieren?

THERAPEUT (zu Werner): Und wie ist das bei Ihnen, Maria?

WERNER: Also, ich bin die Maria. Werner kann auch so wechselhaft sein. Er redet mit mir, oder er hilft mir im Haushalt, und da bemüht er sich wirklich. Aber dann ist er auf einmal beleidigt. Ohne dass ich weiß, warum. Dann spricht er kein Wort mehr mit mir und sitzt vor dem Fernseher. Ich kann tun, was ich will, aber ich habe keine Chance mehr.

THERAPEUT: Und wie ist das (zu Werner), Maria, wenn Werner sich so zurückzieht?

WERNER (als Maria): Ich bin verzweifelt.

THERAPEUT: Danke an Sie beide für dieses Rollenspiel. Seien Sie jetzt wieder Sie selbst. Was haben Sie dabei gelernt?

MARIA: Ich glaube, ich kann wirklich ganz schön ungeduldig mit dir sein, Werner. Ich kann mir schon vorstellen, dass dir das wehtut.

WERNER: Weißt du, ich bin so hilflos, wenn ich da vor dem Fernseher sitze. Ich merke ja, dass du verzweifelt bist, aber ich kann nicht den ersten Schritt gehen.

THERAPEUT: Wenn Sie ihn gehen könnten – was würden Sie dann sagen oder tun?

WERNER: Am liebsten würde ich sie in die Arme nehmen und sagen, dass es mir leidtut. Ich will nicht mehr gekränkt sein.

MARIA: Werner! Wenn du das einmal tun würdest!

THERAPEUT:	Und Sie, Maria? Wenn Sie den ersten Schritt gehen könnten?
MARIA:	Dann würde ich nicht mehr sagen: Es war doch nicht so schlimm, ich war doch gar nicht sauer.
THERAPEUT:	Sondern?
MARIA:	Sondern: Ich weiß, dass ich dich verletzt habe. Es tut mir leid. Bitte nimm mich in die Arme.
THERAPEUT:	Ich weiß, dass ich dich sehr, sehr oft mit meinem Ärger verletzt habe. Ich weiß, dass ich dich sehr, sehr oft mit meinem Rückzug verletzt habe.
WERNER:	Und das tut mir leid.
MARIA:	Mir auch. Ich meine, das mit dem Ärger. Ich möchte mich bei dir dafür entschuldigen. Es wird nicht wieder vorkommen.
WERNER:	Mir tut es auch leid. Und es wird auch nicht wieder vorkommen.
THERAPEUT:	Realistisch gesehen wird es – zumindest einige Zeit lang – wahrscheinlich doch wieder vorkommen. Sie hören ja nicht auf, Menschen mit menschlichen Reaktionsweisen zu sein. Ihr Muster ist sehr lange eingespielt. Und Sie haben jetzt ein Werkzeug dafür in der Hand.
MARIA:	Sie meinen, Entschuldigen und Verzeihen?
THERAPEUT:	Genau.

Wir sehen hier eine weitere »Tücke« des Verzeihens: Nicht nur, dass Menschen verleitet sind, zu glauben, dass mit einem einmaligen Vergeben alles »vergessen« sei, sie glauben auch, danach würde alles anders werden und sie würden einander nie wieder verletzen. Wir verletzen einander in Beziehungen, auch wenn wir es nicht wollen. Wichtig ist dann, den Prozess des Entschuldigens und Verzeihens mit all seinen Bestandteilen von Verleugnung, Ärger und Trauer in Gang zu setzen.

Hans und Marlene haben schon viel von ihren Verletzungen – ihren Geschichten von Liebe und Nicht-Liebe – aufgearbeitet und einander verziehen (beispielsweise die schwierige Situation nach der Geburt ihrer ersten Tochter). Doch wie wir im Kapitel über Hoffnung gesehen haben, hält sich eine oftmalig wiederholte Kränkung bei Marlene hartnäckig:

Hans' Jähzorn. Auf die Frage, ob es bei ihm nicht um simultane Verletzungen durch Marlene gehe, hat er geantwortet: »Das kriegen wir schon hin.«

HANS UND MARLENE

THERAPEUT:	Beim letzten Mal haben wir übers Verzeihen gesprochen.
HANS:	Ja. Ob Marlene mir meine Wutausbrüche verzeihen kann.
THERAPEUT:	Nicht nur. Ich habe auch die Frage gestellt, ob es denn etwas gibt, was Sie Marlene ebenso schwer verzeihen können.
HANS:	Was könnte das sein?
MARLENE:	Ja, ich wüsste da schon etwas. Aber es fällt mir nicht leicht, es anzusprechen. Es ist mir unangenehm. Du weißt schon, wo du immer wieder gesagt hast: Das verzeihe ich dir nie.
HANS:	Habe ich das?
MARLENE:	Ja. Zum Beispiel vor ein paar Wochen, als wir von Emils Geburtstagsfeier nach Hause gefahren sind ...
HANS:	Ach, das! Schon vergessen!
THERAPEUT:	Ja, es sieht so aus, als ob Sie es am liebsten vergessen würden.
MARLENE:	Muss wirklich ich das jetzt ansprechen? Wo es doch mein Fehler ist.
HANS:	Ja, aber ich habe mit einem Wutausbruch reagiert. Das war schlimmer. Du hast dann gesagt, ich soll auf der Stelle aussteigen, es ist dein Auto.
MARLENE:	Immer, wenn du zu viel getrunken hast, benimmst du dich daneben.
HANS:	Nur weil ich Emil aufgezogen habe?
MARLENE:	Aufgezogen? Du hast ihn beleidigt! Er tut sich halt nicht so leicht damit, dass er sechzig geworden ist.
HANS:	Das gibt dir noch lange nicht das Recht, mich unter dem Tisch zu treten und mir vor allen Leuten böse Blicke zuzuwerfen!
THERAPEUT:	Sieht so aus, als ob Sie da tatsächlich etwas nicht so einfach vergessen könnten, Hans.
HANS:	Ja! Dieses ewige »Du bist peinlich!«.

MARLENE: Genauso wie für mich die ewige Anbrüllerei. (Pause, die beiden sehen einander an.)

MARLENE: Sag mal, was machen wir denn da eigentlich?

HANS (lächelt verlegen): Können wir das nicht auch anders?

MARLENE: Doch, können wir. Tut mir leid, dass ich so schnell gereizt war.

HANS: Und mir tut es leid, dass ich aggressiv geworden bin.

THERAPEUT: Gut, wie schnell Sie da wieder herausfinden. Wir sollten aber die Themen nicht auf sich beruhen lassen. Dass Sie da ganz schnell Ihre alten Mechanismen aktivieren, zeigt ja nur, wie heikel diese Punkte noch für Sie sind.

HANS: Marlene, was genau findest du an mir peinlich?

MARLENE: Ich möchte es nicht mehr »peinlich« nennen, ich weiß, dass dieses Wort ganz schlimm für dich ist. Es gibt Situationen, da fällt es mir schwer, deine Art von Humor zu akzeptieren und dir dafür die Verantwortung zu lassen.

THERAPEUT: Was befürchten Sie in solchen Situationen?

MARLENE: Dass wir nicht wieder eingeladen werden. Dass wir unsere Freunde verlieren.

HANS: Das ist aber über all die Jahre nicht passiert.

MARLENE: Nein, ist es nicht. Ich weiß, dass es meine Angst ist, nicht die Wirklichkeit.

THERAPEUT: Die Angst eines einsamen Einzelkindes.

MARLENE: Das wird es wohl sein. Ich glaube, ich war zwölf, als ich das erste Mal in meinem Leben eine Freundin hatte. Und als ich sie nach Hause mitbrachte, war es mir wegen meiner Mutter so peinlich, dass ich sie nie wieder eingeladen habe.

THERAPEUT: Es war so peinlich ...

MARLENE: Ja, ich weiß, es ist dasselbe Wort. Und in Wirklichkeit bin ich es vielleicht, die peinlich ist, wenn ich meinem Mann unterm Tisch ans Schienbein trete. Hans, es tut mir wirklich leid.

HANS (nimmt ihre Hand): Ja, Marlene. Lass es gut sein. Reden wir über meine Wutanfälle.

MARLENE: Wirklich?

HANS:	Ja, klar. Ich – ich weiß doch, dass ich dir furchtbare Sachen an den Kopf geworfen habe.
MARLENE:	Ja, das hast du.
HANS:	Ich schäme mich dafür, Marlene. Ich weiß, dass es keine Entschuldigung gibt. Keine Rechtfertigung.
THERAPEUT:	Rechtfertigung und Entschuldigung sind zwei verschiedene Dinge.
HANS:	Stimmt. Ich möchte mich wirklich entschuldigen. Es tut mir sehr, sehr leid.
MARLENE (hat die ganze Zeit über seine Hand gehalten und drückt sie jetzt):	Ja, Hans. Lass du es auch gut sein.
THERAPEUT:	Ich finde Sie beide sehr berührend.
MARLENE:	Danke!

Natürlich sind auch Hans und Marlene nicht davor gefeit, dass diese (und andere Themen) wieder auftauchen und sie noch einige Male durch diesen Prozess gehen müssen. Die Art und Weise, wie sie die ersten Drehungen ihres Karussells erkannt und gestoppt haben, zeigt, dass sie mittlerweile viel Common Ground, Wertschätzung und auch Liebe entwickelt haben.

Lisa und Paul sind einander in kurzer Zeit sehr fremd geworden, obwohl sie noch zusammenleben. Sie gehen sich aber aus dem Weg, wo sie können.

LISA UND PAUL

LISA:	Paul, können wir jetzt miteinander reden? Du weichst mir ja sonst die ganze Zeit aus, kommst erst heim, wenn ich schon schlafe, und stehst erst auf, wenn ich schon aus dem Haus bin.
PAUL:	Ich lebe eben mein Leben. Bald sind wir ohnehin getrennt.
LISA:	Wahrscheinlich. Aber könntest du bis dahin wenigstens den Anstand wahren?
PAUL:	Was tue ich denn Unanständiges?
LISA:	Na, wahrscheinlich triffst du dich schon ständig mit der Neuen.

PAUL:	Es gibt keine Neue.
LISA:	Kann sein, kann aber auch nicht sein. Aber wenn du mir ständig aus dem Weg gehst, habe ich das Gefühl, du signalisierst mir, dass du schon auf der Suche nach einer Besseren bist. Nach einer, mit der du deine Träume verwirklichen kannst.
THERAPEUT:	Das ist Ihre große Verletzung aus der Beziehung.
LISA:	Ja, dieses »du bist nicht die Richtige für mich«.
PAUL:	Ja, aber deswegen trennen wir uns ja.
THERAPEUT:	Damit verschwinden die Verletzungen nicht.
PAUL:	Meine ja auch nicht!
LISA:	Dann rede doch endlich darüber!
PAUL:	Bist du sicher, dass du das hören willst?
LISA:	Natürlich!
PAUL:	Dass du nicht die Richtige bist, kommt ja nicht nur aus meiner eigenen Unsicherheit. Wie oft hast du denn von einem anderen Mann geschwärmt, einem Kollegen oder einem, den du beim Fortgehen kennengelernt hast, was für tolle Gespräche man mit dem führen kann und wie klug er ist.
LISA:	Aber das hat doch nicht geheißen, dass er besser ist als du.
PAUL:	Nicht? Neulich hast du hier, in der Therapie, gesagt, es war hauptsächlich sexuelle Anziehung. Also, ich bin dumm, aber gut im Bett.
LISA:	Weißt du was? Ich mag einfach nicht mehr. Ich hab dir nachher gesagt, dass ich das nicht so gemeint habe und dass es mir leidtut, dass du es so verstanden hast.
THERAPEUT:	Ich denke, die wesentliche Verletzung bei Ihnen beiden ist, dass Sie sich nie wirklich füreinander entschieden haben.
PAUL:	Ja, das wird wohl so sein. Wenn ich klar gewusst hätte, sie liebt mich und sie will mit mir leben, wäre es mir egal gewesen, wie kluge Gespräche sie mit wem führt.
LISA:	Paul, sehen wir es doch so: Wir beide waren im Grunde immer auf der Suche nach jemand anderem. Weil wir das Gefühl

	hatten, mit uns ist es nicht das Richtige. Wir haben uns gegenseitig nichts vorzuwerfen.
PAUL:	Eher nicht, stimmt.
THERAPEUT:	Und trotzdem sind Sie beide verletzt.
LISA:	Ja.
PAUL:	Ja. Und was machen wir jetzt?
LISA:	Wir könnten einander verzeihen.
PAUL:	Willst du das?
LISA:	Schwierig. Ja, ich glaube schon. Ich will nicht, dass wir mit diesem Groll auseinandergehen.
PAUL:	Das will ich auch nicht.
LISA:	Wir haben es beide vergeigt.
PAUL:	Haben wir. Ich will dir nicht mehr böse sein dafür.

Wahrscheinlich brauchen die beiden auch nach der endgültigen Trennung noch einiges an Verzeihen, auch wenn sie das nicht mehr gemeinsam erledigen werden. Jetzt haben sie immerhin einen Grundstein dafür gelegt.

Nicht immer kann der Prozess des Vergebens gemeinsam durchgeführt werden. Es fehlt dann der Part, der sich für die Verletzungen entschuldigt. Sollten Sie in dieser Situation sein, werden Sie im anschließenden Übungsteil dafür Möglichkeiten finden.

PERSÖNLICHE ÜBUNGEN

Verzeihen kann der schwierigste Teil auf dem Weg zur gemeinsamen Entscheidung sein. Es ist eine Sache, das Karussell zu stoppen und konstruktiv miteinander umzugehen, die Lebensgeschichten miteinander zu teilen und zu verstehen, einander die Geschichten von Liebe und Nicht-Liebe zu erzählen und sich von illusionären Hoffnungen zu trennen. Und es ist eine andere Sache, das, was wirklich verletzt hat, loszulassen. »Verzeihen« bedeutet, auf Ausgleich, auf Rache, auf Wiedergutmachung zu verzichten.

Die Übungen 56 bis 58 sind dafür gedacht, den Verzeihensprozess mit einem Partner gemeinsam durchzuführen. Vielleicht sind Sie aber bereits getrennt oder Ihr Partner will dabei nicht mitmachen. Ihnen ist es aber wichtig, für sich selbst loszulassen und zu verzeihen. Dann springen Sie bitte zu Übung 59.

Doch beginnen wir mit der Erkenntnis dessen, wo Sie verletzt haben und wo Sie verletzt wurden. Die erste Übung dazu lädt sie zu einem Rollentausch ein, so, wie Maria und Werner es in diesem Abschnitt gemacht haben.

ÜBUNG 56
ICH HABE DICH VERLETZT ...

Führen Sie den ersten Teil dieser Aufgabe alleine durch. Nehmen Sie sich Zeit, sich in Ihre Partnerin hineinzuversetzen. Tun Sie das nicht von außen (»Ich weiß ja, wie sie denkt«), sondern indem Sie beginnen wie Werner und Maria: »Ich bin (Vorname der Partnerin) und ich erzähle jetzt, wie ich (Ihr eigener Vorname) erlebe.« Vielleicht hilft es Ihnen, sich Notizen zu machen.

- Wenn ich in der Rolle meiner Partnerin bin: Wie erlebe ich mich selbst, von außen gesehen?
- Wie und wo habe ich sie verletzt?
- An welchen Punkten würde sie sich wünschen, dass ich sie um Verzeihung bitte?

Achten Sie auf Ihre Gefühle, wenn Ihnen bewusst wird, wo Sie – möglicherweise – verletzt haben. Argumentieren Sie innerlich nicht dagegen (»Ja, schon, aber ...«) und beschönigen Sie nichts. Sollten Sie Schuldgefühle empfinden, ist es wichtig, sich ihnen zu stellen.

Führen Sie dann das Rollenspiel gemeinsam durch. Dabei bleiben Sie in der Rolle der Partnerin, indem Sie wieder beginnen: »Ich bin (Vorname der Partnerin) und ich möchte erzählen, wie (Ihr eigener Vorname) mich verletzt hat.«

Machen Sie diesen Teil der Übung nicht länger als fünf Minuten. Steigen Sie dann aus der Rolle aus und seien Sie wieder Sie selbst.

Sprechen Sie vorerst noch nicht über diese Erfahrung, sondern nehmen Sie sich Zeit, über die Erkenntnisse des anderen nachzudenken.

Jetzt haben Sie also erfahren, wo Ihr Partner vermutet, Sie verletzt zu haben. Lassen Sie diese Eindrücke auf sich wirken. Sie müssen diese Einschätzung nicht teilen. In der nächsten Übung werden Sie die Gelegenheit haben, zu bestätigen oder zu korrigieren. Sollten Sie sich schuldig fühlen, dann achten Sie weiterhin darauf, das nicht beiseitezuschieben. Schuldgefühle sind zwar sehr unangenehm, helfen aber dabei, um Entschuldigung zu bitten und zu verzeihen.

ÜBUNG 57
... UND ICH BIN VERLETZT WORDEN

Auch hier machen Sie den ersten Teil alleine. Überlegen Sie, wo Sie sich wirklich von Ihrem Partner verletzt fühlen, egal, wie lange oder wie kurz es her sein mag. Wenn Sie wollen, fertigen Sie eine Liste an. Sie werden Ihrem Partner diese Aufstellung nicht zur Gänze vorlesen. Stellen Sie Ihren Verletzungen auch nicht die gegenüber, die Sie zugefügt haben. Jetzt geht es nur um Ihre subjektive Sichtweise.

Dann reduzieren Sie Ihre Liste auf die Punkte, an denen es für Sie wirklich von Bedeutung ist, um Verzeihung gebeten zu werden. Vergleichen Sie diese Punkte mit denen, an denen Ihr Partner bereits in der vorigen Übung erkannt hat, dass er Sie verletzt hat.

Sprechen Sie mit Ihrem Partner über Ihre Verletzungen und über die, die er erlebt hat. Für dieses Gespräch sollten Sie sich nicht mehr als zwei bis drei Punkte vornehmen. Gehen Sie dabei abwechselnd vor. Verwenden Sie die Vorgehensweise, die auf S. 233 f. beschrieben ist.

Beenden Sie das Gespräch fürs Erste an dieser Stelle. Nehmen Sie sich wieder Zeit, Ihren Gefühlen und Gedanken über das, was Sie gehört und gesagt haben, nachzugehen. Was empfinden Sie jetzt? Schuldgefühle? Trauer? Bedauern? Widerstand? Ärger? Gleichgültigkeit? Ihre Gefühle dürfen ruhig widersprüchlich und durcheinander sein. Geben Sie ihnen Raum und Zeit. Bevor Sie Ihr Gespräch weiterführen, sollten mindestens ein bis zwei Tage vergehen.

ÜBUNG 58
KÖNNEN WIR EINANDER VERZEIHEN?

Im zweiten Teil des Gesprächs beziehen Sie sich auf die Punkte, die Ihr Partner Ihnen über seine Verletzungen mitgeteilt hat.
Beginnen Sie mit »Zu dem Punkt ... möchte ich dir sagen, dass ...«. Spezifizieren Sie genau, was Ihnen leidtut (wenn es Ihnen nicht leidtut, dürfen Sie auch das sagen): das, was Sie getan oder gesagt haben und/oder das, was es beim anderen ausgelöst hat. Wenn es für Sie stimmt – und nur dann – bitten Sie um Verzeihung. Abweichend von den bisherigen Gesprächsregeln darf der andere jetzt darauf antworten. Bevor er das tut, sollte er sagen, was von dem Gesagten er wie versteht.
Dann ist Zeit für Ihre Reaktion:

- Was denken und fühlen Sie in Bezug auf das Statement Ihrer Partnerin?
- Fehlt Ihnen dabei etwas?
- Können Sie ihre Entschuldigung (wenn es eine gibt) annehmen oder nicht?
- Können Sie verzeihen? Welche Worte sind dabei für Sie stimmig?

Dann wechseln Sie.

Wenn es Ihnen nicht möglich ist zu verzeihen, dann werfen Sie die Flinte nicht ins Korn. Es kann sein, dass Sie noch Zeit brauchen. Und vor allem: Seien Sie sich dessen bewusst, dass dieses Gespräch über Ihre Punkte nicht das letzte dieser Art war. Verzeihen ist kein einmaliger Prozess, der dann »alles vergessen« lässt. Sie werden nicht vergessen (oder erst nach längerer Zeit). Die Verletzungen werden in Ihrer Erinnerung milder werden und einen anderen Stellenwert einnehmen.

ÜBUNG 59
ICH MÖCHTE UM MEINER SELBST WILLEN VERZEIHEN

Versetzen Sie sich auch für diesen Fall für einige Minuten in Ihren Partner oder Ex-Partner, wie in Übung 56 beschrieben, und überlegen Sie so, wie Sie ihn verletzt haben.

Wie in Übung 57 listen Sie dann die Punkte auf, wo er Sie verletzt hat, und konzentrieren Sie sich dann auf die wesentlichen und bedeutungsvollsten Dinge.

Anschließend schreiben Sie einen Brief, der nie abgeschickt werden wird. Überlegen Sie die Anrede, die für Sie am besten passt.

Beginnen Sie dann mit: »Ich weiß, dass ich dich mit ... verletzt habe.« Wenn es für Sie stimmig ist, können Sie auch dazuschreiben »... und das tut mir leid.« Dann setzen Sie fort mit: »Ich will dir sagen, dass du mich mit ... verletzt hast. Deshalb fühle ich ... (zum Beispiel Ärger, Wut, Traurigkeit, Bestürzung ...).« Fahren Sie dann fort mit: »Es ist schade, dass ich nicht weiß, ob es dir leidtut oder nicht. Trotzdem möchte ich dir verzeihen.« Sie können auch anfügen: »Ich weiß nicht, ob mir das gelingen wird, aber heute möchte ich damit einen Anfang machen.«

Achten Sie während des Schreibens auf Ihre Gefühle. Sie dürfen sich ruhig Zeit nehmen oder Pausen machen.

Vielleicht wollen Sie den Brief einer Person Ihres Vertrauens vorlesen.

Wie fühlen Sie sich jetzt, wo Sie den Prozess des Verzeihens und Loslassens – gemeinsam oder für sich alleine – begonnen haben? Das ist für die meisten Menschen ein wirklich schwieriger Schritt; es darf auch für Sie so sein. Gehen Sie erst zum nächsten Abschnitt über, wenn für Sie deutlich wird, dass Sie Klarheit gewonnen haben – darüber, was Sie verzeihen können und was nicht, was Ihnen leidtut und was nicht, und darüber, was Ihnen verziehen wird und was nicht. Diese Klarheit brauchen Sie, um zu Ihrer Entscheidung zu kommen. Bevor es so weit ist, möchte ich noch die wesentlichen Aspekte der beiden Varianten – Trennung oder Neubeginn – beleuchten und einander gegenüberstellen. Dabei werden uns jeweils nur zwei unserer vier Paare begleiten. Im Abschnitt über Trennung sind es Lisa und Paul und Alexander und Johanna, in dem über Neubeginn Maria und Werner und das Paar, das wir am besten kennen: Hans und Marlene.

3.3 TRENNUNG – UND DER HAKEN DARAN

IST JETZT ENDLICH ALLES VORBEI?

Don't tear me up
I don't ever wanna see your picture again
I said don't tear me up
I don't ever wanna see your face here no more
But I dream of you constantly, you'll be my angel of light
And in the dark rooms of sleeplessness
You'll be my lover each night
Mick Jagger, Don't Tear Me Up

DER BRITISCHE KINDERPSYCHIATER JOHN BOWLBY hat in seinen Büchern *Bindung* und *Trennung*[14] diese beiden Polaritäten als zentral für das menschliche Leben herausgearbeitet und dieses als eine ständige Abfolge der beiden beschrieben. Wir alle brauchen enge und überdauernde emotionale Beziehungen zu anderen Menschen, und alle diese Bindungen enden früher oder später (allerspätestens mit dem Tod). Binden und Trennen gehören eng zusammen. Wir können uns nicht neu binden, wenn wir uns nicht zuvor getrennt haben. Das haben wir in dem Kapitel über das Skript ausführlich beschrieben: Wenn die Bindung, die wir an unsere Eltern im Guten und im Bösen haben, nicht überwunden und gesund getrennt ist, können wir nur schwer partnerschaftliche Bindungen herstellen.

Jeder Beziehung wohnt von Anfang an der Gedanke an die Möglichkeit und Gefahr einer Trennung inne. Das kann in der Form von Verleugnung geschehen (»Uns wird das nie passieren, unsere Beziehung ist für die Ewigkeit gemacht!«), als eingefordertes Versprechen (»Du darfst mich nie verlassen!«), als Angst und Eifersucht in ihren vielen Formen (von »Und wie ist das mit dem neuen Kollegen im Büro?« bis zu »Ich verlange, dass du diesen Menschen nie wieder siehst!«) und schließlich als ultimative Drohung und Bankrotterklärung im Streit (»Wenn das so ist, dann gehe ich eben!«, »Dann lassen wir uns scheiden, dann haben wir es endlich hinter uns!«). Die Auseinandersetzung mit der Möglichkeit einer Trennung kann aber auch in realistischer Form geschehen. Sie ist von Anfang an eine Gefahr, gegen die die Beziehung sich immer wieder erneuern und verändern muss, oder sie ist Teil der intensiven Suche nach einem Weg aus einer Krise, wie in diesem Buch.

In all den Gesprächen all der Paare, deren Beispiele hier geschildert werden, kommt »Trennung« vor. Am Anfang fast jeder Paartherapie haben wir es mit zwei Menschen zu tun, die oft sehr nahe an dieser Variante sind und sie zum Teil auch schon ausprobiert haben. Viel Resignation steckt in dem häufigen Operieren mit diesem Begriff, der zwei Seiten hat: Einerseits soll dadurch Erleichterung, ja, fast Erlösung geschehen – andererseits wird das endgültige Auseinandergehen gefürchtet.

Die Illusion, dass dann endlich Ruhe und alles vorbei sei, konterkariert Mick Jagger treffend in dem eingangs zitierten Songtext: Er will das Gesicht dieser anonymen Frau nicht mehr sehen, sie soll ihn nicht mehr zerreißen. Aber gleichzeitig träumt er jede Nacht von ihr; sie soll sein erlösender Engel und seine Geliebte sein.

So geht es uns mit radikalen und voreiligen Trennungen. Der andere Mensch verfolgt uns weiter, lässt uns innerlich nicht los, geistert durch neue Beziehungen. Das hat mit der Seite der Trennung zu tun, die wir so fürchten. Es tut sehr weh, endgültig Abschied von einem Menschen zu nehmen, der so eng mit uns verbunden war. Wir vermissen ihn zutiefst, wenn auch meist nicht die Person, die er zuletzt war, sondern die, die wir früher einmal geliebt haben. Und wir trennen uns ja nicht »nur« von der bisherigen Partnerin. Wir verabschieden uns oft auch von einem Ort, der uns Heim war, von Freunden und der Familie des anderen (nicht selten verändern Trennungen auch die Beziehung zur eigenen Herkunftsfamilie). Freunde gehen auf Distanz, das Verhältnis zu den Kindern verändert sich, nicht selten auch dramatisch. Mit anderen Worten: Es ist das Ende eines ganzen Lebens, so wie wir es bisher geführt haben. Das ist den Menschen, die sich trennen, und vor allem solchen, die es zu schnell tun, meist nicht bewusst.

Trennung ist ein intensiver Trauerprozess, der weitgehend so verläuft wie nach dem Tod eines nahestehenden Menschen. In gewisser Weise ist das ja auch so. Der oft im Zorn geäußerte Satz: »Du bist für mich gestorben!«, trifft in seiner symbolischen Bedeutung durchaus zu. Die

Person verschwindet ja für immer aus unserem Leben und kehrt nicht wieder. Dass wir ihr wieder begegnen (zum Beispiel, weil es gemeinsame Kinder gibt), kann zwar die Illusion wecken, dass es doch noch eine Art des Zusammenseins gibt oder geben könnte – aber auch das ist nicht hilfreich, eher im Gegenteil. Nicht selten werden Anlässe wie Besuchstermine, Familienfeiern und Ähnliches Schauplätze von Neuauflagen des Beziehungskarussells.

Im Abschnitt über das Verzeihen haben wir darüber gesprochen, dass auch das ein (wesentlich kleinerer) Trauerprozess ist, und wir haben auf die Arbeiten von Elisabeth Kübler-Ross und Verena Kast hingewiesen.[16] Kast definiert vier Phasen der Trennung und der Trauer: Nicht-wahrhaben-Wollen, Aufbrechen intensiver Emotionen, Suchen – Finden – Trennen, neuer Selbst- und Weltbezug. Auf der Grundlage dieses Modells (das sich wesentlich auf die Trauer nach Todesfällen bezieht) sehe ich bei Menschen nach der Trennung einer Beziehung fünf Phasen. Diese Abschnitte sind nicht exakt zu trennen, sie überschneiden sich und es kann ein Vor und Zurück geben.

1. Verleugnung des Verlustes: Paare verhalten sich eine Zeitlang so, als ob sie gar nicht getrennt wären, die früheren Partner treffen sich regelmäßig und telefonieren viel. Sie wollen »Freunde bleiben«. Nicht selten gibt es noch sexuelle Kontakte. Natürlich führt das auch immer wieder zu den alten Mustern des Streits. Eine andere Form der Leugnung, vor allem bei Menschen, die mit der Trennung nicht einverstanden sind, kann depressiver Rückzug in Erstarrung sein. Auch der unvermittelte Übergang in eine neue Beziehung (die selten von Dauer ist) negiert die Tatsache des Getrennt- (und damit Allein-) Seins. Wieder andere Menschen stürzen sich in den Trubel eines Single-Daseins und wollen so das Bewusstsein, allein zu sein, vermeiden. Wichtig in dieser Zeit der ersten Schritte im neuen Leben ist, sich dessen bewusst zu sein, dass es viel Zeit brauchen wird, sich daran zu gewöhnen.

2. Intensive Emotionen brechen auf. Oft wechseln Wut, Trauer, Erleichterung, Angst, Unruhe, Verzweiflung und Freude einander in rascher Folge ab. Auch Phasen von großer Niedergeschlagenheit und

Depression auf der einen und Euphorie auf der anderen Seite kommen vor. Diese Phase wird oft als sehr anstrengend und erschöpfend erlebt und ist meist von Schlafstörungen begleitet. Alle diese Gefühle und ihr rascher Wechsel haben damit zu tun, dass die Tatsache der Trennung und die Trauer darüber noch etwas sehr Neues und Fremdes sind. Menschen in dieser Situation erleben sich oft als zerrissen und widersprüchlich (»Als ich morgens nach einer sehr unruhigen Nacht erwachte, hatte ich das Gefühl, dass heute ein guter Tag sein könnte. Nach dem Frühstück hätte ich mich am liebsten wieder ins Bett gelegt und geheult, so große Sehnsucht hatte ich nach Daniela. Zu Mittag konnte ich mir dann gar nicht mehr vorstellen, dass ich verzweifelt versucht hatte, sie zu erreichen«, erzählt Anton, ein Mann von knapp vierzig, zwei Monate nach der Trennung.) Dieses Hin- und Hergerissensein ist normal, auch wenn es für die Betroffenen nur schwer erträglich ist. Es kann hilfreich sein, ein Tagebuch zu führen, in dem all diese Emotionen und Zustände aufgezeichnet werden. Für unser Ich-Bewusstsein ist es wichtig, uns in kontinuierlichen Entwicklungen zu begreifen. Durch die enorme Veränderung im Leben und damit in der Persönlichkeit, die eine Trennung bedeutet, wird dieses Empfinden eine Zeitlang unterbrochen. Darüber Aufzeichnungen zu führen hilft, die eigene Weiterentwicklung auch durch den Bruch hinweg erleben zu können.

3. Realisieren des Verlustes und tiefe Trauer: Wenn sich die Unruhe der zweiten Phase etwas gelegt hat, beginnt das Leben, sich wieder (neu) zu normalisieren. Damit wird Raum und Energie dafür frei, sich mit der unausweichlichen Tatsache der Trennung auseinanderzusetzen. Deutliche Anzeichen dafür sind, dass der verlorene Partner »gesucht« wird. Fotos werden betrachtet, Orte der Erinnerung aufgesucht, fremde Menschen auf der Straße werden für die ehemalige Gefährtin gehalten. Jede dieser Situationen ist eine deutliche Konfrontation mit der veränderten Realität und damit Auslöser von Trauerschüben, die sehr schmerzhaft sein können (wieder Anton: »Im Berufsalltag geht es mir schon recht gut, ich denke meist gar nicht an Daniela. Aber kaum bin ich in meinem Auto, wo sie so oft auf dem Beifahrersitz gesessen hat, rinnen die Trä-

nen, bis ich dann zu Hause bin«). Zu dieser tiefen Trauer gehört auch eine immer wieder auftauchende starke Wut über noch ungelöste und unverziehene »offene Rechnungen« (Anton: »Manchmal schreie ich dann vor Wut: Warum hast du mir das angetan? Wir hätten uns nicht trennen müssen, wenn du nicht so dickköpfig wärst!«) Meist mündet dieser Zorn wieder in Trauer – in die Erkenntnis, dass er nichts mehr ändern kann. Jetzt sind genau die Gefühle da, die so gefürchtet wurden und die oft ein Grund dafür waren, die Trennung hinauszuzögern. Auch wenn die starken Emotionen schwer auszuhalten sind: Jedes Ausdrücken, jedes Durchleben und Durchleiden bedeutet ein Stück Wachstum und ein Stück Annehmen der Trennung. Die Zeitdauer für diese Phase wird oft unterschätzt (»Wir haben uns doch nur noch gehasst, warum bin ich dann jetzt so traurig?«). Sie dauert in der Regel mindestens ein Jahr, wenn nicht länger.

4. Übergangsphase: Allmählich wird die Trennung realisiert, was aber noch nicht bedeutet, dass sie ganz bewältigt ist. Die Trauer lässt nach. Neue Lebensinhalte tauchen auf (Anton: »Jetzt, nach fast zwei Jahren, fange ich endlich an, meine Wohnung einzurichten und es mir gemütlich zu machen. Bis jetzt war das ja eine Höhle, in der ich geschlafen habe, wenn ich spät in der Nacht aus der Stammkneipe gekommen bin«). Menschen beginnen, nach neuen Bindungen zu suchen, nicht krampfhaft, wie in der Phase der Verleugnung, sondern sie fühlen sich allmählich bereit dafür. Sie sind meist aber noch nicht ganz bereit: Zu tief sitzt die Angst, ein anderer Partner könnte wieder ganz ähnlich sein wie der alte, und gerade aus dieser Befürchtung heraus treten schnell ähnliche Beziehungsmuster wie früher auf. Diese ersten neuen Bindungsversuche haben eher eine Art Ersatzcharakter, es geht nicht so sehr darum, eine neue Lebenspartnerin zu finden, sondern (unbewusst) jemanden, der das immer noch spürbare große Loch füllen soll.

5. Neue Selbstdefinition und neue wirkliche Bindungen: In der fünften Phase ist die Trennung akzeptiert. Der verlorene Mensch ist weit in den Hintergrund gerückt und hat einen Platz in der eigenen Lebensgeschichte bekommen. Wut und Trauer tauchen nur noch ganz

selten auf, und wenn, dann in sehr abgeschwächter Form. Allmählich wird das Schöne und Wertvolle der zu Ende gegangenen Beziehung gesehen. (Noch einmal Anton: »Ich habe erkannt, dass Daniela ja gar kein böser Mensch war. Sie hat mir sehr viel geschenkt, und wir beide haben es verloren. Vor allem ist sie den Kindern immer eine liebevolle Mutter gewesen und ist das natürlich auch heute noch.«) Der Lebensstil und die Lebensinhalte haben sich verändert. Ein potenzieller neuer Lebenspartner kann wirklich als neuer Mensch im eigenen Leben gesehen werden, denn der getrennte Mensch begreift sich selbst auch als anders und nicht mehr als Teil einer Beziehung, die zu Ende gegangen ist.

Die hier beschriebenen Phasen der Trennung sind natürlich nicht mehr Teil des Entscheidungsprozesses eines Paares, ebenso wenig wie die Phasen des Neubeginns, zu denen wir im folgenden Abschnitt kommen werden. Es ist jedoch für Sie (und jedes andere Paar) wichtig, Bescheid darüber zu wissen, was auf Sie zukommt, wenn Sie sich für das Ende Ihrer Beziehung entscheiden. Lassen wir Anton noch einmal zu Wort kommen: »Als ich damals ausgezogen bin, habe ich mir gedacht: Gut, ja, sicher ist das traurig, und sicher werden mir die Kinder fehlen. Aber diese entsetzlichen Streitereien und all das, das ist jetzt vorbei, das neue Leben beginnt. Was dann wirklich beginnt, ist überhaupt noch kein neues Leben, es ist aber auch nicht mehr das alte. Es ist ein Zwischenstadium, das sehr mühsam sein kann.«

Die Kenntnis des Trauerprozesses, der Menschen nach einer Trennung erwartet, ist natürlich nur ein Teil der Entscheidungsfindung. Es geht auch um die konkreten Modalitäten: Wer wird wo leben, wie sorgt das künftige Ex-Paar für seine Kinder, wie werden gemeinsame Güter aufgeteilt und wie werden die finanziellen Verhältnisse geregelt.

Die beiden von unseren vier Paaren, die auf dem Weg zur Trennung sind, gehen sehr unterschiedlich damit um. Lisa und vor allem Paul neigen eher dazu, den Prozess zu forcieren, während Alexander und Johanna immer wieder zögern.

LISA UND PAUL

PAUL:	Wir möchten heute darüber sprechen, wie wir das mit der Trennung machen. Organisatorisch, meine ich.
LISA:	Wir sind uns nicht so ganz einig darüber, wer in der Wohnung bleibt und wer auszieht.
PAUL:	Ach? Ich hatte gedacht, du kannst sie dir sowieso nicht leisten.
LISA:	Ich hab es noch einmal durchgerechnet. Wenn ich sparsam bin, dann kommt es hin. Und ich möchte sehr gern dort bleiben, allein schon wegen der Zentrumsnähe. Du kannst ja vorübergehend zu deiner Mama ziehen.
PAUL:	Das sagst gerade du, wo du doch immer gespöttelt hast, dass ich nicht von ihr loskomme.
LISA:	Aber jetzt kann mir das ja egal sein.
THERAPEUT:	Ich möchte mich kurz einschalten. Sie würden also gerne jeder in der bisher gemeinsamen Wohnung bleiben. Bevor wir das klären, lassen Sie uns eine Reise in die nähere Zukunft machen. Stellen Sie sich bitte jeder für sich vor, Sie wären allein in der Wohnung geblieben. Es ist Abend, Sie kommen nach der Arbeit oder nachdem Sie noch aus waren, in die Wohnung zurück. Niemand außer Ihnen ist da, und es wird auch keiner mehr kommen. Wie ist das?
PAUL:	Na ja, ganz schön leer. Ein guter Teil der Möbel gehört ja ihr, die hat sie mitgenommen. Und im Vorraum – kein Berg von Damenschuhen mehr. Nur noch meine. (Pause)
THERAPEUT:	Nur noch Ihre Schuhe.
PAUL:	Und auch nur noch meine Mäntel. Ganz schön seltsam. Ich gehe schnell hinein und schalte den Fernseher ein. Den neuen großen, den ich mir gekauft habe. Couch ist keine mehr da. Ich nehme mir einen Stuhl aus der Küche und zappe mich durch.
THERAPEUT:	Schalten Sie den Fernseher bitte für einen Moment wieder aus. Wie fühlt es sich an?
PAUL:	Gar nicht. Es ist leer. Nicht nur außen in der Wohnung, auch in mir.

THERAPEUT: Vermissen Sie Lisa?

PAUL: Ich glaube schon. Am liebsten würde ich im Schlafzimmer nachsehen gehen, ob sie nicht im Bett liegt und schläft.

LISA: Paul!

PAUL: Schon sehr merkwürdig. Du wirst mir fehlen. Aber das wird schnell vorbeigehen, ich habe ja ein neues Leben.

THERAPEUT: Erfahrungsgemäß geht das nicht so schnell vorbei. Sie sind in Ihrer Vorstellung erst am Anfang Ihrer Trauerphase.

PAUL: Aber wieso? Es ist doch vorbei, und wir haben es beide so gewollt.

THERAPEUT: Lisa wird kein Teil Ihres Lebens mehr sein. Nicht nur in der Wohnung, sondern überhaupt nicht mehr. Keine Anrufe, keine Urlaubspläne, kein gemeinsames Kino, gar nichts mehr.

LISA: Aber wir können ja doch Freunde bleiben.

THERAPEUT: Vielleicht. Aber Sie haben kein gemeinsames Leben mehr. Lisa, wie sieht Ihre Vorstellung vom Alleinsein in der alten Wohnung aus?

LISA: Ich komme heim, und es ist gut, dass ich nicht mehr stundenlang auf Paul warten muss, unruhig schlafe und immer wieder aufs Handy schaue, ob er sich gemeldet hat. Er wird nicht mehr kommen ... nein, er wird nicht mehr kommen. Nie mehr.

THERAPEUT: Nie mehr.

LISA: Ob ich da wirklich so gut schlafen kann?

THERAPEUT: Manchmal ja, manchmal vielleicht nicht. Was wird Ihnen denn alles fehlen?

LISA: Hmmm ... das klingt jetzt absurd, aber zum Beispiel seine Socken, die nicht mehr überall herumliegen. Seine Rasiersachen im Bad. Sein Räuspern, wenn er nicht weiß, was er sagen soll. Tausend Sachen.

THERAPEUT: Tausend Sachen, die den gemeinsamen Alltag ausgemacht haben. Rituale, Blicke, Berührungen.

LISA: Aber wenn wir uns so fehlen werden, sollen wir uns da überhaupt trennen?

THERAPEUT:	Was wird Ihnen denn nicht fehlen?
LISA:	Sein spätes Heimkommen, sein Geruch nach Alkohol und Zigaretten. Seine schlechte Laune am Morgen, wenn er nur auf dem iPad herumtippt und mich nicht einmal ansieht. Sein Herumnörgeln. Sein Zweifeln, ob ich die Richtige bin.
THERAPEUT:	Paul, was wird Ihnen nicht fehlen?
PAUL:	Dass Sie mitten in der Nacht ihre Decke nimmt und auf die Wohnzimmercouch auswandert, weil ich angeblich so schnarche. Ihr ständiges Quasseln beim Frühstück. Ihre hunderttausend Wässerchen und Cremes im Bad, und für meine paar Sachen bleibt kein Platz.
THERAPEUT:	Das, was Ihnen nicht fehlen wird, ist genauso Alltag wie das, was Ihnen fehlen wird.
LISA:	Und wenn wir noch länger zusammenbleiben würden, dann würde uns das, was uns jetzt noch fehlt, auch auf die Nerven gehen. Wir sind ziemlich intolerant miteinander geworden, Paul.
THERAPEUT:	Und das ist schon ein deutliches Indiz dafür, dass eine Trennung Sinn hätte.
PAUL:	Und wie machen wir es jetzt mit der Wohnung?
LISA:	Das müssen wir nicht hier besprechen. Wir finden schon eine Lösung. Wenn ich es mir so überlege, bin ich mir gar nicht mehr sicher, dass ich allein dort bleiben will, wo so viele Erinnerungen sind.
PAUL:	Ich weiß auch nicht mehr so recht ...
LISA:	Wir müssen ja nicht. Es ist eine Mietwohnung, sie gehört uns nicht.

Die Vorstellungen, die Paul und Lisa vom Alleinsein haben, zeigen Symptome der Verleugnungsphase. Bei näherem Überlegen beginnen sie zu ahnen, wie viel Trauer auf sie zukommen wird: Das Bleiben in der früher gemeinsamen Wohnung – eine Form, so zu tun, als ob sich nichts verändert hätte – verliert seinen Reiz. Natürlich ist es nicht in allen Fällen möglich, dass beide sich eine neue Bleibe suchen, aus verschiedenen Gründen: aus finanziellen, geografischen und nicht zuletzt der Kinder wegen. Es ist wichtig, sich dessen bewusst zu sein, dass das Suchen und Finden einer neuen Identität in einem neuen Leben dadurch ein Stück mühsamer wird, dass man ständig mit der Erinnerung an den Ex-Partner und das alte Leben konfrontiert ist.

Johanna und Alexander sind zögerlicher bei ihrer Entscheidung, obwohl klar im Raum steht, dass es keine wirklich sinnvolle Alternative dazu gibt. Sie machen sich nicht so viele Illusionen wie Lisa und Paul darüber, dass eine Trennung nur erleichternd wäre.

ALEXANDER UND JOHANNA

THERAPEUT: Wo stehen Sie denn jetzt in Ihrem Prozess?

JOHANNA: Es wird wohl auf eine Trennung hinauslaufen. Wir wissen beide, dass wir einander nicht mehr lieben und dass das wohl auch nichts mehr werden wird. Und trotzdem kann ich es mir überhaupt nicht vorstellen.

THERAPEUT: Können oder wollen?

ALEXANDER: Ich kann es mir schon vorstellen, aber wollen – das ist eine andere Frage. Ich glaube schon, dass das schwierig wird, und nicht nur auf der organisatorischen Ebene.

THERAPEUT: Sondern?

ALEXANDER: Sondern auch gefühlsmäßig. Es waren so viele Jahre. Ich habe mich so an Johanna gewöhnt, so merkwürdig das auch klingen mag. Einen Vorgeschmack gibt es ja jetzt schon. Wir telefonieren tagsüber nicht mehr miteinander, aber es gibt viele Momente, wo ich mir ganz automatisch denke: Jetzt rufst du sie an und erzählst ihr das. Das wird sie lustig finden.

THERAPEUT: Und wie fühlt sich das an, es dann nicht zu tun?

ALEXANDER: Traurig. Es kommt dann jedes Mal unweigerlich der Gedanke: Sie ist ja nicht mehr meine Hanna. Und das wird dann, wenn wir getrennt sind, noch viel öfter so sein.

JOHANNA: Mir geht es ganz ähnlich. Manchmal, wenn ich einkaufe zum Beispiel, möchte ich ihm ganz automatisch eine kleine Schokolade mitnehmen, als Überraschung, so wie früher. Neulich habe ich sie sogar gekauft, und an der Kasse habe ich es dann gemerkt. Und dann habe ich sie selbst gegessen. Das war vielleicht trostlos!

THERAPEUT: Es ist genau, wie Sie sagen, Alexander. Es ist ein Vorgeschmack, und zwar nur ein kleiner, darauf, wie es sein wird, ohneeinander zu leben. Welche Unterstützung haben Sie denn, um diese Zeit durchzustehen?

JOHANNA: Meine beste Freundin hat das Gleiche vor fünf Jahren durchgemacht. Sie hat gesagt: Johanna, wann immer dir die Decke auf den Kopf fällt und du jemanden brauchst, komm einfach zu mir, jederzeit. Wenn du um drei am Morgen nicht allein sein willst, ich bin da. Du kannst immer bei mir schlafen, und wenn du nicht schlafen kannst, dann quatschen wir die ganze Nacht, und ich nehme dich in den Arm.

THERAPEUT: Schön! Genau so eine Freundin brauchen Sie jetzt. Und Sie, Alexander?

ALEXANDER: Bei mir ist das nicht so einfach. Natürlich habe ich auch Freunde, aber die sagen eher: Toll, Alter, jetzt lassen wir es so richtig krachen.

THERAPEUT: Das kann ja manchmal auch helfen.

ALEXANDER: Sicher, und es ist auch gut gemeint. Aber für die dunklen Stunden, die kommen werden ... ich glaube, ich brauche da mehr. Einen Profi. Ich habe mir schon überlegt, ob Sie mich vielleicht begleiten könnten.

THERAPEUT: Grundsätzlich gerne, wenn die Paartherapie abgeschlossen ist. Und wenn Sie, Johanna, einverstanden sind.

JOHANNA: Nichts dagegen. Aber ein paar Sitzungen brauchen wir schon noch, um das hier über die Runden zu bringen.

Hier wird ein wichtiger Punkt angesprochen: Trauer kann nicht allein bewältigt werden, zumindest nicht ausschließlich allein. Menschen nach der Trennung brauchen andere Menschen, die sie verstehen und sie begleiten, die ihnen Mut machen, sich ihren Gefühlen zu stellen. Therapeutische oder beratende professionelle Hilfe ist eine wichtige Unterstützung, am besten vom Beginn der Trennung an.

PERSÖNLICHE ÜBUNGEN

Vielleicht ist mittlerweile für Sie schon einen Tendenz erkennbar, in welche Richtung Ihre Entscheidung letztendlich gehen wird. Sollten Sie zum Neubeginn neigen oder diese Lösung für Sie bereits klar sein, lade ich Sie trotzdem ein, diese beiden Übungen mitzumachen. Dadurch könnte Ihr Zusammenbleiben für Sie noch klarer werden – oder es könnten neuerliche Zweifel auftauchen, die wichtig sind und erkannt und bearbeitet werden müssen.

ÜBUNG 60
WENN WIR UNS TRENNEN WÜRDEN ...

In dieser Übung geht es um all die sachlichen und organisatorischen Dinge, die bei einer Trennung neu geordnet werden müssten. Stellen Sie diese Überlegungen auch an, wenn Sie wahrscheinlich einen Neubeginn starten werden. Bitte bedenken Sie, dass das zwar Sachentscheidungen sind, dass aber Gefühle dabei eine wesentliche Rolle spielen. Machen Sie sich zuerst alleine Ihre Gedanken und besprechen Sie die Themen dann mit Ihrem Partner:

- Wo würde ich leben?
- Wo würde meine Partnerin leben?
- Was würde mit den Kindern geschehen?
- Bei wem würden sie wann sein?
- Wer hätte die Hauptverantwortung?
- Wie würden wir die Frage des Sorgerechts regeln – nicht nur rechtlich, sondern auch faktisch (also zum Beispiel: Wie würden wir zu gemeinsamen Entscheidungen über Schulen, ärztliche Betreuung und anderes kommen)?
- Wie würden wir mit unseren Haustieren umgehen?

- Wie würden wir gemeinsames Vermögen aufteilen?
- Würden wir uns von einem Rechtsanwalt beraten lassen? Bei getrennten Anwälten oder bei einem gemeinsamen?
- Würden wir eine rasche Scheidung wollen – oder würden wir uns damit noch Zeit lassen?
- Würde sich auch beruflich bei einem oder beiden von uns etwas ändern? Müsste ich mehr arbeiten, wieder zu arbeiten beginnen, meine Arbeitsstelle wechseln?
  Gäbe es noch andere Dinge, die zu regeln wären und die in dieser Auflistung nicht vorkommen?

Es kann sein, dass diese Übung für Sie schwierig ist und dass Sie sie lieber beiseiteschieben würden (»Das findet sich schon irgendwie, und außerdem bleiben wir ja sowieso zusammen«). Solche Reaktionen könnten bereits Teil eines Verleugnungsprozesses sein, den es nicht nur am Anfang der Trauer gibt, sondern (wie wir noch sehen werden) in anderer Form auch beim Neubeginn. Sie können natürlich zwischendrin Pausen machen, wenn es emotional zu belastend für Sie wird, aber kehren Sie dann wieder zu den offenen Fragen zurück. Wenn Sie merken, dass Sie wieder in Ihre Mechanismen verfallen, wenden Sie die Regeln der Gesprächsführung und des Zuhörens an, die Sie schon mehrmals erprobt haben.

ÜBUNG 61
WENN ICH GETRENNT WÄRE …

Machen Sie es ähnlich wie Lisa und Paul im vorherigen Abschnitt: Stellen Sie sich vor, dass Sie bereits von Ihrer Partnerin getrennt wären und alleine leben würden. Es ist Abend, und Sie kommen nach Hause.

- Ist dieses Zuhause mein bisheriger Wohnort oder wird es ein neuer sein?
- Kenne ich diesen Ort schon – oder habe ich noch keine Vorstellung?

- Werde ich dort alleine leben – oder zum Beispiel bei meinen Eltern, einem Freund, einer Freundin, in einer Wohngemeinschaft? In einem Hotel oder einer Pension?
- Wie ist es, nach Hause zu kommen – und mein bisheriger Partner ist nicht da und wird auch nicht mehr kommen? Wird nie mehr kommen?
- Was löst das für Gefühle bei mir aus? Ist es eines der sechs authentischen Grundgefühle (Ärger, Traurigkeit, Angst, Freude, Scham, Ekel)? Oder sind es Ersatzgefühle (Hilflosigkeit, Groll, Rache, Ohnmacht, Verunsicherung ...)?
- Was für Bilder entstehen in mir zu dieser Fantasie? Was tue ich, wenn ich heimkommen? Bin ich allein oder sind andere Menschen da – die Kinder? Oder wer sonst?

Gehen Sie jetzt die oben genannten sechs Grundgefühle eines nach dem anderen durch. Die meisten von ihnen werden wahrscheinlich in unterschiedlicher Intensität vorkommen. Schreiben Sie Ihre Ergebnisse auf.

- Was ärgert mich in dieser Situation oder macht mich wütend?
- Was ängstigt mich oder macht mir Sorgen?
- Was erleichtert mich oder freut mich?
- Was macht mich traurig oder verzweifelt?
- Wofür schäme ich mich?
- Wovor ekelt es mich?

Seien Sie sich im Klaren darüber, dass diese Fantasie – so bedrückend sie auch sein mag – die Wirklichkeit, die Sie bei einer tatsächlichen Trennung erwarten würde, nur in Ansätzen widerspiegeln kann. Das heißt nicht zwingend, dass alles viel schlimmer wäre (obwohl das natürlich sein kann), als Sie es sich vorstellen, manches könnte auch leichter werden. Und selbst wenn Sie schon einmal eine Trennung erlebt haben, sollten Sie nicht erwarten, dass es genauso sein wird wie damals. Es wird anders werden, denn Sie sind ja nicht mehr der Mensch, der Sie damals waren, und auch der Mensch, von dem Sie sich jetzt trennen, ist ein anderer, ebenso wie die Umstände andere sind.

Auch die letzte Übung zu diesem Abschnitt knüpft an das Gespräch von Paul und Lisa an. Es geht darum, was Ihnen fehlen würde – und was Ihnen sicher nicht fehlen würde, wenn Sie und Ihre Partnerin sich trennen würden. Das können sowohl ganz entscheidende Dinge sein (wie zum Beispiel die Sexualität, die Ihnen fehlen oder auch nicht fehlen würde) wie ganz kleine. Katharina, eine Frau von Ende dreißig, beantwortet die Frage, was sie vermissen würde, als Erstes so: »Dass dein Auto nicht mehr in der Garage stehen und ich keine neuen Kratzer mehr daran entdecken werde.« Vermissen und Erleichterung gehen oft seltsame Wege.

ÜBUNG 62
WAS MIR FEHLEN WÜRDE – WAS MIR NICHT FEHLEN WÜRDE

Legen Sie zwei parallele Listen an, in die Sie jeweils eintragen können, was Ihnen gerade einfällt. Links schreiben Sie – so, wie es Ihnen spontan in den Sinn kommt – auf, was Ihnen fehlen würde, rechts das, was Sie nicht vermissen würden. Das Ausfüllen der rechten Spalte kann, muss aber nicht mit dem Gefühl der Erleichterung verbunden sein.

Machen Sie nach jedem Eintrag, egal, in welche Spalte, eine kurze Pause, achten Sie auf Ihre Gefühle und auch darauf, wie sich Ihr Körper anfühlt. Verspannen oder entspannen Sie sich? Fühlt sich Ihr Körper leicht oder schwer an, angenehm oder unangenehm? Lustvoll oder beschwerlich?

Es geht nicht darum, dass in beiden Spalten gleich viele Einträge sind. Wenn der Unterschied groß ist (mehr als fünf Punkte mehr auf der einen oder anderen Seite): Was könnte das bedeuten?

Wollen Sie Ihre Auflistung Ihrer Partnerin erzählen? Und vor allem: Wollen Sie ihre Liste kennenlernen? Wenn ja, hören Sie sich wechselseitig nur zu, kommentieren oder fragen Sie nicht. Achten Sie auf Ihre Gefühle. Wenn es Ihnen zu viel wird, machen Sie eine Pause oder brechen Sie ab. Sie müssen das nicht zwingend miteinander besprechen.

Was haben diese Übungen bei Ihnen bewirkt – als Einzelpersonen, aber auch als Paar? Haben sie das Gewicht in der Richtung Ihrer Entscheidung verschoben?

Hat Sie das, was Sie herausgefunden haben, in der Richtung bestärkt, in die Sie schon zu gehen begonnen haben? Sind wieder Zweifel aufgetaucht? Haben Sie jetzt mehr, weniger als oder gleich viel Common Ground wie vor dem Abschnitt über Trennung? Wo immer Sie im Moment in ihrer Entwicklung stehen, wie groß oder wie klein die Unterschiede in der Tendenz bei Ihnen sein mögen – nehmen Sie es zur Kenntnis, ohne es in irgendeine Richtung verändern zu wollen. Auch jetzt sind wir noch nicht bei der Entscheidung; wir haben noch den Abschnitt über den Neubeginn vor uns.

3.4 NEUBEGINN – DAS GROSSE WAGNIS

NOCH EINMAL GANZ NEU?

But when I see you darling
It's like we both are falling in love again
It'll be just like starting over.
John Lennon, Starting Over

DAS WORT »NEUBEGINN« ist sprachlich gesehen eigentlich unsinnig, eine Tautologie, also das, was man einen »weißen Schimmel« nennt (im Altgriechischen bedeutet *tautologia* die »Wiederholung von etwas bereits Gesagtem«). Ein Beginn ist per se etwas Neues, etwas, das zum allerersten Mal anfängt. Auch wenn wir das Wort zerlegen, bleibt es dabei: etwas Neues beginnen – was sonst? Etwas Altes wird man wohl kaum beginnen, sondern weiterführen. Dennoch ist der Begriff häufig in Verwendung für etwas, das nicht so gut funktioniert hat und das beim zweiten (oder dritten oder vierten) Mal jetzt besser klappen soll: Eine Firma, die in Konkurs gegangen ist, versucht unter anderem Namen und mit dem Segen der Kreditgeber einen »Neubeginn« (meist mit demselben Produkt, denselben Marketingstrategien und denselben handelnden Personen). Menschen, die eine Haftstrafe verbüßt haben oder die obdachlos geworden sind, versuchen mit der Hilfe entsprechender Einrichtungen einen »Neustart«. Das Wort scheint zu implizieren, dass es möglich sei, wieder ganz neu und ganz »von vorne« anzufangen.

Auch Paare in der Krise verwenden diesen Begriff gerne, und zwar synonym für »noch einmal ganz von vorne anfangen« (auch diese Formulierung wird oft gebraucht). Dahinter versteckt sich oft die alte Sehnsucht, dorthin zurückkehren zu können, wo »alles gut« war. »Vielleicht können wir uns doch noch einmal ganz neu ineinander verlieben«, sagt Sylvia, als sie und Herbert nach drei Monaten der Trennung wieder zusammenziehen. »Noch einmal ganz neu« – da ist er wieder, dieser Widerspruch des Wortes »Neubeginn«. Und beides wäre fatal: »noch einmal« – ja, was denn noch einmal? Der romantische Beginn? Das ewige Karussell? Und »ganz neu«? Also alle Erfahrungen, alle Vertrautheit, alles Verbindende im Guten wie im Schlechten auslöschen und so tun, als ob man einem neuen Menschen begegnet wäre? Und doch liegt in dieser Gegensätzlichkeit auch Sinn, wenn von beidem etwas in der Zukunft des Paares vorkommt. Die zwei Menschen müssen einerseits tatsächlich etwas substanziell Neues an Beziehungsqualität entwickeln, statt etwas Altes mit Anstrengung und Bemühen ein wenig zu verbessern (damit am Schluss doch nur dasselbe dabei herauskommt). Andererseits können sie auf einer Vertrautheit von Jahren und Jahrzehnten aufbauen, deren Entwicklung sie damals begonnen haben, als ihre Beziehung tatsächlich angefangen hat.

Ich habe mich entschlossen, im Titel dieses Buches und auch als Überschrift für diesen Abschnitt trotzdem die Bezeichnung »Neubeginn« in ihrer Widersprüchlichkeit zu verwenden. Die deutsche Sprache kennt kein besseres Wort für das, worum es hier geht. Präziser erfassen es lateinische Fremdwörter und englische Bezeichnungen (die ihren Ursprung in lateinischen Vokabeln haben). Sie verwenden dafür die Vorsilbe »re«, die am besten (und doch nicht ganz genau) mit »wieder« übersetzt werden kann. Wenn Sie Ihren Computer herunter- und wieder hochfahren wollen, finden Sie im entsprechenden Funktionsmenü das Wort »Neustart«. Das englische »Restart« trifft es jedoch besser: Ihr Computer fängt ja nicht wieder von vorne an, als ob Sie ihn gerade neu in Betrieb nehmen würden. Alles, was vorher schon da war, ist auch weiterhin da (wenn Sie es gesichert haben) – und Ihr Hauptspeicher wurde von einigen überflüssigen Elementen gesäubert. Bugs, also Fehlerquellen, wurden automatisch gelöscht.

Diese Analogie trifft das, worum es bei einem Paar geht, ziemlich gut. Es ist mehr ein »Wiederbeginn«. Alles war ja schon immer da, auch beim wirklichen Beginn seinerzeit. Gutes und Schlechtes war schon in den Vorerfahrungen und den Persönlichkeiten, die beide mitgebracht haben, angelegt. All ihre Entwicklung, ihr Gemeinsames und ihr Trennendes, ist daraus entstanden, und das ist auch weiterhin da. Ebenso ist der Prozess der Bewältigung der Krise bis zu dem Punkt, wo die Entscheidung getroffen wird, schon da, bevor der »Restart« erfolgt.

Doch worin liegt das Neue in diesem »Wiederbeginn« – das, was die Chance ermöglicht, die Beziehung tatsächlich zu dem Guten zu verändern, das von Anfang an in ihr angelegt war?

Nehmen wir noch einmal den Neustart des Computers als Metapher. Wenn Sie den Befehl dazu gegeben und bestätigt haben, wird er heruntergefahren. Der Bildschirm wird schwarz. Und dann passiert ein paar Augenblicke lang nichts. Eine Pause tritt ein, die Sie mit irgendetwas überbrücken oder die Sie auch bewusst wahrnehmen können. Diese Pause ist der Moment, in dem das Paar sich für den Neubeginn (oder die Trennung) entscheidet. Vielleicht könnte man ihn auch Wendepunkt nennen: Bisher wurde das, was immer da war, destruktiver und destruktiver. In diesem Moment der Stille beschließen die beiden Menschen, es zum Konstruktiven zu wenden. Wie Paare (auch die, die sich trennen) diesen Wendepunkt bewusst erleben, werden wir im letzten Kapitel sehen, in dem es um die Entscheidung geht.

In gewisser Weise ist es hier ähnlich wie bei der Trennung. Die Entscheidung ist zwar ein zeitlich genau festgelegter Punkt, der tatsächliche Neubeginn braucht aber einen längeren Prozess. Auch dieser durchläuft verschiedene Phasen – wie das Trauern. Die ganze Zeit hindurch verwebt sich Altes mit Neuem, manchmal unterstützend (wenn das Paar aus Ressourcen schöpft, die es schon mitbringt), manchmal hinderlich (wenn alte Ängste und alte Wunden wieder auftauchen). Auch hier gibt es natürlich Vor und Zurück und keine exakten Abgrenzungen der einzelnen Abschnitte. Ganz ähnlich durchlaufen die beiden (in diesem Fall aber gemeinsam als Paar) Zeiten der Verleugnung, der Enttäuschung darüber, dass es nicht schneller geht, der Befürchtung, ohne Erfolg zu bleiben, bis hin zu dem Punkt, im Neuen wirklich angelangt zu sein. Insgesamt kann für diesen Prozess bis hin zum Entstehen einer wirklich tragfähigen und vertrauensvollen neuen Beziehung mit einem Zeitraum von ein bis zwei Jahren gerechnet werden.

1. Verleugnung: Am Anfang spürt das Paar große Erleichterung, weil es sich die schmerzhafte Trennung erspart hat. All die schweren Konflikte, all die Verletzungen und Ängste scheinen vorbei, manche Menschen sprechen von einem »zweiten Frühling«. »Jetzt ist alles gut!«, sagt Sylvia, »wir streiten überhaupt nicht mehr, wir haben wieder so leidenschaftlichen Sex wie in der ersten Zeit, wir merken erst jetzt, wie wir das vermisst haben. Herbert ist so aufmerksam, wie ich es mir seit Jahren gewünscht habe.« Der Blick richtet sich nur auf den »Beginn«, nämlich einen ähnlichen, wie ihn das Paar seinerzeit erlebt hat, nicht auf das wirklich Neue. Das »Wieder« bezieht sich hauptsächlich auf die (zu diesem Zeitpunkt noch nicht bewusst wahrgenommenen) Ängste, es doch nicht zu schaffen und noch tiefer verletzt zu werden, als es schon geschehen ist. Mit Verleugnung sollen diese Befürchtungen unter Kontrolle gehalten werden.

2. Enttäuschung: Allmählich kehrt der Alltag ein und mit ihm die Gefahren, wieder in die alten Muster zu verfallen. Natürlich hält der gute Wille an, es anders zu machen, aber er wird öfter auf die Probe gestellt. Die sprichwörtlichen »Mühen der Ebene« haben begonnen. Die anfängliche romantische Phase des zweiten Frühlings hat weniger lang angehalten als erhofft. (Sylvia: »Ich weiß natürlich, dass das eine Illusion war, aber irgendwie hatte ich mir schon erhofft, dass uns diese neue Verbundenheit, diese intensive Zuneigung länger erhalten bleibt. Bei mir kommt wieder die alte Ungeduld und bei Herbert die alte Zurückgezogenheit. Sicher, wir sprechen es an und wir kommen wieder heraus. Aber kann das nicht

einfach verschwinden?«) Gleichzeitig liegt im rechtzeitigen Wahrnehmen der alten persönlichen und gemeinsamen Muster die Chance, das Neue weiter zu festigen. Menschen verändern sich nicht rasch und von heute auf morgen. Neues Verhalten, neues Denken und neues Fühlen müssen wieder und wieder eingeübt werden, bis sie stabil geworden sind.

3. Ängste und Rückschläge: Mit den »Mühen der Ebene« wächst die Angst, dass alles wieder von vorne losgehen könnte. Dieses Gefühl ist nachvollziehbar und menschlich, zugleich aber der größte Feind des Neu- oder Wiederbeginns. Der andere wird argwöhnisch, misstrauisch und skeptisch beobachtet: Tut er, tut sie es schon wieder (was immer dieses »es« ist)? Um nicht von neuem in das Karussell einzusteigen, ist es notwendig, sich bewusst zu machen, dass nicht sie oder er, sondern beide »es« schon wieder tun. Jeder trägt mit seinem Misstrauen und seiner unausgesprochenen oder anklagend geäußerten Angst dazu bei. Es ist wichtig, die Angst zu thematisieren, und es ist wichtig, sich die des anderen anzuhören. Dabei helfen Beschwichtigungen wenig (wieder Sylvia: »Ich sage ihm wieder und wieder: ›Nein, ich werde nicht schon wieder so ungeduldig mit dir‹, aber er glaubt es mir einfach nicht. Das nervt, und da werde ich dann wirklich ungeduldig!«) Die Ängste mögen stellenweise überzogen sein, aber sie haben natürlich einen realen Kern: Alte Mechanismen sind sehr stark, und ihre Wiederkehr ist alles andere als ausgeschlossen. Nur mit Bemühen allein ist es nicht getan, kein Mensch kann sich auf Dauer nur anstrengen. Es geht unbewusst um etwas ganz anderes, nämlich um die Frage: »Wird die Liebe auch halten, wenn ich Fehler mache?« Paare erproben die Festigkeit des versprochenen Vertrauens, und Menschen können dabei manchmal sehr hartnäckig sein. Diese Phase der Angst ist der entscheidende Knackpunkt beim Neubeginn. Sie braucht viel gegenseitiges Vertrauen und auch Geduld. Wichtig dabei ist die gemeinsame Überlegung: »Was brauchen wir beide voneinander, um wieder aussteigen zu können und immer seltener einzusteigen?« Auch neuerliche Trennungsfantasien können auftreten (Sylvia: »Manchmal denke ich mir: Wozu das alles, wenn es so mühsam ist? Hätten wir uns nicht doch trennen sollen?«). Unter Umstän-

den kann es sinnvoll sein, noch einmal die Hilfe einer (wahrscheinlich kurzen) Paartherapie in Anspruch zu nehmen, um den Mut nicht zu verlieren.

4. Stabilisierung: Allmählich kann das Paar erkennen, dass Gefahrenpunkte zu einer normalen Beziehung dazugehören. Auch die neubegonnene Partnerschaft ist nicht perfekt, auch in ihr wird es Streit- und Konfliktpunkte geben. Der wirkliche Gradmesser der gemeinsamen Veränderung ist nicht die immerwährende Harmonie, sondern der konstruktive Umgang mit Disharmonien. Statt der Angst: »Wir sind die Gleichen geblieben«, entsteht allmählich ein »Wir haben uns verändert«. Lassen wir diesmal Herbert, Sylvias Mann, zu Wort kommen: »Ich kann es ja manchmal immer noch kaum glauben, aber sie fährt mich tatsächlich viel seltener an. Und wenn sie es tut, dann verletzt es mich nicht mehr so tief; ich kann viel leichter verstehen, dass es gar nicht unbedingt immer mit mir zu tun hat, sondern oft mit ganz anderen Dingen.«

5. Tiefe Bindung: Die beiden Partner können einander glauben, dass sie nicht nur vertrauen, sondern auch vertrauenswürdig sind. Sie merken, wie sehr sie als Paar und als Einzelmenschen an dem Prozess gewachsen sind, der hinter ihnen liegt. Sie haben neue Inhalte ihres Lebens und ihrer Beziehung gefunden, die sie miteinander verbinden. Die tiefe Liebe, von der sie immer geträumt haben, ist entstanden, aber nicht mehr als illusionäres Paradies, in dem alles gut wird. Es ist ihnen bewusst, dass sie immer wieder Konflikte miteinander haben werden und dass es wahrscheinlich Schicksalsschläge geben wird, auf die sie keinen Einfluss haben. Sie wissen, dass sie sich gemeinsam und auch einzeln verändern werden, weil nichts so bleibt, wie es ist.

Wie bei der Trennung ist es ein wichtiger Teil des Entscheidungsprozesses, sich der Realität dessen bewusst zu sein, was Neubeginn wirklich bedeutet: Er ist kein unbeschwerter Punkt, an dem sich der Horizont endlich öffnet und für den Rest des Lebens weit wird, sondern ein oft mühsamer und beschwerlicher Weg, der Energie und Zeit braucht.

Hans und Marlene, Maria und Werner, beide am Weg zum Neubeginn, sind sich dessen nur teilweise bewusst.

HANS: Was meinen Sie denn – sollen wir die Paartherapie beenden? Wir haben ja herausgefunden, dass wir zusammenbleiben wollen, und es geht uns gut miteinander.

THERAPEUT: Wie sehen Sie das, Marlene?

MARLENE: Ja, sieht schon so aus, als ob alles gut gegangen wäre. Oder was denken Sie?

THERAPEUT: Sie fragen mich beide um meine Meinung. Das wirkt, als ob Sie sich Ihrer Sache unsicher wären.

HANS: Na ja, müssen wir jetzt noch eine formelle Entscheidung treffen? So wie man bei der Scheidung auch ganz offiziell sein Einverständnis geben muss?

THERAPEUT: Das kann durchaus sinnvoll sein, als eine Art Bekräftigung der gemeinsamen Entscheidung. Dabei geht es nicht um meinen Segen für Ihr künftiges Leben, sondern um das, was für Sie beide stimmt. Aber es scheint, als ob Sie sich mein Okay holen wollten.

MARLENE: Wie sieht denn überhaupt so ein Neubeginn aus, von dem Sie immer reden? Was heißt denn das genau?

THERAPEUT: Das erkläre ich Ihnen gerne, aber ich möche zuerst Ihre Vorstellungen darüber hören. Haben Sie schon miteinander gesprochen, was das für Sie genau bedeutet?

HANS: Nicht so direkt. Mehr darüber, was jetzt bei uns anders geworden ist.

MARLENE: Irgendwie stelle ich mir es so vor, dass das jetzt so weitergeht, wie es gerade ist. Dass wir einander verstehen und respektieren, dass wir nicht mehr die alten Sachen aus der Kiste kramen, dass jeder sich eben bemüht um die Beziehung.

HANS: Ja, das denke ich mir auch so. Dass wir in ein paar Jahren zurückblicken und sagen, da ist es uns gut gegangen miteinander.

THERAPEUT: Können Sie sich daran erinnern, dass wir vor ein paar Sitzungen darüber gesprochen haben, wie es denn wäre, wenn Sie sich trennen würden? Es war anfangs schwierig für Sie, dazu genauere Vorstellungen zu entwickeln. Jetzt ist es ähnlich.

HANS: Ja, haben wir denn nicht schon längst mit dem Neubeginn begonnen?

MARLENE: Was erwartet uns denn wirklich bei diesem Neubeginn?

THERAPEUT: Zuerst große Erleichterung und das Gefühl, es wirklich geschafft zu haben. Wahrscheinlich verbunden mit der Vorstellung, Ihnen könne jetzt nichts mehr passieren.

HANS: Und?

THERAPEUT: Dann vermutlich eine Art Ernüchterung, weil Sie merken, dass wieder Alltag einkehrt – und mit ihm die Gefahr, die alten Muster wiederzubeleben.

HANS: Sie meinen, ich werde wieder zornig werden und Marlene sich wieder zurückziehen?

THERAPEUT: Das kann passieren. Dann ist es wichtig, sich klarzumachen, dass das nicht das Ende der Welt und auch nicht das Ende der Beziehung ist, sondern dass Sie genug gelernt haben, um das immer wieder zu überwinden.

MARLENE: Und wenn uns das nicht gelingt? Müssen wir uns dann schlussendlich doch trennen?

THERAPEUT: Was Sie da ansprechen, ist die größte Bedrohung des Neubeginns: die Angst, alles könnte wiederkommen, der andere könnte sich wieder dorthin zurückentwickeln, wo Sie ihn als so fremd und unzugänglich erlebt haben.

MARLENE: Und dann?

THERAPEUT: Wie könnten Sie dann damit umgehen?

HANS: Uns bemühen, eben nicht so zu sein, wie wir waren.

MARLENE: Wir könnten darüber reden. Das können wir doch jetzt, Hans.

HANS: Okay. Aber geht das immer so weiter, den Rest unseres Lebens, dass es mühsam bleibt?

THERAPEUT: Nein, das muss nicht so sein. Wenn Sie diese Klippen umschiffen, dann wird allmählich das Vertrauen ineinander und in die Beziehung wachsen, und Sie können dann eine wirklich

	tiefe Beziehung zwischen zwei erwachsenen Menschen entwickeln.
HANS:	Und wie lange dauert es bis dahin?
THERAPEUT:	Erfahrungsgemäß ein bis zwei Jahre.
HANS:	Du meine Güte! Und ich dachte schon, jetzt geht endlich das schöne und leichte Leben los.
THERAPEUT:	Sie dürfen nicht vergessen, dass Sie dabei sind, eine wirklich sehr schwere und tiefe Krise zu überwinden. Wenn das leicht ginge, wären Sie nicht zu mir gekommen.
MARLENE:	Trauen wir uns das zu, Hans? Dass wir das auch noch hinter uns bringen?
HANS:	Ich traue es mir schon zu. Ich habe schon so viel bewältigt in diesem Leben.
THERAPEUT:	Das klingt wieder ein wenig nach Odysseus. Marlene hat nicht gefragt, ob Sie als Hans es sich zutrauen, sondern ob Sie beide, als Hans und Marlene, es sich zutrauen.
MARLENE:	Genau. Schaffen wir das gemeinsam?

Damit sind die beiden genau an der Frage angelangt, die für die Entscheidung nötig ist: Trauen wir uns zu, diesen Neubeginn mit all seinen Stolpersteinen zu schaffen?

Für Werner und Maria würde ein Neubeginn noch einmal anders aussehen: Hier geht es darum, etwas zu entwickeln, was wirklich »neu« wäre, nämlich eine Freundschaft jenseits vom Anspruch, dass daraus noch Liebe werden soll. Dementsprechend sind ihre Vorstellungen davon sehr vage, weil sie dafür kein Modell aus ihrer gemeinsamen Geschichte haben. Das unterscheidet sie von Paaren, die ihre Liebe wiederfinden wollen.

MARIA UND WERNER

MARIA:	Wie soll denn so etwas aussehen – Freunde zu sein und ohne Liebe zusammenleben? Ich habe natürlich Freunde, aber mit denen lebe ich ja nicht zusammen.

THERAPEUT: Lassen Sie uns eine Reise in die Zukunft machen. Wir steigen dafür in eine Zeitmaschine, und wenn wir sie anhalten, sind wir genau auf den Tag fünf Jahre von heute entfernt. Unsere Therapie ist schon lange beendet. Wir begegnen uns zufällig auf der Straße, kommen ins Plaudern und Sie erzählen, wie es Ihnen in den letzten Jahren ergangen ist und wie es Ihnen heute geht. Was erzählen Sie da?

MARIA: Dass wir gerade vom Reisebüro kommen und eine Kreuzfahrt gebucht haben. Auf dem Schiff werden wir getrennte Zimmer haben, so wie auf all den Urlaubsreisen, die wir jetzt miteinander unternehmen. Wir streiten viel weniger miteinander, weil wir akzeptiert haben, dass wir kein Liebespaar mehr sind.

THERAPEUT: Und wie hat sich Ihre Freundschaft entwickelt?

WERNER: Am Anfang war es schwierig. Wir haben immer wieder versucht, ob es nicht doch mit der Liebe funktioniert. Wir sind auch manchmal wieder miteinander ins Bett gegangen, aber das hat nicht geklappt. Und so haben wir es kapiert. Heute – also in fünf Jahren – kann ich sagen, dass Maria der verlässlichste Mensch ist, den ich je in meinem Leben gekannt habe.

MARIA: Aber manchmal tut es schon noch weh. Die Sehnsucht nach Liebe und nach körperlicher Nähe verschwindet ja nicht einfach. Manchmal – in fünf Jahren sage ich das – überlege ich, etwas mit einem anderen Mann anzufangen. Angebote hätte ich. Aber ich glaube nicht, dass die Freundschaft mit Werner das aushalten würde.

WERNER: Werden wir noch verheiratet sein, oder haben wir uns scheiden lassen?

MARIA: Wozu das denn?

WERNER: Es könnte deutlicher machen, dass wir kein Liebespaar mehr sind.

MARIA: Das ist schon eine schlimme Vorstellung. Freunde, aber geschieden. Wie rede ich dann über ihn? Wenn ich nicht mehr »mein Mann« sage?

WERNER: Vielleicht »mein bester Freund«.

MARIA: Wenn wir geschieden sind, dann können wir uns doch gleich trennen.

THERAPEUT: Und wenn Sie verheiratet bleiben, dann gibt es noch Hoffnung, ein Liebespaar zu werden?

MARIA: Diese Hoffnung müssen wir wirklich begraben?

THERAPEUT: Es sieht sehr danach aus. Die Frage ist, ob Sie unter diesen Umständen in einem Neubeginn als Freunde zusammenbleiben oder sich trennen wollen.

Wir werden Maria und Werner an diesem Punkt im Abschnitt über die Entscheidung wieder treffen. In der Zeit des Neubeginns kann professionelle Unterstützung für das Paar weiter hilfreich sein (zumindest punktuell). Sie ist allerdings nicht so notwendig wie zur Begleitung durch die Trauer nach einer Trennung.

Hans und Marlene machen ebenfalls ihre Reise in der Zeitmaschine. Auf die gleiche Vorgabe wie bei Werner und Maria – ein zufälliges Treffen mit mir auf der Straße – antwortet Marlene:

HANS UND MARLENE

MARLENE: Ich werde sagen: Im Prinzip geht es uns gut miteinander. Die Kinder sind endgültig aus dem Haus, wir haben ein oder zwei Enkelkinder. Wir reisen viel, und Hans arbeitet deutlich weniger. Manchmal streiten wir – über die alten Themen und auch über neue. Aber wir versöhnen uns auch immer wieder.

HANS (zögert): Ja, ich würde auch so antworten.

THERAPEUT: Das klingt, als ob Sie zuerst einen anderen Einfall gehabt hätten.

HANS: Ja, wenn ich ehrlich bin, war da zuerst ein anderes Bild, das ich aber wieder verworfen habe.

THERAPEUT: Wollen Sie davon erzählen?

HANS: Na ja, es hat mit Angst zu tun. Es könnte sein, dass ich Ihnen in fünf Jahren erzähle, dass wir es doch nicht geschafft haben.

Marlene hat mir nicht geglaubt, dass ich nichts mehr mit anderen Frauen habe. Sie hat immer wieder mein Handy und meine Mails kontrolliert, obwohl da gar nichts war.

THERAPEUT: Also, Marlene hat ihre Angst nicht ablegen können. Und Sie?

HANS: Ich auch nicht. Bei mir ist auch immer die Unsicherheit da gewesen, ich könnte wieder diesen bösen Blick und den Tritt gegens Schienbein bekommen.

MARLENE: Nein, das wird nicht wieder vorkommen.

THERAPEUT: Worüber Sie da sprechen, ist wirklich der schwierigste Teil beim Neubeginn: sich von der Angst zu lösen, dass der andere »es« wieder tun wird – dieses Es, das Ihnen jeweils die schlimmsten Verletzungen zugefügt hat. Und Sie können davon ausgehen, dass diese Ängste wiederkommen werden, nach einer anfänglichen Phase großer Harmonie und großer Behutsamkeit. Was können Sie dann tun?

HANS: Mir selber sagen, dass das Blödsinn ist, denn sie hat ja versprochen, dass wir neu anfangen.

MARLENE: Darüber miteinander sprechen. Und ich brauche dann, dass du meine Angst ernst nimmst und mir glaubst, dass ich sie nicht will, aber dass sie halt immer wiederkommt.

THERAPEUT: Genau das. Und vielleicht kommt sie – wenn auch seltener, schwächer – den Rest ihres Lebens wieder.

MARLENE: Vielleicht ist das der Preis, den wir zahlen müssen. Wir sind kein unschuldiges junges Liebespaar mehr, das glaubt, alles würde sicher gut gehen. Wir haben unsere Unschuld verloren.

Diese Worte Marlenes treffen die Situation des Neubeginns genau: Die beiden haben ihre naive Unschuld verloren, nicht aber ihre Liebe. Sie sind um einige illusionäre Hoffnungen ärmer, aber dafür um realistische Hoffnungen reicher geworden. Sie kennen ihre persönlichen Grenzen und die ihrer Beziehung. Damit stehen ihre Chancen gut, nicht nur eine tragfähige Entscheidung zum Neubeginn zu treffen, sondern damit auch erfolgreich zu sein.

PERSÖNLICHE ÜBUNGEN

Auch wenn Ihre Tendenz eher in Richtung Trennung gehen sollten, möchte ich Sie einladen, die Übungen über den Neubeginn mitzumachen. Dadurch könnte die Trennung entweder noch einmal in Frage gestellt oder für Sie noch klarer werden.

Als Erstes beschäftigen wir uns wieder mit dem Thema der Veränderungen im Bereich der Lebensorganisation. Auch hier ist es wichtig, manches neu zu beginnen. Es kann sein, dass das Paar den Wohnort wechselt, dass im Wohnbereich Dinge geändert werden, wie zum Beispiel ein Zimmer als Rückzugsort zu definieren, dass berufliche Dinge umstrukturiert werden müssen. Führen Sie diese Übung als gemeinsames Gespräch durch.

ÜBUNG 63
WENN WIR UNS ENTSCHEIDEN, WIEDER NEU ZU BEGINNEN ...

... was würden (müssten) wir organisatorisch verändern?

Überlegen Sie, was sinnvoll in Ihrem äußeren Leben und Ihren Abläufen verändert werden kann, um den Neubeginn abzusichern: Wohnort, Raumaufteilung, berufliche Rahmenbedingungen, Arbeitszeiten, Aufteilung von Hausarbeit und Kinderbetreuung, Freizeitgestaltung, fixe Termine für jeden von Ihnen und für beide gemeinsam, Gesprächszeiten miteinander ...

Lassen Sie sich vorerst nicht von Detailfragen der Umsetzbarkeit behindern. Sprechen Sie darüber, welche Veränderungen grundsätzlich wünschenswert und sinnvoll wären und erst dann darüber, ob sie auch wirklich machbar sind.

Die nächste Übung führt uns in die Zukunft; es ist dieselbe Fantasiereise, die Maria und Werner vorhin unternommen haben. Wir finden uns in fünf Jahren wieder, um zu sehen, wie sich Ihr Leben weiterentwickelt haben könnte, wenn Sie den Neubeginn Ihrer Beziehung gewählt haben.

ÜBUNG 64
DIE ZEITMASCHINE

Machen Sie diese Übung gemeinsam.

Stellen Sie sich vor, Sie könnten in die Zukunft reisen – eine Zukunft, die dadurch bestimmt ist, dass Sie sich in der Gegenwart für einen Neubeginn entscheiden. Wählen Sie als Datum der Ankunft das heutige Datum in fünf Jahren. Erlauben Sie sich, Fantasie zu entwickeln. Die Zukunft ist nicht die lineare Fortentwicklung des Heute. Es können Dinge entstehen, die in der Gegenwart gar nicht absehbar sind, im Guten wie im Schlechten. Malen Sie sich das Szenario gemeinsam eingehend aus. Nehmen Sie sich Zeit, sich dort, wo Sie angekommen sind, umzusehen.

- Wie hat sich die Welt verändert? Wo sind wir gelandet? In unserer Wohnung oder unserem Haus? An einem öffentlichen Platz? In einem Café oder Restaurant?
- Wie wird unser Leben dann aussehen?
- Hat der Neubeginn funktioniert und sind wir noch beisammen?
- Welche wichtigen Menschen aus unserem heutigen Leben spielen noch eine Rolle? Leben sie alle noch?
- Wo leben wir?
- Was machen wir beruflich?
- Wie alt werden unsere Kinder sein? Was machen sie in ihrem Leben?
- Wie sieht unsere Beziehung aus?
- Was ist anders als heute?
- Was ist gleich oder ähnlich geblieben?

Achten Sie darauf, was Ihre Fantasie bestimmt: Optimismus oder Angst? Sind Sie vorsichtig oder mutig? Realistisch oder illusionär?

Wie geht es Ihnen mit den Ergebnissen dieser Zukunftsreise? Was fühlen Sie und was denken Sie darüber? Im nächsten Schritt geht es darum zu überlegen, was in den fünf Jahren bis zu dem fantasierten Zeitpunkt geschehen kann und geschehen muss, damit Sie dorthin kommen. Auch diese Übung ist eine gemeinsame.

ÜBUNG 65
DIE KOMMENDEN FÜNF JAHRE

Sie haben jetzt also eine Idee, wo Sie beide in fünf Jahren stehen könnten, wenn Sie heute einen Neubeginn Ihrer Beziehung setzen. Stellen Sie sich vor, Sie beide leben in dieser Zukunft und blicken auf die Jahre zurück, die seit Ihrer Entscheidung vergangen sind.

- Wie sind sie verlaufen?
- Wie war die erste Zeit nach der Entscheidung?
- Wie war es nach einem halben Jahr?
- Nach einem Jahr – also von der Zukunft aus gesehen vor vier Jahren?
- Vor drei, vor zwei Jahren, vor einem Jahr?

Machen Sie Auflistungen:

- Was waren die Dinge, die uns leichtgefallen sind und die sich immer besser entwickelt haben?
- Was ist uns schwergefallen und fällt uns vielleicht immer noch schwer?
- Hat es Situationen gegeben, in denen wir wieder in unserem Karussell drin waren, an denen wir vielleicht an Trennung gedacht haben?
- Wie sind wir mit diesen Momenten umgegangen?
- Wenn wir in fünf Jahren nicht mehr zusammen sein werden: Woran sind wir dann letztlich gescheitert?
- Wo waren wir in diesen fünf Jahren glücklich? Wo waren wir traurig? Wo hatten wir Angst? Wo waren wir zornig?
- Gibt es etwas in diesen Jahren, dessen wir uns heute schämen?

Lassen Sie diese drei Übungen in sich nachwirken. Wenn Ihre Tendenz vorher zum Neubeginn ging – fühlen Sie sich jetzt darin bestärkt, oder sind Ihnen Zweifel gekommen? Sprechen Sie miteinander darüber, wischen Sie Ihre Bedenken oder die Ihrer Partnerin nicht beiseite. Keine Entscheidung wird ohne Zweifel an ihrer Richtigkeit möglich sein. Punktuelle Zwiespältigkeit, Angst und Unsicherheit dürfen dabei ruhig vorkommen.

Wenn sie bisher zur Trennung neigten – haben diese Übungen daran etwas verändert? Oder haben sie Sie darin bestärkt? Auch diese Bedenken dürfen sein. Jetzt, nachdem wir ausführlich über Hoffen und Verzeihen und über die möglichen Zukunftsszenarien der Trennung und des Neubeginns gesprochen haben, sind wir wieder in der Gegenwart. Sie werden jetzt die Weichen für Ihre Weiterentwicklung stellen, wenn wir an dem vorher beschriebenen Moment der Stille angekommen sind.

ZUSAMMENFASSUNG

Vor der endgültigen Entscheidung sind drei Elemente von Bedeutung:

- Hoffnung ist dafür wichtig, sie muss aber daraufhin überprüft werden, ob sie realistisch oder illusionär ist. Der bisherige gemeinsame Prozess läuft auf die Frage hinaus, welche begründete Hoffnung auf konstruktive Lösungen daraus gefunden werden kann.
- Verzeihen bedeutet, die Verletzungen der Vergangenheit zu akzeptieren und mit ihnen leben zu können. Auch aus diesem (längeren und öfter wiederholten) Prozess kann das Paar Klarheit darüber gewinnen, welche Zukunftsperspektiven möglich und vorstellbar sind.
- Das Paar braucht ein Bild davon, was es (gemeinsam oder als Einzelpersonen) bei beiden Zukunftsszenarien erwartet: in jedem Fall ein längerer, oft mühsamer, aber auch beglückender und erleichternder Prozess in mehreren Phasen:

  TRENNUNG:

  1. Verleugnung
  2. Zorn, Angst, Traurigkeit
  3. Realisieren und tiefe Trauer
  4. Übergangsphase und Bindungen mit Ersatzcharakter
  5. Neue Selbstdefinition und neue tiefe Bindungen

  NEUBEGINN:

  1. Verleugnung
  2. Enttäuschung
  3. Angst und Rückschläge
  4. Stabilisierung
  5. Neue tiefe Bindung

3.5 DIE ENTSCHEIDUNG

DER MOMENT DER STILLE

The line it is drawn
The curse it is cast
The slow one now will later be fast
As the present now will later be past
Your old road is rapidly fadin'
And the first one now
Will later be last
For the times they are a-changin' ...
Bob Dylan, The Times They Are A-Changin'

DAS WORT »ENTSCHEIDUNG« hat eine alte sprachliche Wurzel. Es rührt vermutlich vom Ziehen des Schwertes aus der Scheide her – womit die Entscheidung zum Kampf gefallen war. Heute meinen wir damit die Wahl zwischen verschiedenen Alternativen, die sowohl emotional als auch kognitiv gefasst werden kann. Je mehr Informationen das menschliche Gehirn hat und je mehr diese Informationen auch emotional als vorteilhaft bewertet werden können, umso treffsicherer können wir uns entscheiden.

Der ganze Prozess, den die Paare in diesem Buch durchlaufen haben, dient dazu, möglichst genaue und umfassende Grundlagen für diesen Punkt zu finden, an dem sie bereit sind, zwischen den beiden Alternativen zu wählen. Sie tun das gemeinsam, also als ein soziales System, das zwischen seinem Ende und seinem Weiterbestehen wählt. Es ist von Bedeutung, diesen Vorgang als einen bewussten und sprachlich formulierten Moment zu sehen, nicht als etwas, das sich im Lauf der Zeit mehr oder weniger als sinnvoll herausgestellt hat und sich gleichsam aufzudrängen scheint (Marlene: »Sieht schon so aus, als ob alles gut gegangen wäre«, Johanna: »Es wird wohl auf eine Trennung hinauslaufen«).

Es geht um diesen im vorigen Abschnitt beschriebenen Augenblick der Stille vor dem metaphorischen Wiederhochfahren des Computers. Alles ist gesagt, alles gefühlt, alles abgewogen worden. Alle möglichen Veränderungen (und auch die unmöglichen) sind abgewogen, die Mechanismen der Krise sind bekannt, die lebensgeschichtlichen Ursachen ebenso. Hoffen, Verzeihen, Nicht-Verzeihen und Loslassen sind, soweit es dem Paar möglich ist, Thema geworden. Die beiden Menschen kennen sich und den anderen jetzt sehr genau, ebenso ihre Beziehung in ihren Höhen und Tiefen und ihren Vor- und Nachteilen. Trennung und Neubeginn sind ihnen in ihrem Ablauf vertraut.

Jetzt ist es Zeit, den Computer mit all seinen Dateien, offenen und geschlossenen, herunterzufahren und einen »Restart« durchzuführen. Der Bildschirm wird schwarz. Bevor das geschieht, passiert ein paar Sekunden lang – gar nichts. Wir halten inne. Wir können nachempfinden, was wir in diesem Moment gerade fühlen: Angst? Zuversicht? Ungeduld? Traurigkeit? Glück? Erleichterung?

Dann sprechen wir die gemeinsame Entscheidung aus, und unser Leben wird neu »hochgefahren«. Alles, was vorher da war, ist auch wieder da, aber Fehler sind beseitigt und überflüssige Dateien aus dem Speicher geworfen worden. Wir beginnen, in die Richtung zu gehen, die wir gewählt haben.

Zum letzten Mal treffen wir jetzt auf die vier Paare, die uns in unterschiedlichem Ausmaß in diesem Buch begleitet haben. Den Anfang machen Maria und Werner, die wir zuletzt an dem Punkt verlassen haben, an dem ihnen deutlich wurde, dass ein Zusammenbleiben als Freunde nur möglich ist, wenn sie die Hoffnung begraben können, doch noch zu einem Liebespaar zu werden.

MARIA UND WERNER

THERAPEUT: Die Frage ist, ob Sie unter diesen Umständen in einem Neubeginn als Freunde zusammenbleiben oder sich trennen wollen.

WERNER: Maria, für mich ist das klar. Ich will mit dir zusammenleben, und ich will auch keine Scheidung. Ich will dir ein wirklich guter Freund sein und mit dir das Beste aus diesem Leben machen.

THERAPEUT: Wie fühlt es sich an, das zu sagen, Werner?

WERNER: Gut. Sicher. Ich wollte, ich hätte früher in meinem Leben so klar sein können.

MARIA: Es ist die einzig sinnvolle Möglichkeit, auch für mich. Ich will mir keine neue Beziehung mehr suchen, und ich will nicht ohne Werner leben.

THERAPEUT: Sie sprechen im Moment über das, was Sie nicht wollen, nicht über das, was Sie wollen.

MARIA: Das ist schwer, weil es bedeutet, auf etwas zu verzichten, das ich mir mein Leben lang gewünscht habe.

THERAPEUT: Sind Sie traurig, Maria?

MARIA: Ja, sehr. Und doch auch froh, dass es eine Lösung gibt. Ja, Werner, ich möchte auch, dass wir als Freunde zusammenbleiben.

THERAPEUT: Dann bitte ich Sie, für einen Moment die Augen zu schließen und diesen Augenblick ganz bewusst zu erleben – den Augenblick, in dem Sie Ihre Entscheidung getroffen haben. (Beide schließen die Augen, Werner öffnet sie als erster wieder.)

WERNER: Das war ein langer Weg. Danke, dass du ihn mit mir gegangen bist, Maria.

MARIA (öffnet die Augen und sieht ihn an): Ja. Ich danke dir auch.

Wie kann dieser Moment der Stille, der Entscheidung bei Paaren aussehen, die sich trennen? Johanna hat beim letzten Mal angekündigt, noch ein paar gemeinsame Sitzungen zu brauchen. Doch ihr Gespräch mit Alexander darüber, wie es denn sein könnte, getrennt zu sein, hat den Prozess beschleunigt. Wenn Menschen anfangen, sich etwas konkret vorzustellen, gehen sie schon über die innere Brücke, die sie in diese neue Realität bringen wird.

ALEXANDER UND JOHANNA

JOHANNA: Ich glaube – oder eigentlich glauben wir beide –, dass wir heute die letzte gemeinsame Sitzung haben. Wir haben uns entschieden.

THERAPEUT: Ja?

ALEXANDER: Wir werden uns trennen. Ich bin gerade dabei, mir eine Wohnung zu suchen. Johanna wird im Haus bleiben. Es sind ja keine Schulden mehr drauf.

THERAPEUT: Was hat Ihnen denn die Entscheidung ermöglicht?

JOHANNA: In der letzten Sitzung, oder eigentlich danach, ist mir bewusst geworden, dass ich es mir wirklich vorstellen kann, alleine zu leben. Mit all den Schmerzen, die das bringen wird. Aber es wird wahrscheinlich auch erleichternd sein.

ALEXANDER: Mir hilft es sehr, dass Sie nachher mit mir weiterarbeiten wollen.

THERAPEUT: Das hört sich bei Ihnen beiden sehr klar an. Ich denke, Ihre Entscheidung stimmt so für Sie.

ALEXANDER: Und es ist schade.

THERAPEUT: Ja, das ist es. Manchmal ist eine Entscheidung die richtige und kann sich gleichzeitig traurig anfühlen.

ALEXANDER: Wissen Sie, wenn ich einmal eine Entscheidung getroffen habe, dann hadere ich nicht mehr damit. Ich frage mich nicht mehr, hätte ich es vielleicht doch anders tun sollen. Aber traurig bleibt es.

JOHANNA: Bei mir ist das anders. Ich weiß, dass es richtig so ist, und ich bleibe dabei, aber in mir ist immer wieder die Frage, ob es nicht doch eine Möglichkeit gegeben hätte. Oder ob wir noch mit der Therapie weitermachen sollten. Vielleicht kämen wir doch noch an einen Punkt, an dem sich alles zum Guten wenden würde.

ALEXANDER: Es wendet sich zum Guten. Nur nicht mehr für uns gemeinsam.

JOHANNA: Ja, so wird es wohl sein. (Sie beginnt zu weinen, Alexander reicht ihr ein Taschentuch.)

THERAPEUT: Ich möchte Ihnen vorschlagen, an diesem Punkt, an dem die Entscheidung getroffen ist, kurz innezuhalten. Sie werden sich trennen. Machen Sie sich das bewusst. Das bedeutet, es wird Zeit, sich voneinander zu verabschieden. (Pause)

JOHANNA: Ja, das gehört noch hierher. Nach dieser langen Zeit in der Therapie muss auch der Abschied hier beginnen. Auch, wenn wir uns natürlich noch sehen werden.

ALEXANDER: Lass mir noch einen Moment Zeit (er atmet heftig, beginnt dann zu weinen). Es gibt nichts mehr zu sagen. Außer: Leb wohl, Hanna.

JOHANNA (nimmt seine Hand): Leb wohl, Alex. Und mach's gut.

ALEXANDER: Du auch.

Bei einem Paar, dass sich für eine Trennung entschieden hat, ist dieser Moment der Stille auch gleichzeitig der Beginn des langen Abschiedes, den die beiden voneinander nehmen werden. Die Zeit der Trauer hat begonnen, die Hoffnung auf einen Neubeginn ist zu Ende.

Für Lisa und Paul verläuft dieser Schritt anders. Sie kommen mit ihrer definitiven Entscheidung nicht wirklich voran und diskutieren (wie im letzten Gesprächsausschnitt) hauptsächlich über Organisatorisches: wer was in den gemeinsamen Haushalt eingebracht hat oder bei wem die Katze bleiben wird.

LISA UND PAUL

THERAPEUT: Ich habe den Eindruck, dass Sie zwar über die Modalitäten der Trennung in vielen Details reden, dass Sie aber immer noch keine endgültige Entscheidung getroffen haben. Sie tun so, als ob Sie sich trennen würden, trennen sich aber nicht.

LISA: Na ja, das sind ja auch komplizierte Dinge, die vorher geklärt werden müssen.

THERAPEUT: Vorher? Um eine Entscheidungsgrundlage zu finden?

PAUL: Wir wollen ja nicht nach der Trennung noch miteinander streiten. Da wollen wir dann getrennt sein und nichts mehr miteinander zu tun haben.

THERAPEUT: Was fehlt Ihnen noch, um Ihre gemeinsame Entscheidung treffen zu können?

PAUL: Die Sicherheit, dass es die richtige ist.

THERAPEUT: Was könnte Ihnen noch mehr Sicherheit geben, als Sie jetzt schon haben?

LISA: Man müsste in die Zukunft sehen können. Wissen, dass es einem in, sagen wir, zwei oder drei Jahren wirklich besser gehen wird.

THERAPEUT: Da das aber niemand kann – in die Zukunft sehen –, können wir nur Alternativen und Wahrscheinlichkeiten abwägen. Wann wird es Ihnen vermutlich in zwei, drei Jahren besser gehen: wenn Sie zusammenbleiben oder wenn Sie sich trennen?

PAUL: Wenn wir so zusammenbleiben, wie es jetzt ist, dann stellt sich die Frage natürlich nicht. Aber wenn wir es schaffen, dass es uns miteinander besser geht ...

LISA: Und wie soll das gehen?

PAUL: Weiß ich ja auch nicht. Aber vielleicht haben wir noch nicht alles probiert ...

LISA: Drei Trennungen, drei Neuanfänge. Zwei abgebrochene Paartherapieversuche. Eine Paartherapie, in der wir jetzt da angelangt sind, wo wir sind. Was sollen wir denn noch versuchen?

THERAPEUT: Wo genau sind Sie denn jetzt angelangt?

LISA: Ich habe viel über mich gelernt und auch viel über Paul. Wir können besser miteinander reden, wir haben auch mehr Respekt voreinander. Ich habe mich verändert, ich sehe mich ganz anders als noch vor einem halben Jahr. Ich mag Paul sehr, aber ich will es mir nicht mehr antun, wieder von vorne anzufangen. Ich habe kein Vertrauen in uns, dass wir mehr miteinander schaffen als jetzt.

PAUL: Und da gibt es nicht noch irgendeine Methode oder einen Trick, damit wir wieder ...

THERAPEUT: Wieder?

PAUL: Einander wieder lieben. (Lächelt.) Sie müssen mir nicht antworten. Ich weiß es selbst. (Pause) Dann wird uns wohl keine andere Wahl bleiben.

THERAPEUT: Wenn es nicht wirklich für Sie stimmt ...

PAUL (unterbricht): Nein, das ist es nicht. Es stimmt ja. Es fühlt sich auch richtig an, aber ich ...

LISA: Du hast Angst, Paul. Ich kenne dich doch.

PAUL:	Nein, nicht – doch, du hast recht. Aber Angst heißt ja nicht, dass man nicht entscheiden kann. (Zu Lisa:) Und du meinst es auch?
LISA:	Ja, Paul.
PAUL:	Gut. Okay. (Pause)
THERAPEUT:	Ist das jetzt Ihre gemeinsame Entscheidung?
PAUL:	Ja.
LISA:	Ja.
PAUL:	Könnten wir vielleicht zehn Minuten Pause machen? Ich brauche ein bisschen Zeit für mich.
LISA:	Ja, die brauche ich auch.
THERAPEUT:	Einverstanden.

Der Moment der Stille ist eingetreten, und für beide ist es wichtig, ihn für sich allein wahrzunehmen. Auch hier hat die Trennung schon begonnen, aber nicht mehr als ein gemeinsamer Abschied, sondern als ein erster Schritt auf dem Weg ohne den anderen. Als sie nach der Pause in den Therapieraum zurückkommen, gibt es nicht mehr viel zu besprechen. Sie wirken beide ernst und sicher in ihrer Entscheidung.

LISA UND PAUL

LISA:	Ich weiß jetzt, dass das der richtige Weg für mich ist.
PAUL:	Ich weiß es auch. Ich bin gar nicht einmal so traurig, wie ich gedacht hätte. Im Moment ist es eher befreiend, dass wir es endlich ausgesprochen haben.
THERAPEUT:	Gibt es noch etwas, das Sie sagen möchten?
LISA:	Nicht mehr zu Paul. Ich möchte mich bei Ihnen für Ihre Begleitung bedanken. Ich bin froh, dass wir uns durch unsere Krise durchgekämpft haben und jetzt ein Ende gefunden haben, mit dem wir beide leben können.
PAUL:	Ich sehe das auch so. Ich möchte mich auch bedanken.
THERAPEUT:	Gerne. Ich bin beeindruckt von der Klarheit, mit der Sie Ihre Lösung gefunden und Ihre Entscheidung getroffen haben. Aus meiner Sicht ist sie auch die sinnvollste für Sie.

Zum Schluss des Buches kommen wir zu dem Paar zurück, mit dem wir begonnen und das wir auf seiner Reise kontinuierlich begleitet haben: zu Hans und Marlene. Wir treffen sie wieder in der 41. und letzten doppelstündigen Sitzung nach fast zwei Jahren.

HANS UND MARLENE

MARLENE:	Die Frage beim letzten Mal war ja, ob wir uns einen Neubeginn zutrauen.
HANS:	Wir haben dann lange über diese Zeitreise geredet und das, was uns im Zusammenhang damit eingefallen ist. Wir möchten Sie gerne um eine Rückmeldung dazu bitten.
THERAPEUT:	Gerne. Ich habe das als eine sehr realistische Einschätzung der Schwierigkeiten eines Neubeginns erlebt. Auch die Art, wie Sie mit auftauchenden Ängsten umgehen wollen, finde ich wirklich konstruktiv. Und wie schätzen Sie es ein?
HANS:	Genauso. Es freut mich, dass Sie es auch so sehen.
MARLENE:	Für uns war das die Bestätigung, dass wir es schaffen können. Wir trauen es uns zu.
HANS:	Wir wollen den Neubeginn.
THERAPEUT:	Schön! Ich freue mich sehr für Sie.
MARLENE:	Ja, ich freue mich auch darüber.
THERAPEUT:	Lassen Sie uns an diesem Punkt Ihrer Entscheidung kurz innehalten. Wenn Sie wollen, lassen Sie noch einmal die vergangenen zwei Jahre unserer Zusammenarbeit Revue passieren.
HANS:	Unglaublich, was in dieser Zeit alles geschehen ist.
MARLENE:	Am deutlichsten in Erinnerung sind mir die Geschichten von Odysseus und von Pippi Langstrumpf und dem Aschenputtel. Das hat mir wirklich sehr weitergeholfen. Tut es immer noch.
HANS:	Für mich war das Schönste, als wir über Sophies Geburt gesprochen haben. Und erkannt haben, wie sehr diese lange zurückliegende Geschichte immer noch wehgetan hat. Für mich war unsere Aussöhnung so etwas wie ein Wendepunkt. Ab da ist es wirklich bergauf gegangen.

THERAPEUT: Ich möchte mich bei Ihnen für Ihre Bereitschaft, sich einzulassen, bedanken. Mir ist bewusst, wie mühselig dieser Weg manchmal für Sie war. Ich gratuliere Ihnen herzlich zu Ihrem Erfolg und wünsche Ihnen alles Gute für Ihren weiteren Weg.

HANS: Ich möchte gerne noch etwas sagen. Als wir damals zu Ihnen gekommen sind, habe ich geglaubt, mit zwei, drei Sitzungen wäre das erledigt. Sie würden uns ein paar Tipps und Tricks verraten, und das Wunder wäre geschehen. Sie wissen ja, ich bin Techniker. Wenn ich damals geahnt hätte, was für eine Arbeit das wird, hätte ich es mir gut überlegt. Aber ich kann sagen, es hat sich gelohnt. Und es wäre sehr, sehr schade gewesen, wenn ich Marlene verloren hätte.

MARLENE (lächelnd): Wenn wir einander verloren hätten!

An dieser Stelle verabschieden wir uns von Marlene und Hans. Jetzt bleiben noch die Übungen zu diesem Abschnitt, die Ihnen zu Ihrem Moment der Stille, zu Ihrer Entscheidung helfen sollen.

PERSÖNLICHE ÜBUNGEN

Wie weit sind Sie in Ihrem gemeinsamen Entscheidungsprozess? Ist die Richtung deutlich für Sie und geht es nur noch darum, es miteinander auszusprechen? Sind Sie noch sehr unklar und zögernd? Stehen Sie an unterschiedlichen Punkten – will einer von Ihnen die Trennung und einer den Neubeginn? Oder müssen Sie die Entscheidung alleine treffen, weil Ihr Partner sich an diesem Prozess nicht beteiligt hat?

Diese Übungen sollen Ihnen dabei helfen, zu Ihrem Moment der Stille zu kommen, bevor Sie in die Richtung weitergehen, für die Sie sich entschieden haben. Wenn Sie die Entscheidung nicht treffen können, gibt Ihnen Übung 68 einige Anhaltspunkte, wo es bei Ihnen noch haken könnte. Vielleicht kann es in so einem Fall auch sinnvoll sein, sich professionelle Unterstützung zu holen, um ganz aus Ihrer Krise herauszukommen.

ÜBUNG 66
DAS BILD UND DER FILM UNSERER BEZIEHUNG

In Übung 52 haben Sie ein gemeinsames Bild Ihrer Beziehung gemalt und ihm einen Titel gegeben. Nehmen Sie dieses Bild nochmals gemeinsam zur Hand.

- Hat sich seit damals etwas verändert?
- Stimmt der Titel noch?
- Deutet es immer noch in die Richtung, die wir damals darin entdeckt haben – Gemeinsamkeit oder Trennung?
- Würden wir das Bild heute wieder so malen? Oder würde es jetzt anders aussehen?

In Übung 54 haben Sie das Drehbuch des vierten Teil Ihres Films geschrieben und sich mit Ihrer Zukunft befasst. Lesen Sie es sich noch einmal gemeinsam durch.

- Hat sich seit damals etwas verändert?
- Deutet es immer noch in die Richtung, die wir damals darin entdeckt haben – Gemeinsamkeit oder Trennung?
- Würden wir das Drehbuch heute wieder so schreiben? Oder würde es jetzt anders verlaufen?

Sprechen Sie miteinander über die Ergebnisse dieser Übung. Ist die Richtung Ihrer Entscheidung für Sie erkennbar?

Entscheidungen von großer Tragweite treffen wir nur zu einem verhältnismäßig kleinen Teil aus dem Verstand heraus. Wesentlich dabei sind Gefühl und Intuition, gerade bei einer Entscheidung, die sich überwiegend um Emotionen dreht und darum, wie wir mit ihnen umgehen. Es geht ja um Liebe, Glück, Angst, Verletzung, um Konflikte, Streit, Versöhnung, um Hoffnung und Enttäuschung. In der folgenden Übung bitte ich Sie, sich auf Ihre Empfindungen füreinander und miteinander zu konzentrieren.

ÜBUNG 67
WAS FÜHLEN WIR?

Sprechen Sie bitte während dieser Übung nicht miteinander, sondern konzentrieren Sie sich auf Ihre Gefühle und Ihre Körperwahrnehmung.

Stellen Sie sich einander gegenüber – in einer Entfernung, in der Sie sich gut bei den Händen nehmen könnten. Ergreifen Sie die Hände des anderen aber nicht.

Sehen Sie einander für ein paar Sekunden lang in die Augen. Es kann sein, dass Sie dabei unsicher oder verlegen werden. Versuchen Sie, das nicht zu überspielen. Schließen Sie nach zwei oder drei Sekunden die Augen und konzentrieren Sie sich auf Ihr Inneres.

Was fühlen Sie nach diesem Augenkontakt? Nähe? Distanz? Vorsicht? Liebe? Angst? Andere Gefühle?

Wie ist Ihre Körperwahrnehmung? Fühlen Sie sich angespannt oder entspannt? Was für Impulse spürt Ihr Körper? Möchte er sich abwenden oder zuwenden? Weggehen? Näher kommen?

Öffnen Sie Ihre Augen wieder.

Vergrößern Sie Ihre Distanz jetzt auf etwa fünf bis sechs Schritte. Bleiben Sie einander gegenüber stehen. Gehen Sie dann ganz langsam aufeinander zu und lassen Sie sich spüren, welcher Abstand für Sie stimmt. Sie werden im Näherkommen die Stelle spüren, an der es für Sie richtig ist, stehen zu bleiben. Meist wird das für beide der gleiche Punkt sein.

Ist dieser Abstand größer oder kleiner als der, den Sie vorher hatten?

Nehmen Sie aus dieser neuen Distanz wieder für zwei bis drei Sekunden Augenkontakt auf und schließen Sie die Augen dann wieder.

Fühlen Sie wieder so in sich hinein wie vorher. Hat sich etwas verändert? Fühlt es sich besser oder schlechter an als vorher?

Öffnen Sie die Augen wieder.

Wenn Sie wollen, können Sie ein Wort, einen Satz, ein Zitat, ein Bild, eine Körperhaltung als Ihr persönliches Resümee für diese Übung finden.

Diese Aufgabe enthält einige Indizien für die Richtung Ihrer Entscheidung, vor allem in dem Teil der Veränderung des Abstandes. Wenn Sie sich näher als oder gleich nah wie im ersten Teil gekommen sind, deutet Ihre Emotion und Intuition zum Neubeginn hin. Wenn der Abstand größer, vor allem, wenn er deutlich größer geworden ist, sind Ihre Impulse näher bei der Trennung.

Sprechen Sie jetzt miteinander darüber, was Sie während der Übung gefühlt und gedacht haben. Achten Sie auch auf die Gefühle, die Sie während dieses Gesprächs haben. Sind Sie erleichtert? Bedrückt? Freuen Sie sich? Sind Sie traurig? Haben Sie Angst? Sind Sie zornig? Ratlos? Verzagt? Gleichgültig?

Wenn Ihre Entscheidung jetzt klar ist, springen Sie zu Übung 69. Wenn Sie noch nicht entschieden sind, fahren Sie bitte mit der nächsten Übung fort. Sie soll Ihnen Anhaltspunkte geben, was für Sie noch offen sein könnte und Sie daran hindert, sich festzulegen.

ÜBUNG 68
WAS BRAUCHEN WIR NOCH, UM UNS ENTSCHEIDEN ZU KÖNNEN?

Definieren Sie zuerst jeder für sich, welcher Alternative Sie im Moment näherstehen: dem Neubeginn oder der Trennung. Legen Sie sich fest, auch wenn die Tendenz vielleicht nur schwach ist. Bleiben Sie nicht bei »unentschieden«. Sprechen Sie dann miteinander darüber.

- Ist unser beider Tendenz die gleiche oder geht sie in unterschiedliche Richtungen?
- Was brauchen wir noch, um unsere Entscheidung treffen zu können?
- Sind noch Dinge zwischen uns offen und unbewältigt?
- Geht es um Verstehen? Um Verzeihen? Um das Aufgeben von Hoffnung?
- Sind organisatorische Dinge schwer zu klären oder zu entscheiden?
- Welche Rolle spielen dabei unsere Kinder?
- Brauchen wir mehr Mut?

Wichtig ist, sich dessen bewusst zu werden, was noch geklärt, abgeschlossen, bewältigt werden muss, damit Sie sich entscheiden können. Sie müssen diese Dinge nicht jetzt, in dieser Übung lösen. Es kann sein, dass Sie noch Zeit brauchen. Vielleicht kann Ihnen auch die Unterstützung eines Konfliktvermittlers (eines Mediators), einer Eheberaterin oder einer Paarpsychotherapeutin helfen – oder auch der Rat von Freunden.

ÜBUNG 69
UNSERE ENTSCHEIDUNG – UND DER MOMENT DER STILLE

Sprechen Sie Ihre Entscheidung laut aus, zum Beispiel: »Wir haben uns entschieden, uns zu trennen«, »Wir werden zusammenbleiben und einen Neubeginn wagen.« Finden Sie Ihre eigene Formulierung, aber bleiben Sie in der Wir-Form (nicht: ich), um das Gemeinsame der Entscheidung zu unterstreichen.

Wenn Sie wollen, können Sie einander dabei an den Händen halten (auch und gerade, wenn Sie sich trennen werden).

Dann schließen Sie die Augen und nehmen Sie den Moment der Stille und des Neustarts in Ihr ab sofort verändertes Leben wahr. Atmen Sie tief ein und aus.

Notieren Sie bitte unmittelbar danach – ohne miteinander zu sprechen – Ihre Gedanken und Gefühle. Vielleicht ist es Ihnen dabei wichtig, für sich allein zu sein.

Nach dem Treffen und Aussprechen dieser schwerwiegenden Entscheidung haben Menschen ganz unterschiedliche Bedürfnisse. Vielleicht wollen Sie allein sein, sich bewegen, sich niederlegen, Zeit miteinander oder mit anderen Personen verbringen. Achten Sie darauf, was Ihnen jetzt guttut, und gehen Sie nicht sofort zu alltäglichen Verrichtungen über, als ob nichts geschehen wäre.

Natürlich gibt es jetzt weitere Maßnahmen, die in Angriff genommen werden müssen, insbesondere bei der Trennung: Vereinbarungen, zeitliche Absprachen, Umzüge und vieles andere mehr. Auch beim Neubeginn werden Veränderungen besprochen und definiert werden. Nehmen Sie sich damit aber noch ein wenig Zeit, zumindest ein bis zwei Tage.

Lassen Sie den Moment der Stille, dieser Umwendung Ihres Lebens, in sich noch nachklingen. Das wird Ihnen helfen, sich den Gefühlen und Gedanken, den Prozessen und Handlungen, die auf Sie zukommen, besser und bewusster stellen zu können.

4. SCHLUSSBEMERKUNG

We swore we'd travel darlin' side by side
We'd help each other stay in stride
But each lover's steps fall so differently
But I'll wait for you
And if I should fall behind
Wait for me
Bruce Springsteen, If I Should Fall Behind

UNSERE LANGE GEMEINSAME REISE IST ZU ENDE. Sie hat in der Gegenwart von Paaren in der Krise begonnen, hat uns in die Vergangenheit zurückgeführt, einen Ausblick in die Zukunft gezeigt und ist wieder in der Gegenwart, bei der Entscheidung und dem Momente der Stille, angekommen. Wir haben den Weg von Hans und Marlene zur Gänze und den anderer Paare an entscheidenden Punkten begleitet. Danke dafür, dass Sie mitgegangen sind und sich Ihrer eigenen Beziehung und sich selbst gestellt haben.

Mir ist natürlich bewusst, dass ein Paar, das dieses Buch gemeinsam liest und ebenso gemeinsam die Übungen miteinander durchführt, bis es zur Lösung seiner Krise kommt, der Idealfall der Leser und Leserinnen ist. Manche von Ihnen werden alleine gelesen haben, weil Sie entweder getrennt sind und Ihre Beziehung schon beendet ist oder Ihr Partner,

Ihre Partnerin sich nicht oder nur teilweise daran beteiligt hat. Ich hoffe, dass Sie auch so etwas für sich gelernt haben – über sich, über Ihr Beziehungsverhalten, über die Gründe für das Scheitern Ihrer Beziehung, darüber, was Sie beim nächsten Mal anders und besser machen können.

Dieses Buch kann natürlich nicht in allen Fällen helfen, aus der Krise herauszukommen und eine gemeinsame Entscheidung über Trennung oder Neubeginn zu finden. In manchen Fällen werden Sie zusätzlich noch professionelle Unterstützung brauchen, weil Sie vielleicht zu sehr in Ihrem Karussell gefangen sind. Eine dritte Person kann Ihnen dabei zur Hand gehen, Ihre Sicht- und Denkweise, Ihr Fühlen und Ihr Handeln zu erweitern.

Ursprünglich habe ich geplant, einen ausführlichen Abschnitt für den Anhang dieses Buches zu schreiben, in dem die verschiedenen Arten professioneller Hilfe für Paare in Krisen dargestellt werden sollten. Das lässt sich aber nur schwer machen, da gerade in der Paartherapie die Ansätze und Zugänge sehr unterschiedlich sind. Das, was ich Ihnen hier vorgestellt habe, ist *mein* Weg, mit Hilfe der Landkarten der Transaktionsanalyse Paare zu begleiten. Er ist nicht der einzig mögliche und der einzig sinnvolle. Andere Kollegen und Kolleginnen arbeiten anders und nicht weniger erfolgreich. Ähnlich verhält es sich mit den beiden anderen Methoden: der Paar- oder Eheberatung und der Mediation. Daher will ich hier nur einige allgemeine Worte darüber verlieren.

Grundsätzlich kann man sagen, dass *Mediation* in erster Linie dabei hilft, in abgegrenzten Konflikten über beispielsweise Sorgerechts- und Besuchsfragen für gemeinsame Kinder zu vermitteln. Die Mediatorin nimmt dabei eine neutrale Rolle ein; das Konfliktlösungspotenzial der beiden Teile soll aktiviert werden. Ziel ist das Treffen einer gemeinsamen Vereinbarung.

Eine *Ehe- und Partnerberatung* setzt sich hauptsächlich mit den Konfliktmustern der Gegenwart auseinander, also dem, was ich hier »Karussell« genannt habe, während die *Paarpsychotherapie* auch den Wurzeln in der gemeinsamen und der individuellen Geschichte nachgeht.

Zum Schluss bleibt mir noch, mich zu bedanken:

Bei Ihnen als Leserinnen und Lesern, die sich von mir auf Ihrer Reise begleiten ließen.

Bei all den Menschen, die sich mir über die Jahrzehnte einzeln oder als Paare mit ihren Beziehungsproblemen anvertraut haben und mit denen ich unendlich viel gelernt habe.

Bei den Kolleginnen und Kollegen, mit denen ich über Inhalt und Konzeption des Buches und meinen Ansatz zur Paartherapie diskutiert habe, vor allem bei Henning Schulze.

Bei Mathilde Fischer vom Verlag Fischer & Gann, die dieses Buch durch ihre Bereitschaft, es zu verlegen, erst möglich gemacht hat – und für ihre kontinuierliche Ermutigung und inhaltliche Begleitung beim Schreiben.

Bei Hans Jellouschek für seine Vermittlung auf dem Weg zur Veröffentlichung und für seine Bereitschaft, das Vorwort dazu zu schreiben.

Bei meinen vier Kindern, die alle auf ihre Weise zu diesem Buch beigetragen haben.

Und bei Monika – für alles, aber auch wirklich alles.

Linz, April 2015
Klaus Sejkora

ANMERKUNGEN

1 Die *Transaktionsanalyse* (TA) ist eine sozialpsychologische Theorie und Methode. Sie entstand in den 50er/60er-Jahren des vorigen Jahrhunderts zuerst in den USA und wurde dann weltweit (mit starken Impulsen aus Deutschland und Österreich) bis heute weiterentwickelt. Begründet hat sie der kanadisch-amerikanische Sozialpsychiater Eric Berne. Sie bietet Erklärungsansätze dafür, warum Menschen

- sich so verhalten, denken und fühlen, wie sie es tun;
- wie sie miteinander kommunizieren und interagieren;
- wo und wie dabei Probleme entstehen können: in Einzelpersonen, in menschlichen Beziehungen und in sozialen Systemen;
- wie Menschen, Beziehungen und Systeme diese Probleme konstruktiv lösen und sich gesund weiterentwickeln können.

In ihrer praktischen Anwendung ist sie

- ein *Persönlichkeitskonzept*, mit dessen Hilfe innere Prozesse und lebensgeschichtliche Entwicklungen verständlich gemacht werden können;
- ein *Kommunikationskonzept*, auf dessen Basis wir die Möglichkeit haben, die Art und Weise zwischenmenschlicher Interaktion zu beschreiben und zu erklären;
- ein *Psychotherapiekonzept* zur Behandlung psychischen Leidens;
- und ein *Beratungskonzept* zur Förderung individuellen und sozialen Wachstums.

2 Buber, Martin: *Ich und Du.* In: Buber, M.: Das dialogische Prinzip. Gütersloher Verlagshaus, Gütersloh. 13. Auflage 2014, S. 5–136, S. 32.

3 Sigmund Freuds Tochter Anna hat das Konzept der Abwehrmechanismen entwickelt und ausführlich ausdifferenziert (Freud, Anna: *Das Ich und die Abwehrmechanismen.* S. Fischer, Frankfurt a. M., 22. Aufl. 2012). Sie unterscheidet neben Verdrängung noch zahlreiche andere Mechanismen, von denen drei in den Ausführungen dieses Buches eine besondere Rolle spielen:

- *Reaktionsbildung* findet sich als *Ersatzgefühl* in der Paardynamik,
- *Projektion* ist ein wesentlicher Teil der Übertragung und
- *Verleugnung* ist ein wesentlicher Aspekt im Prozess sowohl des Trennens als auch des Neubeginns.

4 García Marquez, Gabriel: *Leben, um davon zu erzählen*. Kiepenheuer & Witsch, Köln, 3. Auflage 2003, S. 7.

5 Freud, Sigmund: *Zur Dynamik der Übertragung*. In: Werkausgabe in 2 Bänden, Hg.: Freud, A./Grubrich-Simitis, I., Bd. 1. S. Fischer, Frankfurt a. M. 1978, S. 492.

6 Goulding, Mary M./Goulding, Robert L.: *Neuentscheidung. Ein Modell der Psychotherapie*. Verlag Klett-Cotta, Stuttgart, 7. Aufl. 2005.
Hier findet sich eine ausführliche Beschreibung des Vorganges der Neuentscheidung des Skripts, der auch in dem vorliegenden Buch eine wesentliche Rolle spielt.

7 Unter einem psychischen Trauma (altgriechisch für »Wunde«) versteht man tiefe seelische Verletzungen, deren Verarbeitung lang anhaltend und kompliziert ist. Das können sowohl schwere Einbrüche im Leben sein wie Krieg, Flucht, Katastrophen, Trennungen, Todesfälle nahestehender Personen, eigene schwere Erkrankungen, Krankenhausaufenthalte, körperliche Gewalt oder sexueller Missbrauch als auch lang anhaltende verletzende und kränkende Lebenssituationen. Häufig ist den betroffenen Personen die Schwere der Verletzung in der traumatisierenden Situation nicht bewusst. Dementsprechend können posttraumatische Folgen erst Jahre oder Jahrzehnte später auftreten, zum Beispiel bei Kriegsteilnehmern im hohen Alter.

8 Freud, Sigmund: *Zur Dynamik der Übertragung*. In: Werkausgabe in 2 Bänden, Hg.: Freud, A./Grubrich-Simitis, I., Bd. 1. S. Fischer, Frankfurt a. M. 1978.

9 Brecht, Bertolt: *Die Gedichte*. Suhrkamp, Frankfurt a. M. 2007, S. 150.

10 Goethe, Johann Wolfgang von: *Faust. Der Tragödie erster Teil*. Prolog im Himmel. Reclam Verlag, Ditzingen 2000.

11 Elias, Ruth: *Die Hoffnung erhielt mich am Leben. Mein Weg von Theresienstadt und Auschwitz*. Piper Verlag, München 1998.

12 Das Wort »versöhnen« hieß ursprünglich »ver-sühnen« (so taucht es auch in alten Kirchenliedern auf) und bedeutet, eine Tat zu sühnen und dann frei von Schuld und Schuldgefühlen, also ent-schuldigt zu sein.

13 Die bekanntesten Arbeiten dazu stammen von Verena Kast und Elisabeth Kübler-Ross. Wir werden darauf noch im Abschnitt über Trennung zu sprechen kommen.

14 Bowlby, John: *Bindung. Eine Analyse der Mutter-Kind-Beziehung.* S. Fischer, Frankfurt a. M., 2. Aufl. 1986.
Bowlby, John: *Trennung. Psychische Schäden als Folge der Trennung von Mutter und Kind.* S. Fischer, Frankfurt a. M, 1. Aufl. 1986.

15 Kübler-Ross, Elisabeth: *Interviews mit Sterbenden.* Herder, Freiburg, 2014.
Kast, Verena: *Sich einlassen und loslassen: Neue Lebensmöglichkeiten bei Trauer und Trennung.* Herder, Freiburg, 23. Aufl. 2000.

HINWEIS

Weitere Unterlagen und Übungsmaterial erhalten Sie auf der Leserseite zum Buch unter: mehr.fischerundgann.com
Nach Anlegen Ihres Leserkontos finden Sie im Detailbereich zum Buch alle Addons.
Ihr Passwort für diese Addons lautet: hilfefuerpaare.

LITERATUR

1. BÜCHER ZUR TRANSAKTIONSANALYSE

Berne, Eric: *Spiele der Erwachsenen: Psychologie der menschlichen Beziehungen.* rororo, Rowohlt Verlag, Reinbek b. Hamburg, 15. Aufl. 2002.

Berne, Eric: *Was sagen Sie, nachdem Sie »Guten Tag« gesagt haben? Psychologie des menschlichen Verhaltens.* Fischer Taschenbuch Verlag, Frankfurt a. M., 22. Aufl. 2012.

English, Fanita: *Transaktionsanalyse: Gefühle und Ersatzgefühle in Beziehungen.* Iskopress Verlag, Salzhausen, 9. Aufl. 2011.

Goulding, Mary M./Goulding, Robert L.: *Neuentscheidung. Ein Modell der Psychotherapie.* Verlag Klett-Cotta, Stuttgart, 7. Aufl. 2005.

Steiner, Claude: *Wie man Lebenspläne verändert: Die Arbeit mit Skripts in der Transaktionsanalyse.* Junfermann Verlag, Paderborn, 12. Aufl. 2009.

Stewart, Ian/Joines, Van: *Die Transaktionsanalyse. Eine Einführung.* Herder Verlag, Freiburg, 12. Aufl. 2000.

2. BÜCHER ZU PAARTHEMEN

Jellouschek, Hans: *Die Kunst, als Paar zu leben.* Herder Verlag, Freiburg, 2. Aufl. 2013.

Jellouschek-Otto, Bettina/Jellouschek, Hans: *Grenzen der Liebe: Nähe und Freiheit in Partnerschaft und Familie.* Verlag Klett-Cotta, Stuttgart, 2. Aufl. 2013.

3. BÜCHER ZU DEN THEMEN KONFLIKT, KOMMUNIKATION, FAMILIE

Omer, Haim: *Autorität durch Beziehung. Die Praxis des gewaltlosen Widerstands in der Erziehung.* Verlag Vandenhoeck & Ruprecht, Göttingen, 8. Aufl. 2015

Rosenberg, Marshall B.: *Gewaltfreie Kommunikation. Eine Sprache des Lebens.* Junfermann Verlag, Paderborn, 11. Aufl. 2013.

Schulz von Thun, Friedemann: *Miteinander reden 1–4: Störungen und Klärungen. Stile, Werte und Persönlichkeitsentwicklung. Das »Innere Team« und situationsgerechte Kommunikation. Fragen und Antworten.* rororo, Rowohlt Verlag, Reinbek b. Hamburg 2013.

Eduard Waidhofer

DIE NEUE MÄNNLICHKEIT

Wege zu einem erfüllten Leben

14 x 22 cm, ca. 300 Seiten
ISBN 978-3-903072-03-9

VIELE MÄNNER FÜHLEN SICH UNTER DRUCK: Beruf, Partnerin, Kinder, sie alle erfordern höchsten Einsatz – und doch ist es nie genug. Wer zu sehr in der Arbeit aufgeht, riskiert Konflikte in der Partnerschaft, enttäuscht seine Kinder und ruiniert seine Gesundheit. Wie diese wachsenden Herausforderungen bewältigen?
Auf der Grundlage aktueller Männerforschung gibt Eduard Waidhofer Einblick in die Männerseele von heute und zeigt neue Lebenskonzepte auf. Wie gehen Männer mit dem Vereinbarungsproblem um? Wer Beruf, Familie und Innenwelt ausbalanciert, wird mehr Lebensqualität gewinnen. Wer seine Beziehungen bewusster und achtsamer gestalten lernt, dem werden Partnerschaft und Vatersein besser gelingen. Und wer schließlich den Mut hat, Zugang zu seiner eigenen Gefühlswelt zu finden, der wird auch mehr Verantwortung für sein Leben übernehmen.
Ein von großer Erfahrung getragenes Buch – für alle, die wissen wollen, wie ein wahrhaft erfülltes Leben als Mann heute gelingen kann.

Karin Schreiner

Ein Paar – zwei Kulturen

So gelingt die Liebe in einer globalisierten Welt

14 x 22 cm, ca. 230 Seiten
ISBN 978-3-903072-01-5

DANK DER GLOBALISIERUNG sind sie längst keine Seltenheit mehr: bikulturelle Paare. Was macht die Faszination und den Zauber einer solchen Beziehung aus? Was sind die Voraussetzungen, damit sie gelingt?
Wenn Partner aus zwei Kulturen kommen, stoßen zwei Wirklichkeiten aufeinander – zwei Lebenswelten mit ihren Traditionen, Prägungen und Werten. Meist erfordert es viel Empathie und Kompromissfähigkeit, um den Alltag gemeinsam zu leben. Wie geht man mit konträren Standpunkten um: etwa wenn es um autoritäre oder liberale Kindererziehung geht oder um den Einfluss der Großfamilie?
Anhand von Interviews mit Betroffenen und vielen konkreten Fallgeschichten erklärt Karin Schreiner die Besonderheiten von bikulturellen Partnerschaften. Sie zeigt Lösungswege bei Konflikten auf und gibt viele Tipps, wie man eine gute Gesprächskultur aufbaut – der Schlüssel für eine gelingende Paarbeziehung.

Ingrid Riedel

Lebensphasen – Lebenschancen

Vom gelassenen Umgang mit dem Älterwerden

14 x 22 cm, ca. 200 Seiten
ISBN 978-3-903072-02-2

WENDEPUNKTE, ABSCHNITTE, BESTIMMTE PHASEN prägen unser Leben. Und jede Phase bringt Herausforderungen, aber auch Chancen mit sich, so die bekannte Psychotherapeutin Ingrid Riedel.
In diesem Interviewband, in dem sie uns an ihren reichen persönlichen Lebenserfahrungen teilhaben lässt, beschreibt sie die einzelnen Lebensphasen und die damit verbundenen inneren Gefühle – von der Kindheit und Jugend, den verschiedenen Abschnitten des Erwachsenseins bis hin zum frühen und späteren Alter.
Was heißt es für Frauen wie auch für Männer, »phasengerecht« zu leben? Welche seelischen Kräfte stehen uns zur Verfügung, um Krisen und Übergänge gut zu meistern?
Welche Chancen bietet uns die zweite Lebenshälfte, und wie können wir uns dem Thema des Lebensendes stellen?
Diesen und vielen anderen großen Lebensfragen geht die erfahrene Psychotherapeutin nach – voller Wärme, Souveränität und tiefer Lebensweisheit.